다문화 가족 복지상담 사례관리

Multicultural family welfare counseling case management

다문화 가족 복지상담 사례관리

Multicultural family welfare counseling case management

이미나 · 김영춘 · 송윤선 · 김밀양 공저

dm 동문사

머리말

21세기 지구촌은 세계화의 물결 속에 국가 간의 인적 교류가 활발하여 다민족 · 다문화 사회로 급격히 변화하고 있다. 특히 국경과 인종을 초월한 인적 교류는 국제결혼으로 이어지고 있는데, 이에 따라 결혼이주자를 통한 다문화 가족의 형성은 전 세계 선진국들의 공통된 국가적 현안이 되고 있다.

한국 사회 역시 다문화 가족의 사회통합 지원 대책이 마련된 지 10여 년이 지나고 있다. 초기의 다문화 가족 지원 정책은 결혼이주자의 한국 생활 조기정착을 위한 한국 언어 습득과 문화 적응을 중점적으로 지원하였으나, 시간의 흐름에 따라 다문화 가족의 교육과 정서적 지원, 취업 지원 등에 정책의 주안점을 두게 되었다.

특히 여성가족부 등 관계부처합동(2012)으로 발표한 제2차 다문화 가족 정책 기본계획(2013~2017)에 명시된 바와 같이, 지원 정책의 기조가 다문화 가족을 한국 사회 발전을 위한 하나의 동력으로 인식하여 능력 개발 및 상호 문화 존중을 강조하는 방향으로 전환하고 있다.

한국 사회는 세계화 현상에 따라 외국인의 한국 내 정착이 증가하고 있고, 국제결혼을 통한 다문화 가족의 증가로 다문화 사회화가 단기간에 빠른 속도로 진행되고 있다. 그러나 다문화 사회에 대한 충분한 이론적 논의나 사회적 토론을 할 여유 없이 변화된 사회문제에 직면하고 있는 것이 현실이다. 한편 한국 사회의 이민자 중 결혼이민자들은 한국의 국민이 되는 것을 전제로 하고 그들의 자녀들 또한 향후 주류사회로 진입할 것이다.

이주여성들은 자신들의 행복한 삶을 위해 국제결혼을 결심한다. 자신의 나라와 사회적 환경에 불만족한 이주여성들은 결혼과 함께 타국으로 이주하여 새로운 환경에 적응하면서 문화적응 스트레스 등에 직면하게 된다. 또한 이주여성들은 가족의 구성원으로 적응하는 단계에서도 가족적응 문제가 발생한다. 이러한 문제들은 근본적으로 가족 간의 의사소통을 비롯해서 배우자 및 시부모, 자녀와의 관계, 경제적 어려움, 건강상의 문제 등 가족적 요인들에서도 갈등요소가 빈번한 실정이다.

이에 정치, 경제, 사회, 교육, 문화 등의 광범위한 영역에 걸쳐 사회적 통합과 이주민의 적응을 위한 다양한 논의와 정책적 노력은 더욱 활발히 이루어져야 할 것이다.

이 책은 총 7장으로 구성되었다. 제1장에서는 다문화 사회와 가족, 제2장에서는 다문화 가족 정책, 제3장에서는 다문화 가족 사례관리, 제4장에서는 다문화 가족과 교육, 제5장에서는 다문화 가족과 인권, 제6장에서는 다문화 가족과 상담, 마지막 제7장에서는 다문화 가족 상담의 실제로 정리하였다. 그리고 각 장마다 4명의 저자들이 다문화의 주요 내용과 요소들을 고려하여 집필하고 완성하였다.

본서가 다문화 가족 복지, 교육, 상담 관련 다문화 전공과 교양과목을 공부하는 대학생과 대학원생, 그리고 다문화 관련 전문가들에게 도움이 되기를 바라며, 향후 한국 다문화 사회의 정착 및 발전에 기여하기를 바란다.

본 원고를 정리하면서 지면과 분량의 한계로 아쉬움이 남지만 추후 전문연구를 통해 보완되기를 기대해 본다. 또한 이 책을 집필하고 발간하도록 도움을 주신 동문사 이중수 사장님과 교정, 출판 및 인쇄에 협조해 주신 동문사 가족 여러분들께 진심으로 감사드린다.

2022. 12

저자 일동

차 례

Chapter 03 다문화 가족 사례관리

Chapter 04 다문화 가족과 교육

Chapter 05 다문화 가족과 인권

Chapter 06 다문화 가족과 상담

Chapter 07 다문화 가족 상담의 실제

Chapter 1

다문화 사회와 가족

1 다문화 사회

산업혁명 이후 상품과 자본 중심의 이동현상이 21세기 들어 인간의 이동까지 합세하여 거대한 이주 물결을 이루며 세계는 하나의 촌(地球村, global village)이 되었다. '지구촌'이란 말은 지구가 하나의 촌(村, village)이 되었다는 것을 의미하는 용어이다. 전 세계의 국가 경계가 허물어져 하나의 공동체가 되어 여러 민족과 인종이 다양한 문화적 배경을 갖고 서로 간의 적응을 통해 공존하는 시대가 되었다. 물론 정치적으로 이민자의 유입을 통제하거나 경제적으로 자유보호무역주의를 채택하고 있기는 하지만 세계적인 다문화 사회 현상은 거스를 수 없는 대세가 되었으며, 한국 또한 예외가 될 수 없게 되었다.

2021년 12월 말 현재 국내 체류외국인은 1,956,781명이며, 이 중 등록외국인은 1,093,891명이다.[1] 이 숫자는 2011년 140만여 명에서부터 2019년 252만여 명까지 지속적으로 성장하다가 코로나19 사태로 2020년 204만여 명과 2021년에 196만여 명으로 감소된 수치이다. 그럼에도 이 등록외국인 숫자는 대전광역시(1,481,701명)와 광주광역시(1,459,486명) 인구보다는 적으나 울산광역시(1,150,891명) 인구보다 많은 숫자이다. 이는 국내거주 외국인 수를 조사하기 시작한 2006년(54만 명) 이후 연평균 14.4%가 증가한 수로서 내국인의 주민등록인구 증가율(0.6%)의 25배에 달하는 수치이다. 이는 경제협력개발기구(OECD)가 다문화 · 다인종 국가로 분류하는 5%에 가까워지고 있다. 따라서 한국은 이제 단일민족국가에서 다문화

---

1) "체류외국인"이란 체류자격과 체류기간의 범위(비자) 내에서 대한민국에 합법적으로 체류할 수 있는 외국인을 의미하며, "등록외국인"이란 대한민국에 90일 이상 체류하기 위해 관할 사무소에 외국인등록을 한 외국인을 의미한다. 따라서 등록외국인이 체류외국인의 절반 정도인 것은 체류외국인 절반 정도가 90일 이내 체류하는 단기간 방문객 성격이 짙다고 볼 수 있다. 이런 의미에서 다문화 사회를 형성하고 다문화가정을 이루는 외국인은 "등록외국인"이라고 보면 된다. 그래서 본서에서는 "등록외국인"을 기준으로 다룬다(법무부, 2021년 12월).

국가라는 표현이 어색하지 않음을 알 수 있다.

특히 2018년 6월 13일 실시된 제7회 전국동시지방선거(6 · 13지방선거)에서 외국인 선거권자(국적취득 이주자)가 106,205명으로 나타났다(행정안전부, 제7회 전국동시지방선거 「6 · 13지방선거」 선거인명부). 이 수치는 10만 명 이상이면 하나의 시(市)가 만들어질 정도의 숫자로서 한국 국적을 취득한 이주자들이 상당수라는 것을 입증하고 있다. 비근한 예로 이미 제19대 국회의원으로 필리핀 이주민 출신 이자스민(Jasmine B. Lee)이 의정활동을 했으며, 이주자들이 성씨(姓氏)의 시조가 되는 새로운 본(本)이 급속히 늘어나고 있다(송윤선, 2010).

따라서 한국은 더 이상 단일민족 · 단일문화 국가가 아니라 이미 다문화 · 다민족 사회로 진입했고, 그 속도는 매우 빠르게 증가하고 있다. 따라서 이와 같은 다문화 현상이 거스를 수 없는 대세라면 보다 적극적이고 긍정적으로 다문화 이주자들을 받아들여서 그들을 존중하고, 그들을 포용하고 수용함으로 그들과 통합하여 공존함으로써 '너'와 '나'의 개념을 넘어 '우리'라는 개념으로 상호 간에 조화를 이루어 행복하고 건강한 사회를 조성해 나가야 한다.

1) 다문화 사회와 관련 용어

다문화 사회를 이해하기 위해서는 먼저 관련 용어들을 이해할 필요가 있다. 다문화 사회란 다양한 문화가 혼재되어 이루어진 사회라고 이해할 수 있다. 그러나 문화와 사회를 묶어서 이해하기는 매우 어려운 일이다. 왜냐하면 '문화(culture)'는 그 의미의 다양성에도 불구하고 원래 정신적인 것을 가리키는 말이요(유태용, 1999), '사회(society)'는 서로 알지 못한 사람들이 어떤 공통의 관심과 이익을 추구하기 위해 모인 공동체를 가리키는 말이기 때문이다(정갑영, 2004). 따라서 상이한 개념이지만 분리할 수 없는 '다문화 사회'라는 용어를 이해하기 위해서는 관련 용어들을 이해할 필요가 있다.

(1) 다문화

다문화(多文化, Multiculture)는 한 사회 안에 여러 민족이나 여러 국가의 문화가 혼재하는 것을 의미한다. 마르코 마르티니엘로(Marco Martiniello, 2008)는 다문화를 "한 나라 안에 몇 가지 문화가 공존하는 것"으로 정의했다. 즉 하나의 문화에 다른 문화가 유입되는 것을 의미한다. 그리고 다른 문화 속에 들어가 정착하여 살게 되는 것을 문화적 적응(cultural adaptation)이라고 한다.

(2) 다문화주의

다문화주의(多文化主義, Multiculturalism)는 민족마다 다른 다양한 문화나 언어를 단일의 문화나 언어로 동화시키지 않고 공존시켜 서로 인정하고 존중하는 것을 목적으로 하는 사상이나 운동 혹은 정책을 의미한다.

(3) 다문화 사회

다문화 사회(多文化 社會, Multicultural Society)는 국적 · 민족 · 언어 · 종교 · 문화 · 가치관이 다양한 문화적 배경을 가진 사람들이 동등한 사회 구성원으로 인류공영을 위해 함께 사는 사회를 의미한다(이성미, 2010). '다양한 문화'에 대한 비슷한 용어들이 있는데, 첫째로 '다문화(multi-culture)'는 여러 문화가 공존하는 것으로 '단일 문화(mono-culture)'의 상대개념이다. 여러 문화가 각기 자기의 고유 형태를 유지하면서 하나의 사회를 구성하는 것을 의미한다. 둘째로 '타문화(cross-culture)'는 서로 다른 문화가 상호 소통하면서 공존하는 것으로 여러 문화가 어우러진 상태의 다문화로서 좀 더 상호작용적이고 소통적인 요소에 기반하여 상호 공존하는 다문화를 의미한다. 셋째로 '상호문화(inter-culture)'는 서로 다른 문화권을 형성하고 있는 사회 간의 상호작용을 의미하는 것으로 근래에는 한 사회를 구성하고 있는 소수민족, 다민족들이 상호이해, 상호역량을 미치면서 주류 문화의 영역을 확대해 나가는 의미로 사용되고 있다(조영달 외, 2010). 특히 다문화 사회는 인종이나 종족, 문화적으로 다원화되어 있는 사회로 소수집단 문화의 경계, 내국인 문화와 이주민 문화의 경계를 넘어서 서로의 문화를 가치 있게 여기고 존중하려는 사회를 일컫는 말이다. 그래서 다문화 사회라는 개념 속에는 국경 없는 마을, 국경 없는 시민권, 노동의 유연화(flexiblization), 문화적 사고, 에스닉(ethnic), 3D업종, 지구촌 마을, 글로컬(glocal), 혼종성(hybridity), 다문화, 다문화 공생, 디아스포라(diaspora) 등이 내포되어 있다.

(4) 다문화 가족

다문화 가족(多文化 家庭, Multicultural Family)은 서로 다른 국적 · 인종 · 문화를 가진 남녀가 혼인 · 혈연 · 입양 또는 이주를 통하여 둘 이상의 상이한 민족 · 문화적 배경을 공유하며 생활하는 가족을 의미하는데, 법률적으로는 결혼이민자와 대한민국 국민으로 이루어진 가족 또는 국적법에 따라 인지(認知) · 귀화(歸化)로 대한민국 국적을 취득한 자와 대한민국 국민으로 이루어진 가족을 말한다. "국제결혼으로 이루어진 가족을 흔히 '이중문화가족'이라고 부르기도 하는데, 이들 가운데 한 사람의 부모가 다문화 가족일 경우를 일컬어 '다문화 가족'이라고 칭한다."(정현곤, 2015).

현재 「다문화 가족 지원법」 제2조에 의하면 다문화 가족의 개념은 다음과 같다(국가법령정보센터, www.law.go.kr).

① 결혼이민자(재한외국인 처우 기본법 제2조)와 「국적법」 제2조에 따라 출생 시부터 대한민국 국적을 취득한 자로 이루어진 가족이다.

② 귀화 허가를 받은 자(국적법 제4조)와 「국적법」 제2조에 따라 출생 시부터 대한민국 국적을 취득한 자로 이루어진 가족을 지칭한다.

(5) 결혼이민자의 가족

결혼이민자의 가족(結婚移民者家族, Marriage-Immigrant Family)은 국제결혼과 한국으로 이주 및 자녀 출산을 통한 혈연관계를 통하여 가족 구성원들이 한국과 타국의 민족 · 문화적 배경을 공유하며 생활하는 다문화 가족의 하위 유형이라 할 수 있다. 결혼이민자가족은 한국 국적의 국민과 결혼이민자로 구성된 가족을 지칭한다. "결혼이민자"란 대한민국 국민과 혼인한 적이 있거나 혼인관계에 있는 재한외국인(대한민국의 국적을 가지지 않은 자로서 대한민국에 거주할 목적을 가지고 합법적으로 체류하고 있는 자)을 말한다(재한외국인 처우 기본법 제2조).

(6) 다문화 이주자

다문화 이주자(多文化 移住者, Multicultural Migrant)는 '다문화 이주민'이라는 용어와 병행해서 사용되곤 하는데, 이주자란 1980년대 말부터 한국으로 이주한 외국 출신 이민자(migrant)를 말한다. 본서에서는 문맥의 필요에 따라 결혼이주자(민), 이주노동자, 이주여성, 이주민 등으로 사용되기도 한다.

2) 다문화 사회 형성의 원인과 현황

전통적으로 다문화 사회는 가난하고 위험한 나라에서 풍족하고 안전한 나라로 이주하는 이주자들로 구성되기 때문에 그동안 한국은 "다문화 유출국(outflow nation)"이었다. 즉 우리 민족이 다른 나라로 이주했다는 의미이다. 대한제국의 멸망으로 발생한 이주민들, 일제 강점기 때 발생한 이주민들(주로 강제 노동자), 6 · 25 한국전쟁 때 발생한 피난민들, 또한 하와이를 시작으로 이루어진 재미동포들의 미주지역의 이민도 이주민의 역사였다(고광석, 2018). 예컨대 유엔난민기구의 전신인 '운크라(United Nations Korean Reconstruction Agency, UNKRA)'는 한국전쟁의 난민들을 위해 만들어진 기구였을 정도로 한국은 많은 이주민들이 구 소련연방(현재의 중앙아시아), 중국, 북미와 남미 및 유럽 등지로 이민을 갔다.

그러나 1980년대 말부터, 특히 서울올림픽 이후부터 노동이주자들을 비롯하여 결혼이주자들이 대거 유입되고, 한류 열풍으로 인한 유학생들의 급증과 북한이탈주민(새터민)2)들의 꾸준한 유입, 그리고 해외에 거주하던 동포(주로 중국 및 중앙아시아)와 외국에서 파견된 근무자 등의 유입으로 대한민국은 "다문화 유입국(inflow nation)"이 되었다. 뿐만 아니라 현재 난민의 국내 체류 비율은 미미하지만 장래에는 난민들의 유입도 크게 증가할 전망이다.

2021년 12월 기준으로 등록외국인의 연도별 증감 추이, 출신국적별 현황, 거주지역별 현황을 통해 다문화 사회의 형성 현황을 볼 수 있다.

등록외국인 연도별 증감 추이

구분	2015년	2016년	2017년	2018년	2019년	2020년	2021년 12월
인원	1,143,087	1,161,677	1,171,762	1,246,626	1,271,807	1,145,540	1,093,891
전년 대비 증감률	4.7%	1.6%	0.9%	6.4%	2.0%	9.9%	−4.5%

출처: 법무부. 출입국외국인 정책 통계월보(2021년 12월호).

2) 새터민은 '새로운 터전에서 삶을 시작하는 사람'이라는 순우리말로 2005년부터 사용하고 있다. '새터민'은 조선민주주의인민공화국에서 이탈한 주민을 가리키는 용어로서 흔히 탈북자(脫北者)라고 부르기도 하는데, 대한민국 법률상 용어로 조선민주주의인민공화국에 주소·직계가족·배우자·직장 등을 두고 있는 대한민국 사람으로서 조선민주주의인민공화국을 벗어난 후 대한민국 이외의 국적을 취득하지 않은 사람을 뜻한다(북한이탈주민의 보호 및 정착지원에 관한 법률 제2조(정의)).
새터민은 탈북자에 대한 부정적인 이미지를 불식하고 긍정적·미래지향적 이미지 제고를 위해 선정하였다. 통일부는 공식적인 용어로 법률용어인 '북한이탈주민'을 사용하되, 비공식적으로 '탈북자'를 대신하여 '새터민'을 상황에 맞게 사용하면서 장기적으로 사회적 합의를 거쳐 자연스럽게 정착될 수 있도록 하였다. 새터민 정착지원 제도는 초기정착금 지급제도, 취업지원제도, 교육지원제도, 사회보장지원제도, 거주지보호제도 등 다각적으로 지원하고 있다(송윤선, 2012: 7).

등록외국인 출신국가별 현황

국적별	계	중국	베트남	우즈베키스탄	필리핀	캄보디아	네팔	기타
인원	1,093,891	424,385	178,928	44,470	40,263	38,035	35,447	332,363
비율	100%	38.8%	16.4%	4.1%	3.7%	3.5%	3.2%	30.4%

출처: 법무부. 출입국외국인 정책 통계월보(2021년 12월호).

등록외국인 거주지역별 현황

계	경기	서울	충남[3]	인천	경남	경북	부산	충북
1,093,891	360,412	226,569	67,462	66,364	63,148	51,100	39,420	36,045
	전남	전북	대구	광주	제주	강원	대전	울산
	32,656	30,331	27,230	20,934	20,717	17,384	17,292	16,827

출처: 법무부. 출입국외국인 정책 통계월보(2021년 12월호).

(1) 국제결혼의 증가로 결혼이주자의 급속한 유입

초기 한국 다문화 사회화의 가장 큰 유형이 국제결혼으로 인한 결혼이주자, 특히 아시아계 여성들이 급속히 유입되었다. 주로 가난하고 힘든 나라에서 한국에 대한 꿈을 가지고 결혼해서 이주했기 때문에 그들은 한국 땅을 밟는 순간 한국인이 된다. 가정이 해체되지 않는 한 이 땅에서 자녀를 낳고 한국시민으로 영구히 정착하게 된다.

결혼이민자들이 국내로 이주하게 된 배경은 출신국가별로 차이가 있다. 중국 여성들은 동일문화권에 대한 선호와 한국 정착의 방편(위장결혼)으로 삼기도 한다. 일본 여성들 대부분은 종교적인 이유 때문이고(통일교의 합동결혼식), 동남아(베트남, 캄보디아, 필리핀) 국가 출신 여성들은 경제적 이유와 본국의 어려운 생활을 벗어나고 싶은 한류 드라마의 영향이 원인으로 나타났다.

결혼이주자는 2014년 150,994명에서 2015년 151,608명, 2016년 152,374명,

3) 세종특별자치시 4,884명 포함

2017년 155,457명, 2018년 159,206명, 2019년 162,582명, 2020년 168,611명으로 해마다 조금씩 증가하고 있는데, 2020년과 2021년은 코로나19 사태로 약간 감소하였다. 결혼이주자의 국적별 · 성별 현황은 다음 도표와 같다.

결혼이주자 국적별 · 성별 현황

<table>
<tr><th>국적
구분</th><th>계</th><th>중국[4]</th><th>한국계</th><th>베트남</th><th>일본</th><th>필리핀</th><th>태국</th><th>캄보디아</th><th>미국</th><th>기타</th></tr>
<tr><td rowspan="2">전체</td><td>168,611</td><td>59,770</td><td>22,336</td><td>41,447</td><td>15,074</td><td>12,041</td><td>6,558</td><td>4,565</td><td>4,538</td><td>24,618</td></tr>
<tr><td>(100%)</td><td colspan="2">(35.4%)</td><td>(24.6%)</td><td>(8.9%)</td><td>(7.1%)</td><td>(3.9%)</td><td>(2.7%)</td><td>(2.7%)</td><td>(14.6%)</td></tr>
<tr><td rowspan="2">남자</td><td>31,943</td><td rowspan="2">13,951</td><td rowspan="2">8,420</td><td rowspan="2">3,560</td><td rowspan="2">1,272</td><td rowspan="2">528</td><td rowspan="2">122</td><td rowspan="2">546</td><td rowspan="2">3,200</td><td rowspan="2">8,764</td></tr>
<tr><td>(18.9%)</td></tr>
<tr><td rowspan="2">여자</td><td>136,668</td><td rowspan="2">45,819</td><td rowspan="2">13,916</td><td rowspan="2">37,887</td><td rowspan="2">13,802</td><td rowspan="2">11,513</td><td rowspan="2">6,436</td><td rowspan="2">4,019</td><td rowspan="2">1,338</td><td rowspan="2">15,854</td></tr>
<tr><td>(81.1%)</td></tr>
</table>

출처: 법무부. 출입국외국인 정책 통계월보(2021년 12월호).

(2) 국내 노동자의 부족으로 인한 이주노동자의 증가

이주노동자의 유입은 1988년 서울올림픽 이후 급속한 경제성장으로 인해 소규모 제조업(주로 3D업종)에 노동인력이 필요하게 되어 '산업연수생'의 신분으로 유입이 되었다가 최근에는 국내 단순노동시장의 주력 노동자로 자리매김하고 있다. 초기에는 주로 서남아시아 국가의 노동자들과 한 · 중 수교로 인한 중국 거주 동포(조선족)들이 주를 이루었으나 최근에는 중앙아시아 국가와 중동국가에까지 문호가 개방됨으로써 이주노동자들이 지속적으로 증가하였다. 이와 같은 저숙련 외국인 노동인력의 유입은 1990년대 초반부터 가시화되기 시작하였고, 외환위기 이후 2000년대 이후에 본격인 노동인력 유입이 지속되고 있다(박찬식 · 정노아, 2008: 193). 특히 급증한 이주노동자들 중에는 고용계약이 끝났음에도 불법으로 체류하는 노

4) 한국계 포함

동자와 그 자녀들도 상당수 있다.

국내 체류 이주노동자의 업무 유형은 전문직 인력이 48,533명(8.3%)에 불과하고, 대부분 단순기능직 인력으로서 중소기업, 선원, 농촌지원인력, 단순건설노동자 등으로 일하고 있고 그 수는 538,982명(91.7%)에 이르며, 불법체류노동자도 전체 이주노동자의 30%에 이른다는 분석이 있다.

이주노동자 출신국가별 현황

계	중국	베트남	캄보디아	네팔	인도네시아	태국	필리핀
406,669	120,282	40,244	33,464	29,392	27,690	22,991	21,561
	우즈베키스탄	미얀마	스리랑카	미국	방글라데시	카자흐스탄	몽골
	21,349	21,231	16,928	9,678	7,916	4,844	4,735
	파키스탄	인도	영국	동티모르	남아공	캐나다	기타
	2,906	2,677	2,318	2,226	1,911	1,737	10,589

출처: 법무부. 출입국외국인 정책 통계월보(2021년 12월호).

(3) 한류열풍과 국제화의 영향으로 인한 외국인 유학생 증가

국내 외국유학생들이 유입되는 원인은 K-pop과 드라마로 대표되는 한류열풍으로 한국어를 비롯한 선진교육을 배우고자 유학생들이 대거 유입되었다. 또한 한국의 높은 지식 · 정보 · 기술의 습득을 위한 국비 유학생이 증가하였고, 한국 대학들의 유학생 유치 경쟁의 결과로 인한 원인도 크며(지방대학은 사활을 걸고 유치 중), 국가 간 교환학생 프로그램의 일환(전체의 20%)으로 유입되기도 하고, 마지막으로 유학 외의 일을 하기 위해 유학생 비자로 체류 중이기도 한다(전체의 12%에 해당).

외국인 유학생 연도별 증감 추이

연도	2016년	2017년	2018년	2019년	2020년	2021년 12월
합계	115,927	135,087	160,671	180,131	153,361	163,699
유학(D-2)	76,040	86,875	102,690	118,254	101,810	111,178
한국어연수(D-4-1)	39,873	48,208	57,971	61,867	51,545	52,506
외국어연수(D-4-7)	14	4	10	10	6	15
전년대비 증감률	20.3%	16.5%	18.9%	12.1%	−14.9%	6.7%

출처: 법무부. 출입국외국인 정책 통계월보(2021년 12월호).

외국인 유학생 출신국가별 현황

구분	총계	유학 (D-2)	한국어연수 (D-4-1)	외국어연수 (D-4-7)
총계	163,699	111,178	52,506	15
베트남	63,492	30,886	32,603	3
중국[5]	49,033	43,231	5,801	1
한국계	763	758	5	0
우즈베키스탄	9,504	7,566	1,938	0
몽골	8,838	5,768	3,070	0
일본	3,876	1,662	2,214	0
네팔	2,772	2,590	182	0
인도네시아	1,561	1,348	213	0
미얀마	1,504	790	714	0
인도	1,412	1,241	171	0
파키스탄	1,392	1,349	43	0
러시아(연방)	1,303	676	627	0
미국	1,285	932	353	0
방글라데시	1,278	1,222	47	9
프랑스	981	624	357	0
타이완	960	610	350	0
독일	901	733	168	0

구분	총계	유학 (D-2)	한국어연수 (D-4-1)	외국어연수 (D-4-7)
말레이시아	897	719	178	0
카자흐스탄	853	645	207	1
기타	11,857	8,586	3,270	1

출처: 법무부. 출입국외국인 정책 통계월보(2021년 12월호).

(4) 남북한 화해 무드로 인한 북한이탈주민들의 증가

새터민이라고 불리는 북한이탈주민들(탈북자)이 정부의 전략적 문호개방의 영향으로 매년 지속적으로 증가하고 있다. 새터민의 유입 유형은 1993년까지는 정치적 망명, 2005년부터는 생계형 탈출, 그리고 현재는 가족 동반 탈북이 주를 이루고 있다.

북한이탈주민 지원재단에서 실시한 실태 조사에 의하면 북한이탈주민들의 탈북 동기(복수응답)에 의하면 탈북의 요인으로 ① 식량 부족과 경제적 어려움(52.8%), ② 자유를 찾아서(32%), ③ 북한 체제가 싫어서(23.6%), ④ 돈을 더 많이 벌기 위해(19.0%), ⑤ 가족을 따라서(15.0%), ⑥ 가족을 찾거나 결합을 위해서(9.4%), ⑦ 신변 위협(9.4%) 등으로 나타났다.

특이한 점은 최근 10년 동안 북한이탈주민들의 입국 수는 한해 평균 1,000여 명 정도로 큰 편차를 보이지 않는다는 점과 여성의 비율이 평균적으로 80% 정도 된다는 점이다. 그러나 코로나19 사태 이후 급감하고 있다. 이들은 더 나은 삶을 위해서 탈북했지만 기대 이하의 경제상황(경제적 불만족), 대인관계의 어려움, 남한 주민의 냉담한 반응, 이질적인 생활 습관으로 인한 정신적 · 육체적 고통이 언어와 역사가 같음에도 체제의 차이에서 오는 문화 격차와 긴장감 등으로 한국 적응에 어려움을 겪고 있다. 그래서 일부는 다시 중국이나 북한으로 되돌아가는 경우도 나타나고 있다.

5) 한국계 포함

북한이탈주민 연도별 · 성별 입국인원 현황

구분	2015년	2016년	2017년	2018년	2019년	2020년	2021년 (예상)	총계
남자	251	302	188	168	202	72	40	9,475
여자	1,024	1,116	939	969	845	157	23	24,340
계	1,275	1,418	1,127	1,137	1,047	229	63	33,815
여성비율	80.3%	78.7%	83.3%	85.2%	80.7%	68.6%	36.5%	72.0%

출처: 통일부. 북한이탈주민 입국인원 현황, 2021년 1월 기준.

(5) 중국을 비롯한 외국국적동포(해외동포)의 급속한 유입

한국의 경제발전과 민주화된 체제, 그리고 한류의 영향으로 해외에 거주하던 동포들이 대거 한국으로 유입되고 있다. 2021년 기준 국내에 거주하고 있는 외국국적동포는 총 475,945명으로, 국적별로 보면 중국이 74.3%(353,654명)로 다수를 차지하고 있으며, 이어 미국, 러시아, 우즈베키스탄, 캐나다, 카자흐스탄이 그 뒤를 잇고 있다. 특히 중국과 CIS(Commonwealth of Independent States, 구소련 붕괴 후 형성된 독립국가연합: 러시아, 우즈베키스탄, 카자흐스탄, 우크라이나, 키르기스스탄, 타지키스탄) 지역에서 온 동포들은 한국인이 기피하는 3D업종에 주로 종사하며 코리안 드림을 꿈꾸고 있다.

외국국적동포 출신국가별 현황

총계	중국	미국	러시아	우즈베키스탄	캐나다	카자흐스탄	기타
475,945	353,654	42,290	25,280	17,932	16,171	7,556	13,062

출처: 법무부. 출입국외국인 정책 통계월보(2021년 12월호).

(6) 외국파견근무자의 유입

세계화의 영향으로 국제관계, 경제활동, 문화교류, 봉사활동 등으로 인해 다국적 국민들이 일정 기간 상주하며 살고 있다. 외교관과 그 가족, 미군과 군무원 및 그 가족, 다국적기업의 파견근무자 및 그 가족, UN 및 NGO 관계자, 원어민 언어강사, 이외에 한국 기업이나 기관에 고용된 외국인들이 한국 다문화 사회화의 중요한 한 요인이기도 하다.

3) 다문화 사회 형성의 특징

다문화 사회 형성의 특징을 아는 것은 중앙정부와 지방정부의 다문화 정책을 세우는 데 중요한 참고 자료가 된다.

(1) 다문화 사회의 주류가 혈연적으로 같은 민족이다.

전체 등록외국인 중에서 중국동포 43.9%와 그 외 해외동포 약 10% 및 북한이탈주민을 합하면 절반 이상이 같은 혈통을 가진 민족임을 알 수 있다. 이들은 언어, 문화, 사고방식 등의 차이가 있음에도 내국인과 혈통이 같은 민족이기 때문에 외모와 정서상 다른 국가의 이주민들보다 정착하기가 훨씬 유리하다.

(2) 그 외 타민족 출신도 대부분 아시아계 출신자이다.

대부분의 결혼이주민과 이주노동자들이 아시아계 출신자들로 피부색, 신체골격, 문화 등에 있어서 한국인과 차이가 없다. 실제로 국내 등록외국인들의 출신국가를 보면 중국(38.8%), 베트남(16.4%), 우즈베키스탄(4.1%), 캄보디아(3.7%), 필리핀(3.5%), 네팔(3.2%) 순으로 나타났다.

(3) 대부분의 이주노동자와 유학생 등은 본국으로 귀국하는 경향이 많다.

외국인주민의 절반 이상을 차지하는 이주노동자와 유학생들은 자신들의 목적을 이룬 후(노동자는 돈 벌기, 유학생은 학위취득) 대부분 본국으로 돌아가는 경향이 강하다. 결혼이주자는 거의 국내에 영구적으로 거주하지만 일부 불법체류노동자를 제외하고는 노동자와 유학생은 대부분 귀국하는 경향이 많다.

(4) 이주노동자의 비중이 상대적으로 높다.

등록외국인 1,093,891명 중 이주노동자가 406,669명으로 전체 37.2%를 차지하고 있다. 국내 다문화 사회의 초기 비중은 결혼이주자가 다수를 차지했으나 최근에는 부족한 3D업종의 노동인력을 충원하는 이주노동자들이 절대 다수를 차지하고 있다.

(5) 다문화에 대한 인식과 수용성이 낮다.

다문화 사회화가 빠르게 진행하고 있지만 여전히 한국인들의 순혈주의 중시 풍토로 다문화에 대한 인식과 수용성이 현저히 낮다. 그동안 한국인들은 단일민족국가라는 역사의식이 강하고 유교적 가치관 등으로 인해 이주민들과의 공존을 모색하기보다 차별적 의식이 아직도 강한 편이다. 특히 외국인을 대하는 시선도 피부색과 국적에 따라 달라지는데, 서구권 백인들에 대한 시선은 우호적이지만, 동남아시아나 아프리카인들에 대해서는 부정적이고 무시하려는 경향이 강하다.

(6) 이주민에 대한 차별적·부정적 인식을 하는 경우가 많다.

한국인들 중에는 결혼이민자들에 대해 '팔려온 신부' 혹은 '씨받이', 그리고 외국노동자들에 대해 '불법체류' 혹은 '일자리 도둑' 정도로 인식하고 있는 경향도 강한 편이다. 이주민에 대하여 '저질문화', '이상한 생김새', '테러' 등 부정적인 이미지가 심한 편이며, 그로 인해 차별과 멸시도 발생하고 있다.

이런 인식의 결과로, 결혼이민자에 대해 기본적인 인권을 유린함으로써 가정불화와 함께 아내의 가출로 인한 가족해체에 이르게 된다. 또한 이주노동자들의 처우를 부당하게 함으로써 임금착취, 신체유린, 인권탄압 등으로 나타나며, 때로는 이들이 본국으로 돌아가 현지 거주 한국인에게 보복을 하는 경우도 생겨나고 있다. 필리핀 주재 한국대사관 앞에는 한국에서 산업재해로 장애를 입은 현지인들의 시위가 계속되고 있는 것이 목격되기도 한다.

(7) 분야별 출신국가 및 거주지역이 확연히 구분된다.

결혼이주자는 주로 동남아국가 출신자들, 유학생은 주로 중국인들, 노동자는 주로 서남아시아 국가 출신들이 주류를 이루고 있다. 분야별 거주지역은 결혼이주자는 주로 농촌 지역에, 유학생은 도시 캠퍼스 지역에, 노동자는 산업단지나 농촌 지역의 농공단지 지역에 집단거주하고 있다.

(8) 대부분의 다문화가정과 이주노동자의 삶이 경제적으로 어렵다.

대부분의 다문화가정은 경제적으로 낮은 소득수준에 있다. 주로 농촌의 노총각이나 도시의 노총각 등 한국 여성과의 결혼이 힘든 남자들이 결혼이민자와 결혼을 하게 되는데, 한국인 남편들이 대부분 안정된 직장을 갖거나 고소득자가 아니기 때문에 경제적 빈곤과 사회적 하위계급의 성격을 띠고 있다. 또한 이주노동자들도 본인이 제공한 노동력에 비해 임금이 적을 뿐 아니라 대부분 본국으로 송금을 하기 때문에 실제 국내 거주 노동자들의 경제적 여력과 삶의 질이 현저히 낮은 실정이다.

실제로 여성가족부에서 발표한 「2018 전국 다문화가족 실태조사」[6]에 의하면 다문화가정의 직종은 단순노무가 27.9%로 국민 일반(13.0%)에 비해 단순노무 종사자 비율이 월등히 높다. 또한 서비스 종사자(17.0%), 장치, 기계 조작 및 조립 종사자(13.8%), 기능원 및 관련 기능 종사자(10.2%)도 국민 일반보다 많은 편이다. 반면, 취업한 결혼이민자 · 귀화자 등 가운데 전문가 및 관련 종사자는 10.7%, 사무직 종사자는 6%로 국민 일반에 비해 전문가 및 관련 종사자, 사무 종사자 비율이 크게 낮았다. 결혼이민자의 종사상 지위를 살펴보면, 자영업자 11.1%, 무급가족종사자 6.6% 등 비임금 근로자가 17.7%이며, 상용근로자가 42.3%, 임시근로자 21.4%, 일용근로자 18.5%를 차지하고 있는데, 이를 18세 이상 국민 일반과 비교하면 상용직 비중은 월등히 낮고 임시직 및 일용직 비중은 훨씬 높으며, 자영업자의 비중은 현저히 낮고, 무급가족종사자 비중이 더 높은 등 전반적으로 종사상 지위가 열악하다. 다문화가정의 월평균 임금은 150~200만 원 미만이 25.3%, 100~150만 원 미만이 22.3%로 절반에 이르는 47.6%가 100~200만 원의 임금을 받고 있다.

2 다문화 가족

다문화 가족은 다양한 문화가 공존하는 가족, 즉 서로 다른 국적이나 인종, 문화를 지닌 사람들로 구성된 가족을 칭하는 용어이다. 「다문화 가족 지원법」 제2조에 따르면, 다문화 가족이란 결혼이민자 또는 귀화 허가를 받은 자와 대한민국 국적자로 이루어진 가족이며, 국제결혼 가족, 외국인 근로자 가족, 북한이탈주민(새터민) 가족, 난민 가족 및 1인 외국인 가구 등으로 나눌 수 있다.

---

6) "전국 다문화가족 실태조사"는 다문화 가족 지원법 제4조에 따라 3년마다 실시하는 조사로 2009년, 2012년, 2015년에 이어 2018년에 네 번째로 실시되었다. 여성가족부에서는 「2021년 전국 다문화가족 실태조사」를 2021년 8월에 실시하였다.

현재 한국의 다문화 가족의 주된 구성요인은 국제결혼 가족과 외국인 근로자 가족 및 북한이탈주민(새터민) 가족으로 구성되어 있다.

1) 다문화 가족의 유형

(1) 국제결혼 가족

한국인과 외국인이 결혼하여 구성된 가족을 말한다.

(2) 외국인 근로자 가족

외국인 근로자(이주노동자) 남성과 한국인 여성 또는 외국인 근로자 여성과 한국인 남성, 혹은 외국인 남성과 여성이 각각 결혼하여 구성된 가족을 말한다.

(3) 북한이탈주민(새터민) 가족

북한이탈주민(새터민) 남자와 여자, 북한이탈주민과 한국인, 또는 북한이탈주민과 외국인이 결혼하여 구성된 가족을 말한다.

(4) 난민 가족

난민 판정을 받아 합법적으로 국내에 거주하는 난민이 난민들끼리 또는 난민과 한국인이 결혼하여 구성된 가족을 말한다.

(5) 1인 외국인 가구

1인 외국인 가구는 혼자 사는 외국인 근로자 또는 유학생 등이 해당된다.

2) 다문화 가족의 현황

여성가족부에서 발표한 「2021년 전국 다문화가족 실태조사」에 의하면 다문화 가구는 전체 34만 6,017가구이며, 결혼이민자 가구가 82.4%, 기타 귀화자 가구가 17.6%로 나타났다. 장기 거주로 한국 생활 적응력은 높아짐과 동시에 자녀의 학령기 비율이 증가하여 청소년기 자녀 양육의 중요성도 더욱 커지고 있다. 가족구성은 부부와 자녀로 이루어진 가족(34.0%)이 가장 많고, 부부 가구(17.0%), 1인 가구(14.4%), 확대가족(12.3%), 한부모가족(12.2%) 순으로 나타났다.

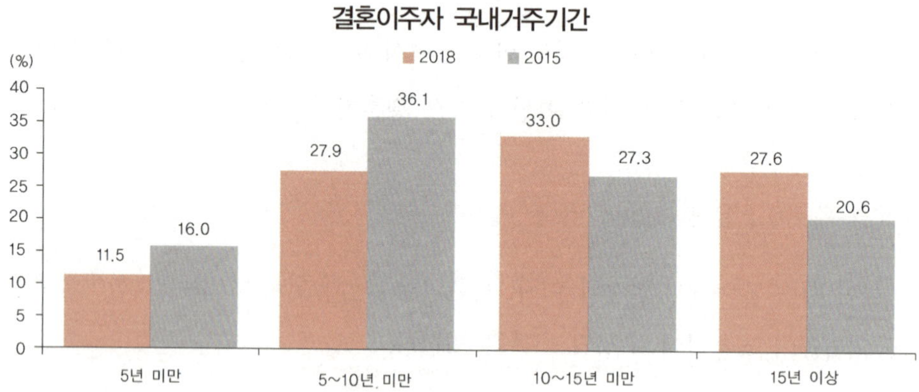

출처: 여성가족부. 2018년 전국 다문화가족 실태조사.

국내 대부분의 다문화가정은 한국인 배우자와의 국제결혼으로 인한 다문화 가족으로 구성되었다. 특히 한국 미혼여성들이 도시에서의 삶을 선호하므로 농촌지역에서 거주하고 있는 농촌 미혼남성들이 내국인 여성을 배우자로 찾기가 어려워짐으로써 외국 여성과 결혼할 수밖에 없는 처지에 놓이게 된 것이 가장 큰 다문화 가족의 구성 요인으로 꼽힌다. 결혼이민자들은 중국 동포가 다수를 차지하고 있고, 주로 아시아계 여성들이 유입되었다. 이들은 주로 가난하고 힘든 나라에서 한국에 대한 꿈을 가지고 결혼해서 이주했기 때문에 그들은 가정이 해체되지 않는 한 한국에서 자녀를 낳고 한국시민으로 영구히 정착하게 된다.

그러나 통계청의 자료에 의하면, 2021년 기준 결혼이민자들은 136,668명(81.1%)으로, 출신국가별 현황은 중국(조선족 포함), 베트남, 일본, 필리핀, 태국, 캄보디아, 미국 등의 순이다.

다문화 가족을 구성한 성별의 비율을 보면 여성결혼이주자가 81.1%로 남성결혼이주자 18.9%에 비해 압도적으로 많았다. 그 이유는 주로 여성결혼이주자가 한국 남성에게 시집을 와서 다문화 가족을 이루는 경향이 대부분이었으며, 남성결혼이주자는 주로 노동자로 입국했다가 한국에 장기체류(거주)하기 위한 목적으로 한국 여성과 결혼한 경우가 많았다. 현재 국내 다문화가정의 한국인 배우자 연령대는 40대와 50대의 중장년층이 71.6%에 이르며, 60대 이상 고령층은 8.9%이며, 혼인형태는 초혼이 74.6%이고 재혼이 25.4%이다.

다문화 가족의 혼인상태는 92.1%가 유배우(有配偶)이고 7.7%가 이혼 · 별거 중이다. 특히 유배우 가족의 결혼 배경이 과거에는 절반 정도가 결혼중개업소를 통한 결혼이었으나 현재는 친구, 동료의 소개가 가장 많았고(31.7%), 스스로 결정(24.8%), 결혼중개업체(21.4%), 가족 또는 친척의 소개(18.4%), 종교기관(3.4%) 순으로 나타났다. 종교기관을 통한 결혼은 주로 통일교의 합동결혼식을 통해 결혼한 종교적인 이유(주로 일본인 여성)로 나타났다.

결혼이민자들의 한국인 배우자 직업의 90% 정도는 농업, 공공근로자, 건설노동자, 운전자 등 단순노동자들이었고 사무직에 종사하는 배우자는 5%에 불과했으며, 무직인 경우도 5%로 나타나 한국인 배우자들의 직업이 경제적으로 안정되지 못함을 볼 수 있다. 실제로 대다수의 한국인 배우자의 월수입이 200만 원 미만이었고, 그래서 결혼이민자의 25% 정도가 본인의 직업을 가지고 있다. 이들이 직업을 갖는 큰 이유 중의 하나는 본국의 친정 가족들을 지원하기 위함인데, 결혼이민자 절반 정도가 본국에 송금하고 있다.

이와 같은 현상은 동남아국가의 가족문화에서는 매우 당연한 것이다.

그 예로 필리핀 현지의 상황에서 자주 경험했던 것으로 가족을 위해서는 어떤 희생도 마다하지 않으며, 또한 대도시에 있는 가족은 지방에 있는 가족들을 돌보는 것을 자신의 사명으로 알고 있다. 따라서 여유 있는 사람이 어려운 가족을 돕는 것은 매우 자연스러운 문화이기 때문이다.

이런 문화적 배경에서 볼 때 결혼이민자들이 본국의 가족을 위해 송금하는 것에 대해 이해해 주고 협력하는 것이 부부간의 원만한 관계와 당사자의 원만한 한국 생활을 위해서도 필요한 일이다. 또한 본국에 있는 부모님들 입장에서도 주위의 이웃들이나 친척들에게 "한국에 시집간 아무개가 현금을 보내왔다"는 것은 매우 자랑스럽고 보람된 일이기 때문에 감당할 수 있는 범위 내에서 송금하는 것은 여러모로 유익한 일로서, 결혼이민자가 한국에 정착하는 데 크게 기여할 요인이 된다.

3) 다문화 가족의 현안 문제

문화가 다르고 삶의 패턴이 다른 사람들이 만나 가정을 이루어 산다는 것은 결코 쉬운 일이 아니다. 동족인과의 결혼생활도 쉬운 일이 아닌데, 언어가 다르고 연령 차이가 많이 나고(대부분의 경우), 생활양식이 다른 사람이 부부로 살아가는 과정에서 여러 현안 문제들이 발생하는 것이 어찌 보면 당연한 일이다.

(1) 결혼생활의 어려운 문제들

전국 다문화가족지원센터 10개소 프로그램에 참여하고 있는 결혼이민자 150여 명을 대상으로 한 조사에서 결혼생활에서 겪는 어려움을 3개 이상 복수 응답하도록 한 결과, 전체 66.4%가 본국에 대한 그리움(鄕愁) 때문에 어려움을 겪고 있다고 응답했고, 다음으로 53.8%가 자녀교육의 어려움을 호소했으며, 50.4%가 언어와 문화적 차이로 인한 어려움을 답했다. 다음으로 42.9%가 경제적 어려움을 겪고 있는 것으로 나타났으며, 35.3%가 외로움을, 29.4%가 주위의 차별을, 28.6%가 남편과의 갈등을 어려움으로 응답했다. 23.5%는 남편을 비롯한 시집식구들의 외출제한을 어려움으로 제시했고, 18.5%는 음식으로 인한 어려움을 호소했으며, 17.6%는 각각 시댁과의 갈등과 한국 가정의 문화로 인한 어려움을 응답했다. 그 외의 요소로는 종교적인 문제(15.1%), 다문화 친구들과의 갈등(9.2%), 가족의 무관심(8.4%)과 건강문제(7.6%)를 어려움으로 응답했다.

(2) 부부간의 갈등(분쟁)

한국인 남편과 외국인 아내와의 결혼생활은 그 자체로만 보더라도 쉬운 것이 아니다. 같은 동족끼리의 결혼생활도 갈등이 있기 마련인데, 국제결혼으로 인한 다문화가정 부부간의 갈등도 면밀히 살펴서 건강한 부부관계를 유지하도록 돕는 것이 매우 중요하다.

이런 의미에서 다문화 가족 부부간의 갈등을 조사한 결과 24.4%가 언어와 문화의 차이점 때문에 가장 많이 갈등을 겪는 것으로 조사되었으며, 그다음으로 15.1%가 시댁과의 갈등으로 인해 부부간의 관계가 원만하지 못하며, 12.6%는 경제적인 문제로 갈등을 겪고 있고, 11.8%는 자녀 양육문제 때문에 갈등하고 있는 것으로 나타났다. 7.6%는 종교문제로 부부간에 갈등을 겪고 있고, 5.9%는 본국에 송금하는 문제 때문에 갈등하고 있으며, 5.0%는 각각 부부간의 성생활과 남편의 의처증 때문에 갈등을 겪고 있는 것으로 나타났다. 그 외의 원인으로는 외모에 대한 무시, 직업을 갖지 않는다는 이유, 인종차별적인 언행과 생활환경에 적응하지 못함으로 인한 갈등, 외출문제로 인해 부부간에 갈등이 있다.

중앙가정지원센터의 다문화 가족 상담결과에 의하면, 남편과 아내가 부부간의 어려움을 호소하는 내용이 각각 달랐다. 먼저 아내에 대한 남편의 불만 사항은 지속적으로 본국으로의 송금요구, 물건 사달라고 조르기, 가사노동 기피, 시부모

갈등, 게으름, 폭력적(할퀴기, 꼬집기, 자해하기, 협박하기, 칼 들기 등), 출신국 남자와의 채팅 및 문자 주고받기, 과도한 소유욕(질투, 의부증), 친정 부모 · 형제 초청에 대한 과도한 요구, 성생활 및 임신 기피 등으로 나타났다.

반면 아내의 남편에 대한 불만은 돈 때문에 시집왔다는 의심, 시댁 가족들의 지나친 간섭, 본국과 외부와의 전화통제, 생활비 안 주기, 용모통제(노출이 심한 옷에 대한 제재), 말 듣지 않으면 본국으로 보낸다는 협박, 한국에 적응하기 위한 한국의 음식 먹기와 요리하기 강요, 신분증 빼앗기, 한국어교육에 참여시키지 않기, 동일 출신국 사람들 모임에 보내지 않기, 컴퓨터 가르치지 않기, 빨리 임신하도록 강요, 원하지 않는 성행위 강요, 도망갈 것이라는 의심 등으로 나타났다.

(3) 가정폭력

부부간의 갈등은 가정폭력으로 연결될 가능성이 매우 높으며, 또한 가정폭력은 부부간의 관계를 파탄에 이르게 할 수도 있다. 실제로 30% 정도가 부부간에 가정폭력이 있었으며, 절반은 5번 이상 폭력을 경험하였으며 가정폭력이 반복되고 있음을 알 수 있다. 가정폭력의 유형은 언어폭력(48.3%), 신체폭력(20.7%), 성폭력(17.2%), 이혼협박(13.8%) 순이었다.

언어폭력은 상호 간에 의사소통이 되지 않기 때문에 나타나는 경향이 많다. 예컨대 얼마 전 베트남 아내를 폭행하는 동영상이 전 국민적인 공분을 일으켰는데, 그것도 언어소통의 문제 때문에 발생한 것으로 밥을 하는 아내에게 “치킨 시켰는데 왜 밥을 했냐?”며 남편이 폭행을 가했던 것이다. 결혼이민자에 대한 언어 및 신체폭력은 남편만의 문제가 아니라 시부모의 폭력도 상당했다. 특히 남편의 성폭력은 음주 후 성행위 강요, 폭력적 성행위로 인한 스트레스, 과도한 성행위 요구 또는 성생활 기피 등도 포함되었다.

(4) 가출경험과 가출 시 가는 곳

결혼이민자들은 부부간의 관계 등 가정생활의 갈등과 어려움을 극복하지 못하면 가출을 하게 되는데, 32%가 가출을 경험했고, 가출경험자 90%가 두 번 이상 가출경험이 있다고 했다. 이들이 가출했을 때 가는 장소는 다문화 쉼터(34%)가 가장 많았고, 다문화 친구 집(26%), 자국민 이주자 숙소(11%), 목사 사택 또는 종교시설(11%), 여관(모텔)(8%) 순으로 나타났다.

(5) 이혼 또는 별거를 고려 중인 이유

부부간의 갈등과 지속적인 가정폭력, 이로 인한 가출은 결국 이혼이나 별거를 하게 하는 결과를 초래한다. 실제로 가정폭력과 가출을 경험한 결혼이주자들 34%는 이혼 또는 별거를 고려 중에 있다. 이혼이나 별거를 고려 중인 원인으로는 생활방식과 문화적 차이가 많은 이유로 나타났다(42.5%). 다음으로 배우자의 폭력(35%), 성격차이(32.5%), 시댁 식구들과의 갈등(30%), 남편의 무관심(27.5%), 경제적 어려움(25%), 인격 모독적인 이유와 남편의 의처증(22.5%), 지나친 활동제한(20%), 그리고 종교문제(15%) 등인 것으로 나타났다.

다문화가족지원센터의 상담사업 결과에 의하면, 이와 같이 실제로 다문화 가족의 이혼율이 계속 증가하고 있는데, 원인으로 성격차이, 배우자의 외도 및 가정생활 소홀로 인한 이혼 청구, 결혼정보회사의 잘못된 정보로 인한 이혼 청구, 임신 중 친자의심으로 인한 이혼 청구, 남편의 경제력 상실과 폭력 및 음주 · 도박으로 인한 이혼 청구, 결혼이민자의 가출 및 본국으로의 무단 귀국으로 인한 남편의 이혼 소송 등으로 나타났다.

(6) 자녀 양육의 어려움

결혼이민자들은 주로 아시아 국가 출신이기 때문에 가족 중심의 문화에서 자녀는 가장 중심에 자리 잡고 있다. 그래서 자녀문제라면 생명도 던질 수 있는 특별한 자녀에 대한 애착이 있는데, 자녀가 언어가 서툴고 또래 아이들로부터 따돌림을 당하고 이로 인해 학습이 부진하게 되므로 가정의 현안문제로 대두되고 있다. 특히 자녀 양육에 어려움을 겪는 원인으로는 한국식으로 적절한 교육방법을 몰라서 제대로 양육하지 못한 어려움이 가장 컸으며(21%), 다음으로 자녀 양육을 도와줄 사람이 없어서 어려움을 겪고 있다고 응답한 사람이 19.3%였고, 13.4%는 자녀의 학업성취도가 낮은 것이 어려움이라고 했다. 또한 10.9%는 자녀가 학업의 어려움을 겪고 있을 때 도와주지 못한 것이 어려움이라고 했고, 8.4%는 직장 때문에 시어머니가 양육하기 때문에 자신들이 직접 양육하지 못한 어려움을 나타냈고, 6.7%는 남편과의 자녀 양육 방식이 다름으로 인한 어려움을, 5.0%는 자녀의 사춘기를 제대로 관리하지 못한 것이 어려움이라고 했다. 남편의 전처 자녀들을 양육하기도 쉽지 않은 문제였다.

현재 다문화 가족의 자녀 93.1%가 한국 학교에 재학 중인데, 이는 2012년 78.7%와 2015년 84.5%에 비해 지속적으로 증가하는 양상이다. 그럼에도 중간에 중퇴하는 자녀들이 있는데, 그만둔 주된 이유를 보면, 학교 다니기 싫어서가 46.2%로 가장 높고, 그다음으로는 친구나 선생님과의 관계 때문에 23.4%, 편입학 및 유학준비로 14.1%, 학비문제 등 학교 다닐 형편이 안 되어 12.9% 등으로 나타났다.

다문화가정의 자녀들 80% 이상이 학교생활(유치원 혹은 어린이집 포함)에 크고 작은 어려움을 겪고 있는데, 그 원인으로는 한국어 능력이 부족한 것을 가장 큰 어려움이라고 답했으며(16%), 15.1%는 자신이 한국인 어머니와 비교되는 것, 10.9%는 각각 자신의 자녀가 혼혈아 취급을 받는 것과 친구들의 따돌림, 10.1%는 자녀의 학습능력이 뒤처지는 것, 9명(7.6%)은 선생님의 차별대우, 6.7%는 경제적인 어려움 때문에 제대로 지원하지 못한 것, 그리고 3.4%는 자녀들이 학교생활에 제대로 적응하지 못한 것이 어려움이라고 했다.

특히 다문화가정의 자녀들 중 8.2%가 학교폭력 피해를 경험한 것으로 나타났다. 유형별로는 말로 하는 협박과 욕설이 61.9%로 가장 높고, 다음으로 집단 따돌림이 33.4%, 인터넷 채팅, 이메일, 휴대전화로 하는 욕설과 비방이 11.4%, 손이나 발, 도구로 맞거나 특정 장소에 갇히는 폭행 및 감금이 7.8%, 돈이나 물건을 빼앗기는 갈취가 5.0% 순으로 나타났다.

(7) 고부간의 갈등

결혼이민자가 가장 힘들어하는 상대는 남편 다음으로 시어머니이다. 시어머니와의 의사소통의 어려움, 한국 시어머니 특유의 지나친 사생활 간섭(시집살이)에서 오는 갈등, 아랫사람으로 대하는 비인격적인 대우, 강제성 취업요구 또는 취업반대로 인한 고부갈등문제, 남편과의 갈등이 시부모와의 갈등문제로 비하되는 경우, 아이에 대한 시어머니의 무관심, 며느리의 외부활동에 참석해서 감시함, 한국 고유의 전통적인 시댁 · 시누이와의 이해 부족에서 오는 갈등, 치매 또는 장애가 있는 시부모님 부양문제 등이 갈등의 원인으로 나타났다.

(8) 다문화가정 부부들의 문화적응 유형

상대의 문화적 배경을 이해하지 않고 자신의 단일문화만을 고집하면 가정을 유지하는 데 치명적 오류를 범할 것이다. 문화적응이란 각기 다른 문화적 배경을 가진 두 사람이 서로 지속적인 접촉을 가졌을 때 나타나는 현상들로서 한 사람 혹은 두 사람 모두가 본래 가지고 있던 문화적 양식에 일어나는 변화들을 의미한다.

문화적응은 어느 한순간에 일어나는 것이 아니라 수년이나 때로는 세대에 걸쳐 지속적이고 장시간에 걸쳐 이루어지기도 한다. 베리(Berry, 1997)는 문화적응 과정을 네 가지 영역으로 구분하였으며, 동화(assimilation)영역, 분리(separation)영역, 통합

(integration)영역, 주변화(marginalization)이다.

새로운 사회를 접한 이주여성들은 이 중의 하나를 선택하게 되는데, 이는 자신의 사회적응력과 삶의 질에 영향을 미치게 된다.

이은숙(Eunsook Lee Zeilfelder, 2007)은 사회적응 과정에서 순종형(Submission), 타협형(Compromise), 일치형(Consensus)으로 설명하였다.

1	순종형 (Submission)	열세하고 약한 쪽이 우세하고 강한 쪽으로 기울어지는 유형
2	타협형 (Compromise)	서로의 문화, 습관, 가치관 등을 충분히 토론하고 서로의 좋은 것을 배워 가며 타협해 가는 유형
3	일치형 (Consensus)	서로의 다른 점이나 일치점을 충분히 토론하고 양쪽 것을 수용하면서 win-win 형으로 만들어 가는 건강하고 이상적인 유형

4) 다문화 가족의 일상생활 및 가치관의 차이점

(1) 언어: 의사소통

결혼이주자들의 이중언어 향상을 위해서는 유창성보다 정기적인 언어 사용에 초점을 두는 것이 언어학자들의 제안이다.

첫째, 의사소통 장애 및 심리 위축

① 자녀의 언어발달(유치원, 어린이집)로 인하여 엄마를 무시하거나 의사소통이 어려울 때

② 대화상대의 부재

③ 가족 간의 갈등이나 오해가 발생할 경우

속마음 대화('말하지 않아도 내 마음을 알겠지?'), 대화언어와 의사소통 기술의 부재로 인하여 화를 내거나 언어적, 신체적 폭력 상황 발생

④ 한국어 습득의 기회를 갖기도 전에 급변한 일상생활의 적응 자체에 대한 어려움(출산과 양육, 가정의 대소사 책임 등)

둘째, 존댓말 사용의 어려움

주변에서 듣는 말이 대부분 반말이며, 상대방의 연령에 따라 표현법이 다르다.

셋째, 발음 및 언어 습득

남자를 '남장', 여자를 '여장', 베트남에는 'ㄹ' 발음이 없다.

필리핀 출신 여성들은 영어로 의사소통이 가능하다 보니 한국어 습득 속도가 느리다. 본국에서의 학력 수준에 따라서도 한국어 습득 정도에 차이가 있다.

(2) 일상생활(의식주)

식(食)생활에서는 한국 음식 적응에 대한 강요, 출신국의 식생활 문화에 대한 자료의 부재, 식생활 적응 과정의 오해와 적응의 어려움(밥과 국이 꼭 있어야 한다든지, 대부분 매운 음식)이 있다.

① **중국**: 보통 기름에 볶는 요리인 데 비해 한국은 무침이 많고, 한국은 향신료를 많이 사용하지 않으며, 한국 가족은 돼지고기 요리를 좋아하는데, 위구르족은 돼지고기를 먹지 않아 인터넷으로 양고기를 주문해서 먹어 가족 간에 적응이 되지 않는 경우도 있다. 또한 남편이 식사를 끝내지 않았지만 아내가 먼저 식사가 끝나서 먼저 일어서는 것에 대해 남편은 불쾌하게 생각하는데, 왜 한국에서는 식사가 끝날 때까지 식탁에 앉아 있어야 하는지 답답해한다.

② **일본**: 일본은 아침, 점심, 저녁 세 번 모두 밥으로 먹어야 하며, 모두 같은 반찬이 상에 올라가는 것도 이상하게 생각한다. 한국 음식에 마늘이 너무

많이 들어가서 먹기 힘들어한다.

③ 베트남: 음식의 간을 강하게 하는 편이어서, 수박에 소금과 고춧가루를 찍어 먹고 망고에는 간장과 설탕을 뿌려 먹기도 해서 한국 가족들이 놀란다. 한국에 비해서 베트남은 아침에 늦게 일어나고 아침밥을 잘 먹지 않는데, 한국에서는 새벽에 일어나서 여성들이 밥을 해야 하고 꼬박꼬박 밥을 챙겨야 하는 것을 힘들어한다. 또한 출산을 하면 한국에서는 미역국이나 족발 달인 물 등을 먹게 하는데, 베트남에서는 국물은 배가 부르고 배가 많이 나올까 봐 먹이지 않고 고기를 조려 먹인다. 한국 사람들이 즐겨 먹는 음식을 처음 보는 것이 많아 적응하는 데 어려움이 있다.

④ 필리핀: 식사 때 아이 먼저 먹으라고 하는데, 한국은 어른 먼저 먹어야 한다는 것에 대해 이상하게 생각한다. 아침에 빵이나 커피를 마시다가 한국 남편이 밥을 먹는다고 하니 밥과 반찬을 많이 만들기가 힘들고 잘하지도 못해 가끔 남편과 다투는 일이 생긴다.

⑤ 몽골: 해산물을 먹어보지 못했기 때문에 산낙지, 꽃게 등은 벌레 같다고 생각하는데, 한국 가족들은 육식고기보다 해산물을 더 좋아해서 힘들어한다.

⑥ 태국: 매끼 다른 음식을 만들어 먹는데, 한국에서는 세 가지 종류 이상의 반찬을 하지 않는 것을 이상하게 생각한다. 한국은 사위가 처가에 가면 후하게 음식을 내놓는데, 처가에 갔더니 차려주는 것이 별로 없었다고 서운해하기도 한다.

주(住)생활에서 한국은 온돌 문화이기 때문에 좋은 점을 많이 이야기하지만 청소하기 등 결혼이민자 출신국의 주 생활문화와의 차이점 때문에 가족들의 갈등으로 이어지기도 한다.

① 베트남: 문을 열어놓고 사는 나라이기 때문에 시어머니는 "먼지 들어오는데 왜 자꾸 문을 여냐"고 자꾸 문을 닫아 답답함을 느끼게 된다고 한다.

② 필리핀: 집안에서도 신발을 벗지 않는 생활을 하다가 한국에서 신발을 벗어야 하는데, 가끔 익숙하지 않아 신발을 신고 집 안에 들어가는 경우도 있다.

③ 러시아: 주로 아파트 생활을 하다가 한국에서 빌라, 다가구, 개인 주택 생활을 많이 하니까 적응과 관리에 어려움이 있다.

의(衣)생활에서 더운 나라(태국, 필리핀, 캄보디아 등) 출신의 결혼이민자들은 한국이 항상 춥게 느껴지고 사계절이 있는 것에 적응을 하지 못해 봄이 되어도 겨울옷을 입고 다니거나 자녀들에게도 옷을 두껍게 입히는 경우가 있다.

① 베트남: 장소에 따라 의복 예절을 갖추는 경우가 없었던 베트남 결혼이민자들은 결혼식장에도 잠옷 차림에 슬리퍼를 신고 가는 경우가 있다.

② 러시아: 자유롭게 옷도 입고 행동하는데, 아줌마는 노출도 많이 하면 안 된다고 옷을 단정하게 입으라고 한다.

(3) 가치관

남존여비에 대한 가치관은 국가별로 차이가 있다. 중국, 필리핀, 베트남 여성들은 일부 한국 남성들의 남존여비사상이 너무 뚜렷해서 이주여성 모두 현모양처이기를 바라며 남편은 하늘, 아내는 땅이라는 말을 받아들이기 힘들고 너무 불공평해서 자주 싸우게 되는 경우가 있다. 과중한 가사와 자녀 양육 부담, 시댁과 친정에 대한 비대칭적 관계에 적극적으로 이야기할수록 갈등이 심화된다. 특히 남편이 말이 통하지 않거나 화가 나면 술을 마시고 결국 이것이 폭력으로 나타난다. 그럼에도 친구나 이웃에게 맞고 산다는 말을 하지 않고 참고 살다가 마침내 폭발하여 이혼 · 별거에 이르게 된다.

중국, 필리핀, 베트남에서는 대부분 집안일을 남편과 아내가 비슷하게 하는데, 한국에서는 무조건 아내의 일이라 생각하기 때문에 한국 남편들은 자녀가 어릴수록 아내가 경제활동을 하는 것을 꺼린다. 그럼에도 살림에 필요한 돈을 일정하게 주지 않고 비정기적으로 용돈을 주는 것처럼 나눠 주고, 특별한 용돈(가욋돈)을 얻으려면 빌다시피 해야 겨우 몇 푼 준다.

자녀 양육관을 살펴보면, 필리핀에서는 부모 동의 없이 자녀를 체벌하지 않는데, 한국에서는 체벌이 가정에서나 학교에서 조금씩 있는 것 같다. 아내는 남편이 아이와 목욕하기, 야외 나가기 등 구체적인 행동을 하기를 원하는데 남편들은 어떻게 놀아야 하는지 모르는 것 같고 남편은 아내가 아이를 자유롭게 양육해야 한다고 생각하여 전혀 통제하지 않아 아이를 망친다고 생각한다. 중국에서는 조부모와 부모 모두 양육에 관심이 많으며 특히 아버지가 양육에 필히 참여하지만 한국에서는 아버지의 양육 참여도가 낮다.

'빨리빨리' 문화의 경우, 동남아의 더운 날씨에 따른 낮잠 문화와 천천히 문화가 '빨리빨리'에 익숙한 한국문화에서는 '게으름, 느림'으로 보이기 때문에 가족 내에서 큰 갈등을 빚기도 한다.

베트남 이주여성과 한국 배우자와의 애정표현이 달라서 갈등을 빚는 경우가 있다. 형님과의 약속보다 조금 늦게 도착해서 형님이 "약속시간에 늦었네."라고 하여 "네"라고 대답했더니 말대꾸한다고 해서 한국 사람들은 직접적인 표현을 하지 않아 당황스럽다. 베트남 사람들은 웃음으로 대답을 많이 하기 때문에 한국에서 이해가 되지 않는 상황과 잘못을 했을 경우에도 거의 웃음으로 대답하지만 이것을 한국 배우자 또는 시어머니는 잘못을 했으면서 반성하는 모습이 안 보인다고 생각하여 갈등을 빚기도 한다. 특히 필리핀 여성들은 비교적 자기 의견을 분명히 밝히는데, 이것이 한국 사회에서는 '미국식'으로 오해를 받기도 한다.

대인관계에서는 어떤 남편들은 술 마시고 밤늦게 친구들을 만나고 주말에도 친구를 만나러 가는데, 아내가 친구들과 술을 마신다고 하면 오히려 남편이나 시부모가 "남편의 사회생활을 막는다"고 반박하는 것 때문에 갈등이 있다.

종교 측면에서는 태국이나 필리핀, 인도네시아 등 종교적 특성이 강한 국가 출신의 이주여성들은 한국에서 시어머니와 남편 등에 의해 종교적 갈등을 겪기도 한다.

특히, 태국에서는 아침과 저녁으로 집에서 매일 샤워를 한다. 한국에서 공중목욕탕에 가는 것이 너무 이상하다고 생각한다. 현지인들을 한국에 데리고 오면 공중목욕탕에 데리고 간 적이 있는데, 모든 사람들이 알몸으로 탕에 들어가는 모습을 보고 처음에는 거부했던 현지인들을 지금도 기억한다(지금은 그들이 더 좋아함). 또한 한국에서는 곤지곤지가 자녀의 지능계발을 위해 엄마가 해주는 일반적인 손동작이지만 필리핀에서는 성관계를 하자는 의미이므로 좋지 않게 본다. 특히 쓰레기 분리수거를 하지 않았던 나라의 이민자들은 이것을 너무 힘들어한다.

(4) 풍습

① 인사 예절 및 존댓말

태국은 하루에 몇 번을 만나도 처음 만났을 때만 인사한다. 러시아에서는 인사할 때 어르신들이 들어오시면 소파에 앉아 머리만 인사하는데, 한국에서는 일어나서 인사한다. 의자에 앉아서 다리를 꼬면 편안한데 그렇게도 하지 말라고 한다. 필리핀 명절에는 말로 인사하는데, 여기는 절 예절이 복잡하고 힘들다. 한국 남편들은 예의와 인사문화에 익숙하지 않은 아내가 집에 손님이 왔을 때 방에서 나와서 인사를 하지 않아 매번 가르쳐 주어야 하는 번거로움과 어려움을 느낀다.

중국에서는 가정 내에서는 특별한 존칭을 사용하지 않는데, 한국에서는 너무 많이 따진다. 어른들을 대하기 힘들다.

② 가족행사

중국에서는 그믐날 저녁에 온 집안 식구가 다 모여서 물만두를 빚어 밤 12시 종을 치면 삶아 먹는데, 늦은 밤 음식을 먹는다는 것이 한국과 많이 달라서 웃지 못할 해프닝도 벌어진다.

③ 결혼관

베트남의 결혼 풍습에는 중국의 영향을 받아 여자는 13세, 남자는 16세가 되면 결혼하는 조혼이 일반적이다. 보통 나이 차이가 20~30년이나 되는데, 한국에서는 남편과의 나이 차이로 오해받는다.

④ 장례 및 제사

베트남에서는 제사를 낮에 하는데, 한국은 주로 밤에 한다. 베트남에서는 장례식에 조문객들이 방문을 하면 식구들은 곡을 하고 조문객들은 고인의 영전에서 향을 사르며 절을 하는데, 이때 한쪽에서는 3~4명의 악사들이 구슬픈 음악을 연주한다. 그런데 한국의 장례식은 항상 엄숙하고 경건한 분위기이며, 또 한쪽 구석에서는 남자들이 밤을 새우면서 술을 마시고 고스톱 치는 것을 보고 당황한다. 말레이시아는 일 년에 한 번 청명날 조상의 산소에 간다. 그런데 한국에서는 설날, 추석날, 생일날, 제삿날 외에도 자주 산소에 가고, 산소 갈 때마다 준비할 것도 많고 너무 힘들다.

⑤ 이사

우즈베키스탄에서는 이사할 때 고양이를 먼저 들여보내고 두 번째는 가구, 그리고 주인이 들어가면 부자가 된다는 풍습이 있다. 하지만 한국 사람들은 고양이를 집에 들이는 것을 싫어한다. 풍습에 따라 재미 삼아 폭죽을 터뜨리려다가 남편과 심하게 말다툼을 하기도 한다.

⑥ 임신 · 출산 및 산후조리

중국에서는 아기나 어린아이들에게 잡귀를 몰아낸다는 풍습에 따라 복숭아나무를 이용해서 작은 칼을 목에 두르는 풍습이 있다. 또한 아이가 태어나면 배냇저고리와 기저귀 커버는 빨간색으로 하고, 아이가 한 달 되는 날 머리카락을 잘라 베개 속에 넣어둠으로써 건강하게 성장하기를 기원하는 풍습이 있다.

베트남에서는 아이가 태어나면 액운을 물리치기 위해 아이 머리맡에 도끼를 두는 풍습이 있는데, 한국 배우자가 이에 대한 이해가 부족하여 심한 가족 갈등을 빚기도 한다. 아이가 태어난 후 40일 동안 타인에게 아기를 보여 주면 안 좋은 일이 있다고 해서 타인의 접근을 금지한다. 임신부는 임신 기간 내내 머리를 자르면 아이에게 안 좋은 일이 일어난다고 해서 타인의 접근을 금지한다.

미얀마에서는 아이를 낳았을 때 이웃과 친지들이 와서 축하해 주는 풍습이 있는데, 한국에서는 3이레(21일) 동안 출입을 금지하여 우울 증세를 보인 적이 있다. 필리핀 외지 섬 출신 여성들은 임신부 사진을 찍으면 아기의 혼이 나온다고 생각하여 사진을 찍지 않는다. 가족이나 야외에서 단체 사진을 찍을 때 사진기에서 멀리 떨어져 있는 모습을 볼 수 있어 문화적 차이를 느낀다.

각 나라별 산후조리도 문화에 따라 다르다.

우즈베키스탄과 러시아에서는 아기를 출산하고 몸을 깨끗하게 씻는데, 한국에서는 한 달 정도 씻는 것을 자제하라고 하여 이해할 수가 없다고 한다. 베트남에서는 출산을 하고 나면 족발과 땅콩을 삶아 먹으면 젖이 많이 나오는데, 한국에서는 미역국을 먹기 싫은데 꼭 먹으라고 해서 힘들었다. 몽골은 대체로 산후조리를 하는 3개월 정도는 집안일을 거의 하지 않고 차가운 물에도 손을 넣지 않는 경향이 있는데, 이로 인한 가치관의 차이로 한국인 배우자나 시부모와의 갈등이 발생하기도 한다.

출산 후에 먹는 각국의 음식[7)]

–중국
좁쌀 죽(싸오미터우): 좁쌀 죽을 끓여서 3일간 먹고 달걀을 삶아서 한 달 동안 간장에 찍어서 먹는다.
미역국: 미역국에 소고기나 닭고기를 넣어 끓여 먹는다.

–베트남
돼지족발(여해우함): 물이 끓으면 족발을 넣어 오랫동안 끓인 후 당근, 양파, 후추, 민물고기, 간장, 마늘을 한꺼번에 넣고 끓여서 먹는다.

–필리핀
닭탕(디놀라): 물을 많이 넣고 닭과 생강을 넣고 푹 삶아 고기와 국물을 먹는다.

–일본
특별히 먹는 음식은 없고 된장국(미소)이나 고깃국에 밥을 말아 먹는다.

–캄보디아
돼지고기(거세추름): 물에 설탕, 마늘, 간장, 소금, 다시마, 후추를 넣고 끓인 후 돼지고기 썬 것을 넣는다. 한국의 장조림과 같다.
양배추: 양배추를 삶아서 먹는다.

–인도네시아
특별히 따로 먹는 음식은 없고 고기는 먹지 않도록 한다.

–스리랑카
직접 간 커피와 고기를 먹는다.

–몽골
양고기새국물(헌나쉴술): 양 한 마리를 새로 잡아 끓여서 한 달 동안 국물과 고기를 먹는다.

–우즈베키스탄
쇠고기국(고라쥐 수프): 쇠고기, 미역 또는 무를 잘게 썰어서 끓여 먹는다.
닭고기국(구리니 수프): 닭고기를 하얗게 끓여서 밥 말아서 먹는다.

–태국
우리나라 찌개처럼 요리한 고기를 많이 먹는다.

–페루
양고기국(칼로데골데로): 여러 가지 채소와 양고기를 넣고 국을 끓여 먹는다.
닭고기국(칼로데갈리나): 산에서 키우는 닭으로 국을 끓여 먹는다.

(5) 각 나라별 자녀 양육

① 한국: 부모에게 효도하며 공경하도록 하는 교육을 강조하고, 남아와 여아의 특성에 맞게 구분된 양육태도를 보이는 편이며, 대부분 만 3세 이상이 되면 어린이집이나 유아원에 보내는 등 부모의 자녀에 대한 교육열이 매우 높은 편이다.

② 중국: 아이가 말을 시작하면 당나라 시나 동요를 가르치고 한자는 복잡하기 때문에 다 배우고 입학하는 것은 어려운 실정이며, 자녀의 수가 적고 경제 사정이 좋아짐에 따라 개인 교습이나 예체능 교육을 많이 받는 편이다. 특히 중국에서는 전통적으로 부모 모두 양육에 참여하는데, 한국인 배우자가 아버지인 경우 양육참여가 소홀하면 갈등이 생기기도 한다. 출산 후 1세 미만인 자녀에게 두뇌발달을 위해 달걀노른자를 먹이려고 할 때 한국인 배우자나 부모가 먹이지 못하게 하여 갈등이 발생하기도 한다.

③ 일본: 남에게 민폐를 끼치지 않도록 자녀에게 교육한다. 그래서 초등학교

7) 이성미(2010), 『다문화 코드』, 생각의 나무, pp. 155-157.

입학하기 전까지는 주로 인성교육을 시키는 편이다. 특히 학부모 사이의 연락망이 잘 구성되어 있으며 학교, 지역사회, 부모들이 함께 교육을 위해 여러 가지 문제해결을 위한 노력을 하고, 자녀는 공공장소를 깨끗이 하고 큰 소리를 내지 않도록 교육한다. 그런데 한국에서의 자녀 양육 방식과의 차이로 인해 갈등이 발생한다. 예컨대 일본인 이민자는 자녀의 옷을 되도록 적게 입혀 시원하게 입히는데 한국인 배우자나 시부모님들이 옷을 많이 입히는 경우, 일본은 초등학교 입학 전에는 놀이 위주의 교육을 하는 데 반해 한국은 자녀 조기학습 교육으로 인한 교육 가치관 차이로 갈등, 조부모의 자녀 양육 관심이 한국보다는 크지 않은 데 비해 한국인 배우자의 조부모의 손자, 손녀 양육에 대한 지나친 관심으로 인한 갈등, 한국인 배우자의 자녀에 대한 가벼운 체벌(회초리문화 등)에 대해 결혼이민자 배우자가 반대함으로써 갈등이 발생하고, 그리고 일본은 가족 외 외부 사람들이 아이를 만지거나 지나친 관심이 없는데, 한국에서의 자녀에 대한 지나친 관심으로 인해 갈등이 발생하기도 한다.

④ 몽골: 남자아이가 3살, 여자아이가 2살 되었을 때 무사히 영아기를 마친 의미로 머리를 밀고 잔치를 한다. 유목국가 특성으로 인해 종이나 연필로 하는 학습보다 자연, 날씨 등 자연을 통해 양육하는 특징이 있다. 맞벌이로 인해 부모 모두 양육의 책임을 지지만 여성들이 더 많은 관심을 가지고 많은 일을 하고 있으나 자녀 등하교 등은 아버지의 몫으로 여긴다. 자녀를 자유롭게 키우는 것을 좋아하고 조기교육은 거의 하지 않고 있으며, 자녀에게도 할 수 있는 쉬운 집안일을 시켜야 한다고 생각한다. 양육 방식의 차이점으로는 몽골에서는 자녀를 엄하게 훈육을 시키는 편인데, 한국인 배우자가 반대하는 경우 갈등이 발생하고 또한 3년 후에 아이의 머리를 처음으로 깎고 행사를 해주는 전통이 있는데, 한국에서 그 전에 머리를 깎는 것 때문에 갈등이 발생하기도 한다.

5) 다문화 가족을 위한 국가정책으로서 다문화주의와 통합주의

한국 사회가 다문화화 되는 것은 이제 누구도 막을 수 없는 대세가 되었고, 한국의 다문화 사회화는 지속적으로 증가할 것이다. 그렇다면 다문화 현상을 막으려고 하거나 무시하지 말고 적극적이고 긍정적으로 받아들여서 함께 공존할 수 있는 기회를 제공함으로써 건강한 사회를 이루어 가야 한다.

문화 다양성을 위한 국가의 대처 방식으로 동화주의와 통합주의 등의 방식을 소개하고 있다. 이민자 정책의 패러다임으로 동화(assimilation), 통합(integration), 다문화주의(multi-culturalism)를 주장하며 그 내용을 설명하고 있다. 먼저 '다문화주의(多文化主義)'는 호주와 캐나다에서의 정책인데, 개인들이 자신의 고유한 문화를 유지할 수 있도록 보장하는 것이 헌법 원리와 사회의 이념과 가치에 합치한다는 개념으로 문화적 다양성과 사회의 통합을 조화시키려는 시도라고 할 수 있다. 다음으로 '통합주의(統合主義)'가 있는데, 프랑스에서 발전한 방식이다. 원래 프랑스는 이주민들에게 '동화주의(同化主義)' 정책을 실시하면서 문화와 종교가 다른 사람들도 프랑스 시민으로서 프랑스 법 앞에 평등한 공화국 정책을 추진하였으나 이민자들의 사회 부적응과 새로운 세대의 공교육 영역의 편입으로 인하여 동화정책의 한계와 함께 중요한 이슈로 부각하였다. 특히 이슬람 문화에 살고 있던 이민자들이 프랑스와는 다른 문화적 관행과 종교적 가치를 고수함으로써 내적 갈등이 심각해지자 '동화정책'을 '통합정책'으로 변화시켰다.

이는 다문화 관련 입법태도는 결혼이민자 등 정주자(正住者)에 대해서는 '동화(同化)', 노동자에 대해서는 '관리(管理)', 미등록(불법) 체류자에 대해서는 '배제(排除)'라는 기본 틀에서 벗어나지 않았다. 그래서 UN의 인종차별위원회(Committee on the Elimination of Racial Discrimination, CERD)의 한국 관련 회의 보고서에 따르면, 한국은 CERD로부터 외국인과 혼혈인에 대한 인종차별적인 법과 제도 및 사회문화적인 관습을 바꾸어야 한다는 지적을 받은 바가 있다.

이런 지적과 다문화 사회의 급속한 증가로 인해 요즘은 그 법률적 기조가 조금씩 변화를 보이고 있다. 최근 「출입국 관리법」, 「재한외국인 처우 기본법」, 「다문화가족지원법」 등의 제정과 개정, 「국적법」 개정 등을 통하여 다문화 사회의 진입에 따른 법적, 제도적 장치를 마련하기 위한 시도를 해 오고 있다. 그럼에도 불구하고 급속히 진행된 다문화 현상에 대한 이해와 대응이 부족하여 많은 어려움을 겪고 있는 것이 사실이다. 따라서 국내의 이민자 정책, 특히 결혼이민자 정책은 동화주의 모델보다 통합주의 모델을 취할 필요가 있다. 정부에서는 2007년 법무부 산하에 사회통합과를 신설하여 기존의 '통제와 관리' 중심에서 벗어나 저출산 · 고령화 · 노동인력과 인재유치 · 사회통합 · 국가안전시스템 등 '상호 이해와 공존공생'이라는 방향으로 외국인 정책을 추진하고 있다.

결혼이민자들이 한국에 정착하기까지 상당한 어려움을 겪고 있는데, 첫째, 사회적 편견과 오해, 둘째, 경제적 어려움(대부분이 최저소득 이하의 생활), 셋째, 의사소통의 어려움(대부분 이주여성들이 한국말을 배움), 넷째, 문화적 차이로 인한 갈등, 다섯째, 가족 간의 갈등(남편의 가부장적 행세, 시부모의 지나친 간섭, 가족들의 무시), 여섯째, 정신적 스트레스(총체적인 이질적인 삶에서 오는 스트레스), 일곱째, 자녀교육 문제(한국 어머니들의 교육 열정과 방법을 따라가지 못함) 등으로 나타났다. 이와 같은 어려움 속에서도 결혼이주민들이 건강한 가정을 이루고, 건강한 시민으로 정착하기 위한 이상적인 다문화 정책은 사회를 통합하여 건전하고 상생 발전하는 공동체를 이루어 나가는 것이다(송윤선 · 이미나, 2018).

(1) 다문화주의의 모델

첫째, 문화 동화(cultural assimilation) 모델이다. 소수인종문화가 다수인종문화 안으로 동화되거나 혼합되는 사회이다. 소수인종이 다수인종문화에 종속되지만 동시에 제한적으로 자신의 문화적 활동의 여지를 지닌다. 문화 동화 모델을 모든 사람이 다문화모델로 간주하지 않고 있다. 왜냐하면 이 모델은 종종 자신의 문화를 포기하고 다수인종의 문화에 흡수되는 것으로 간주되기 때문이다(A+B+C=A).

둘째, 문화 융합(cultural amalgamation) 모델이다. 이것은 문화적이며 인종적인 집단과 규범을 함께 수렴하는 모델이다. 모든 문화(다수인종문화와 소수인종문화)가 정당하다고 간주하고 수용하는 보편적인 기본가치를 포함한다. 인권과 국제법은 이 모델의 기초가 될 수 있다. 융합 모델은 다수인종문화에서 나온 가치(예컨대 '평등'), 소수인종문화에서 나온 가치(예컨대, 문화적 전통의 '존중'), 다문화의 수렴에서 나온 새로운 가치(예컨대 '다양성')의 수렴을 포함할 수 있다. 따라서 다수인종문화와 소수인종문화가 섞여 새로운 혼합문화로 변형될 수 있다(A+B+C=D).

셋째, 문화 공존(cultural coexistence) 모델이다. 이 모델은 통합의 최소화 모델이다. 소수인종문화가 다수인종문화에 수렴되거나 동화되지 않고 성장 발전하는 정책 프로그램을 강화한다. 소수인종 보호와 다수인종 권리를 통하여 문화가 함께 생존할 수 있게 하는 모델이다. 결국 모든 인종이 동일한 사회에서 평화적으로 공존하는 것이다(A+B+C=A+B+C).

21세기 다문화 사회는 이주민들과 함께 살아가는 방법으로 주류사회의 일원으로 동화되는 것이 아니라 자민족의 정체성을 가지고 개성 있는 일원으로 존재하는 것이다. 이러한 차원에서 국가정책의 방향은 이민자의 고유한 문화를 포기하고 일방적으로 다른 문화에 동화하도록 할 것이 아니라 통합하도록 하는 것이 바람직할 것이다.

뿐만 아니라 현재 다문화 지원 정책 집행에 있어서 지역 특성에 대한 고려는 많이 부족하다. 한국 사회에서도 도시와 농촌 또는 대도시와 중소도시 간에 지역 편차가 심화하고 있는 실정이므로 다문화가정을 지원하는 정책을 세울 때도 이 점을 간과하고 획일적으로 중앙에서 정책을 펼치고 있다는 점에서 많은 아쉬움이 있다. 이것은 결과적으로 다문화 지원 정책 효과를 저해할 뿐만 아니라, 지역 간의 효율성 차이로 드러날 것이다.

(2) 다문화주의의 이상적 유형: 사회통합

다문화 사회의 최우선 과제는 사회통합이라고 단언한다. 사회통합이 이루어졌을 때 다양한 문화의 창의성과 개방성 등으로 국가 발전에 기여하게 된다. 사회통합이란 서로의 차이는 인정하되 차별하지 않는다. 통합이란 다른 것들이 서로 상호작용을 하여 '서로 응집된 전체'를 이루는 것이다. 통합은 통일과 달리 서로가 주체가 되어 서로의 정체성을 유지하는 것이다. 따라서 사회통합이란 인종, 민족, 문화적 배경이 다른 구성원들이 서로를 차별하지 않고, 차이(다름)를 인정하며, 공동체에 대한 소속감을 갖고 공동의 비전을 공유하는 것이다.

그러기 위해서는 사회 모든 구성원들에게 기회를 균등하게 부여해야 한다. 예컨대 결혼이민자들에게 일자리와 급여를 비롯하여 여러 복지혜택을 균등하게 제공하고, 언어교육을 체계적으로 제공하여 본인의 의사를 표현할 수 있는 소통의 기회를 균등하게 제공해야 한다. 뿐만 아니라 결혼이민자들에게 정치적 권리를 균등하게 제공해야 하는데, 이는 곧 시민권의 부여이다. 즉 선거권과 피선거권을 균등하게 제공함으로써 그 공동체의 당당한 시민으로 살아가도록 하는 것이다.

결국 가장 이상적인 다문화 정책은 사회를 통합하여 건전하고 상생 발전하는 공동체를 이루어 나가는 것인데, 이에 다문화 사회 통합정책의 목적을 네 가지로 요약했다. 첫째로 이민자 스스로의 개인적, 경제적, 사회적 가능성을 실현할 수 있도록 용인, 둘째로 이민자의 인권보호의 보장, 셋째로 국가의 안전에 기여할 수 있도록 소외와 배제의 축소, 넷째로 사회적 응집과 조화의 구축과 유지라고 하였다.

6) 다문화 가족의 정착패턴과 지원

현재 국내 거주하고 있는 결혼이민자들의 대다수는 중국, 베트남, 일본, 필리핀 순으로 많은데, 이들 나라는 모계사회의 전통을 가지고 있거나 사회주의의 영향을 받아 남녀평등 사상이 강하다. 따라서 한국의 가부장주의나 시집문화를 이해하기 어렵다. 또한 이들은 여성의 사회진출과 경제활동이 자연스러운 문화 속에서 살았는데, 이에 반해 한국은 그렇지 못하다. 이런 문화적 차이 때문에 결혼이민자들이 한국 사회에 적응하기란 쉽지 않다. 한국 사회의 적응에서 경험하고 있는 내용은 다음과 같다.

첫째, 국제결혼이민자들이 정착 과정에서 경험한 내용들이다. 대부분 결혼 상대자에 대한 부족한 정보가 그것이다.

잘사는 나라, 경제력을 갖춘 부드러운 한국 남성일 것이라는 막연한 '기대와 모험'으로 했다. 친정 부모들도 본국에서의 고된 노동과 열악한 삶의 환경보다는 한국이 나을 거라는 막연한 기대감으로 결혼을 허락했다. 하지만 한국 농촌의 현실은 드라마에서 보았던 이미지와는 많이 달랐다. 시부모와 겪는 갈등, 언어와 사고방식(가부장적)이 다른 남편, 자신을 이방인 취급하는 가족들과 이웃들, 더욱이 처음 해보는 농사일로 육체적으로 힘들고, 대부분 가난한 집안 생활상의 궁핍함, 뿐만 아니라 마을 어린이집에서 자신의 자녀에 대한 한국 학부모들의 거부감 등은 '겹겹이 힘듦'으로 작용하는 요인들이었다.

둘째, 한국에 정착하면서 정신적, 육체적, 경제적 어려움 등을 겪으면서 결혼이민자들은 의사소통이 되고 한국 문화에 적응하며 현실을 직시하게 되므로 '삶의 개척자로 살아가기' 과정에 접어든다. 그동안 우물 안의 개구리처럼 집 안에만 갇혀 있던 자신을 뒤로 하고 '삶의 개척자'로 살아가기 위해 세상 밖으로 걸어 나왔다. 이웃들과 이야기도 나누며 어른들과 인사로 맺은 관계는 자신을 한국인으로 받아주는 좋은 계기가 되었다. 많은 결혼이민자들이 강한 생활력으로 할 수 있는 일이라면 뭐든지 하기도 한다. 어떤 사람들은 자신이 번 돈을 본국의 가족에게 일부 보내기도 하고 특히 남편과의 많은 연령 차이는 앞으로 다가올 불안한 노후를 준비하기도 한다.

셋째, 한국 생활이 어느 정도 적응이 되면 언어, 문화, 삶의 방식 등을 터득한 결혼이민자들은 '마을주민으로 참여하기' 과정을 통해 각종 마을행사에 참여하고, 자신의 장기를 발휘할 수 있는 대회에도 적극 참여하여 수상하기도 한다. 아이들의 유치원이나 학교 행사에도 적극적으로 참여하여 다른 학부모들과 교제도 하며 정보도 얻는다. 영어권에서 온 이주자는 한국인 어머니와 각각 한국어와 영어를 서로 가르쳐 줌으로써 상호 간에 유익을 주기도 한다. 특히 종교생활을 통해 끈끈한 유대관계를 맺어 서로 돕고 도움을 받기도 한다. 또한, 가족센터를 통해 자조모임이나 문화 활동을 하기도 한다.

따라서 결혼이민자들이 한국 사회에 정착하도록 돕는 길은 본인들에게 자신감을 불어넣어 주고 현실을 직시함으로써 현실에 적극적인 자세로 참여할 수 있는 기회를 제공해야 한다. 나아가 결혼이민자 스스로가 한국 사회의 구성원이라는 것을 느끼고 자존감과 정체성을 형성하고 사회적 연대감을 가짐으로써 지역사회 통합이 가능하도록 조직화된 지원체계가 있어야 한다.

결혼이민자는 이미 한국인과 결혼하여 국적(영주권)을 취득한 한국인이다. 그렇다면 그들을 이방인 취급해서는 안 되고 한국인으로 정착하고 건실한 한국인으로 살아가도록 지역사회가 적극적으로 나서야 한다. 만약 결혼이민자들이 차별을 당하거나 그 자녀들이 한국 사회에 적응을 하지 못한다면 결국 사회문제가 될 수도 있다는 것을 알 수 있다. 현재 프랑스를 비롯하여 유럽의 국가들 내에 자국인들과 이민자들 간의 대립과 이로 인한 소요사태는 궁극적으로 국가 발전과 사회 안정에 큰 불안요소로 남아 있다.

결혼이민자들의 문화적응 유형

- 순종형(submission): 약한 쪽이 강한 쪽으로 기울어지는 형
- 타협형(compromise): 부부가 서로 다른 문화, 습관, 가치관 등을 충분히 토론하여 서로의 것을 배워 가며 타협해 감
- 일치형(consensus): 서로의 다른 점을 인정하며 수용함으로써 win-win형으로 만들어 감

한국의 문화 성향

- 충효(忠孝)추구문화, 개성추구문화, 관계추구문화, 역할추구문화, 관계추구문화
- 한국인 가족과 이웃들과의 관계, 결혼이민자 간의 네트워크(network) 형성, 한국 사회에 정착하는 데 큰 도움, 한국 생활의 경험을 나누고, 정보를 교환하며, 사회적 · 심리적 소외감을 감소가 필요하다.

예) 다문화가족지원센터 내 다문화 가족들(한국인 배우자와 외국인 배우자)의 자발적 친교 모임인 '자조(自助)모임'

Chapter 2

다문화 가족 정책

한국 사회에서 처음으로 범부처 간 여성결혼이민자가족 사회통합 지원 대책(2016. 4월)을 마련한 지 어느덧 10년이 되었다. 지난 10년간 한국 사회에서는 정치, 경제, 사회, 교육, 문화 등의 광범위한 영역에 걸쳐 사회적 통합과 이주민의 적응을 위한 다양한 논의와 정책적 노력을 해 왔다. 초기의 다문화 가족 지원 정책은 결혼이민자의 한국 생활 조기정착을 위한 한국 언어 습득과 문화 적응을 중점적으로 지원하였으나, 이제는 다문화 가족의 교육과 취업 지원에 정책의 주안점을 두게 되었다. 특히, 여성가족부, 관계부처 합동(2012)으로 발표한 제2차 다문화 가족정책 기본계획(2013~2017)에 명시된 바와 같이 지원 정책의 기조가 다문화 가족을 한국 사회 발전을 위한 하나의 동력으로 인식하여 능력 개발 및 상호문화 존중을 강조하는 방향으로 전환하고 있다. 또한 다양한 사업 추진을 통한 수혜 기회 확대에 편중하기보다는 지원 정책과 사업의 질적 수준 향상에 보다 적극적인 노력을 기울이고 있다.

2016년 3월 국무총리 주재 하에 다시 여러 유관부처가 합동으로 지난 10년의 성과를 계승하면서 새로운 10년을 준비하기 위하여 '다문화 가족 자녀지원 종합대책'과 '다문화 가족 정책 유사 · 중복, 점검 · 관리방안'을 마련하였다(여성가족부, 2016). 이는 점진적으로 증가 추세에 있는 다문화 가족 학령기 자녀의 성장주기에 맞추어 지원 정책을 추진하고, 그간의 중복된 지원 정책을 조정하기 위함이다.

2018년 다문화가족 실태조사에 나타난 다문화가구의 유형은 결혼이민자 가구 85.7%, 기타귀화자 가구 · 면부가 23.3%로 동부 거주 가구가 읍 · 면보다 약 세 배 이상 많고, 서울, 경기, 인천의 수도권 지역의 거주 비율이 55.6%로 주로 수도권, 동부 거주 비율이 높다. 다문화가구의 평균 가구원 수는 2.92명이며, 분포 비중은 2인 가구가 27.7%로 가장 많고, 3인 25.8%, 4인 19.7%, 5인 이상이 12.3%, 1인 가구는 14.5%이다. 부부와 자녀로 이루어진 핵가족의 비중이 51.0%로 가장 크고, 부부+자녀+본인(배우자)의 부모 · 형제로 이루어진 대가족의 비중도 10.6%에 달한다. 전체 다문화가구 중 12.8%가 한부모가구인 것으로 나타났으며, 전체 다문화가구 중 등록 장애인 가구원이 있는 가구는 5.8%로 2015년(6.4%)보다 약간 감소하였으며, 가구원 중 장애인은 배우자가 42.6%, 배우자의 부모가 17.1%, 결혼이민자 · 귀화자 본인이 16.6%인 것으로 나타난다.

다문화가구의 평균 자녀수는 0.95명이며, 평균 연령은 8.3세이다. 연령 분포상 6세 미만 영유아가 39.0%, 초등학령기에 해당하는 6~11세가 38.2%로 거의 비슷하다. 자녀 연령의 증가는 국제결혼 감소 추이의 영향으로 보이며, 다문화 가족 내 출산 건수가 점차 줄어드는 추세를 반영하면, 향후에도 자녀의 평균 연령은 점차 증가할 것으로 보인다.

다문화가구의 양육수당 현황을 조사한 결과, 만 5세 이하 미취학 자녀 중 76.0%는 어린이집 · 유치원에 다니고 있으며, 20.2%는 돌봄 시설에 자녀를 보내지 않은 채 양육수당을 받고 있고, 돌봄 시설에 보내지 않으면서 양육수당도 받지 않는 가구는 3.0%로 조사되었다. 다문화가구 자녀들의 취학률(NER)을 집계한 결과, 초등학교 취학률 98.1%, 중학교 92.8%, 고등학교 87.9%, 고등교육기관 49.6%이다. 이를 2018년 국내의 국민 전체 취학률과 비교해 보면, 의무교육단계인 초등학교 취학률은 0.7%p 높은 데 반해, 중학교(5.1%p)와 고등학교(4.5%p) 취학률은 국민 전체에 비해 낮았다. 특히 고등교육기관에서의 취학률 격차는 18.0%p로 격차가 심화된다. 한편, 다문화 가족 자녀의 11.9%는 외국에서 거주한 경험이 있거나, 외국에서 성장한 자녀로 파악된다. 외국에서 주로 성장한 자녀는 5.2%이며, 이 조사의 대상 자녀 연령집단인 만 9~24세 청소년으로 한정하면 외국생활을 경험한 자녀의 비율은 6.9%이다.

다문화가구의 주거유형은 단독주택이 40.9%로 가장 많고, 아파트 37.5%, 다세대주택 13.7% 순이다. 자기 집에 거주하는 비율은 45.8%이며, 보증금 있는 월세가 30.0%, 전세가 17.6%이다. 2015년에 비해 전세 거주 비율은 낮아진 반면 자가, 월세 거주 비율은 소폭 증가하였다. 한편, 다문화가구의 월평균 가구소득은 200~300만 원 미만이 26.1%로 가장 많고, 그다음으로는 100~200만 원 미만

(22.4%), 300~400만 원 미만(20.1%)으로 나타났다. 다문화가구 전체의 국민기초생활보장급여 수급가구 비율은 5.7%로 2015년(5.1%)에 비해 소폭 증가하였다.

이러한 배경에서 본 장에서는 한국 다문화 가족 현황 및 특성을 파악하고, 한국의 다문화 관련법, 한국 사회 다문화 가족의 변화와 성장에 발맞추어 수립된 여성가족부의 '다문화 가족 지원 정책'과 중앙부처별 다문화 가족 정책, 다문화 가족 아동청소년 지원 방안에 대하여 살펴보고 그동안 실시해 온 다문화 가족 정책에 대한 성과 및 향후 과제에 대해 살펴보고자 한다.

1 한국의 다문화 가족 현황[1)]

2018년 전국 다문화가족 실태조사 결과에 의하면(여성가족부, 2019), 전국 다문화가구로 추정되는 가구 수는 30만 6천995가구로 나타났으며, 전체 가구원 수는 96만 4천 명으로 추정된다(통계청, 2018a: 55). 혼인귀화자를 포함한 결혼이민자 가구 수 85.7%, 기타 혼인 외 방법으로 한국 국적을 취득한 기타 귀화자 가구는 14.3%를 차지하고 있다. 「다문화 가족 지원법」이 처음 시행된 2008년 당시만 해도 외국인주민현황조사에 나타난 다문화가구 수는 14만 4천 명이었으나, 2017년에는 330천 명으로 집계되어 지난 십여 년간 두 배 이상 증가하였다[그림 2-1]. 그동안의 증가 속도를 고려할 때, 머지않아 국내 다문화 가족의 수는 백만 명에 이를 것으로 전망된다.

1) 여성가족부(2019). 2018년 전국 다문화가족 실태조사 주요결과에서 발췌, 정리함.

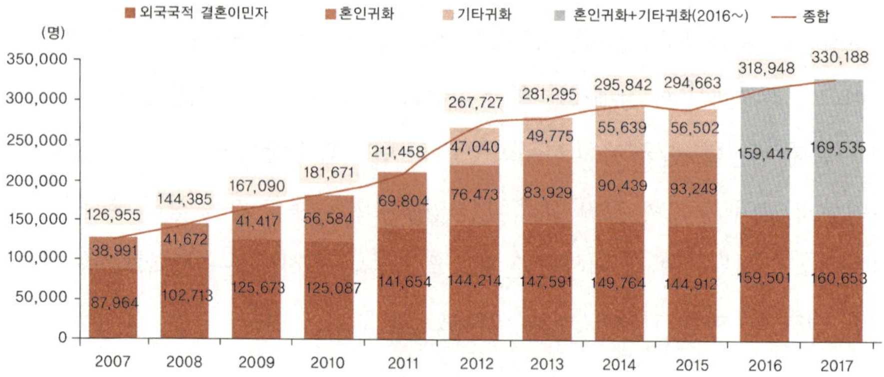

[그림 2-1] 결혼이민자 · 귀화자 규모 추이

출처: 행정안전부(각 연도), 외국인 주민현황조사 재분석.

거주 지역별로는 경기(28.7%), 서울(20.4%), 인천(6.5%) 등 수도권 거주 비율이 55.6%로 절반을 넘었다. 평균 가구원 수는 2.92명으로 전체 국민 평균 가구원 수 2.47명보다 많았고, 평균 자녀 수는 0.95명으로 조사됐다. 다문화가구의 가구원 수는 지역별로도 상이하게 나타나는데, 읍 · 면(3.36명)이 동(2.79명)에 비해 0.57명 더 많은 것으로 나타나며, 특히 5인 이상 가구의 경우, 읍 · 면에서의 비중은 20.9%에 달하는 것으로 나타난다. 동 거주자(76.7%)가 읍 · 면 거주자(23.3%)에 비해 3배 이상 많고, 서울, 경기, 인천의 수도권 거주 비율이 55.6%로 나타났다[그림 2-2].

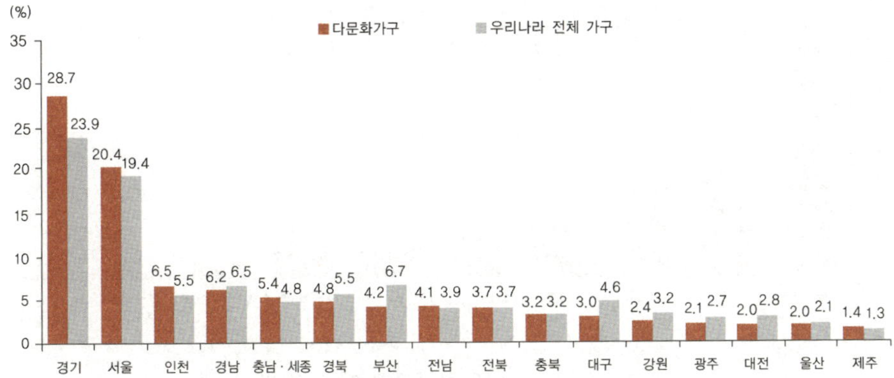

[그림 2-2] 다문화가구의 16개 시 · 도별 분포

출처: 전체 가구, 행정안전부, 주민등록 인구통계, 주민등록 인구 및 세대현황. 2018년 8월 31일자 통계 현황. http://27.101.213.4/index.jsp#

결혼이민자 가구의 평균 가구원 수는 3.02명이나 기타 귀화자의 경우 2.36명에 불과하여 가구유형별 가구원 수의 차이가 확연하게 나타난다. 특히 기타 귀화자의 경우 1인 가구의 비중이 33.9%로 전체 3분의 1을 차지하는 것으로 나타난 반면, 결혼이민자 가구의 경우에는 1인 가구는 11.3%에 불과하고, 5인 가구 이상의 경우에는 결혼이민자 가구(13.2%)가 기타 귀화자 가구(6.5%)보다 두 배 이상 높게 나타난다.

다문화가구의 가구 구성을 살펴보면, 전체 가구 중에서 가장 큰 비중을 차지하는 것은 부부와 자녀로 이루어진 가구로 전체의 34.0%가 여기에 속한다. 다음으로 비중이 높은 유형은 부부만으로 이루어진 가구로 전체의 17.0%에 달하여 전형적인 핵가족 형태가 51.0%를 차지한다. 그다음으로는 본인(결혼이민자 · 귀화자) 1인 가구가 14.4%, 부부+자녀+본인/배우자의 부모 · 형제로 이루어진 대가족의 비중이 10.6%에 달하는 것으로 나타난다[그림 2-3].

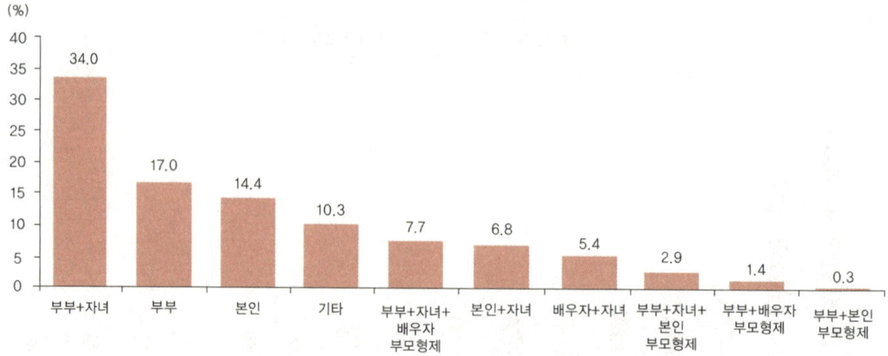

[그림 2-3] 다문화가구의 가구 구성

국내 체류기간 분포를 보면, 10~15년 미만 33.0%, 15년 이상 27.6%로 전체 결혼이민자 · 귀화자 가운데 60.6%가 10년 이상 국내에 거주하고 있다. 2015년과 비교해 보아도 10년 미만 거주자 비율은 크게 감소한 반면, 10년 이상 거주자 비율은 12.7%p 늘어 결혼이민자 · 귀화자의 국내체류 장기화 현상이 두드러진 것으로 나타난다. 이들의 출신 국적은 한국계 중국 출신이 31.1%로 가장 큰 비중을 차지하고 베트남 23.4%, 중국(한국계 이외) 19.3%의 순으로, 중국 출신이 결혼이민자 · 귀화자 중 절반가량을 차지한다. 2015년과 비교하면 베트남 출신의 비중은 2.6%p 증가한 반면, 중국(한국계 이외) 출신은 3.1%p 감소하였다.

취업 중인 결혼이민자 · 귀화자의 임금수준을 보면, 월평균 150~200만 원 미만이 25.3%, 100~150만 원 미만이 22.3%로 47.6%가 100~200만 원의 임금을 받는 것으로 나타난다. 임금이 200~300만 원인 이들은 20.0%, 300만 원 이상인 이들은 8.9%이다[그림 2-4]. 임금이 100만 원 미만인 이들은 15.8%, 임금, 보수 없는 이들은 6.6%이다. 2015년과 비교하면 150만 원 미만 소득층은 감소한 데 비해, 150만 원 이상 소득층은 증가했는데, 그 가운데 350만 원 이상 소득층의 증가폭은 미미한 수준이다.

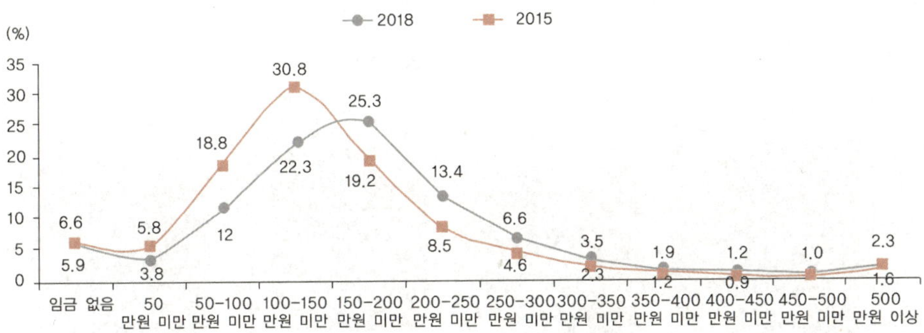

[그림 2-4] 결혼이민자 · 귀화자의 임금수준(2015 · 2018)

이처럼 2015년에 비해 결혼이민자 · 귀화자의 임금수준이 다소 상승하기는 했지만, 국민 일반의 임금수준과 비교하면 결혼이민자 · 귀화자는 임금소득이 낮은 층에 집중되어 있다. 취업자 중 임금근로자를 대상으로 월평균 임금수준을 살펴보면, 임금근로자 일반에 비해 결혼이민자 · 귀화자는 월평균 임금 200만 원 미만이 월등히 많은 반면, 200만 원 이상은 크게 적은 것으로 나타난다. 특히, 월평균 임금 500만 원 이상은 임금근로자 일반에 비해 매우 적은 수준이다.

유배우자를 대상으로 배우자와의 관계에 대한 만족도를 조사한 결과, 5점 척도를 기준으로 평균 4.31점이며, 응답자의 80.4%가 긍정적인 답변을 하고 있다(약간 만족 26.8% + 매우 만족 53.6%)[그림 2-5]. 2015년 조사에 비해 배우자와의 관계 만족도는 3.98점에서 4.31점으로 상당히 높아졌다. 여성(4.26점)보다 남성(4.55점)이 배우자와의 관계에 대한 만족도가 높다. 연령이 낮고, 혼인기간이 짧을수록, 그리고 가구소득이 높을수록 부부관계 만족도는 높아지는 경향이 나타난다. 또한 부부간 나이 차이에 따라서도 만족도에 차이가 있는데, 부부간 나이 차이가 5년 미만인 경우 결혼이민자 · 귀화자의 배우자에 대한 관계 만족도는 평균 4.41점인 데 반해, 나이 차이가 15년 이상인 경우는 4.23점으로 다소 낮다.

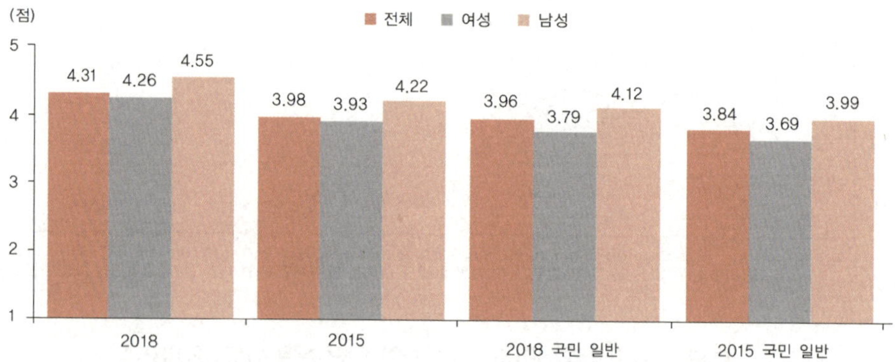

[그림 2-5] 결혼이민자 · 귀화자의 부부간 관계만족도(2015 · 2018)

배우자가 있는 결혼이민자 · 귀화자에게 지난 1년간 부부간 문화적 차이를 전혀 느낀 적이 없다는 응답은 44.1%이며, 55.9%는 어떤 식으로든 문화적 차이를 느낀 적이 있다고 답하였다[그림 2-6]. 성별로는 여성(39.5%)보다 남성(67.9%)들이 부부간 문화적 차이를 느끼지 않는다고 응답했다. 4점 척도로 평균값을 구해 비교해 보면, 남성(1.38점)보다는 여성(1.76점), 기타 귀화자(1.33점)보다는 결혼이민자(1.73점)가 문화적 차이를 더 자주 느낀 것으로 나타난다. 결혼기간, 국내 거주기간이 짧을수록, 그리고 연령이 낮을수록 문화적 차이를 느끼는 정도가 더 높아진다.

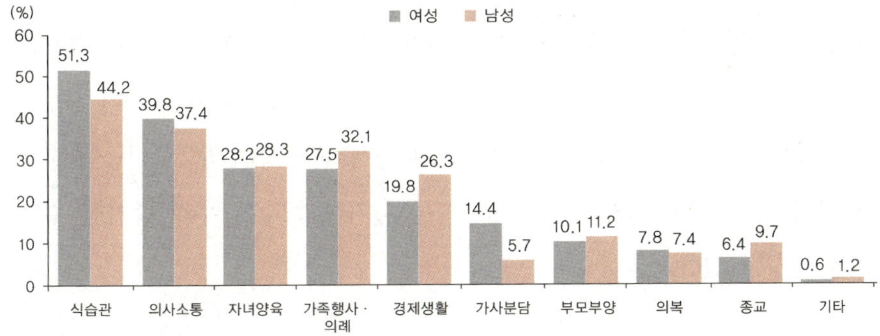

[그림 2-6] 결혼이민자 · 귀화자의 문화적 차이 유형

이는 이민자에게는 자연스러운 경험으로 볼 수 있는데, 한국 생활을 시작한 지 얼마 되지 않은 초기에 부부관계에서도 문화적 차이를 더 많이 느끼고 있다. 또한 부부간 연령 차이가 벌어질수록 문화적 차이를 더 자주 경험하는 것으로 나타났다.

부부간 갈등은 61.8%로 2015년보다 3.0%p 감소했으나, 갈등 대처 방식으로 '참는다'의 비율(48.1%)은 2015년보다 3.5%p 증가한 것으로 나타났으며, 자녀와의 관계 만족도는 4.44점(5점 척도)으로 2015년(4.42점)과 크게 차이가 없었다. 또한 자녀를 양육하는 데 있어, 영유아 자녀에 대해서는 돌봄 공백(26.9%)을, 학령기 자녀는 학업 · 진로 정보 부족(47.1%)에서 어려움을 느끼는 것으로 나타났다. 또한 가정 내 결혼이민자 · 귀화자의 모국어 사용을 격려하는 정도(2.87점, 2015년 2.95점)와 자녀에게 모국어를 가르치는 정도(2.98점, 2015년 3.07점)는 2015년보다 감소했다.

다문화 혼인의 비중 또한 약간의 반등 추이를 보이고 있다. 2005년 13.5%(4만 2천 건수)를 기록한 이래 전체 혼인에서 국제결혼의 비중은 지난 십여 년간 지속적으로 감소하여 2015년에는 거의 절반 수준에 해당하는 7.4%(2만 2천 건수)를 기록하였다[그림 2-7]. 그러나 2016년을 기점으로 건수 자체는 증가하지 않았지만, 전체 혼인 대비 비중은 반등을 보이기 시작하여 2017년에는 8.3%로 다시 상승 추이를 보인다. 무엇보다 다문화 가족은 일단 국내에 입국, 정착한 가족의 경우에는 다시 외국으로의 이주(emigrant)는 희소하기 때문에 혼인 건수와 그 비중이 감소한다고 하더라도 결혼이민자 · 귀화자와 그들의 가족의 수는 누적 증가할 수밖에 없다는 특징이 있다.

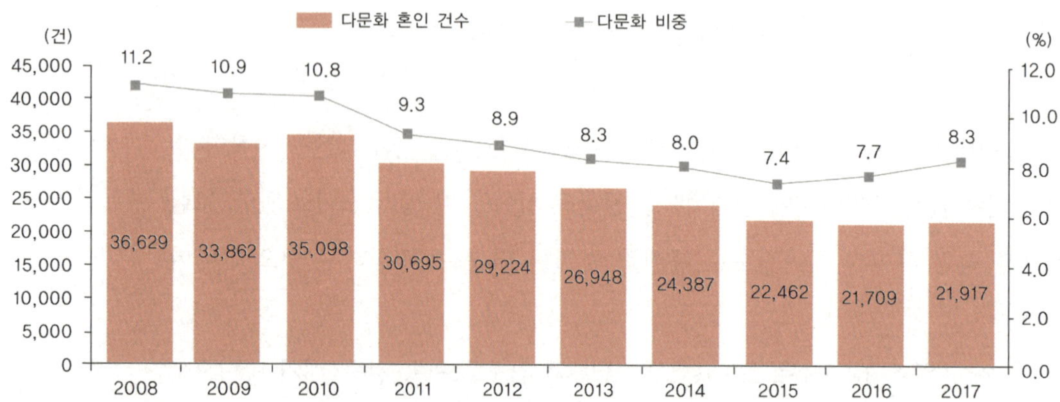

[그림 2-7] 다문화 혼인 건수 및 다문화 비중 추이

출처: 통계청(2018). 2017년 다문화 인구동태 통계. p. 4.

결혼이민자 · 귀화자의 증가는 그들의 존속세대인 다문화자녀의 증가와도 맞물려 있다. 외국인주민현황조사에 따르면 만 18세 미만 국내 출생 외국인 및 귀화자의 자녀 규모는 지속적으로 증가하여 지난 2017년을 기준으로 21만 2천 명으로 확인된다[그림 2-8]. 이는 2007년에 비해 4.8배 증가한 것으로 결혼이민자 · 귀화자의 증가 속도보다 두 배 이상 빠르다는 것을 알 수 있다. 연령별 분포를 보면, 그동안은 만 6세 미만의 규모가 크게 증가해 왔으나, 최근 1~2년을 기점으로 만 7~12세 이하의 규모가 크게 증가, 기존 만 6세 이하의 자녀 세대의 일부가 초등

학령기인 만 7~12세로 진입하여 이들의 비중이 확대된 것으로 보인다. 이러한 결과는 다문화 혼인 건수의 감소와 이로 인해 출산 건수가 감소 추세에 있는 반면, 이미 2000년대 중후반 결혼이민자 러시(rush) 기간에 혼인한 부모 세대가 일종의 다문화자녀 베이비붐을 형성, 이들 코호트가 전체 다문화자녀에 영향을 주고 있다는 것을 추측하게 한다.

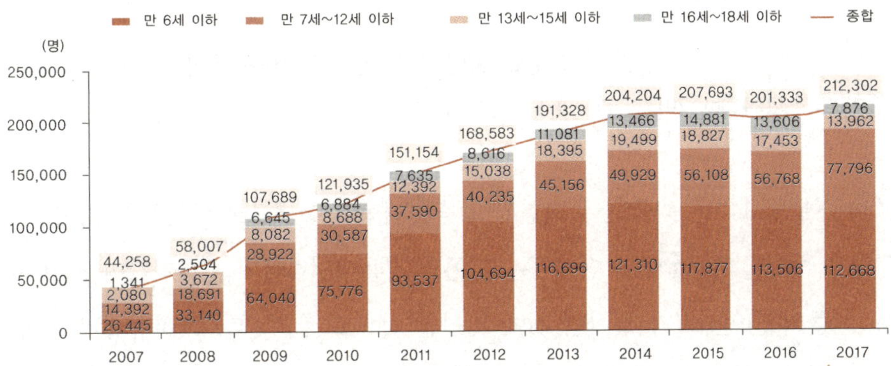

[그림 2-8] 국내 출생 외국인 주민의 자녀 규모 추이

출처: 행정안전부(각 연도), 외국인주민현황조사 재분석.

이처럼 다문화 가족의 출생 건수는 2012년을 기점으로 지속적으로 감소 추세에 있다. 그러나 주목할 만한 점은 전체 출생 건수 중 다문화 출생이 차지하는 비율은 지속적으로 상승 추세에 있다는 것이다[그림 2-9]. 통계청 발표에 따르면 (통계청, 2018b: 22), 다문화 가족의 출생 비중은 지속적으로 상승, 2017년 기준으로 전체 출생 건수 중 5.2%를 차지한다. 국내의 전체 가구 중 다문화가구의 비율이 1.58%에 불과하다는 점을 상기하면, 전체 출생에서 다문화 출생이 차지하는 비율이 상당히 높다는 것을 알 수 있다.

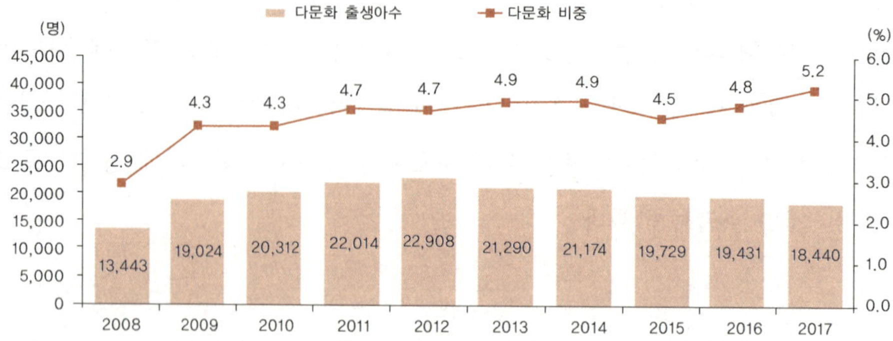

[그림 2-9] 다문화 출생 건수 및 출생 비중 추이

출처: 통계청(2018b). 2017년 다문화 인구동태 통계. p. 22

최근에 발표하는 외국인 주민현황이 혼인귀화자를 별도로 구분하지 않아 최근 현황을 확인할 수 없지만, 여기에는 기존의 결혼이민자들의 체류기간이 길어지면서, 이들의 혼인귀화가 늘어난 것에 기인할 것으로 추측된다. 그러나 혼인귀화자를 제외한 다른 유형의 귀화자 또한 지속적으로 증가 추세임은 사실이다. 혼인귀화자를 별도로 분리 공표하였던 2015년까지의 외국인 주민현황 자료를 활용하여 기타 귀화자의 추이를 살펴보면, 규모의 확대와 함께, 전체 귀화자 중 비율 또한 지속적으로 증가하여 약 20% 정도를 차지하고 있다는 것을 알 수 있다[그림 2-10].

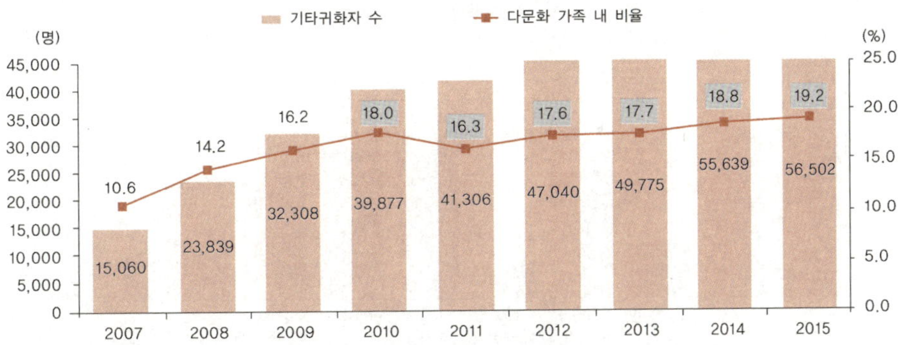

[그림 2-10] 기타 귀화자의 규모와 비중 추이

출처: 행정안전부(각 연도), 외국인주민현황조사 재분석.

사회생활 측면에서 외국 출신이라는 이유로 차별을 경험한 비율은 30.9%로, 2015년(33.3%)보다 2.4%p 감소했다. 한국 생활의 어려움을 묻는 질문에 '없다'고 답한 비율은 29.9%로 2015년(25.7%)보다 증가했다.

이들이 꼽은 한국 생활의 어려움은 경제적 어려움(26.2%), 외로움(24.1%), 언어문제(22.3%), 문화차이(18.8%) 순이었다. 대부분 2015년보다 낮아진 데 비해 외로움의 비율은 2015년(18.5%)보다 5.6%p 높아져 사회관계망을 형성하는 데 어려움을 겪는 것으로 파악됐다[그림 2-11]. 2015년 결과와 비교하면, 지난 1년간 한국 생활 중에 어려운 점이 없다는 응답이 4.2%p 증가해 큰 어려움 없이 한국 생활을 영위하는 결혼이민자 · 귀화자가 다소 늘어난 것으로 보인다. 그러나 다른 한편으로 외로움을 어려움으로 지적한 이들도 지난 3년간 5.6%p 증가했으며, 2018년 조사에 새롭게 포함된 '친구 사귀기'를 어려움으로 지적한 이들(7.1%)도 적지 않은 점 등을 고려하면, 한국 생활 중에 사회적 관계 형성의 어려움이나 이와 관련된 정서적 문제에 직면한 이들이 늘어난 것으로 보인다.

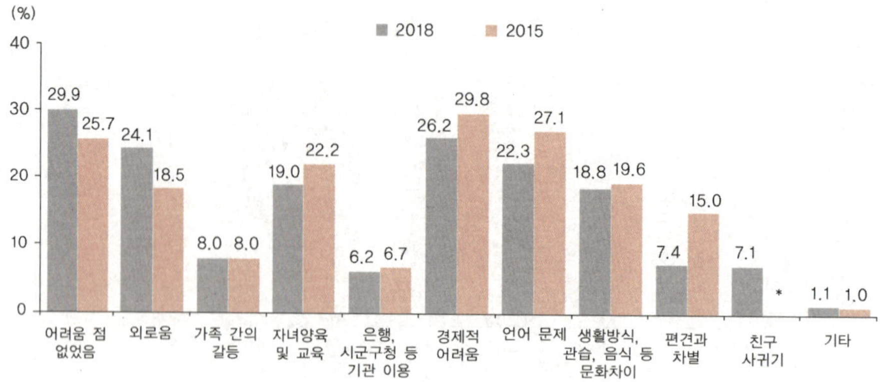

[그림 2-11] 결혼이민자 · 귀화자의 지난 1년간 한국 생활의 어려움

여가 · 취미생활을 같이 할 사람이 없다 40.7%, 몸이 아플 때 도움을 요청할 사람이 없다 38.5%, 자녀 교육 관련 도움을 받거나 의논할 사람이 없다 33.9% 등으로 나타났으며, 참여하고 싶은 모임이나 활동이 없다는 비율도 48.5%에 달했다. 다문화 가족으로서의 자긍심은 3.48점으로 2012년 실태조사 이후 점차 증가하는 추세이다. 자아존중감은 3.87점으로 2015년(3.81점)보다 약간 상승했다.

지난 1년간 학교폭력을 경험한 자녀는 8.2%로 2015년(5.0%)에 비해 증가했고, 지난 1년간 차별을 경험한 비율도 9.2%로 2015년(6.9%)보다 늘었다. 13세 이상 자녀의 고민상담 대상은 부모님이 38.3%, 친구가 33.2%로 전체 청소년(친구 48.1%, 부모님 28.0%)과 차이가 있었다.

다문화가족 실태조사를 통해 결혼이민자, 귀화자는 한국어, 생활문화 등 초기 적응에는 안착했지만, 정착단계로 접어들면서 다양한 사회적 관계를 발전시켜야 하는 문제를 해결하기 위한 대책이 필요할 것이며, 다문화 가족이 우리 사회의 진정한 이웃으로 뿌리내리고 정착하기 위해 사회 전체 구성원의 포용 노력이 필요한 시점임을 인식시켜 주고 있다.

따라서 다문화 가족 지원 정책의 주관부서인 여성가족부에서는 실태조사의 결과에서 나타난 다문화 가족의 장기정착 경향을 반영해 관련 정책을 전환하고, 학령기로 접어든 다문화 가족 청소년들이 우리 사회의 일원으로 안정적으로 성장할 수 있도록 방안을 마련해야 할 것이다.

2 한국의 다문화 가족 관련법

1) 다문화 가족 지원법

2008년 3월 21일 제정되어 2008년 9월 22일 시행된 「다문화 가족 지원법」은 결혼이민자 및 그 자녀 등으로 구성되는 다문화 가족은 언어 및 문화적 차이로 인하여 사회부적응과 가족 구성원 간 갈등 및 자녀교육에 어려움을 겪고 있음에 따라, 다문화 가족의 구성원이 우리 사회의 구성원으로 순조롭게 통합되어 안정적인 가족생활을 영위할 수 있도록 가족상담, 부부교육, 부모교육 및 가족생활교육 등을 추진하고, 문화의 차이 등을 고려한 언어통역, 법률상담 및 행정지원 등의 전문적인 서비스를 제공하도록 하는 등 다문화 가족에 대한 지원 정책의 제도적인 틀을 마련하려는 것이다.

다문화 가족 구성원이 안정적인 한국 생활을 할 수 있도록 국가와 지방자치단체에서 필요한 제도와 여건을 조성하며, 다문화 가족 내 가정폭력을 예방하기 위하여 노력하고 대한민국에서 생활하는 데 필요한 기본적 정보를 제공하며, 사회적응교육과 직업교육 · 훈련 및 언어소통 능력 향상을 위한 한국어교육 등을 받을 수 있도록 하며, 가정폭력으로 피해를 입은 결혼이민자 등을 보호하고 결혼이민자가 건강하게 생활할 수 있도록 영양 · 건강에 대한 교육, 산전 · 산후 도우미 파견, 건강검진을 지원하는 내용으로 구성되었다.

주요 내용을 살펴보면 첫째, 평등한 가족관계의 유지(제7조)를 위해 국가와 지방자치단체는 다문화 가족이 민주적이고 양성평등한 가족관계를 누릴 수 있도록 가족상담, 부부교육, 부모교육, 가족생활교육 등을 추진하고, 문화의 차이 등을 고려한 전문적인 서비스가 제공될 수 있도록 노력하여야 함을 포함하고 있다.

둘째, 가정폭력 피해자 보호 · 지원(제8조)을 위해 국가와 지방자치단체는 결혼이민자 등이 가정폭력으로 혼인관계를 종료하는 경우 의견진술 및 사실 확인 등에 있어서 언어통역, 법률상담 및 행정지원 등 필요한 서비스를 제공할 수 있도록 하였다.

셋째, 다국어에 의한 서비스 제공(제11조)을 위한 국가와 지방자치단체는 다문화 가족에 대한 지원 정책을 추진함에 있어 결혼이민자 등의 의사소통의 어려움을 해소하고 서비스 접근성을 제고하기 위하여 다국어에 의한 서비스 제공이 이루어지도록 노력하여야 함을 포함하고 있다.

넷째, 다문화가족지원센터의 운영(제12조) 근거를 마련하여 여성가족부장관은 다문화 가족 지원 정책의 시행을 위하여 필요한 경우에는 다문화 가족 지원에 필요한 전문인력과 시설을 갖춘 법인이나 단체를 다문화가족지원센터로 지정하여 운영하도록 하였다.

2) 재한외국인 처우 기본법

2007년 5월 17일 제정되어 2007년 7월 18일 시행된 「재한외국인 처우 기본법」은 재한외국인을 그 법적 지위에 따라 적정하게 대우함으로써 재한외국인이 대한민국 사회에 빨리 적응하도록 하고, 대한민국 국민과 재한외국인이 서로의 문화와 역사를 이해하고 존중하는 사회환경을 조성함으로써 국가의 발전과 사회통합에 이바지하려는 것을 목적으로 제정되었다. 제2조의 "결혼이민자"란 대한민국 국민과 혼인한 적이 있거나 혼인관계에 있는 재한외국인을 말하며, "재한외국인"이란 대한민국의 국적을 가지지 아니한 자로서 대한민국에 거주할 목적을 가지고 합법적으로 체류하고 있는 사람으로 규정하고 있다. 이 법률은 재한외국인이 대한민국 사회에 적응하여 개인의 능력을 충분히 발휘할 수 있도록 하고, 대한민국 국민과 재한외국인이 서로를 이해하고 존중하는 사회환경을 만들어 대한민국의 발전과 사회통합에 이바지하도록 하고 있다.

주요 내용을 살펴보면 첫째, 국가 및 지방자치단체의 책무(제3조)를 명시하여 국가 및 지방자치단체는 이 법의 목적을 달성하기 위하여 재한외국인에 대한 처우 등에 관한 정책의 수립 · 시행에 노력하도록 하였다.

둘째, 외국인 정책의 수립 및 추진체계(제5조, 제6조) 확립을 위해 법무부장관은 관계 중앙행정기관의 장과 협의하여 5년마다 외국인 정책에 관한 기본계획을 수립하고, 이를 외국인 정책위원회의 심의를 거쳐 확정하도록 하고, 관계 중앙행정기관의 장은 기본계획에 따라 소관별로 연도별 시행계획을 수립하고, 지방자치단체의 장은 중앙행정기관의 시행계획에 따라 당해 지방자치단체의 연도별 시행계획을 수립 · 시행하도록 하였다.

셋째, 재한외국인 등의 처우(제10조 내지 제14조, 제16조, 제17조)를 위해 국가 및 지방자치단체는 재한외국인 및 그의 자녀에 대한 불합리한 차별을 방지하고 인권을 옹호하기 위하여 교육 · 홍보 그 밖에 필요한 조치를 하기 위하여 노력하도록 하고, 국가 및 지방자치단체는 재한외국인의 사회적응 지원을 위하여 대한민국에서 생활하는 데 필요한 기본적 소양과 지식에 관한 교육, 정보 제공, 상담 등의 지원을 할 수 있도록 하였다. 또한 국가 및 지방자치단체는 결혼이민자가 대한민국 사회에 조기 적응할 수 있도록 국어교육, 대한민국의 제도 · 문화에 대한 교육, 결혼이민자의 자녀에 대한 교육 및 보육 지원 등의 조치를 할 수 있도록 하고, 대한민국 국민과의 사실혼 관계에서 출생한 자녀를 양육하고 있는 재한외국인, 영주권자 및 난민도 이를 지원받을 수 있도록 하였다.

국가 및 지방자치단체는 영주권자, 과거 대한민국 국적을 보유하였던 자 등에 대하여 대한민국의 이익을 해치지 아니하는 범위 안에서 대한민국으로의 입국 ·

체류 또는 대한민국 안에서의 경제활동 등을 보장할 수 있도록 하고, 국가 및 지방자치단체는 전문 외국 인력의 유치를 촉진할 수 있도록 그의 법적 지위 및 처우 개선에 필요한 제도와 시책을 마련하기 위하여 노력하도록 하였다.

넷째, 국민과 재한외국인이 더불어 살아가는 환경 조성(제18조, 제19조)을 위해 국가 및 지방자치단체는 국민과 재한외국인이 서로의 역사 · 문화 및 제도를 이해하고 존중할 수 있도록 교육, 홍보, 불합리한 제도의 시정, 그 밖에 필요한 조치를 하기 위하여 노력하도록 하고, 세계인의 날을 지정하여 행사를 개최하도록 하였다.

다섯째, 외국인전담직원의 지명 · 교육 및 외국인종합안내센터를 설치(제20조)하여 공공기관의 장은 재한외국인에게 민원처리 절차를 안내하는 업무를 전담하는 직원을 지정하여 소정의 교육을 이수하도록 할 수 있고, 국가는 전화 또는 전자통신망을 이용하여 재한외국인 등에게 외국어로 민원을 안내 · 상담하기 위하여 외국인종합안내센터를 설치 · 운영하도록 하였다.

3) 출입국 관리법

「출입국 관리법」은 국내에 입국하거나 출국하는 자의 출입국 관리와 체류하는 외국인의 등록 등에 관한 사항을 규정하기 위하여 제정된 법률로서 1963년 3월 5일 제정되어 1963년 3월 5일부터 시행된 「출입국 관리법」은 현행 외국인의 입국, 출국과 등록에 관한 법률은 대한민국 국민의 출입국에 관하여는 규정하고 있지 아니하고, 대한민국에 출 · 입국하는 선박 등의 장 및 운수업자의 책임 등에 관한 사항 등도 미비하여 이를 정비하려는 것이다.

대한민국은 1907년 1월에 「한국인 여권 규칙」이 제정되어 한국인의 출국관리를, 1918년에는 「외국인 도래에 관한 건」, 1939년에는 「외국인의 입국 · 체류 및 퇴거에 관한 건」으로 외국인의 입국관리를 제도화하였고, 1946년 2월에는 군정법령 제49호 「조선에 출국 또는 입국자 이동의 관리 및 기록에 관한 건」, 정부수립 후인 1949년 11월에는 법률 제65호로 「외국인의 입국 · 출국과 등록에 관한 법률」로 출입국을 관리하였다.

그 뒤 1963년 3월 「출입국 관리법」이 제정되어 1977년 12월과 1983년 12월에 전문 개정되고 2019년 10월에 다시 전문 개정되어 현재에 이르고 있다. 이 법률은 국내 국민의 출입국, 외국인의 입국과 상륙, 외국인의 체류와 출국, 외국인의 등록 등, 강제퇴거, 선박 및 승무원, 보칙, 벌칙, 고발과 통고처분에 관하여 규정하고 있다. 또한 대한민국에 체류하는 외국인의 체류관리 및 난민(難民)의 인정 절차 등에 관한 사항과 외국인의 입국, 체류, 출국, 허위초청, 사증 발급, 체류자격, 입국심사에 관련 법률을 제공하고 있다.

주요 내용으로 국민의 출입국(제2장) 관련 내용을 규정하고, 외국인의 입국 및 상륙에 관한 사항(제3장), 외국인의 체류와 출국에 관한 사항(제4장), 외국인의 등록 및 사회통합프로그램 운영에 관한 사항(제5장), 강제퇴거 등에 관한 사항(제6장)에 관한 내용을 두고 있다. 또한 선박 등 검색(제7장), 선박 등의 장 및 운수업자의 책임에 관한 사항(제8장) 등에 관한 내용을 두도록 하고 있다.

4) 국적법

「국적법」은 대한민국 국민 국적 취득과 상실의 요건을 규정한 법률로 출생에 의한 국적 취득, 인지(認知) 및 귀화로 인한 외국인의 국적 취득, 귀화의 요건과 허가, 배우자와 자녀의 국적 취득, 국적의 상실, 국적의 회복 · 재취득 등의 절차, 국적 상실자의 처리 및 권리 변동 등에 관하여 규정하고 있다. 국적법은 1948년 12월 20일 법률 제16호로 제정되었으며, 3차례의 일부 개정을 거친 후 1997년 12월 13일 전문 개정되어 현재 시행되고 있다. 현행 「국적법」은 국적의 취득에 관하여 부모의 국적에 따라 결정하는 속인주의를 채택하고 있다(국적법 제2조). 출생이라는 선천적 국적 취득 외에 혼인, 인지(認知) · 귀화 · 수반취득(隋伴取得) · 국적

회복과 같은 후천적 취득도 있다(제3조 이하).

국적은 이중국적자의 국적 선택과 국적 이탈, 외국 국적의 취득 등 여러 가지 이유로 상실되며(제12 · 14 · 15조), 국적을 상실한 자는 대한민국 국민이어야만 누릴 수 있는 권리를 국적을 상실한 때부터 누릴 수 없으며, 그 권리와 관련된 법령에 별도로 정한 바가 없는 한 3년 이내에 대한민국의 국민에게 양도해야 한다(제18조).

개정 전의 「국적법」은 부계 혈통주의를 채택하고 있었으나, 이는 헌법상 남녀 평등의 원칙에 위배된다는 주장 및 헌법재판소에 위헌심판이 제청되었고, 대한민국 정부가 1984년 국제연합(UN)의 '여성에 대한 모든 형태의 차별철폐에 관한 협약'에 가입할 당시 유보한 바 있는 국적 취득에 있어서의 남녀평등 조항에 대한 유보를 철회해 국제조류에 따를 필요성에 따라 현행 「국적법」은 부모양계혈통주의로 전환하고(제2조 제1항 제1호), 그동안 현실에 맞지 아니하거나 입법상의 미비된 점을 개선 · 보완한 것이다.

즉 종전에는 대한민국 국민의 처가 된 외국인에게 대한민국 국적을 부여하던 제도를 폐지하고 대한민국 국민과 혼인한 외국인은 남녀 모두 혼인 후 국내에 2년 이상 거주하는 등 일정 요건을 갖추고 법무부장관의 귀화 허가를 받아야 하도록 했고, 남편이 대한민국 국적을 취득하면 그 처도 자동으로 대한민국 국민이 되는 수반취득 조항과 처의 단독귀화를 금지하는 조항을 삭제해 혼인한 여성에게 독자적인 국적선택권을 보장했으며(종전 제4조 제2호 및 제8조 제1항 삭제), 국적선택제도를 신설해 이중국적자가 일정한 기간 내에 대한민국 국적을 선택하지 아니한 경우에는 우리 국적을 상실하도록 했다. 이와 함께 부모양계혈통주의를 채택함에 따라 외국인 아버지와 한국인 어머니 사이에 출생한 자녀는 어머니의 성과 본을 따를 수 있고, 이 경우 어머니의 호적에 입적하도록 민법을 개정했다(법 부칙 제8조).

5) 결혼중개업의 관리에 관한 법률(약칭: 결혼중개업법)

결혼중개업을 지도 · 육성하고 이용자를 보호함으로써 건전한 결혼문화를 형성하기 위하여 국내결혼중개업은 신고제로 하고, 국제결혼중개업은 등록제로 하는 등 결혼중개업이 국가 및 지방자치단체의 관리 · 감독을 받도록 하는 것을 주요 내용으로 하는 「결혼중개업의 관리에 관한 법률」이 제정(법률 제8688호, 2007. 12 공포, 2008. 6 시행)됨에 따라 결혼중개업의 신고 및 등록서류, 거짓 · 과장된 표시 · 광고의 범위, 국제결혼 중개업자에 대한 교육 등 법률에서 위임한 사항과 그 시행에 필요한 절차 등을 정하려는 것이다.

주요 내용을 살펴보면 첫째, 결혼중개업의 신고 및 등록 등의 절차(제2조부터 제5조까지)에 관한 내용으로 법률에서 국내결혼중개업은 신고제, 국제결혼중개업은 등록제로 됨에 따라 제출서류와 업무처리 절차 등을 명확히 규정할 필요가 있으며, 결혼중개업을 신고 또는 등록할 때 구비하여 할 서류를 정하고 2 이상의 지역에 결혼중개업 중개사무소를 두는 경우에 관한 사항 및 변경신고 또는 변경등록에 관한 사항 등을 구체적으로 정하였다. 또한 이와 같이 제출 서류 및 절차를 정함으로써 결혼중개업자와 담당 공무원의 업무처리에 대한 혼란을 예방하여 동 제도가 조기에 정착될 수 있을 것으로 기대하고 있다.

둘째, 신고필증 등의 게시에 관한 사항(제8조)으로 법률의 위임에 따라 이용자가 결혼중개서비스의 내용과 비용 등을 쉽게 확인할 수 있도록 결혼중개업자가 게시하여야 하는 사항을 구체화할 필요가 있으며, 결혼중개업자는 수수료 · 회비 등을 기재한 표, 신고필증 또는 등록증 외에 보증보험 증권이나 예치금 증서를 해당 중개사무소 안에 게시하도록 하고, 인터넷 홈페이지를 운영하는 경우 수수료 · 회비 등을 기재한 표, 신고번호 또는 등록번호 외에 상호와 대표자의 성명, 사업자등록번호, 이용약관 등을 인터넷 홈페이지에 게시하도록 하고 있다.

셋째, 거짓 · 과장된 표시 · 광고의 범위(제10조 및 별표 1)에 관한 규정으로 법률의 위임에 따라 결혼중개업자의 거짓 · 과장광고로 인하여 발생할 수 있는 이용자의 피해를 예방하기 위하여 금지되는 표시 · 광고의 범위를 정할 필요가 있으며, 신고 또는 등록한 사항과 다른 내용의 표시 · 광고, 객관적인 사실에 근거하지 아니한 표시 · 광고, 합리적인 이유 없이 출신국가 · 인종 등을 이유로 차별하는 내용 등이 포함된 표시 · 광고를 하지 못하게 하며, 이와 같이 금지되는 광고의 범위를 정함으로써 결혼중개업 이용자의 인권을 보호하고 건전한 결혼관의 형성을 유도할 수 있을 것으로 기대하고 있다.

넷째, 교육의 내용과 방법 등(제16조, 별표 3)에 관한 규정으로 법률의 위임에 따라 국제결혼 중개업자가 받아야 할 교육의 내용 · 방법 · 시간 등을 명확히 정할 필요가 있으며, 결혼중개업제도, 결혼중개업자의 직업윤리, 소비자 보호 방안 등을 교육내용으로 하고, 각 과목에 대한 교육시간 등을 정하고 있다. 또한 국제결혼 중개업자의 전문지식 및 윤리의식을 높임으로써 국제결혼 중개업자의 불법 결혼중개행위를 방지하여 이용자의 피해를 예방하는 효과가 있을 것으로 기대하고 있다.

국제결혼 중개업자는 이용자와 상대방 간의 원활한 의사소통을 지원하기 위하여 통역 · 번역 서비스를 제공하며, 중개업자는 거짓 · 과장되거나 국가 · 인종 · 성별 · 연령 · 직업 등을 이유로 차별해서는 안 되며, 국제결혼 중개업자는 결혼중개를 하는 경우에 18세 미만의 사람을 소개하거나, 같은 시간에 2명 이상의 이성을 소개하는 행위, 결혼중개를 목적으로 2명 이상의 외국인을 같은 장소에 기숙(寄宿)시키는 행위는 영업정지에 처한다는 내용으로 구성되어 있다. 지금까지 살펴본 결혼이민자 및 귀화자 등 다문화 가족 지원에 관한 법령들을 정리하면 〈표 2-1〉과 같다.

〈표 2-1〉 결혼이민자 및 귀화자 등 다문화 가족 지원에 관한 법령

<table>
<tr><th colspan="3">구분</th><th colspan="2">관련 법령</th></tr>
<tr><td rowspan="2">다문화
가족
개관</td><td rowspan="2">다문화
가족
개관</td><td rowspan="2">다문화가족 개념
다문화가족 지원 개요
다문화가족지원센터</td><td>「다문화가족지원법」
「재한외국인 처우 기본법」</td><td>「국적법」</td></tr>
<tr><td colspan="2">「가정폭력방지 및 피해자보호 등에 관한 법률」
「농어업인 삶의 질 향상 및 농어촌지역 개발촉진에 관한 특별법」
「복권 및 복권기금법」</td></tr>
<tr><td rowspan="3">다문화
가족의
성립</td><td>결혼</td><td>다문화가족의 구성</td><td>「다문화가족지원법」
「재한외국인 처우 기본법」</td><td>「국적법」</td></tr>
<tr><td>출입국</td><td>입국
체류</td><td>「출입국 관리법」
「공직선거법」</td><td>「형법」</td></tr>
<tr><td>국적</td><td>국적 취득</td><td>「국적법」</td><td></td></tr>
<tr><td rowspan="5">다문화
가족의
생활</td><td>국내정착</td><td>사회적응 지원
주택 지원
취업 지원</td><td>「다문화가족지원법」
「재한외국인 처우 기본법」</td><td>「국가정보화 기본법」
「주택공급에 관한 규칙」</td></tr>
<tr><td rowspan="2">자녀양육</td><td rowspan="2">임신 및 출산
보육
교육
병역
취업</td><td>「다문화가족지원법」
「건강가정기본법」
「장애인복지법」
「근로자직업능력 개발법」</td><td>「영유아보육법」
「청소년복지 지원법」
「국민기초생활보장법」
「한부모가족지원법」</td></tr>
<tr><td colspan="2">「가족관계의 등록 등에 관한 법률」</td></tr>
<tr><td rowspan="2">가족 간
법률
문제</td><td rowspan="2">평등한 가족관계
가정폭력피해자 보호
이혼
상속</td><td>「다문화가족지원법」
「건강가정기본법」
「민법」
「가사소송법」
「국제사법」</td><td>「출입국 관리법」
「법률구조법」
「국민기초생활 보장법」
「장애인복지법」</td></tr>
<tr><td colspan="2">「결혼중개업의 관리에 관한 법률」
「가정폭력범죄의 처벌 등에 관한 특례법」</td></tr>
</table>

출처: https://www.easylaw.go.kr/CSP/SysChartRetrievePLst.laf?csmSeq=638

3 다문화 가족 아동 · 청소년 지원

1) 다문화 가족 정책의 추진 경과

한국 사회의 다문화 가족 지원 정책은 2006년도 관계부처가 '여성결혼이민자 가족 사회통합 지원 대책'을 마련하면서 본격화되었다. 같은 해에 처음으로 다문화가족지원센터가 전국에 21개소 설치되어 현재 217개소로 증가하였다. 지역사회의 다문화 가족을 대상으로 방문교육사업, 결혼이민자 통번역 서비스 사업, 다문화 가족 자녀 언어발달지원사업, 이중언어 가족환경조성사업 등의 다양한 사업을 지속적으로 추진해 오고 있다.

2008년에는 「다문화 가족 지원법」이 제정되었으며, 2009년에는 다문화 가족정책 위원회가 발족하여 제1차(2010~2012), 제2차(2013~2017), 제3차(2018~2022) 다문화 가족 정책 기본계획을 수립하게 되었다. 또한, 「다문화 가족 지원법」에 근거하여 2009년부터 3년마다 전국 다문화가족 실태조사를 실시하여 정확한 현황을 바탕으로 정책을 수립하였다. 2011년 「다문화 가족법」 개정을 통해 정책대상을 결혼이민자와 그 자녀뿐만 아니라 귀화자와 외국인 가족으로까지 확대하고, 정책내용도 중도입국자녀의 적응과 학업준비 지원, 가족관계 향상 등으로 확장되었다.

2020년 6월 제18차 다문화 가족정책 위원회에서 제시한 이주배경 아동 · 청소년 지원 내실화 방안의 주요 내용을 살펴보고자 한다. 국가에서는 「다문화 가족 지원법」 제3조의4에 근거하여 국무총리를 위원장으로 기획재정부 · 교육부 · 과학기술정보통신부 · 외교부 · 법무부 · 행정안전부 · 문화체육관광부 · 농림축산식품부 · 보건복지부 · 고용노동부 · 여성가족부장관, 국무조정실장 등 정부위원 12명, 다문화 가족 정책 관련 학식과 경험이 풍부한 사람 중 국무총리가 위촉하는 민간위원 7명 등 총 20명으로 다문화 가족정책 위원회를 구성하여 운영하고 있다. 위원회 산하에 실무위원회를 설치 · 운영하고 있다.

다문화 가족정책 위원회의 주요 기능은 다음과 같이 다문화 가족 정책에 관한 중요 사항을 심의 · 조정한다. 첫째, 다문화 가족 정책에 관한 기본계획의 수립 및 추진에 관한 사항, 둘째, 다문화 가족 정책의 시행계획의 수립, 추진실적 점검 및 평가에 관한 사항, 셋째, 다문화 가족과 관련된 각종 조사, 연구 및 정책의 분석 · 평가에 관한 사항, 넷째, 각종 다문화 가족 지원 관련 사업의 조정 및 협력에 관한 사항, 다섯째, 다문화 가족 정책과 관련된 국가 간 협력에 관한 사항, 여섯째, 그 밖에 다문화 가족의 사회통합에 관한 중요 사항으로 위원장이 필요하다고 인정하는 사항 등을 심의 의결하고 있다.

2) 결혼이민자 · 귀화자 자녀의 현황

이주배경 아동 · 청소년의 현황 및 실태를 살펴보면, '부모 또는 본인이 이주의 경험을 한 만 24세 이하의 아동 · 청소년'을 의미하며, 그 규모는 54만 7천여 명으로 추정하고 있다. 결혼이민자, 귀화자의 자녀의 연령은 초등학교 고학년에 해당하는 만 9~11세가 45.8%로 가장 많았으며, 중학교 학령기인 만 12~14세 24.1%, 고등학교 학령기인 만 15~17세 16.4%, 만 18세 이상 13.8% 순이었다. 만 9~24세 다문화 가족 자녀 중 국내에서만 성장한 자녀가 83.8%로 대부분을 차지했다. 15세 이상 다문화 가족 자녀 중 비재학, 비취업 청소년의 비율은 10.3%였다. 2015년 조사와 비교하여 본격적인 청소년층 진입이 시작되면서 만 9~11세 비율이 증가한 것으로 나타났다〈표 2-2〉.

〈표 2-2〉 이주배경 아동 · 청소년(0~24세) 구성 (단위 : 명)

구분	다문화 가족 아동 · 청소년	국내체류외국인 아동 · 청소년	북한이탈 아동 · 청소년
계	247,697	295,130	최소 2,604

출처: 포용사회 구현을 위한 이주배경 아동·청소년 성장기회 격차 해소방안 연구('20.1.).
국내체류 외국인 아동·청소년은 미등록·무국적 아동 제외.

만 9~24세 자녀만을 대상으로 연령 분포를 살펴보면, 외국에서 주로 성장한 경우에는 18~24세 연령이 34.5%로 가장 높고, 기타 연령대의 비율은 22% 안팎으로 비슷하게 나타난다. 반면, 외국 거주 경험의 경우에는 9~11세가 31.4%로 가장 높고, 그다음으로 12~14세가 28.9%를 차지하는 등 비교적 저연령대 자녀의 비중이 상대적으로 높게 나타난다. 다문화 가족 자녀는 학습지원(3.37점), 진로상담 · 진로교육(3.16점)에 대한 요구가 높고, 15세 이상은 직업기술훈련에 대한 요구(3.21점)가 높았으며, 자녀의 가정생활에서 부모와의 관계 만족도는 전체 청소년에 비해 낮은 편이나 다문화 가족 정체성, 자아존중감은 점차 높아지고 있다.

부모와의 소통에서 아버지와의 대화시간 자체는 2015년보다 증가하는 추세이나 전혀 대화하지 않는다는 비율도 늘어났으며, 어머니와의 대화시간은 전반적으로 줄어드는 경향으로 나타났으며, 부모와의 관계 만족도에서 어머니와의 관계 만족도는 3.82점으로 아버지(3.59점)보다 높으나, 양쪽 모두 전체 청소년의 만족도보다 낮았다.

자녀의 자아존중감 평균 점수는 3.87점으로, 2015년(3.81점)보다 상승한 것으로 나타났으며, 이중언어를 사용하려는 경향이 줄어드는 추세로, 자녀의 42.4%가 외국 출신 부모 언어를 잘하고 싶으나, 가족으로부터 이중언어 사용에 지지를 받는 비율(25.4%)은 그보다 17%p 낮게 나타났다.

이주배경 아동 · 청소년은 공교육 진입 비율이 낮고, 자녀의 학교생활에서 중학교 이상 자녀의 취학률은 국내의 학교급별 전체 학생 취학률에 비해 낮은 수준으로 나타났다. 다문화가족 실태조사(2018)에 의하면, 다문화 가족 청소년의 취학률은 전체 취학률보다 중학생 5.1%p, 고등학생 4.5%p, 고등교육기관 18.0%p 낮게 나타났으며, 초등학교 취학률(98.1%)은 전체 초등학생 취학률보다 높은(0.7%p) 반면, 중학교(92.8%), 고등학교(87.9%), 고등교육(49.6%)은 전체 학교급별 취학률에 미달하는 것으로 나타났고, 희망 교육수준은 4년제 대학교 56.5%, 4년제 미만의 대학교 23.2%, 고등학교 이하 11.2%, 대학원 이상 9.1%로 나타났다.

또한, 다문화 가족 자녀의 경우 10.5%가 부모와 전혀 대화하지 않는다고 응답하여 일반 청소년(1.4%)보다 월등히 높게 나타난 것을 보면(2017 청소년종합실태조사 원자료 분석) 부모와의 대화 단절, 높은 학교폭력 피해율 등 부모 · 또래관계에 어려움을 겪고 있는 것을 알 수 있다.

지난 1년간 학교폭력을 경험한 자녀는 8.2%로 2015년(5.0%)에 비해 3.2%p 증가했고, 학교폭력을 경험한 후에 참거나 그냥 넘어가는 비율이 48.6%로 나타났으며, 자녀의 사회생활에서 자녀의 차별경험은 2015년보다 증가하고, 또래관계도 일반 청소년에 비해 취약한 것으로 나타났다. 특히 13세 이상 자녀의 고민상담 대상으로는 부모님이 가장 많았고(38.3%), 친구는 33.2%로 전체 청소년과는 차이가 있었으며, 지난 1년간 차별을 경험한 비율은 9.2%로 2015년(6.9%)보다 2.3%p 증가했고, 주로 친구(64.0%)나 고용주 · 직장동료(28.1%)로부터 차별을 받는 것으로 나타났다.

3) 다문화 가족 아동 · 청소년 지원 방안

다문화 가족 정착 주기 장기화, 초국가적인 이주 증가 등으로 우리 사회의 이주배경 아동 · 청소년의 규모와 비중이 급격히 확대되고 있다. 교육부 다문화 학생 변화 추이를 보면, 2011년 38천 명(0.6%), 2019년 137천 명(2.5%)으로 증가하고 있다. 증가하고 있는 이주배경 아동 · 청소년이 사회적 격차와 편견 없이 공정한 환경에서 건강하게 성장하는 것은 다문화 포용사회 구현을 위해 매우 중요하다.

성인을 포함한 우리 사회 전반의 다문화 수용성은 최근 낮아지는 경향을 보이고 있으며('15년 54점 → '18년 52.8점), 코로나19로 인해 원격교육으로 인한 교육격차가 심화되고 있으며, 미뤄지는 등교 · 개학, 한국어가 미숙한 엄마의 도움이 미진할 경우 온라인 수업을 따라가기 벅차 학습권 침해가 우려되고 있다(연합뉴스, 2020. 5. 14). 이러한 다문화 가족 아동 · 청소년들이 겪고 있는 어려움을 해소하기 위한 세부적인 추진방안을 살펴보면 다음과 같다.

첫째, 차별 · 편견 없는 성장 환경을 조성할 필요가 있다. 일상생활 현장에서는 언론 등의 일상적 차별사례 모니터링 및 국민참여 인식개선 공모전, 홍보단, 유튜브, SNS 등 다양한 채널 활용 수용성을 제고하고, 교육현장에서는 예비교원 교직과목에 다문화 교육 포함 및 상호문화 이해 제고를 위한 정부 부처 협업 교과서를 개발할 필요가 있다.

둘째, 건강한 성장 지원을 위한 가정 · 지역사회 역할 강화이다. 먼저, 가족기능 회복을 위해, 부모-자녀 간의 관계개선을 위해 결혼이민자를 다문화 상담사로 양성하여 부모상담 실시, 정서적 안정, 부모-자녀 관계 회복을 위한 프로그램(183개 → 196개)을 확대하며, 위기 해소를 위해 가정폭력 등 위기 징후 조기 발견 및 복지, 상담 등 통합지원을 위한 사례관리자 확대, 다문화 학부모용 학교폭력 안내자료를 제작 · 보급하였다.

다음으로 지역사회 역할 강화로서 다국어로 구성된 심리사회적응척도 개발 및 이중언어가 가능한 전문 상담통역자 양성, 찾아가는 금연 서비스 연계 지원 등 건강지원과 이주배경청소년을 위한 기술교육 대안학교, 진로탐색 및 직업설계 프로그램 운영 등 후기 청소년의 사회진출 지원으로 자립지원을 한다. 주요 사업으로 폴리텍 다솜고등학교, 취업성공패키지, 내일이룸학교 특화과정 개설 및 이중언어 인재 DB 고도화 추진 등이다. 지역사회 청소년 안전망(지방자치단체를 중심으로 청소년 관련 자원 연계하여 위기청소년 통합 지원)과 연계하여 보호 · 지원 강화 및 다문화 가족 교류 · 소통 공간 활용 사회적 네트워크 강화를 통한 안전망 강화이다.

자녀의 성장을 위한 가정과 지역사회의 역할 강화로 이주배경청소년의 경우, 성장기 시절 부모와 떨어져 지낸 기간이 길었거나 언어장벽 등의 이유로 부모와의 대화가 부족하고 부모와의 관계 만족도가 낮게 나타난다. 다문화 가족 자녀의 경우 10.5%가 ‘부모와 전혀 대화하지 않는다’고 응답하여 일반 청소년(1.4%)보다 높게 나타났다(2017 청소년종합실태조사).

결혼이민자를 다문화 상담사로 양성하여 부모-자녀 간 갈등 해소와 소통을 위한 부모상담을 실시하고, 자녀와 부모가 함께 참여하는 사회성 향상 프로그램인 '다재다능 프로그램'도 확대하며(가족센터 196개소), 가정폭력, 우울증 등 위기 징후를 조기 발견하여 복지, 교육, 상담을 통합 지원할 수 있도록 사례관리자(2020년 174명)를 확대한다.

셋째, 촘촘한 자원연계망을 통한 정책기반 마련으로 지자체를 중심으로 민·관·학 협의체를 구성·운영하여 체계적 종합지원 서비스를 제공하는 시범사업으로 2020년 2개 지역(안산, 화성) 시범운영에서 2022년 10개 지역으로 확대되었다. 또한, 이주민 밀집지역 내 교육청-지자체 간 협업체계를 통해 다문화학생의 교육역량 제고와 각 부처에 산재된 이주배경 아동·청소년 통계 데이터를 연계·통합하여 통계체계를 마련하였다. 학교 밖 청소년에 대한 진로탐색과 복지지원을 강화하기 위하여 지자체를 중심으로 한 "지역사회 청소년 안전망"에 이주배경 아동·청소년지원기관도 협력기관으로 포함하고, 다문화 가족 청소년이 많은 안산, 화성에서는 민·관·학 협의체를 통한 종합지원 모델사업을 시범 실시하여 한국어교육, 심리상담, 진로교육, 취업을 지원한다.

넷째, 균등한 교육 기회 제공이다. 먼저, 외국에 살다가 중도에 한국에 입국한 청소년(중도입국청소년)이 학교에 진학하지 않는 비율이 약 30%에 달하며, 입학 소요 기간도 6개월 이상 걸린 경우가 약 43%에 이르는 등 공교육 진입이 어려운 경우가 많다. 지금까지는 청소년과 학부모가 직접 거주지 내 중학교의 결원을 확인하여 개별 학교장에게 입학을 신청하고 학교장이 허가하는 방식이었으나, 앞으로는 교육장(시군 단위 교육청장)에게 입학을 신청하면 교육장이 관할지역 내 결원을 고려하여 학교를 배정하는 방식으로 개선하여 취학 절차상의 편의를 높이고 특정 학교에 다문화학생이 편중되는 현상도 개선될 것으로 기대하고 있다. 또한, 중도입국청소년의 입학 학년 수준을 결정하기 위해 교육청에서 운영하는 '학력심의위원회' 위원 풀(pool)을 확대하고(7명 → 30명) 전문성을 갖춘 위원도 충원하여 위원회 개최와 학년 결정이 신속하게 이루어질 수 있도록 한다. 입학 후에는 학교에 잘 적응할 수 있도록 입학 전 사전 준비교육인 '징검다리과정'과 한국어 집중교육 학급을 확대한다. 징검다리과정은 2019년 초등 27개교에서 2020년 초등 30개교, 중등 14개교로 확대 운영하였으며, 한국어 학급은 2018년 223학급에서 2019년 326학급, 2020년 372학급으로 확대되어 운영하였다. 새로 입국하는 청소년들로부터 동의를 받아, 법무부가 교육부 · 여성가족부로 정보를 연계하여 입학 안내자료를 13개국 언어로 제공함으로써 원활한 취학을 유도하고, 지자체나 다문화가족지원센터 등에서 제공하는 서비스도 쉽게 받을 수 있도록 안내를 강화한다.

다섯째, 코로나19 이후 교육격차 완화 및 돌봄 공백 지원으로, 코로나19로 원격교육이 실시되고 이를 지도하는 학부모의 역할이 커짐에 따라 한국어 미숙으로 인한 학습권 침해나 교육 공백을 방지하기 위한 노력이 필요한 상황이다. 원격수업을 돕기 위해 다문화학생용 교과 보조교재(17종) 전자책을 보급하고, 한국어교육 원격수업 콘텐츠를 개발하여 배포하며, 학부모들의 자녀 학습지도가 수월하도록 다문화가족지원센터에 결혼이민자 검정고시반 등 '다문화 부모학교'를 운영한다. 또한, 학교의 공지사항을 실시간으로 파악할 수 있도록 다문화가족지원센터의 통번역사를 확대하여(2020년 282명) 학교 안내 문자, 가정통신문에 대한 번역 서비스를 제공한다.

4 한국의 다문화 가족 정책

1) 다문화 가족 정책 세부 추진 과제

2022년 2월 제20차 다문화 가족정책 위원회에서 심의 · 의결한 2022년 다문화 가족 정책 시행계획을 중심으로 대한민국의 다문화 가족 정책의 주요 내용을 살펴보고자 한다. '참여와 공존의 열린 다문화 사회'라는 비전으로 모두가 존중받는 차별 없는 다문화 사회 구현, 다문화 가족의 사회 · 경제적 참여 확대, 다문화 가족 자녀의 건강한 성장 도모 등 세 가지 목표를 설정하여 시행하고 있다.

(1) 다문화 가족 장기정착 지원

다문화 가족의 한국 사회에 장기적인 정착을 지원하기 위하여 결혼이민자 인권 강화(가정폭력 예방 및 대응체계 구축), 국제결혼 피해예방 지원, 안정된 가족생활 지원, 서비스 연계 활성화 등을 추진하였다.

첫째, 결혼이민자의 인권을 강화하기 위하여 폭력 상황에 대한 초기 대응체계 상시 가동, 폭력피해 이주여성을 위한 전문상담 체계 구축, 폭력피해 이주여성을 위한 주거지원 확대 및 자립기반 조성, 폭력피해 이주여성 지원 종사자의 역량 강화 등의 가정폭력 예방 및 대응체계를 구축하였다.

다누리콜센터(1577-1366) 운영을 통하여 365일, 24시간(중앙) 13개 언어로 긴급 및 위기지원 상담, 한국 생활 정보 제공, 갈등해결 상담 및 통역, 3자통화를 지원하고, 폭력피해 이주여성에 대한 긴급피난처 제공, 보호시설 연계(경찰청 등 협업), 의사소통이 어려운 결혼이민자에 대한 통 · 번역 서비스 등을 제공하였다. 하지만 13개 언어로 365일 24시간 긴급 및 위기지원 상담, 한국 생활 정보 제공, 갈등해결 상담 및 통역, 3자통화를 지원하여 폭력피해 발생 등 상담 과정에서 필요한 경우, 경찰 및 보호시설 등 유관기관과의 협업을 통하여 종합적인 피해자 지원과 폭력피해 및 갈등 상담 이용자 대상 사후관리를 위한 해피콜 상담, 피해자 보호시설, 분야별 전문가 등 협업체계를 강화할 필요가 있다.

폭력피해 이주여성을 위한 전문 상담체계 구축을 위해 가정폭력 등 폭력피해 이주여성의 생활, 체류 등 복합적 문제를 원스톱으로 지원하는 상담소 추가 및 운영과 이주여성에게 모국어 상담, 통번역 서비스, 관계기관 연계 등 맞춤형 상담 및 임시 보호 서비스를 제공하였다.

폭력피해 이주여성을 위한 주거지원 확대 및 자립기반 조성을 위해 폭력피해 이주여성을 위한 쉼터, 그룹홈 등 운영 및 임대주택 지원 등 주거지원과 폭력피해 이주여성과 동반자녀의 주거 및 기초생활 지원과 이주여성 자활을 위한 직업 기술교육 훈련, 취업지원 등 자립지원을 실시하였다.

폭력피해 이주여성 지원 종사자의 역량 강화를 위해 폭력피해 이주여성 보호시설 시설장 및 상담원 등을 대상으로 상담기법 교육, 소진방지프로그램 등을 포함한 워크숍 등을 진행하였다. 또한, 다누리콜센터(1577-1366) 종사자 대상 피해자 지원, 법률 및 의료 등 상담 관련 분야별 전문가 교육 실시, 상담원 스트레스 경감을 위한 감정 소진예방 프로그램 운영, 다문화가족지원센터 방문지도사를 통한 이중언어 부모코칭, 부모교육, 자녀 상호작용 프로그램, 이중언어 활용 프로그램 등 서비스 제공 및 폭력의심 사례 모니터링을 추진하였다.

둘째, 국제결혼 피해예방 지원을 위해 국제결혼 피해예방 프로그램 운영방식 다양화 및 내용보완, 국제결혼 이민관 파견 추진, 국제결혼중개업체 관리 · 감독 강화, 기관 간 협업을 통한 국제결혼피해자를 지원하였다.

국제결혼 피해예방 프로그램 운영방식 다양화 및 내용을 보완하기 위해 결혼이민자가 한국으로 입국하기 전에 한국 생활에 필요한 기본적인 정보 제공 프로그램으로 한국 이주자 현황, 기본정보(위치, 계절, 교통 등), 생활문화, 건강, 폭력 대처방안 등 기본과정(8시간)과 기본과정+취업, 국제결혼의 이해, 가정 경제생활 등 심화과정(16시간)을 연중 실시하였다. 또한, 온 · 오프라인 상담으로 전화, 방문, 온라인(전자우편) 등을 통하여 방문자 등을 대상으로 일대일(1:1) 방식으로 운영하였다. 주요 결혼 상대국인 베트남에 결혼이민관을 파견하여 각종 불법 결혼중개 · 인권침해 실태 감시와 예방을 통해 국제결혼 건전화에 기여하였다.

국제결혼중개업체 관리 · 감독 강화를 위해 불법 국제결혼 중개행위에 대한 실질적 적발, 단속, 처벌이 이루어질 수 있도록 등록관리 및 감독 기능 강화, 국제결혼중개업체의 법 위반사항에 대한 지자체 주관 정기점검 시행 및 합동 수시점검을 강화하였다. 기관 간 협업을 통한 국제결혼 피해자를 지원하고자 다누리콜센터(피해상담)와 소비자원(피해구제), 법률구조공단(법률적 지원) 등 기관 간 협업을 통한 국제결혼 피해자 지원체계를 강화하였다.

셋째, 안정된 가족생활 지원을 위해 결혼이민자의 정서적 안정 및 자립 역량 강화를 위한 사례관리사업 내실화, 가족관계 증진을 위한 프로그램 다양화 및 상담체계 강화, 한부모가족의 자녀 양육 지원, 다문화 한부모가족의 주거안정을 위한 제도개선, 다문화 가족의 생활안전 대응 역량 강화, 119시스템 내 비언어적 신고체계를 마련하였다.

결혼이민자의 정서적 안정 및 자립 역량 강화를 위한 사례관리사업을 내실화하여 가정폭력, 이혼 등 위기상황의 다문화 가족, 기본적 가족역량이 부족하거나 복합적인 욕구를 가진 다문화 가족을 유형별 대상화하여 종합적인 서비스(상담, 서비스 연계 등)를 제공하였다. 또한, 위기가구 · 비수급 빈곤층 등 복지 사각지대 발굴 계층, 사회보장급여 수급복지대상자, 장애인 · 노인 · 다문화 등 취약가구 등 사업대상자의 발굴 및 관리를 통해 지역 내 공공 · 민간자원에 대한 체계적인 관리 · 지원체계를 토대로 복합적이고 다양한 욕구를 가진 대상자에게 복지 · 보건 · 고용 · 주거 등 필요한 서비스를 통합적으로 연계 · 제공하고, 이를 지속적으로 상담 · 모니터링을 지원하였다.

가족관계 증진을 위한 프로그램 다양화 및 상담체계를 강화하기 위해 결혼이민자, 중도입국자녀, 다문화 가족 자녀, 결혼이민자 등의 배우자 등 다문화 가족을 대상으로 가족관계 증진 프로그램 다양화, 다문화 가족을 위한 상담프로그램, 가족상담프로그램 등 상담, 주택 분양정보 등 주거안정에 관한 주거복지를 안내하여 다문화가정의 안정적인 주거를 위한 정보를 제공하였다.

「양육비 이행확보 및 지원에 관한 법률」(약칭: 양육비이행법)은 미성년 자녀를 직접 양육하는 부 또는 모가 미성년 자녀를 양육하지 아니하는 부 또는 모로부터 양육비를 원활히 받을 수 있도록 양육비 이행확보 등을 지원하여 미성년 자녀의 안전한 양육환경을 조성함을 목적으로 한다. 상담에서 합의, 소송 및 추심, 양육비 이행 지원, 모니터링까지 맞춤형 양육비 이행을 지원하고, 양육비를 받지 못해 어려움에 처한 양육비 이행 지원 신청가정에 한시적으로 양육비를 긴급 지원하였다(월 20만 원, 최장 9개월). 또한, 저소득 한부모가족 대상 아동양육비, 아동교육지원비 등 복지급여와 한부모가족증명서 발급을 통한 각종 요금 감면 등 비급여성 혜택을 제공하였다.

다문화 한부모가족의 주거안정을 위한 제도로서 한국 국적의 자녀를 양육하는 국적 미취득 결혼이민자의 주거지원을 위한 「주택공급에 관한 규칙」 제4절 특별공급 제18항에서는 「다문화 가족 지원법」 제2조에 따른 다문화 가족의 구성원으로서 배우자와 3년 이상 같은 주소지에서 거주한 자를 위해 운용되고 있다. 다문화 가족이 안전한 생활을 영위할 수 있도록 분야별 안전교육 연계, 결혼이민자, 한국인 배우자와 배우자의 부모가 함께 듣는 상호이해 교육프로그램 제공을 통해 다문화 가족의 생활안전 대응역량을 강화하였다. 또한, 언어 등의 제약으로 재난대처 방법에 대한 정보 접근이 어렵고, 내국인에 비해 열악한 근로조건으로 재난안전 위험에 취약한 이민자 등을 위한 맞춤형 안전교육을 실시하고, 다문화 가족에 대한 맞춤형 소방서비스 및 소방안전 체험교육, 주택용 소방시설 설치 등을 지원하였다.

범죄피해를 입은 이주여성을 체계적으로 보호 · 지원하기 위해 경찰 · 지자체 · 전문기관이 사건별로 전담하여 조력하는 협업체계를 구축하고, 결혼이민자 등이 한국 사회에 원활하게 정착할 수 있도록 지원하기 위해 '운전면허 교실' 운영, 외국인 지원시설 등 다문화 가족 구성원이 손쉽게 이용할 수 있는 시설을 '외국인 도움센터'로 지정하여 범죄피해 신고 · 상담 창구로 활용하였다. 결혼이민자 등 다문화 가족 구성원들이 한국 사회에 정착할 수 있도록 생활 밀착형 맞춤형 119 시스템 내 비언어적 신고체계를 마련하였다.

넷째, 다문화 가족들에게 제공되고 있는 서비스의 연계 및 활성화를 위해 신규

입국자 정보 공유 및 다문화 가족 지원서비스 안내, 다문화 가족의 한국 사회 적응 지원을 위한 정보 제공 기능을 강화하였다.

신규 입국자 정보 공유 및 다문화 가족 지원서비스 안내 활성화를 위해 법무부로부터 결혼이민자 조기적응 프로그램 참여자를 대상으로 개인정보 동의서를 받아 유관기관(다문화가족지원센터 등)에 정보를 제공하고, 결혼이민자가 읍 · 면 · 동 주민센터 복지 · 행정업무 신청 시 다문화가족지원센터 정보를 안내하고 희망 시 연계를 진행하였다. 다문화 가족의 한국 사회 적응 지원을 위한 정보 제공 기능 강화를 위해 다누리포털을 통한 다문화 가족 관련 정책, 소식, 동향 등 정보 제공, 기정착 결혼이민자로 구성된 '다누리 서포터즈'의 의견을 반영하여 다문화 가족에게 필요한 정보 콘텐츠를 발굴 · 제공하였다.

3차 다문화 가족 정책 기본계획 마지막 해인 2022년에는 다문화 가족 장기정착 지원을 위해 결혼정보회사 내 개인정보 수집 · 활용 근거 마련을 통해 결혼정보 피해사례 조사 등 이용자 보호를 위한 법 개정을 추진하였다. 국제결혼정보회사에 의한 결혼이민자 인권침해를 예방하기 위해 불법광고 점검을 강화하였다. 특히, 취약 · 위기상황에 놓인 다문화 가족의 사회안전망 편입을 위해 가족센터 사례관리 기능을 강화하고, 일하는 한부모의 근로 · 사업소득 30% 공제 도입 등 한부모 다문화 가족의 자녀 양육과 자립 등 의욕 고취를 위한 한부모가족 지원을 강화하고 있으며, 통번역을 위해 12개 언어로 제작 · 배포하여 안내하였다.

또한, 지역 다문화가족지원센터 - 다누리콜센터 - 폭력피해 이주여성 지원시설 간 연계 강화로 촘촘한 대응체계를 구축하고, 범죄피해 발견 시 '범죄피해 이주여성 보호 · 지원 협의체'로 연계해 체계적인 피해회복을 지원하였다.

(2) 결혼이민자의 다양한 사회 · 경제적 참여 확대

결혼이민자 등 다문화 가족의 한국 사회 내 사회 · 경제적 참여를 확대하기 위해 자립 역량 강화, 취 · 창업 지원 서비스 내실화, 사회참여 기회 확대 등을 추진하였다.

첫째, 자립 역량을 강화하기 위해 결혼이민자 멘토링 프로그램 강화, 자립지원 패키지 프로그램 확대 추진 및 내실화, 한국어교육 내실화 및 전문성 강화, 사회통합교육 콘텐츠 내실화 및 접근성 제고, 학점은행제 및 독학학위제를 통한 고등교육 기회를 안내하였다. 한국 생활의 초기 정착이 어느 정도 이루어진 결혼이민자들에게 향후 한국 생활 예측 및 서비스 점검, 현재 생활에 대한 점검 및 비전 제공 등 미래설계 프로그램(미래 찾기), 당당한 학부모를 향한 길 찾기, 괜찮은 일자리를 향한 길 찾기, 폭넓은 사회활동을 향한 길 찾기 등 관심분야별 세부계획 수립 프로그램(길 찾기), 지역사회 서비스를 분야별로 탐색하는 등 정착지원 서비스 정보체계 탐색(지역정보 알기) 등 자립지원 패키지 프로그램을 확대 추진하고 내실화하였다. 또한, 결혼이민자, 중도입국자녀, 외국인 학생 등 한국어가 제2국어 또는 외국어인 다문화가정 구성원을 대상으로 하는 한국어교육을 위한 협의회를 운영하여 사업운영 관련 기본 방향 수립 및 한국어교원, 교재 · 콘텐츠, 평가체계 등 한국어교육 관련 세부사업 추진사항을 점검하였다.

한국어교육 내실화 및 전문성 강화를 위해 국내 다문화 가족 대상 교재 관련 한국어교재협의회를 연중 개최하여 다문화 가족 대상 한국어 교재 개발 및 보완, 다문화 배경 초 · 중 · 고등학생을 위한 한국어(KSL) 교재의 교사용 지도서 및 익힘책 개발, 사회통합프로그램 한국어 교재를 개발하였다. 사회통합프로그램 내용 및 방법을 효율화하여 참여자 만족도를 높이고자 결혼이민자 등 체류 유형별 특성을 반영한 교재 개발과 결혼이민자 등을 위한 온라인 교육을 활성화하여 교육 접근성을 높이고자 하였다.

고졸 이상 학력을 갖춘 결혼이민자 대상 고등교육 기회로서 학점은행제 등록, 학점인정, 학위신청 등에 대한 학점은행제 전반의 설명을 포함하고 있는 학습자용 안내서를 제작하고, 여성가족부 한국건강가정진흥원의 협조를 얻어 결혼이민자들의 접근성이 높은 다문화가족지원센터에 배포, 비치하여 홍보하였다. 또한,

시간적 · 공간적 · 경제적 제약이 없는 국가 주관 독학학위제 시험을 통해 학사학위를 취득할 수 있도록 독학학위제 안내 · 홍보자료를 제작 및 배포하였다.

둘째, 취 · 창업 지원 서비스 내실화를 위해 다문화가족지원센터 및 여성새로일하기센터의 취업기초교육 내실화, 결혼이민자 적합 일자리의 지속적 발굴 및 직업교육훈련 강화, 결혼이민자 선호 언어 · 종목을 중심으로 다국어 자격 검정 실시, 결혼이민자의 안정적인 영농정착 지원, 결혼이민자 강점 분야 창업 및 경영지원, 결혼이민자의 사회적 기업 · 협동조합 취 · 창업을 지원하였다. 취업을 원하는 결혼이민자들에게 전문 취업지원기관에서 교육을 받기 위해 필요한 기초 소양교육, 학업지원반(검정고시반 등) 희망자가 있는 경우 반 운영 혹은 전문기관으로 연계, 전국 다문화가족지원센터 직원 중 1명을 취업지원 담당자 지정, 다문화 가족민 · 관협력(포스코) 사업으로 결혼이민자 대상 부모학교(검정고시) 및 ICT 교육반을 운영하여 취업경쟁력 향상을 위해 다문화가족지원센터 및 여성새로일하기센터의 취업기초교육을 내실화하였다. 결혼이민자 적합 일자리의 지속적 발굴 및 직업교육훈련을 강화하고자 민간 고용시장 진입이 어려운 결혼이민자 중 저소득층 등 취약계층을 대상으로 한시적 공공일자리 제공, 결혼이민자 공공일자리 제공, 다문화가정 생활편의 및 교육 등을 지원하여 국내 생활에 조기 정착할 수 있도록 다문화 강사 양성, 다문화 자녀 학습도우미, 지역맞춤형 통번역 서비스 등 공공일자리를 제공하였다.

다문화 가족 사회적응 지원 정책의 일환으로 결혼이민자 선호 언어 · 종목을 중심으로 다국어 자격 검정 실시, 결혼이민자를 대상으로 다국어 자격시험에 대한 수요 파악, 결혼이민자 선호 언어 · 종목을 중심으로 다국어 자격 검정 확대 등을 실시하여 결혼이민자의 생활 향상 및 조기 정착을 지원하였다.

결혼이민여성의 증가에 따라 체계적 농업교육 지원을 통한 후계농업 인력 육성 및 안정적 농촌정착 지원을 위해 농업종사 의지가 있는 결혼이민여성을 대상으로 기초영농교육, 농기계사용법, 현장체험, 농촌역사 · 문화 등 기초농업교육, 영농정착 의지가 강한 결혼이민여성을 대상으로 전문 여성농업인을 멘토로 연계하여 1:1 맞춤 농업교육, 결혼이민여성과 그 가족(배우자, 시부모, 자녀 등)을 대상으로 농촌 · 농업의 이해과정, 가족관계 증진 프로그램, 현장견학 프로그램 등 다문화 가족 농촌정착 지원 과정 등의 교육과정을 운영하였다. 결혼이주여성(기업)을 대상으로 창업 지원, 판로 등 경영지원을 통해 결혼이주여성의 창업 활성화 및 경영안정을 도모하고자 여성전용 창업보육센터 운영, 여성창업경진대회 개최, 창업보육센터 입주기업 컨설팅 지원 등 창업지원, 여성기업 확인제도 운영, 공공구매 관련 정보 제공 등 여성기업의 판로촉진 지원 등 경영지원 등을 실시하였다.

사회적 기업 창업에 관심 있는 결혼이민자 등 여성을 대상으로 특화된 창업 교육과정을 실시하여 사회적 기업 창업 촉진, 결혼이민자 등 취약계층을 채용하는 사회적 기업에 대한 재정지원을 통한 취약계층 일자리 창출을 위해 사회적 기업 창업에 관심 있는 여성을 대상으로 특화된 교육과정인 사회적 기업에 대한 이해와 사업계획서 작성 및 모의 창업 활동 등 실습활동으로 구성된 창업교육 프로그램 운영의 여성 창업 입문 과정, 사회적 기업이 채용한 참여근로자에 대한 인건비 및 사업주 부담 사회보험료 일부를 지원하는 일자리 창출사업을 실시하였다.

셋째, 사회참여 기회 확대를 위해 결혼이민자의 정책 수립 과정 참여 확대, 지역사회 자원봉사활동 다양화, 농촌지역 결혼이민자 리더십 제고 프로그램 운영, 다양한 자조모임 운영 지원 및 활성화를 진행하였다.

국가 · 지역을 고려하여 20인 이내로 구성하여 정책과제 발굴 과정에 직접 참여하여 수요자 맞춤형 정책 추진, 다문화 가족 정책 및 사업에 대한 모니터링을 통한 의견 제시 및 자문 등 다문화 가족이 다문화 가족 정책 수립 및 추진 과정에 주체적으로 참여할 수 있도록 제도화하여 정책의 실효성 제고 및 권익증진을 도모하였다. 지역사회 발전을 위하여 봉사활동을 하고자 하는 결혼이민자, 결혼이민자 등과 자원봉사단에 참여하고 싶은 국민에게 결혼이민자의 모국어 능력 재능

발휘와 개발을 위한 봉사활동 실시 독려 등 지역사회 자원봉사 활동을 다양화하였다.

부녀회장 · 이장 · 영농 경영인 등 리더, 학습단체 임원 및 회원으로 활동했거나 활동하고 있는 농촌지역 결혼이민여성들을 대상으로 프로그램을 보급 · 적용하여 리더 및 리더십 역량을 향상하고자 농촌 다문화 사회 변화 대응을 위해 결혼이민여성 리더역량 진단표와 교육 프로그램의 현장 적용 · 운영, 결혼이민여성이 경험한 사회적 배제 사례 집단 인터뷰 실시 등 농촌지역 결혼이민자 리더십 제고 프로그램을 운영하였다.

기정착한 다문화 가족이 신규 다문화 가족의 한국 사회 초기 적응을 지원함으로써 정서적 유대감 형성 및 조기 정착과 구성원 간 지식과 정보 교류를 통한 문제해결 역량 강화, 다양한 자조모임을 통해 다문화 가족 잠재역량 향상 및 지역사회 참여를 촉진하기 위해 다양한 자조모임을 운영하여 활성화될 수 있도록 지원하였다.

2022년에는 결혼이민자의 사회 · 경제적 참여 확대를 위해 민 · 관협력을 통해 결혼이민자 검정고시반을 운영하고, 결혼이민여성의 미래설계, 역량 강화, 취업 연계를 위한 '자립지원패키지' 전국적 운영(203개소 → 208개소)을 확대하고, 결혼이민자가 주체적으로 참여하는 사회적 경제조직 모델 발굴 등 다문화 가족 분야 사회적 경제의 활성화를 도모하고 있다.

전국 새일센터에서 지역의 구인수요 및 결혼이민여성 구직자의 필요를 반영한 특화 직업교육훈련을 실시하고, 가족센터의 취업전문기관 연계 기능을 강화하며, 결혼이민자 대상 정착단계별 맞춤형 농업교육(1,600명) 및 1:1 후견인제 실시로 안정적 농촌정착을 지원하고 있다. 또한, 각 지방자치단체에서 지역사회 특화사업을 실시하여 지역 실정에 맞는 결혼이민자의 사회 · 경제적 참여 기회를 확대할 계획이다.

(3) 다문화 가족 자녀의 안정적 성장 지원과 역량 강화

증가 추세에 있는 다문화 가족 자녀의 안정적 성장 지원과 역량을 강화하기 위해 안정적 성장을 위한 환경 조성, 학업 및 글로벌 역량 강화 지원, 진로준비 및 사회진출 지원, 중도입국자녀 맞춤형 지원을 확대하였다.

첫째, 안정적 성장을 위한 환경 조성을 위해 다문화 가족 자녀 성장 지원 프로그램(다재다능) 확산, 청소년기 자녀 및 부모 상담 지원 강화, 외국어, 예체능 등 다양한 양질의 특기적성교육 프로그램 지원, 자녀 발달주기별 부모교육 및 정보제공 강화, 지역사회청소년통합지원체계(CYS-Net)를 통해 위기 다문화청소년에 대한 맞춤형 서비스를 지원하였다.

다문화 가족 학령기 자녀 및 부모, 중도입국청소년 등 다문화 가족 자녀의 성장을 지원하고자 자아정체성 확립, 가족상담, 부모교육, 가족통합캠프 운영 등 부모 · 자녀관계 향상 프로그램, 사회성 진단, 청소년 동아리활동, 봉사활동, 리더십캠프, 체험활동 프로그램 등 사회성 발달 프로그램, 동기부여, 적성검사, 진로소양교육, 진로설계, 직업체험활동 등 미래설계 프로그램(진로코칭), 심층상담, 미술, 음악, 놀이치료 등 위기사례 지원 프로그램 등을 실시하였다. 또한, 다문화 가족 민 · 관협력(포스코) 사업을 통해 학령기 자녀 대상 학업 · 진로 컨설팅 진행, 학업동기 부여 및 학업경쟁력 향상을 도모하였다.

청소년기 자녀 및 부모 상담 지원을 통해 지역사회 청소년 관련 자원을 연계하여 청소년에게 맞춤형 서비스를 제공하여 청소년의 건전한 성장 도모와 지역별 청소년상담복지센터를 중심으로 지역사회청소년통합지원체계(청소년 안전망) 확대를 통하여 촘촘한 사회안전망을 구축하였다. 전국의 청소년수련시설 257개소에서 프로그램 운영지원 사업 추진 시 외국어, 예체능 등 다양한 양질의 특기적성교육 프로그램을 포함하여 구성 · 운영하여 시설 여건에 따라 자율적으로 계획 · 운영하였다.

자녀 발달주기별 부모교육 및 정보 제공을 위해 다문화 가족 학부모 대상으로 온라인 교육정보 콘텐츠를 개발하거나, 이미 개발된 외부 콘텐츠를 연계하여 다누리포털(www.liveinkorea.kr)에 탑재하여 한국의 학제, 교육과정, 학교생활 등에 어두워 자녀의 학업생활지도에 어려움을 겪고 있는 다문화 가족 학부모를 위해 학교생활 및 진로 · 진학정보 등을 온라인 콘텐츠로 제공하고 있으며, 자녀양육지원, 가족상담 등을 위한 찾아가는 부모교육서비스도 제공하고 있다. 만 9~24세 청소년들을 대상으로 지역사회 청소년 관련 자원 연계 등 지역사회청소년통합지원체계(CYS-Net) 등 사회적 안전망 구축을 통해 위기 다문화청소년에게 맞춤형 서비스를 제공하여 청소년의 건전한 성장을 도모하고 있다.

둘째, 다문화 가족 자녀들의 학업 및 글로벌 역량을 강화하기 위해 이중언어 인재양성 사업 내실화, 기초학습능력 강화 프로그램 운영 확대, 글로벌브릿지 사업 추진, 국제교류프로그램(국가 간 청소년 교류 및 청소년해외자원봉사단 등) 참여 활성화를 시도하고 있다.

다문화 가족 자녀가 가정 내에서 영유아기부터 이중언어로 소통할 수 있는 환경을 조성하여 다문화 자녀의 정체성을 확립하고 글로벌 인재로의 성장을 지원하고, 다문화 가족이 보유한 이중언어 환경의 강점을 살려 원만히 사회에 진출할 수 있도록 이중언어 인재들의 역량개발 · 사회진출을 지원하고 있다. 주요 사업으로 다문화학생 대상으로 '전국 이중언어 말하기 대회'를 개최하여 이중언어 학습 동기 부여 및 우수 이중언어 인재 발굴, 방과후학교 및 가정 등에서 활용할 수 있는 이중언어 교재 및 전자책을 개발 · 보급하고 있다.

기초학습능력 강화 프로그램을 확대 운영하여 가정 내 언어환경 등 다문화학생이 가진 특성으로 인해 기초학력 부진이 발생하지 않도록 학습지원을 제공하고 있다. 주요 사업으로 다문화학생과 대학생을 1:1 매칭하여 다문화학생의 학교생활 적응 및 기초학력 향상을 지원하고, 멘토 대학생에게는 근로장학금 지원, 다문화학생이 어려워하는 교과 개념, 어휘 등을 알기 쉽게 정리한 교과 보조교재를 보급하고 있다.

다문화 가족 자녀의 건강한 성장을 위하여 국제교류 참여 기회 확대 등 글로벌 시민 역량 함양, 국제교류프로그램(청소년 국가 간 교류 및 해외자원봉사단 등) 참여 기회를 확대하고 있다. 지원내용으로 국내 교육수당 및 운동복, 생필품 등 교육에 필요한 물품 등 국내 교육, 출국 준비금, 항공료, 항공 수하물료, 여권 및 비자 발급대행, 예방접종 등 출국 지원, 생활경비(현지정착비, 현지생활비, 주거비), 안전관리(상해 및 재해보험, 긴급의료지원서비스 가입) 등 현지 활동, 귀국준비금, 항공료, 화물탁송료, 국내정착지원금 등 귀국 지원을 하고 있다.

셋째, 다문화청소년의 진로준비 및 사회진출 지원을 위해 다문화청소년의 진로의식 고취 및 진로직업 체험기회 확대, 다문화학생 진로지도 및 진로상담 강화, 차세대 전문인력 양성 및 청년인턴 활성화, 직업교육훈련기관(다문화청소년 특화 폴리텍 다솜학교 등) 운영 지원 및 우수사례를 발굴하고 있다. 다문화청소년의 진로의식 고취 및 진로직업 체험기회를 확대하고자 다문화 교육 연계 진로체험처를 지속 발굴하고, 다문화 멘토와의 '원격영상 진로멘토링' 운영 홍보 및 매칭, 이주배경 청소년 대상 단계별 진로탐색 및 진로설계 등을 제공하고 있다.

다문화학생의 재능과 적성에 따른 개인 맞춤형 진로개발을 위해 초 · 중등학교의 진로지도 강화 및 온라인 진로상담을 위해 다문화가정 학부모의 자녀 진로지도 역량 강화를 위한 진로소식지 '드림레터'(4호)와 진로동영상 '진로레시피'(2종)를 보급(~2021.12월)하고 있으며, 진로정보망 '커리어넷(www.career.go.kr)'의 온라인 진로상담 기능을 통한 다문화학생 대상 진로상담 전문가를 통해(~2021.12월) 온라인 진로상담을 실시하고 있다.

사회 취약계층인 다문화인에게는 무역실무 등의 교육지원 및 취업기회를 제공하고, 다문화인을 필요로 하는 중소기업에게는 적정 인원 소개 · 지원을 위해 차세대 전문인력 양성 및 청년인턴 활성화를 목적으로 KOTRA '예비 다문화 무역인 무역실무 교육'을 이수한 교육생에게 '다문화무역인' 수료증 발급, 국내기업에

인턴, 계약직 또는 정규채용 추천(단, 최종 채용여부는 국내기업이 결정), KOTRA 주최 행사(전시회/상담회) 시 통역 및 안내요원 참여 기회 제공, 정부지원금 혜택 가능자(한국 국적, F-2, F-5, F-6)에 한하여 교육 및 지원금 제공, 창업희망자 대상 수요 조사 후 교육 및 창업지원 서비스를 연계하여 지원하고 있다.

중도입국 및 다문화가정 청소년을 대상으로 하는 공업계 기술교육을 실시하기 위해 다문화청소년의 자립 지원을 위한 '직업교육 대안학교'를 운영하여 기술 인재양성 및 한국 사회 적응을 도모하고, 다문화청소년들의 자격증 취득, 취업(진로) 지도, 한국어교육 등의 가치실현을 통한 대안교육의 성공모델을 제시하였다.

넷째, 중도입국자녀 맞춤형 지원을 확대하고자 중도입국자녀 대상 한국어교육 운영의 내실화 및 질적 수준 제고, 중도입국자녀의 조기적응을 돕는 레인보우 스쿨 확대 및 운영방식 다양화, 중도입국자녀의 심리 · 정서적 안정 지원을 위한 프로그램 운영, 중도입국자녀의 공교육 진입 지원을 위한 학력심의위원회 운영 활성화, 학교생활 조기적응을 위한 다문화 예비학교 확대 및 내실화, 다문화청소년 취업사관학교 운영 및 훈련과정을 확대하여 실시하고 있다.

중도입국자녀 대상 한국어교육 운영의 내실화 및 질적 수준을 높이고자 국립국어원과 협업하여 개정 한국어 교육과정에 따른 교재 및 지도서 개발, 한국어 교육과정 담당교원을 대상으로 개정 교육과정 이해 연수를 실시하고 있다.

만 9~24세 중도입국청소년을 대상으로 한국어 수준 사전 · 사후 평가, 생활 적응을 위한 일반목적 한국어 교육과정(기초, 생활 한국어)과 진학 및 진로 준비를 위한 특수목적 한국어 교육과정(TOPIK 대비, 교과 학습 한국어, 진로교육 한국어 1~3단계)을 운영하고 있으며, 운영방식도 한국어특화형(생활적응 과정, 한국어교육 중심), 진학준비형(정착지원 과정, 공교육 편입학 준비, 검정고시 등), 진로특화형(진로 한국어교육, 진로탐색 및 설계 과정)으로 다양화하고 있다.

중도입국자녀의 심리 · 정서적 안정 지원을 위해 상담 및 지역사회 연계 프로그램, 상담통역지원사 양성, 심리사회적응척도 개발 프로그램을 운영하고 있다.

상담 및 지역사회 연계 프로그램은 만 9~24세 이주배경청소년, 부모, 관련 실무자를 대상으로 이주배경청소년의 심리정서적 접근(심리, 정서, 학습 등)을 위한 내방상담, 찾아가는 상담, 화상상담, 온라인 상담, 집단상담, 부모상담 등 실시 및 지역사회 상담 네트워크를 구축하는 것이며, 상담통역지원사 양성 프로그램은 중국어, 베트남어, 러시아어권 상담통역지원사를 대상으로 상담자와 이주배경청소년의 의사소통을 지원하여 안정적인 언어적 상담 환경 조성을 위한 상담통역지원사를 양성하는 것이며, 심리사회적응척도 개발은 중국어, 베트남어, 러시아어권 이주배경청소년(9~24세)을 대상으로 1차 연도에 개발된 이주배경청소년 대상 심리사회적응척도 표준화 작업을 확장하여 중국, 베트남, 러시아 등 각 문화적 배경의 규준 및 매뉴얼 구축(온라인 채점 시스템 개발) · 보급을 통해 대상자별 특성에 따라 개입 · 지원하는 프로그램이다.

중도입국자녀의 공교육 진입 지원을 위한 학력심의위원회 운영을 활성화하여 법무부 협업을 통해 중도입국자녀 정보를 활용하여 편 · 입학 안내, 난민 · 미등록 아동 등 학력 증빙이 곤란한 경우 편 · 입학 지원을 위한 학력심의위원회를 운영하고, 학력 심의를 위한 도움 자료를 개발 · 보급하고 있다.

학교생활 조기적응을 위한 다문화 예비학교 확대 및 내실화하여 초 · 중 · 고등학교에 특별학급 형태로 '한국어학급'을 설치하여 중도입국 · 외국인학생 대상 한국어 · 한국문화 교육을 지원하고 있다. '한국어(KSL) 교육과정'에 따라 한국어 · 한국문화를 교육하고, 예체능 등 통합교육 가능 교과는 일반학급에서 교육을 실시하며, 한국어학급 과정 이수 후 원적 학급 복귀, 6개월간 적응 상황을 모니터링한다. 한국어학급으로 지정되지 않은 학교에 편입하는 경우에도 한국어교육을 지원받을 수 있도록 '찾아가는 한국어교육'을 운영하고 있으며 시 · 도교육청(지역다문화교육지원센터) 또는 인근 한국어학급 운영 학교에서 해당 학교에 한국어교육 컨설팅, 교육인력 등을 지원하고 있다.

(4) 상호 존중에 기반한 사회적 다문화 수용성 제고

다문화 가족과 내국인 간의 상호 존중에 기반한 사회통합적 분위기를 조성하고 사회적 다문화 수용성을 제고할 수 있도록 하기 위해 인권 및 다양성이 존중되는 사회환경 조성, 다문화 이해교육 활성화, 수용성 제고를 위한 미디어 환경 조성, 지역 환경 조성 및 참여 · 교류 프로그램 활성화를 추진하였다.

첫째, 다문화 가족의 인권 및 다양성이 존중되는 사회환경 조성을 위해 차별적 법, 제도 이슈를 발굴 및 개선하고, 다문화 수용성 조사 및 다문화가족 실태조사를 통한 정책 현황의 주기적 모니터링 및 정책 환류를 추진하였다.

차별적 법, 제도 이슈 발굴 및 개선하기 위해 국가 · 지역을 고려하여 20인으로 구성하여 정책과제 발굴 과정에 직접 참여하여 수요자 맞춤형 정책 추진, 다문화 가족 정책 및 사업에 대한 모니터링을 통한 의견 제시 및 자문을 실시하고, 전문가 및 정책 수요자 등을 통한 안건 발굴 후 법령 · 정책 등에 다문화 차별요소가 없는지 영향평가를 추진하였다.

다문화 수용성 조사 및 다문화가족 실태조사를 통한 정책 수요 파악의 기초자료를 확보하고, 다문화 가족 추이변화에 따른 중장기 정책과제 개발과 일반 국민 및 청소년의 다문화 인식 수준을 진단하고, 과거 수용성 지수와의 변동추이 분석, 국제지표와의 비교분석 등을 통해 다문화정책 수립의 기초자료로 활용하여 정책 현황 주기적 모니터링 및 정책 환류를 추진하였다. 주요 내용으로 다문화가족 실태조사는 다문화 가족 경제상황, 가족관계, 생활양식, 가족문제, 서비스 수요 등 다문화 가족의 현황 및 실태 파악에 필요한 사항 등을 파악하고, 다문화수용성조사는 다문화 현상 고찰, 다문화 수용성 조사대상자 선정 및 인식 진단도구의 개선, 다문화 사회와 결혼이민자, 다문화 가족에 대한 인식 실태, 연령 · 성별 · 지역 등 주요 집단유형별 다문화 수용성 비교 등을 파악하였다.

둘째, 다문화 이해교육 활성화를 위해 부처 간 다문화 이해교육의 협업체계 강화, 유아교육 및 공교육기관의 다문화 이해교육 강화, 교원의 다문화 역량 제고 및 학교현장의 다문화 교육 활성화 지원, 일반국민 대상 찾아가는 다문화 이해교육 서비스 활성화, 대민 서비스 제공자에 대한 다문화 이해교육을 강화하였다.

부처 간 다문화 이해교육의 협업체계를 강화하기 위해 온라인 이해교육사이트 '다누리배움터(www.danurischool)'를 통한 관련 자료를 공유하여 대상별 이해교육 자료 및 각 기관 인식개선 콘텐츠, 다문화 이해교육 전문강사 양성 및 DB관리 등을 제공하였다. 또한, 교육 참여자의 다문화이해 제고를 위해 호텔 · 유흥자격 외국인연예인 조기적응프로그램 인권교육에 국가인권위원회 추천 강사, 사회통합프로그램 소비자교육에 한국소비자원 양성 강사 등 사회통합 관련 교육프로그램에 전문기관의 교육 콘텐츠와 강사를 연계한 전문 과목을 개설 · 운영하였다.

유 · 초등 교원 대상 문화다양성 개념의 이해 및 교수학습법 · 교안작성법 실습과정 온 · 오프라인 연수 등 교원연수, 문화다양성 개념의 이해 및 실천을 주제로 공무원 · 문화계 종사자 등 다양한 직능집단 및 일반시민 대상으로 전문인력 양성, 유 · 초등 교과 연계 문화다양성 커리큘럼, 교안 · 교재, 학습사례 개발을 위한 문화다양성 연구학교 운영 지원, 교육부 정부부처 협업교과서 개발사업 '부처지원형' 고교교과서 '문화다양성의 이해(가칭)'를 개발하여 보급하고 있다.

누리과정에서 유아가 누리과정 운영 전반에 걸쳐 통합적으로 다문화 이해교육을 경험할 수 있도록 지원하는 교육자료를 개발 · 보급하고, 놀이를 통한 다문화 이해교육이 자연스럽게 이루어지도록 지원하며, 교육과정은 교과와 창의적 체험활동 등 학교교육 활동 전반에서 통합적으로 다룰 수 있는 범교과(다문화 교육) 교수 · 학습 자료를 보급하는 등 유아교육 및 공교육기관의 다문화 이해교육을 강화하였다.

교원의 다문화 역량 제고 및 학교현장의 다문화 교육 활성화를 위해 교원양성기관에서 예비 교원 교육에 활용할 수 있는 '교원의 다문화 교육 역량 제고를 위한 가이드라인' 보급, 모든 학생을 대상으로 학교교육 과정(교과 · 비교과)을 통해 다문화 이해교육을 실시하는 '다문화 교육 정책학교(유 · 초 · 중등)' 운영, 교원의 다문화교육 역량을 강화하기 위한 교원연수를 실시하였다.

일반국민, 청소년, 시설종사자 등 대상별 찾아가는 다문화 이해교육 서비스 제공과 온라인 다문화 이해교육 사이트 '다누리배움터' 운영 및 교육콘텐츠를 개발 · 배포하여 시간과 공간에 제약받지 않고 누구나 다문화 이해교육을 받을 수 있도록 대상별 온라인 교육서비스를 제공하고 있다.

각급 학교 교원에 대한 다문화 이해교육 확대, 군 내부 전문강사 양성을 지원하는 등 대민 서비스 제공자에 대한 다문화 이해교육을 강화하였다. 또한, 지자체 담당 공무원의 전문성 제고를 위해 다문화 관련 전문교육을 개설 · 운영하고, 일반 공무원들의 다문화 수용성 제고 및 인권 의식 함양을 위해 신규자, 승진 과정 등 기본교육에 다문화 이해증진 · 인권 관련 교과목을 편성하여 실시하였다.

셋째, 수용성 제고를 위한 미디어 환경 조성을 위해 방송통신심의위원회 심의 기능 강화, 다문화 수용성 제고를 위한 미디어 콘텐츠 개발 및 가이드라인 제공, 미디어 모니터링단 운영 및 개선 사례 발굴, 다문화 수용성 제고를 위한 홍보사업을 다각화하였다. 방송프로그램 내용의 「방송심의에 관한 규정」 제21조(인권 보호), 제29조(사회통합), 제31조(문화의 다양성 존중) 등 위반 여부에 대한 방송통신심의위원회의 심의 기능을 강화하여 다문화 수용성을 제고하였다.

사회 내 다문화 수용성 제고를 위해 방송영상콘텐츠 제작 시 외국인에 대한 차별적 요소를 포함하지 않도록 하기 위해 방송영상콘텐츠 제작 시 외국인에 대한 차별을 줄일 수 있는 제작 가이드라인(법 · 제도적 측면 포함)을 제공하여 설명하고, 외국인에 대한 차별 금지 및 인권 보호 측면에서 방송영상 제작 시 고려해야 할 단계별 세부 가이드라인을 제시하여 다문화 수용성 제고를 위한 미디어 콘텐츠 관리를 하고 있다.

모니터링 전문기관과 공동협력하여 성차별 사례가 많은 TV, 온라인, 광고 등 모니터링을 강화하여 성차별 사례를 발굴하고, 「방송심의에 관한 규정」 '양성평등' 조항 관련 심의개선 요청, 모니터링 사업결과 공론화 및 활용할 수 있도록 언론방송계 관계자 대상 보고서 배포 및 언론 보도, 방송통신심의위원회 등 심의기관, 시민단체에 교육자료를 제공하고 있다. 민 · 관협력을 통한 홍보, 다문화 · 비다문화 가족이 교류할 수 있는 콘텐츠 제작 등 다양한 인식개선 활동을 추진하는 등 다문화 수용성 제고를 위한 홍보사업을 다각화하고 있다. 또한, 전국 지역문화 공공기관과 협력하여 문화다양성 주간행사 운영(전시, 공연, 체험행사 등 문화프로그램 운영), 문화다양성의 가치 확산 홍보 · 캠페인을 실시하고 있다.

넷째, 지역 환경 조성 및 참여 · 교류 프로그램 활성화를 위해 지역사회 다문화 프로그램 발굴 및 확산, 다문화 공존을 위한 사회적 공감대 형성 프로그램 발굴 및 운영, 문화시설 내 다문화프로그램을 확대 운영하였다.

다문화 인식개선 및 사회통합을 위해 지역사회에서 추진한 우수 프로그램을 발굴하여 포상 및 공유 · 확산함으로써 다문화 수용적 분위기를 확산시키고 있으며, 만 9~24세 이하 이주배경청소년 및 일반청소년을 대상으로 청소년 다문화 감수성 증진 프로그램(청소년 유관기관 대상 다문화 사회에 대한 인식개선 및 다문화 감수성 제고 프로그램)을 운영하고, 청소년 미래협력 포럼을 운영하여 다양한 청소년들이 함께 사회적 이슈에 대해 의견을 공유하고 공감할 수 있도록 하였다.

문화다양성 체험을 위한 전시상자 및 학습자료 '다문화꾸러미' 개발 및 교육, 다문화꾸러미 온 · 오프라인 프로그램 보급 및 확산을 통해 다문화 공존을 위한 사회적 공감대 형성 프로그램을 발굴, 운영하고 있다. 결혼이민자 및 외국인 근로자 등 다문화 가족과 지역주민 간의 문화 격차 해소 및 지식정보 공유를 위한 도서관 등 문화시설 내에서 이주민 및 내국인 등에 대한 문화 다양성 이해를 위한 문화 · 교육 프로그램을 확대 운영하고 있다.

또한 유아동부터 청소년, 공무원, 군인 등 생애주기 및 직업군에 따른 다문화 이해교육을 실시하고, 결혼이민자가 직접 지역활동가로 활동하여 어린이집, 학교 등으로 찾아가는 다문화 교육을 확대하며, 지역 내 참여 · 교류 활성화를 위해 화합 축제 개최, 청소년교향악단(오케스트라) 구성 · 운영, 세계시민학교 교육 · 활동 및 다문화 기자단 구성 등을 통해 다양한 방식으로 소통을 활성화하고 있다.

(5) 협력적 다문화 가족 정책 운영을 위한 추진체계 강화

다문화 가족 정책의 효율적인 운영을 위해 정책추진체계 간 협력을 강화하고, 다문화 가족 지원체계를 내실화하였다.

첫째, 정책추진체계 간 협력을 강화하기 위해 위원회 간 협업 및 기본계획 연계 강화, 지자체 다문화 가족 정책 추진 역량 강화, 지역다문화교육지원센터 활성화 및 지역 내 유관기관의 연계 강화, 주요 결혼상대국과의 협력채널을 지속적으로 운영하고 있다. 다문화 · 외국인 관련 위원회 연석회의 개최, 정책 방향 및 과제 등에 대한 간사 부처 간 논의를 활성화하고, 다문화 · 외국인 관련 국가 기본계획 간의 상호 연계성 증진을 위한 간사 부처 간 협력 강화, 추진실적 점검 및 평가 결과를 공유하여 시행계획 추진의 현황 파악 및 개선사항 도출, 우수정책을 확산하는 등 위원회 간 협업 및 기본계획 연계를 강화하였다.

다문화 가족 포럼 개최를 통한 다문화 가족, 다문화 관련 현장 활동가의 참여 확대 및 유관기관과의 연계 · 네트워크를 강화하고, 지역별 다문화 가족 지원 지역협의체 운영 등을 통한 다문화 가족 관련 사업 협의 · 조정 및 효과적인 서비스를 연계하여 다문화 가족 수용 환경 증진, 결혼이민자 인권 보호, 다문화 가족 자녀 성장지원 등에 지자체가 중심이 되어 지역 내 기관과 연계 · 협력, 우수사례를 발굴하는 등 지자체의 다문화 가족 정책 추진 역량을 강화하고 있다.

시 · 도교육청 지역다문화교육지원센터를 통해 다문화 교육 전문인력 육성 · 활용, 공교육 진입 지원, 다문화 교육 정책학교 운영 지원, 관계기관 연계, 특화사업 운영 추진 등 지역다문화교육지원센터 활성화 및 지역 내 유관기관의 연계를 강화하고 있다.

주한 대사관 관계자 또는 실무급의 영사국장 등으로 구성된 간담회를 개최하여 결혼이민자와 다문화 가족의 권익증진 및 국제결혼 건전화를 위한 관련 국가 간 협력방안 논의, 주요 결혼 상대국인 베트남에 국제결혼이민관을 파견하여 정부기관, 관계기관, 단체와의 협력활동 및 국제결혼정책 · 제도 · 자료 조사활동을 수행하는 등 주요 결혼상대국과의 협력채널을 지속적으로 운영하고 있다.

둘째, 다문화 가족 지원체계를 내실화하기 위해 지역별 다문화 수요를 반영한 지원체계를 운영하고, 다문화가족지원센터의 서비스 역량을 향상하고자 하였다. 권역별 · 국가별 수요자 · 종사자의 의견수렴을 활성화하고, 지역특화 다문화 가족 지원 서비스 개발을 위한 환류체계를 마련하는 등 지역별 다문화 수요를 반영한 지원체계를 운영하였다. 또한, 가정문제의 예방 · 상담 · 치료, 가족해체 방지와 가족관계 증진을 위한 프로그램 제공 및 지역사회 다문화 가족 대상으로 가족교육 · 상담, 통번역, 자조집단 육성 등 종합서비스를 제공하는 통합서비스 제공기관 확대를 통해 다양한 가족형태, 생애주기별 가족서비스, 지역적 특성을 고려한 가족지원서비스를 강화하고 있다.

결혼이민자, 중도입국자녀, 다문화 가족 자녀, 결혼이민자의 배우자 등 다문화 가족에게 통번역 서비스, 사례관리 등 다문화 가족의 안정적인 가족생활 및 사회 조기적응 지원 프로그램을 운영함으로써 이들의 사회통합을 촉진하고, 지역사회 내 서비스를 필요로 하는 다문화 가족을 적극 발굴, 지속 관리 및 정보를 제공하는 지원센터의 서비스 역량을 향상시키고 있다.

2) 중앙행정기관별 시행 주요 사업

(1) 교육부

교육부에서 시행하고 있는 다문화 가족 정책 주요 사업은 결혼이민자 사회 · 경제적 참여 확대, 다문화 가족 자녀의 안정적 성장과 역량 강화, 상호 존중에 기반한 사회적 다문화 수용성 제고, 협력적 다문화 가족 정책 운영을 위한 추진체계 강화 등이다.

결혼이민자 사회 · 경제적 참여를 확대하여 학점은행제 및 독학학위제 홍보자료 배포 및 관련 홈페이지 및 홍보자료(PDF) 링크를 안내하고, 228개 가족센터에는 '국가평생교육진흥원 학점은행제 · 독학학위제 학위취득시험 요강 및 리플릿' 각 10부를 배포(총 4,560부)하고 있다. 또한, 다문화 가족 자녀의 안정적 성장과 역량을 강화하기 위해 청소년기 다문화학생의 특성을 고려한 상담이 제공될 수 있도록 진로진학 · 전문상담교사 대상 맞춤형 원격 연수를 지원하고, '전국 이중언어말하기 대회(11월)' 개최를 통해 이중언어 학습동기 고취 및 재능개발 지원, 다문화학생의 학교 조기적응과 기초학습을 지원하기 위한 '다문화학생 대학생 멘토링'(4,000여 명) 사업 내실화, 원격영상 진로멘토링(80회)으로 다문화학생의 강점을 살린 진로탐색을 지원하고, 온라인 전문상담 및 다국어 진로소식지(4개 언어) 제공, 법무부 정보연계를 통한 중도입국자녀 공교육 진입 지원을 강화하고 있다.

상호 존중에 기반한 사회적 다문화 수용성 제고를 위해 학교 현장의 다문화 교육을 활성화하기 위하여 다문화 교육 정책학교(유 · 초 · 중등) 운영 지원과 다문화 교육 선도인력으로 '다문화 교육 중앙지원단'을 구성 · 활용하고 있다. 또한, 협력적 다문화 가족 정책 운영을 위한 추진체계를 강화하고자 컨설팅 및 권역별 협의회를 통한 지역다문화교육지원센터 운영 지원 및 센터 운영 자율성 확대를 통해 지역 여건에 맞는 다문화 교육 추진을 지원하고 있다.

(2) 외교부

외교부에서 시행하고 있는 다문화 가족 정책 주요 사업은 코로나19로 인한 안전 위험성 등 해외봉사단 파견 재개 전 국가별 안전상황을 고려하여 점진적 파견, 코로나19 대응을 위한 개발 협력사업 수요 확대를 고려하여 해외사무소 영프로페

셔널 사업은 연중 지속파견, '한베함께돌봄센터' 등을 통해 여성들의 취업, 법률 지원 및 그 자녀들에 대한 체류비자 연장 지원, 자녀의 체류비자 현황(단기비자 발급 사례)을 주기적으로 파악, 주재국과의 합의 이행현황 지속적 모니터링 등이다.

코로나19로 인한 안전 위험성 등 해외봉사단 파견 재개 전 국가별 안전상황을 고려하여 점진적 파견 재개를 추진하여 2019년 말 규정 개정을 통해 수립한 다문화 가족에 대한 가산점 부여제도 지속 적용 및 홍보를 통해 다문화 가족의 드림봉사단 사업 참여를 독려하고 있으며, 코로나19 대응을 위한 개발 협력사업 수요 확대를 고려하여 해외사무소 영프로페셔널 사업은 연중 지속파견 추진하여 기수립된 다문화 가족 대상 가산점 부여를 지속적으로 적용하고 있다.

'한베함께돌봄센터' 등을 통해 여성들의 취업, 법률 지원 및 그 자녀들에 대한 체류비자 연장 지원과 자녀의 체류비자 현황(단기비자 발급 사례)을 주기적으로 파악하고 주재국과의 합의 이행현황을 지속적으로 모니터링하고 있다.

(3) 법무부

법무부에서 시행하고 있는 다문화 가족 정책 주요 사업은 다문화 가족 등 결혼이민자 사회적응 지원 및 내·외국인 공존을 위한 사회적 공감대 형성으로 결혼이민자 등이 우리 사회 구성원으로 적응·자립할 수 있도록 사회통합교육, 이민자 네트워크 등 운영 활성화와 내·외국인이 상호 존중하고 더불어 살아가는 사회환경 조성을 위한 법정기념일 '세계인의 날'(5. 20)을 지정하여 다문화에 대한 의식을 고취하고자 하였다.

(4) 국방부

국방부에서 시행하고 있는 다문화 가족 정책 주요 사업은 군 간부 및 일반 장병을 대상으로 다문화 사회에 대한 이해와 인식을 제고할 수 있도록 다문화 전문강사의 찾아가는 다문화 이해교육을 실시하고 있으며, 군 내부 다문화 전문강사 양성으로 지속적인 교육 실시 기반 조성 및 다문화에 대한 간부 인식개선을 촉진하고 있다.

(5) 행정안전부

행정안전부에서 시행하고 있는 다문화 가족 정책 주요 사업은 결혼이민자의 다양한 사회적 욕구충족을 위한 정책을 추진하여 결혼이민자에게 일자리를 제공하여 안정적 생활기반 마련 및 외국인주민 등 지원협의회에 참여토록 하여 정책결정 과정 참여를 확대하고 있으며, 지방자치단체 공무원의 다문화 수용성 · 인권의식 및 전문성 제고를 위해 다문화 관련 업무 담당자의 전문성 및 일반 공무원들의 다문화 수용성을 제고하고 인권침해 방지를 위해 교육과정 · 과목을 운영하고 있다. 행정안전부 지방인사제도과 및 지방자치인재개발원 교육훈련계획을 반영하여 추진하고 있다.

(6) 문화체육관광부

문화체육관광부에서 시행하고 있는 다문화 가족 정책 주요 사업은 다문화 가족 대상 한국어교육 자료를 개발 · 보급하여 한국어교재협의회 개최 및 기개발 한국어교재 활용 지원, 한국어교재 개발 또는 출간 전후 교재의 내외적 품질 평가를 위한 한국어교재 인증제를 실시(하반기 시범적용)하고 있다. 또한, 다문화 수용성 제고 기반 조성을 위해 방송영상독립제작사 대상 제작지원 사업 설명회 시 가이드라인 안내 및 사업 종료 시 준수 여부 점검, 결혼이민자 및 외국인 근로자 등 다문화 가족과 지역주민 간의 문화 격차 해소 및 지식 정보 공유를 위한 도서관 서비스를 개선하고 있다.

문화다양성 보호 및 증진 정책의 지속적 추진으로 상호 문화이해 증진을 위한 무지개다리 사업 추진(전국 26개 지역) 및 문화다양성의 날(5. 21.) 기념 전국 문화다양성 주간행사 개최로 인식 제고를 도모하고 다양한 대상별 맞춤형 문화다양성 교육을 지속적으로 추진하고 있다. 유·초등 교원 대상 문화다양성 연수 및 전문인력 양성 연수 운영, 비대면 시대 전환에 대비한 온라인 전문인력 양성과정 개발 추진, 문화다양성 가치 교육을 위해 고등학교 문화다양성 교과서 개발·보급(교육부 협업, 2021년 개발 완료) 등이 주요 내용이다.

(7) 농림축산식품부

농림축산식품부에서 시행하고 있는 다문화 가족 정책 주요 사업은 영농종사 의지가 있는 결혼이민여성을 대상으로 하는 기초농업교육 및 수준별 농업교육을 실시하는 1:1 맞춤형 농업교육 실시(2,080명), 결혼이민여성 1:1 후견인제를 지원하여 한국 농촌 생활에 어려움을 겪는 신규 결혼이민여성에게 생활상담(가정생활, 복지사업, 한국문화 등)을 통해 농촌 생활 적응 및 안정적 정착을 유도하고 있다.

(8) 산업통상자원부

산업통상자원부에서 시행하고 있는 다문화 가족 정책 주요 사업은 사회적 취업 취약계층 지원을 통한 해외마케팅 전문인력을 제공하여 중소·중견기업의 해외시장 진출을 위하여 현지 언어 및 문화를 이해하는 인력 채용을 희망하는 중소·중견기업에 대한 해외마케팅 인재 알선과 다문화무역인 양성을 위해 교육 및 취업 기회 제공으로 다문화 인재의 한국 사회 적응도 제고 및 우리 사회 인적 자원으로 활용하고 있다. 또한, 무역실무교육·채용상담회 등 온라인 체재 지원 및 강화 등 코로나19로 인한 온라인 지원을 강화하고 있다.

(9) 보건복지부

보건복지부에서 시행하고 있는 다문화 가족 정책 주요 사업은 사례관리사업 내실화를 위해 다문화가족지원센터를 비롯한 민간복지기관과 시군구 · 읍면동과의 정례적 소통 및 협의를 활성화(연중)하여 현직 어린이집 원장 및 보육교사 보수교육 과정에 다문화가정 영유아보육 및 지원내용을 포함하여 연중 교육을 실시하고 있다. 또한, 베트남 귀환여성 자녀가 현지에서 건강하게 성장하여 자립할 수 있도록 기존 프로그램 지속 지원 및 신규 프로그램 개발, 확대 지원하고 있다. 베트남 귀환여성 자녀 건강검진 및 치료 서비스 지속 제공, 베트남 귀환여성 자녀 보호자 건강검진 및 돌봄교육 실시와 신규 프로그램으로 베트남 귀환여성 자녀 대상 의료보험 가입비 지원, 중증환자 자녀 대상 의료용 침대, 휠체어 등 의료용 생활장비 지원, 베트남 귀환여성 자녀의 체력 증진을 위한 체육활동비를 지원하고 있다.

(10) 고용노동부

고용노동부에서 시행하고 있는 다문화 가족 정책 주요 사업은 집단상담, 국민내일배움카드제, 취업성공패키지를 통한 맞춤형 취업지원서비스 제공, 결혼이민자 등의 여성을 대상으로 하는 특화 창업입문 과정을 운영하고 참여자에 대한 맞춤형 과정관리 강화, 현장실무 중심의 교육훈련 및 인력 양성을 추진하는 다문화청소년 특화 폴리텍 다솜학교를 지속적으로 운영하고 있다.

(11) 여성가족부

여성가족부에서 시행하고 있는 다문화 가족 정책 주요 사업은 결혼이민자 인권강화 및 국제결혼 피해예방을 지원하고자 결혼이민자 초기 정착 및 고충 상담을 위해 사례관리자를 확대하고, 국제결혼중개업 미등록업체 등 불법광고 신고창구 마련 및 위반업체에 대한 처분 강화로 상시점검 체계 강화, 폭력피해이주여성의 생활, 체류 등 복합적 문제를 지원하는 폭력피해이주여성상담소(9개소) 및 보호시설(3개소) 운영을 강화하고, '다함께 프로그램' 운영 확대 등 다문화가족지원센터

내 가정폭력 방지 및 피해자 연계 지원 기능 강화를 위해 결혼이민자, 한국인 배우자와 배우자의 부모가 함께 듣는 상호이해 교육프로그램을 운영하고 있다. 결혼이민자가 법률상 혼인을 하지 않고 사실혼 관계에서 한부모가 된 경우에도 한부모가족 지원을 받을 수 있도록 제도 개선과 한국 생활 가이드북, 다누리포털 등을 통한 다문화 가족 정보 제공 및 코로나19 관련 주요 방역지침을 12개 언어로 제작 · 배포하고 있다.

또한, 결혼이민자의 자립 역량 강화 및 사회적 참여 기회를 확대하고자 결혼이민여성의 미래설계, 역량 강화, 취업 연계를 위한 '자립지원패키지'를 전국적 확대 운영(203개소)과 취업을 위한 직업교육훈련 프로그램 운영 및 취업활동계획 수립, 경력개발부터 취업 후 직장 적응까지 통합 사례관리 확대, 정책 과정에 다문화 가족이 참여하여 소통하는 '다문화 가족 참여회의' 구성원의 다양화 · 확대 운영 지속, 2020년 신규 설치한 다문화 가족 교류 · 소통공간(80개소)을 통한 자조모임 등 다양한 다문화 가족 참여 프로그램을 마련 · 추진하고 있다. 다문화 가족 자녀의 역량 제고 및 안정적 성장을 위한 기관 연계 강화를 위해 다문화 가족 자녀가 이중언어로 소통할 수 있는 환경 조성 및 자녀의 사회성, 리더십 개발을 위한 '다재다능 프로그램' 운영 확대(203개소), 사회공헌 사업 활용, 다문화 가족 자녀 대상 진로컨설팅, 진로진학 지도 및 결혼이민자 자녀 지도 역량 강화 추진, 이주배경청소년 지원을 위한 레인보우 스쿨(25개소)을 한국어 특화형, 진학준비형, 진로특화형으로 세분화하여 정착단계별 지원 강화, 안정적 심리 · 정서 지원을 위해 상담통역지원사 양성 · 지원 및 심리사회적응척도를 개발 · 보급하여 진로와 심리진단 등을 지원하고 있다.

상호 존중에 기반한 다문화 수용성 제고를 위한 환경 개선 노력으로 시행 중인 법령, 사회적 파급효과가 큰 주요 정책을 대상으로 '특정 다문화 영향평가'를 도입 추진, 누구든지 특정 문화, 인종, 국가 관련 혐오 발언으로 차별이나 편견을 조장하지 않도록 하는 법적 근거 마련 추진, 다문화 이해교육 표준강의안 3종(교육자, 시설종사자, 청소년 과정) 수정 개발 및 보급 등 대상별 찾아가는 다문화 이해교육을 내실화하고 있다. 귀환 여성과 한국 국적 자녀의 안정적 체류, 의료 · 교육 등 기본권 보장을 위한 현지 맞춤형 프로그램 운영 및 법적 근거를 마련하여 현재 재한외국인인 결혼이민자만 「다문화 가족 지원법」의 적용을 받아 귀환 다문화 가족 지원 근거 마련을 위한 다문화 가족 지원법상 특례를 추가하였다.

(12) 방송통신위원회

방송통신위원회에서 시행하고 있는 다문화 가족 정책 주요 사업은 다문화 가족의 삶을 밀착 취재하여 구성원들의 사회적응을 돕고, 다문화 사회에 대한 국민들의 인식개선을 통해 사회통합에 기여할 수 있도록 방송 프로그램 제작 지원으로 다문화 고부 열전(45편), 희망의 사다리(10편) 등 프로그램을 제작 · 운영하고 있다. 제작 · 방송된 프로그램은 EBS 사이트 및 EBS 다문화 가족을 위한 전용 온라인 사이트 두리안을 통해 무료로 제공하고 있다. 또한, 다문화 가족이 지역 생활에 쉽게 적응하고 지역민들과 원활하게 소통할 수 있도록 다문화가족지원센터와 연계한 미디어교육을 실시하고 있는데, 스마트폰을 활용한 사진 촬영 및 원격수업 수강법, SNS · 유튜브를 통해 소통하기, 지역 생활 주제의 영상제작 등을 주 내용으로 하고 있다.

(13) 국토교통부

국토교통부에서 시행하고 있는 다문화 가족 정책 주요 사업은 다문화 가족 및 한부모가족에 대한 주택 특별공급 제도를 지속 운용하고, 이에 대한 정보 안내를 지속적으로 실시하고 있다.

(14) 중소벤처기업부

중소벤처기업부에서 시행하고 있는 다문화 가족 정책 주요 사업은 여성전용 창업보육센터 운영, 여성창업경진대회 개최, 창업보육센터 입주기업 컨설팅 지원 등 창업지원과 여성기업 확인제도 운영, 공공구매 관련 정보 제공 등 여성기업의 판로 촉진 지원 등의 경영지원을 하고 있다.

(15) 방송통신심의위원회

방송통신심의위원회에서 시행하고 있는 다문화 가족 정책 주요 사업은 방송프로그램 내용의 「방송심의에 관한 규정」 제21조(인권 보호), 제29조(사회통합), 제31조(문화의 다양성 존중)에 의거하여 지상파 · 케이블 · 위성 · IPTV 등으로 방송되는 모든 방송프로그램 등에 대한 위반 여부에 대한 심의하는 것이다.

(16) 경찰청

경찰청에서 시행하고 있는 다문화 가족 정책 주요 사업은 2020년 시범운영 과정상 도출된 문제점 등을 보완하여 외국인 밀집도가 높은 경찰서(150개)에 우선적으로 범죄피해 이주여성 보호 · 지원 협의체를 확대 구축 · 운영하고 있으며, 협의체 운영 활성화를 위해 우수사례 선발 및 포상, 본청 · 지방청 · 협의체를 운영하고 현장간담회 실시로 정책 내실화를 도모하고 있다.

결혼이민자 등 다문화가정 구성원들이 원활하게 한국 사회에 정착할 수 있도록 외국인 다수 거주지역 경찰서별로 '운전면허 교실'을 운영하여 한국 교통법규에 익숙하지 않은 다문화가정 구성원들을 위해 경찰관 등 전문가가 직접 운전면허 1차 시험 관련 교육을 실시하고 있다. 또한 외국인 범죄피해 암수화 방지 등 안전한 다문화 사회 구현을 위해 다문화 가족이 쉽게 접근할 수 있는 기관의 도움센터 신규 위촉을 확대하고 있으며, 다누리콜센터와 관할 경찰서 가정폭력 전담경찰관이 연락망을 공유하고 다누리콜센터-경찰 간 상호 역할분담 체계를 활성화하여 운영하고 있다.

(17) 농촌진흥청

농촌진흥청에서 시행하고 있는 다문화 가족 정책 주요 사업은 협업을 통한 다문화 이해교육 활성화로 여성농업인 후계인력 양성을 지원하여 결혼이주 여성농업인에게 우리 농업 · 농촌에 대한 이해도 제고를 위하여 농촌여성지도사 중심의 다문화 이해교육을 지속적으로 추진하고 있다. 소통 · 리더십, 온라인 매체 활용, 정보화 교육 등을 통한 역량 향상과 농촌여성지도자를 통해 결혼이주 여성농업인에게 농작물 품목별 영농기술 정보 · 교육, 식문화, 생활예절, 지역생활 등 영농 · 생활정보를 공유하고 있으며, 농촌진흥기관(농진청 · 도원 · 센터), 생활개선회 등을 통한 농업정책, 영농기술 정보를 제공하고 있다. 또한 농촌지역 결혼이민자 리더십 제고 프로그램을 운영하여 농촌 다문화 사회 변화 대응을 위해 결혼이민여성 리더역량 진단표와 교육 프로그램 등 농촌지역 결혼이민자에게 리더 역할, 의사소통/갈등해결 기법, 바인딩어프로치 등 리더십 제고 프로그램을 현장에 적용 · 운영하고 있다.

(18) 소방청

소방청에서 시행하고 있는 다문화 가족 정책 주요 사업은 지진(2016 경주, 2017 포항), 미세먼지(2019), 코로나19(2020) 등과 같이 새로운 재난 발생 및 국민 불안감 증폭에 따른 안전교육 수요 증가에 따라 기술 고도화 및 사회기반시설 노후화에 따른 복합 재난 위험성 예방교육을 실시하고 있다. 또한, 사회구조 변화에 따라 외국인, 다문화가정, 노인, 어린이, 장애인, 비정규직 등 다양한 재난 취약계층 증가에 따른 안전교육 수요 증가에 따라 자연재난 대응 중심에서 사회적, 환경재난 및 복합재난 대비 안전교육, 기존의 물리적 대응 중심의 재난관리에서 사람 중심의 예방 전략을 통해 재난 취약계층 보호 및 체험 중심의 생활 밀착형 안전교육을 추진하고 있다.

영상신고 3자통화 기능 개발로 신고 편의성을 강화(2020년 119다매체고도화사업)하여(3자통화) 신고자(외국인) ⇄ 상황실(접수자) ⇄ 통역사(자원봉사자) 다자간 동시통화를 실시하고, 자원봉사자 확보 및 홍보 강화로 실질적 활용은 2021년 하반기부터 실시하고 있다. 또한, 119다매체신고시스템 기능 보강(신고앱 외국어 및 3자통화 가능) 홍보를 강화하여 소방청에서 홍보전단지 제작 후 시도 소방본부에 배부(5~8만 부)하고 있으며, 겨울철 화재예방 캠페인 등을 홍보하고 있다. 다문화 가족 정책의 세부계획을 요약 정리하면 〈표 2-3〉과 같다.

〈표 2-3〉 2021년도 다문화 가족 정책 세부과제

과제명	소관부처
1. 다문화가족 장기정착 지원	
1-1. 결혼이주여성 인권 강화(가정폭력 예방 및 대응체계 구축)	
① 폭력상황에 대한 초기대응체계 상시 가동	여성가족부(다문화가족과) 경찰청(외사기획과)
② 폭력피해 이주여성을 위한 전문상담 체계 구축	여성가족부(권익보호과)
③ 폭력피해 이주여성을 위한 주거지원 확대 및 자립기반 조성	여성가족부(권익보호과)
④ 폭력피해 이주여성 지원 종사자의 역량 강화	여성가족부 (권익보호과, 다문화가족과)
1-2. 국제결혼 피해예방 지원	
① 국제결혼 피해예방 프로그램 운영방식 다양화 및 내용보완	여성가족부(다문화가족과) 법무부(이민통합과)
② 국제결혼이민관 파견 추진	여성가족부(다문화가족과)
③ 국제결혼중개업체 관리 · 감독 강화	
④ 기관 간 협업을 통한 국제결혼피해자 지원	
1-3. 안정된 가족생활 지원	
① 결혼이주여성의 정서적 안정 및 자립 역량 강화를 위한 사례관리사업 내실화	여성가족부(다문화가족과) 보건복지부(지역복지과)
② 가족관계 증진을 위한 프로그램 다양화 및 상담 체계 강화	여성가족부(다문화가족과)

③ 한부모가족의 자녀 양육 지원	여성가족부(가족지원과)
④ 다문화 한부모가족의 주거안정을 위한 제도개선	국토교통부(주거복지정책과) 여성가족부(다문화가족과)
⑤ 다문화가족의 생활안전 대응역량 강화	여성가족부(다문화가족과) 소방청(119생활안전과) 경찰청(외사기획과)
⑥ 119시스템 내 비언어적 신고체계 마련	소방청(소방장비항공과)
1-4. 서비스 연계 활성화	
① 신규 입국자 정보공유 및 다문화가족지원서비스 안내 활성화	여성가족부(다문화가족과) 법무부(이민통합과)
② 다문화가족의 한국 사회 적응지원을 위한 정보제공 기능 강화	여성가족부(다문화가족과)
2. 결혼이민자 사회 · 경제적 참여 확대	
2-1. 자립역량 강화	
① 결혼이민자 멘토링 프로그램 강화	여성가족부(다문화가족과)
② 자립지원패키지 프로그램 확대 추진 및 내실화	
③ 한국어교육 내실화 및 전문성 강화	문화체육관광부(국어정책과) 여성가족부(다문화가족과)
④ 사회통합교육 콘텐츠 내실화 및 접근성 제고	-
⑤ 학점은행제 및 독학학위제를 통한 고등교육 기회 안내	교육부(평생학습정책과)
2-2. 취 · 창업 지원 서비스 내실화	
① 다문화가족지원센터 및 여성새로일하기센터의 취업기초교육 내실화	여성가족부(다문화가족과)
② 결혼이민자 적합 일자리의 지속적 발굴 및 직업교육훈련 강화	여성가족부 (다문화가족과, 경력단절여성지원과) 고용노동부 (여성고용정책과, 인적자원개발과, 고용지원실업급여과) 행정안전부(지역일자리경제과)
③ 결혼이민자 선호 언어 · 종목을 중심으로 다국어 자격 검정 실시	여성가족부(다문화가족과) 고용노동부(직업능력평가과)
④ 결혼이민자의 안정적인 영농정착 지원	농림축산식품부(농촌여성정책팀, 농촌사회복지과)
⑤ 결혼이민자 강점 분야 창업 및 경영지원	중소벤처기업부(정책총괄과) 여성가족부(경력단절여성지원과)
⑥ 결혼이민자의 사회적 기업 · 협동조합 취 · 창업 지원	고용노동부(사회적기업과)
2-3. 사회참여 기회 확대	
① 결혼이민자의 정책수립과정 참여 확대	여성가족부(다문화가족과)
② 지역사회 자원봉사 활동 다양화	여성가족부(다문화가족과)
③ 농촌지역 결혼이민자 리더십 제고 프로그램 운영	농촌진흥청(농촌환경자원과)

④ 다양한 자조모임 운영지원 및 활성화	여성가족부(다문화가족과) 문화체육관광부(문화정책과) 법무부(이민통합과)
3. 다문화가족 자녀의 안정적 성장지원과 역량 강화	
3-1. 안정적 성장을 위한 환경조성	
① 다문화가족 자녀성장지원 프로그램(다재다능) 확산	여성가족부(다문화가족과)
② 청소년기 자녀 및 부모 상담 지원 강화	여성가족부(청소년자립지원과) 교육부(교육기회보장과)
③ 외국어, 예체능 등 다양한 양질의 특기적성교육 프로그램 지원	여성가족부(청소년활동안전과)
④ 자녀 발달주기별 부모교육 및 정보제공 강화	여성가족부(다문화가족과) 교육부(교육기회보장과)
⑤ 지역사회 청소년 통합 지원체계(CYS-Net)를 통해 위기 다문화 청소년에 대한 맞춤형 서비스 지원	여성가족부 (청소년자립지원과)
3-2. 학업 및 글로벌 역량 강화 지원	
① 이중언어인재 양성사업 내실화	여성가족부(다문화가족과) 교육부(교육기회보장과)
② 기초학습능력 강화 프로그램 운영 확대	여성가족부(다문화가족과) 교육부(교육기회보장과)
③ 글로벌브릿지 사업 추진	-
④ 국제교류 프로그램(청소년 국가 간 교류 및 해외자원봉사단 등) 참여 활성화	여성가족부(청소년활동진흥과) 외교부(개발협력과)
3-3. 진로준비 및 사회진출 지원	
① 다문화청소년의 진로의식 고취 및 진로직업 체험기회 확대	교육부(교육기회보장과, 진로교육정책과) 여성가족부 (학교밖청소년지원과)
② 다문화학생 진로지도 및 진로상담 강화	교육부(진로교육정책과)
③ 차세대 전문인력 양성 및 청년인턴 활성화	KOTRA(개발협력사업단) 외교부(개발협력과)
④ 직업교육훈련기관(다문화청소년 특화 폴리텍 다솜학교 등) 운영 지원 및 우수사례 발굴	고용노동부(직업능력정책과)
3-4. 중도입국자녀 맞춤형 지원 확대	
① 중도입국자녀 대상 한국어교육 운영의 내실화 및 질적 수준 제고	여성가족부 (학교밖청소년지원과) 교육부(교육기회보장과)
② 중도입국자녀의 조기적응을 돕는 레인보우스쿨 확대 및 운영방식 다양화	여성가족부 (학교밖청소년지원과) 법무부(이민통합과)
③ 중도입국자녀의 심리 · 정서적 안정 지원을 위한 프로그램 운영	여성가족부 (학교밖청소년지원과)

④ 중도입국자녀의 공교육 진입지원을 위한 학력심의위원회 운영 활성화	교육부(교육기회보장과)
⑤ 학교생활 조기적응을 위한 다문화 예비학교 확대 및 내실화	교육부(교육기회보장과)
⑥ 다문화청소년 취업사관학교 운영 및 훈련과정 확대	여성가족부 (학교밖청소년지원과)
4. 상호존중에 기반한 사회적 다문화 수용성 제고	
4-1. 인권 및 다양성이 존중되는 사회환경 조성	
① 차별적 법, 제도 이슈 발굴 및 개선	여성가족부(다문화가족과)
② 다문화 수용성 조사 및 다문화가족 실태조사를 통한 정책현황 주기적 모니터링 및 정책 환류 추진	여성가족부(다문화가족과)
4-2. 다문화 이해교육 활성화	
① 부처 간 다문화 이해교육의 협업체계 강화	여성가족부(다문화가족과) 법무부(이민통합과) 교육부(교육기회보장과) 문화체육관광부(문화정책과) 농촌진흥청(농촌자원과)
② 유아교육 및 공교육기관의 다문화 이해교육 강화	여성가족부(다문화가족과) 교육부(유아교육정책과, 교육과정정책과) 보건복지부(공공보육팀)
③ 교원의 다문화 역량 제고 및 학교현장의 다문화교육 활성화 지원	교육부(교육기회보장과)
④ 일반국민 대상 찾아가는 다문화 이해교육 서비스 활성화	여성가족부(다문화가족과)
⑤ 대민 서비스 제공자에 대한 다문화 이해교육 강화	여성가족부(다문화가족과) 행정안전부(사회통합지원과) 법무부(이민통합과) 국방부(병영정책과) 경찰청, 보건복지부
4-3. 수용성 제고를 위한 미디어 환경 조성	
① 방송통신심의위원회 심의 기능 강화	방송통신위원회 (방송통신심의위원회)
② 다문화 수용성 제고를 위한 미디어 콘텐츠 개발 및 가이드라인 제공	방송통신위원회 (방송정책기획과) 문화체육관광부 (방송영상광고과)
③ 미디어 모니터링단 운영 및 개선 사례 발굴	여성가족부(여성정책과)
④ 다문화 수용성 제고를 위한 홍보사업 다각화	여성가족부(다문화가족과) 문화체육관광부(문화정책과)
4-4. 지역환경 조성 및 참여·교류 프로그램 활성화	
① 지역사회 다문화프로그램 발굴 및 확산	여성가족부(다문화가족과)

② 다문화 공존을 위한 사회적 공감대 형성 프로그램 발굴, 운영	여성가족부 (학교밖청소년지원과) 법무부(이민통합과) 농촌진흥청(농촌환경자원과)
③ 문화시설 내 다문화프로그램 확대	문화체육관광부 (도서관정책기획단)
5. 협력적 다문화가족 정책 운영을 위한 추진체계 강화	
5-1. 정책추진체계 간 협력 강화	
① 위원회 간 협업 및 기본계획 연계 강화	국무조정실 여성가족부(다문화가족과) 법무부(외국인정책과)
② 지자체 다문화가족 정책 추진 역량 강화	여성가족부(다문화가족과)
③ 지역다문화교육지원센터 활성화 및 지역 내 유관기관의 연계 강화	교육부(교육기회보장과) 여성가족부(다문화가족과)
④ 주요 결혼상대국과의 협력채널 지속 운영	여성가족부(다문화가족과)
5-2. 다문화가족 지원체계 내실화	
① 지역별 다문화수요를 반영한 지원체계 운영	여성가족부(다문화가족과)
② 다문화가족지원센터의 서비스 역량 제고	여성가족부(다문화가족과)

3) 중앙행정기관별 다문화 가족 지원사업

정부 중앙부처에서 지원하고 있는 다문화가정에 대한 혜택을 정리하면 다음과 같다.

첫째, 다문화 · 탈북학생 멘토링 지원이다. 멘토(나눔지기)에게 활동시간에 따라 도시(시간당 12,500원), 농어촌(시간당 15,000원) 지역 거주 학생들에게 매월 장학금을 지급한다. 활동시간 기준은 연간 120시간 내외, 최소 10시간 이상, 학기당 450시간 이하이며, 1일 최대 8시간 이하, 주당 학기 중 최대 20시간 이하, 방학 중 최대 40시간 이하로 정하고 있다. 한국장학재단의 '국가근로장학금', '대학생 청소년교육지원장학금'과 중복 참여가 불가하며, 온라인신청(http://www.kosaf.go.kr/)이 가능하다.

둘째, EMS 요금할인 지원이다. 우정사업본부와 협약을 체결한 지자체 지역 내에 거주하는 다문화 가족(결혼이민자, 배우자 등)이 모국에 발송하는 국제특별수송(EMS) 우편물에 대해 요금감액(현재 10%)해 주는 제도로서 외국인등록증에 "국민의 배우자" 또는 체류자격 F-6-1, F-6-2, F-6-3으로 명시된 자, 「다문화 가족 지원법」 제2조 제2호에 의한 결혼이민자, 귀화 허가를 받은 자임을 증빙할 수 있는 자, 국적 취득자의 경우 주민등록증 및 가족관계증명서 등으로 확인 가능한 자 등을 대상으로 실시하고 있다. 접수는 우정사업본부 우편사업단 국제사업과로 접수하면 된다.

셋째, 다문화 가족 교육 및 용역 지원이다. 생활언어를 익히고 문화를 이해할 수 있도록 체계적 단계별 한국어교육(집합/방문), 다문화 가족 통합교육(집합/방문), 다문화 가족 부부, 부모, 자녀 관계 개선 및 가족 갈등 등 관련 상담을 통해 다문화 가족의 내부 스트레스 완화 및 가족의 건강성 증진, 다문화 가족의 복잡하고 다양한 문제해결 및 욕구해소를 위한 심리, 정서적 안정 및 자립 역량 강화 지원 등 맞춤형 종합서비스를 제공하는 다문화 가족 사례관리 서비스, 다문화 가족의 경제활동 참여를 위해 지역 특성 및 결혼이민자의 수요 등을 고려하여 다문화 가족 취업연계 및 교육지원 프로그램을 운영하고 있다. 또한, 다문화 가족 나눔 봉사단, 다문화 가족 자조모임 등 문화사업, 다문화 가족 자녀의 성장단계별 언어발달 정도를 진단 · 평가하고 언어 향상을 위해 교육 프로그램을 제공하는 자녀 언어발달 지원사업, 결혼이민자 및 그 가족의 초기 생활 적응에 필요한 의사소통을 지원하기 위해 제공하는 통역 및 번역 서비스, 지역사회 내 다문화 가족 지원사업이 통합적, 체계적, 효율적으로 추진될 수 있도록 서비스 전달체계 구축 및 서비스 제공기관을 연계하는 지역사회 네트워크 강화 등의 사업을 추진하고 있다. 각 지역의 다문화가족지원센터를 통해 접수가 가능하다.

넷째, 다문화 가족 진료지원 사업이다. 의료급여 1종, 2종(시설 거주자 포함) 중 결혼이주민 다문화가정, 건강보험 중 결혼이주민 다문화가정(상담평가점수 70점 이상부터 차등 지원), 시 · 군 · 구청장 및 한국 다문화 연대(사) 추천 환자에게 입원 환자의 부담금을 지원(한도: 100만 원)한다. 단, 외래는 지원하지 않고 있다. 접수는 국립중앙의료원을 통해 가능하다.

다섯째, 보육료 지원이다. 다문화 가족 취학 전 자녀(연령별 보육료 정부 지원단가)를 대상으로 만 0세아(470,000원), 만 1세아(414,000원), 만 2세아(343,000원), 만 3~5세아(240,000원)에게 지원된다. 보호자의 소득수준에 관계없이 지원하며, 다문화 가족의 결혼이민자(인지신고 또는 귀화허가를 받은 자 포함)와 대한민국 국적을 취득한 자 사이에서 출생한 자녀는 동일세대 여부와 상관없이 지원된다. 접수는 시군구 보육담당 부서를 통해 가능하다.

여섯째, 결혼이민자 통·번역 서비스이다. 다문화 가족 입국 초기상담, 통역 및 번역 지원, 가족 간 의사소통 및 생활상담, 행정·사법·공공기관 이용 시 통·번역 위기상황 시 긴급 지원하는 것으로 한국말이 서툰 결혼이민자의 가족·사회생활에 필요한 의사소통을 지원하기 위한 통번역 서비스를 제공하게 된다. 제공언어는 결혼이민자 주요 출신국 언어이며, 다문화 가족 및 다문화 가족을 직·간접적으로 지원하는 개인 또는 기관에게 지원된다. 여성가족부 청소년가족정책실 다문화가족과를 통해 접수가 가능하다.

일곱째, 적십자병원 희망진료센터 운영이다. 환자 본인부담금 총액의 50~100% 진료비 지원 및 특성화 진료를 지원하며, 희망진료센터 지원 대상자는 외래는 등록한 날로 1년, 입원은 당해 연도로 하며, 지원한도는 외래 1인당 100만 원, 입원 1인당 500만 원이다. 기타 사항은 희망진료센터 운영 내규 및 세부지침을 통해 실시하며, 전국 적십자병원 5개소(서울, 인천, 상주, 통영, 거창)를 방문하여 참여하면 된다.

처리 절차는 먼저 사회복지사 상담 및 제출서류 검토로 지원 여부 및 지원율을 확정하여 서비스를 제공한 후 사후관리를 하게 된다. 적십자병원 전화상담을 통해 신청이 가능하며, 사회복지사와 전화상담 후 진료지원 가능 여부를 확인하고 진료지원 가능 시 병원 방문 후 진료를 받게 된다. 적십자병원을 방문하여 사회복지사상담 후 진료지원 가능 시 진료가 가능하다. 접수는 대한적십자사에서 진행한다.

여덟째, 자녀 언어발달 지원사업이다. 언어평가 및 언어교육이 필요한 만 12세 이하 다문화 가족 자녀를 대상으로 하며, 초등학교 재학 중인 아동의 경우 만 12세를 초과하여도 사업 대상에 포함된다. 신청은 다문화가족지원센터를 방문하여 신청하면 된다.

아홉째, 운전면허교실 운영지원이다. 이주여성, 외국인 근로자 중심으로 국내 체류외국인 중 실질적인 사회 정착 지원이 필요한 대상으로 경찰서 방문 또는 다문화가족지원센터 등 외국인 도움센터에 신고하여 지원 받게 된다. 문의는 경찰청 외사국 외사기획과로 하면 된다.

열째, 해양환경 체험교육이다. 해양 환경보전 교육(해양이와 함께하는 바다여행), 3D 교육영상 상영, 해양 환경 콘텐츠 체험(갯벌 ZONE, 해양 쓰레기 ZONE, OX 퀴즈, 방제 ZONE), 바다생물 만들기, 조파수조 견학 및 해양 안전교육 등을 교육하며, 교육시간은 회당 약 2시간이고, 교육정원은 회당 160명이며, 교육비는 무료이다. 접수는 해양환경관리공단 교육개발팀으로 하면 된다.

열한째, 다문화 · 탈북학생 교육지원이다. 국공립유치원, 초 · 중 · 고등학교에 재학 또는 지역아동센터에 소속된 다문화학생 · 탈북학생을 대상으로 실시하며, 소속 기관 및 학교로 신청하여 접수하면 된다.

열두째, 다문화 가족 정보 제공이다. 다문화 가족, 결혼이민자, 체류외국인 등에게 한국 생활에 필요한 정부의 지원제도와 생활정보를 제공함으로써 안정적인 한국 생활을 지원하는 것으로 전국의 다문화가족지원센터 홈페이지 활성화, 다문화 관련 생활정보 및 센터 기본정보, 프로그램을 안내하는 다문화 가족 지원 포털 '다누리(www.liveinkorea.kr)'를 운영하고 있다. 또한 다문화에 대한 이해를 증진하고 다문화 수용성 및 인식을 제고하고 다문화 이해교육 콘텐츠를 제공하는 다누리배움터(www.danurischool.kr)를 운영하고 있다.

열셋째, '한국 생활 가이드북' 발간(매년)이다. 다문화 가족 · 외국인 지원서비스,

체류 · 국적취득, 한국문화 · 생활, 임신 · 육아, 자녀교육, 건강의료, 사회보장제도, 취업근로 등 10개 주제를 13개국 언어(한국어, 영어, 중국어, 베트남어, 캄보디아어, 타갈로그어, 몽골어, 러시아어, 일본어, 태국어, 라오스어, 우즈베키스탄어, 네팔어)로 제공하는 사업이다.

5 다문화 가족 정책의 성과 및 과제

1) 다문화 가족 정책의 주요 이슈 성과

한국 사회에서 주된 정책대상이 되어 온 결혼이주가족 등 다문화 가족의 특성이 변화하고 있다. 2016년 기준, 국내 체류 중인 외국인은 190만 명을 넘어서면서 장기체류자의 증가로 이어져 결혼이주민과 외국인 노동자의 꾸준한 증가에 기인한다. 특히 체류외국인 가운데 중국 동포가 약 70만 명에 이르며, 한류 열풍으로 외국인 유학생도 10만 명이 넘는다(법무부, 2016). 초창기부터 현재까지 결혼이주민 및 귀화자에 편중된 지원 정책을 다변화 확대된 정책대상을 고려하여 보다 정교한 다문화 가족 지원 정책을 수립할 필요가 있다.

둘째, 낮은 수준의 발달적 특징 및 사회부적응 등의 다문화 가족 아동에 대한 편견뿐만 아니라 다문화 가족 부모에 대한 편견을 재고해 보아야 한다. 흔히 부모는 자녀의 첫 교사이며, 자녀에 대하여 가장 전문가라고 말하는 통념이 다문화 가족 부모에게도 그대로 적용하고 있는지 의문이다. 아마도 다문화 가족 부모는 대부분 교육수준이 낮으므로 자녀의 교육에 관심이 없고, 있다고 하더라도 자녀 양육과 교육에 있어서 별로 질적으로 수준 높은 기여를 할 수 없다는 편견이 통상적일 것이다.

또한, 자녀 양육에 대한 다문화 가족 부모의 가치관 등에 있어서 개인차를 이해할 필요가 있다. 예를 들어, 어떤 다문화 가족의 부모는 교사가 자녀와의 의사소통 과정에서 자국민의 언어를 사용하는 것을 선호하고 고마워하는 반면 어떤 부모는 항상 공식적인 언어로 대화해 주기를 원하고 있다. 많은 다문화 가족 부모들이 자녀에게 가정과 다른 경험을 제공하기 위해 육아지원기관을 선택하므로 기관의 프로그램이 일반적으로 다문화 가족 문화와 같은 또는 유사한 성격으로 제공하어야 한다는 관점을 토대로 계획, 실행되고 있지는 않은지 되돌아보아야 할 것이다. 요컨대 일반적인 선입견에서 벗어나 다문화 가족 부모가 진정으로 자녀가 어떻게 자라나길 바라며 취학 전 교육기관 및 학교에서 어떻게 생활하기를 원하는지 제대로 파악할 필요가 있다.

셋째, 다문화 가족의 어려움은 단순히 언어 및 문화적 차이에 기인한다기보다는 경제적 빈곤과 밀접하게 관련되어 있음을 인식하고 생계문제 해결을 위한 지원이 시급히 필요하다. 다문화 가족에 대한 지원은 자녀양육법, 교육 등과 더불어 경제적 자립을 위한 지원 등 그야말로 총체적인 접근이 요구된다고 볼 수 있다.

넷째, 다문화 가족을 지원하기 위해 재원 확보 못지않게 배분, 즉 어디에 얼마나 사용하는가도 매우 중요하다. 예산을 통합적으로 한 곳에 지원하여 자율적으로 배분하여 사용하도록 하는 것이 효과적이며 예산 투입 대비 성과평가에 대한 체계적인 계획 및 실행이 필요하다.

다섯째, 다문화 가족과 아동 지원에 있어서 중앙정부와 지방정부, 민간단체 및 기구 간의 역할 분담 및 책임 소재에 대한 논의가 필요하다. 중앙정부에서 추진하는 정책은 가장 추진력이 뛰어날 수 있으나 지역적 특성을 반영하는 데 제한적이다. 또한, 지방정부의 경우는 지역적 여건을 고려하여 맞춤형의 정책 추진에 유리하나 오히려 다문화 가족에 대한 지역의 편견이 더 심각할 수 있다. 민간단체 및 기구는 다문화 가족의 요구를 민감하게 수용할 수 있으나 예산확보의 어려움으로 인하여 추진사업의 안정성과 지속성이 낮을 수 있다. 이러한 특성들을 고려하여 정책사업 추진의 인적 · 물적 자원의 조율과 협력체계를 구축할 필요가 있다.

2) 다문화 가족 정책의 과제

첫째, 다문화 가족 아동의 만 6세 이하 영유아 수는 전체 다문화 가족 자녀의 약 57%를 차지하므로 다른 연령대의 아동에 비하여 보다 획기적인 정부의 관심이 요구된다. 또한 인적 자본 투자 대비 효과분석 연구 및 인간 두뇌 발달 연구 결과에 비추어 영유아기는 다문화 가족 지원 정책 투입의 효과가 가장 큰 시기이다.

양질의 유아교육은 학습준비도, 학업수행력, 사회적응력을 향상시키고 고등학교, 대학진학률, 취업률 증가 및 범죄율 감소를 가져오며(Barnett, 2013), 유아교육 수혜자는 비수혜자에 비해 학사 이상 인재양성에 있어서 3배의 효과가 있다(Campbell et al., 2002). 또한, 공적 투자의 효과는 유아교육(8:1) vs. 초중등교육(3:1) vs. 성인교육(1:1)으로 나타난다(Cunha et al., 2006). 요컨대, 유아교육은 생애 초기부터 시작되는 다문화 가족 자녀의 학습과 발달 격차 해소의 가장 강력한 수단이다.

최근 두뇌 발달 연구(Schonkoff et al., 2000)에 의하면, 인간의 논리적 사고와 사회 · 정서적 능력은 신경망이 빠른 속도로 발달하는 취학 전 유아기에 대부분 완성된다. 양질의 유아기 학습 환경 및 경험은 뇌세포 수 및 신경회로를 증가시키며, 유아기에 올바른 출발을 하지 못한다면 이는 평생 회복이 어렵고 상당한 사회적 비용을 지불하게 된다.

다문화 가족 영유아 지원은 유치원 취원율과 보육시설 이용률에 대한 정확한 데이터 수집에서 출발할 필요가 있다. 현재의 전국 다문화가족 실태조사(2009, 2012, 2015)의 대상은 9세부터 24세까지의 자녀로 9세 미만인 취학 전 연령이 포함되어 있지 않다. 한편 2009, 2012, 2015, 2018년도에 보건복지부가 보육실태조사의 일환으로 다문화 가족 영유아에 대한 현황을 조사하였으나, 이는 전수조사가 아니다. 유치원의 경우 역시 전체적인 다문화 유아의 취원율이 파악되지 않은 실정이다. 상당수의 다문화가정 영유아가 우수한 유아교육 · 보육기관보다 그렇지 못한 기관에 다닐 가능성이 큰 것은 우수한 기관에의 접근성이 낮고, 비용부담이 높기 때문이므로 정부 차원에서 양질의 보육과 교육서비스를 제공받을 수 있도록 우선권을 부여할 필요가 있다.

나아가 단순한 현황 파악을 넘어서 다문화 가족과 9세 미만 아동에 대한 보다 면밀한 실태조사가 이루어질 필요가 있다.

둘째, 다문화 교육에 대한 유 · 초 · 중 · 고등교육의 연계를 강화할 필요가 있다. 이는 생애 초기부터 성인이 되기까지 다문화 교육과 경험의 일관성과 연속성을 유지하기 위해서이다. 다문화 교육의 목표와 내용 및 구체적인 구현방법 등을 국가 수준 교육과정을 비롯하여 학교 밖의 사회에서도 일관성을 강화할 수 있는 다양한 방안들이 모색되어야 할 것이다.

셋째, 정책의 질적 수준 제고를 위한 지속적인 모니터링이 수반되어야 한다. 다문화 가족 지원 정책의 투입영역과 성과영역을 설계하여 정책의 효과와 제한점 등을 모니터링해야 한다. 모니터링의 시기, 빈도, 내용과 방법, 결과 활용 등에 대한 계획이 요구된다.

넷째, 다문화 교사교육 전문가 양성 및 현장 컨설팅을 제공한다. 실제 상당수의 교사들은 다문화 가족 아동과 청소년 지도를 위한 구체적인 지식과 정보 및 기술이 없어 적절한 도움을 제공할 수 없다고 보고하므로 이를 위해 교사 양성교육 및 현직교육을 강화하여야 한다. 특히, 교사연수에 있어서 상향식으로 연수내용과 방법을 결정하기보다는 하향식으로 현장교원의 의견 수렴에 기초할 필요가 있으며, 반드시 연수효과에 대한 연구가 수반되어야 할 것이다.

Chapter 3

다문화 가족 사례관리

1 다문화 가족과 사회복지 실천

1) 다문화 사회복지 실천의 의미

다문화 사회복지 실천(Multicultural Social Work Practice, MCSW)은 사회서비스 규정과 사회복지실천가의 역할과 관계가 있다. 다문화 사회복지 실천은 원조 역할과 과정으로 정의될 수 있다. 그것은 내담자의 개인 경험과 문화적 가치와 일관된 개입양식을 사용하고 치료목표를 정의하며, 내담자의 정체성을 개인, 집단, 보편적 차원에서 인식하며, 보편적이고 문화 특수적인 정책의 사용과 원조 과정의 역할을 옹호하는 것이다. 사정(assessment), 진단, 치료, 내담자와 내담자 체계의 문제해결에서 개인주의와 집단주의의 중요성 간의 균형을 맞추는 것이다.

다문화 사회복지 실천의 이러한 정의에 대해 좀 더 구체적인 함의를 살펴보면 다음과 같이 여섯 가지로 구분할 수 있다.

(1) 원조 역할과 과정

다문화 사회복지 실천은 사회복지사가 원조적이고 적합한 문제해결 기술의 목록(repertoire)을 다양화하는 역할을 한다. 많은 저학년 학생들은 직접적인 사회복지 임상 서비스 전달 과정에 흥미를 느껴 사회복지 현장에 오게 되는데, 사회복지사가 단지 한 가지 원조기술만 사용하는 것처럼 보이는 수동적이고 객관적인 태도를 견지하는 것을 발견한다. 임상적이거나 상담적인 역할과 달리, 다문화 사회복지 실천의 실제는 효과적인 사회복지 실천의 중심인 내담자를 위하여 수업하기, 조언하기, 자문하기, 옹호하기와 같은 활동을 포함하고 있다. 따라서 교육자, 옹호자, 사례관리자, 조직가, 지역 고유의 치료체계 수행자, 지역사회 연결자 등과 같은 역할이 다문화 사회복지 실천의 핵심으로 고려될 수 있다(NASW, 2001; D. W.

Sue & Sue, 2003; Suppes & Wells, 2003).

(2) 개인 경험과 문화적 가치의 일치

효과적인 다문화 사회복지 실천의 실제는 문화적으로 다양한 내담자를 위해 그들의 인종, 문화, 민족, 성별, 성적 지향의 배경에 일치하는 개입양식을 사용하고 목표를 설정하는 것을 의미한다. 예를 들어, 개입체계, 지역사회복지 프로그램, 지역사회 옹호활동, 힘의 차이를 최소화하기, 사회정책, 권한 수행활동 등은 특정 내담자 집단에 효과적으로 사용될 수 있다(Devore & Schlesinger, 1999).

(3) 생활양식의 개인, 집단, 보편적 차원

다문화 사회복지 실천은 우리의 생활양식과 정체성이 개인(독특성), 집단, 보편적 차원으로 구성되어 있음을 인정한다. 원조의 어떤 유형은 이러한 차원의 정체성을 인식하지 못하고 인간 정체성의 주요한 측면을 부정한다(D. W. Sue & Sue, 2003).

(4) 보편적 및 문화 특수적 전략

두 번째 관점과 관련하여 다문화 사회복지 실천은 인종적, 민족적 소수집단과 인구사회학적 집단이 다르기 때문에 원조기술로 문화 특수적 전략이 가장 바람직하다고 간주한다. 예를 들어, 연구결과에 따르면 아시아계 미국인은 더 직접적, 활동적 접근방법에 반응하고, 아프리카계 미국인은 자기노출 과정에서 신뢰할 만한 원조자를 더 선호한다(Parham et al., 1999). 또한 Surgeon General의 보고서인 「정신건강: 문화, 인종, 민족성(Mental Health: Culture, Race, and Ethnicity)」은 치료적 접근방법이 소수인종 집단마다 '인종문제'로 인해 다르게 작용한다는 것을 명시했다(U. S. Department of Health and Human Services, 2001). 이처럼 원조관계는 문화와 사회를 초월하여 공통적인 특징을 보이고 있다.

(5) 개인주의와 집단주의

다문화 사회복지 실천은 가족, 의미 있는 타인, 지역사회, 문화에 내재된 인식인 집단주의적 실재와 개인주의적 접근에 균형을 맞춤으로써 원조관계의 관점을 넓혀 주고 있다. 내담자는 단순히 개인뿐만 아니라 사회적 · 문화적 맥락의 산물로서의 개인으로 지각된다. 여기에서 생태학적 관점은 매우 중요하다. 미국 문화에서 심리사회적 단위가 개인이라면, 문화적으로 다양한 많은 집단은 보다 집단주의적 성향을 가지고 있어 정체성을 가족, 집단, 지역사회를 포함한 군집으로 정의한다(McGoldrick et al., 1996).

(6) 내담자와 내담자 체계

다문화 사회복지 실천은 내담자의 원조 과정에서 이원적 초점을 가정한다. 예를 들어, 많은 사례에서 개별적 내담자에게 초점을 맞추고, 그들을 격려하여 통찰력을 얻고 새로운 기능과 적합한 행동양식을 배우도록 하는 것은 중요하다. 그러나 여성, 게이 및 레즈비언, 소수민족, 노인이 가진 문제인 경우 종사자와 교육자 및 이웃, 학교의 정책 및 실천, 정신건강기관, 정부, 기업, 사회 안에 그들에 대한 편견, 차별, 인종차별주의, 성차별주의, 노인차별주의, 동성애차별주의가 존재하며, 전통적인 치료기능은 비효과적이고 부적절한 것으로 드러난다. 따라서 이 경우 변화의 초점은 내담자 개인보다는 내담자 체계로 변경되어야 한다(D. W. Sue & Sue, 2003; Vera & Speight, 2003). 게다가 사회복지는 이러한 구별이 이루어지는 동안 내담자를 항상 개인, 집단, 가족, 지역사회, 기관, 더 큰 사회체계에서 정의해야 한다. 모든 사례에서 기준점이 되는 원칙은 사회정의이다. 모든 집단에게 접근과 기회가 동등해야 한다. 전미사회복지사협회(NASW)의 윤리강령(Code of Ethics)에서는 이를 매우 명확하게 규정하고 있다. "사회복지사는 내담자와 함께 그리고 내담자를 대변하여 사회정의와 사회 변화를 촉진해야 한다. 내담자는 개인, 가족,

집단, 조직, 지역사회를 참조하는 데 포괄적으로 사용된다(NASW, 2001)."

2) 다문화 사회복지 실천을 위한 문화적 역량 갖추기

(1) 문화적 역량의 정의

효과적인 다문화 사회복지실천가가 되기 위해서는 문화적 다양성에 대한 역량이 요구된다. 이러한 문화적 다양성 역량은 내담자와 내담자 체계의 발달을 최대화할 수 있는 조건을 만들어 내거나 행동을 취할 수 있는 능력이다. 문화적으로 역량 있는 사회복지 실천이란 서비스 제공자가 모든 집단에게 좀 더 반응적인 새로운 이론과 실천, 정책, 조직 구조의 발전을 효과적으로 촉진하면서 다원주의적 민주사회와 조직적, 사회적 수준에서 효율적으로 기능하는 데 요구되는 기술과 지식 및 인식(다양한 배경을 가진 내담자의 입장에서 의사소통하고 상호작용하며 협상하고 개입할 수 있는 능력)을 습득하는 것으로 정의할 수 있다.

첫째, 조력 전문직에서의 문화적인 역량에 대한 정의에서 관행적인 일대일 방식, 사무실에서 이루어지는 방식, 그리고 기존의 문제를 치유하는 데 목적을 둔 객관적인 형식의 치료는 내담자의 사회정치적이며 문화적인 경험과 잘 맞지 않을 수도 있다. 다문화 사회복지 실천의 보완적 정의처럼 내담자(개인, 가족 집단)뿐만 아니라 내담자 체계(건강 발달에 문제가 있거나 건강하지 못한 기관, 지역사회, 정책과 실천)에서 이러한 정의가 지지된다. 그 정의는 문제가 내담자의 내부보다는 외부에 있을 때 더 잘 맞다. 예를 들어, 인종차별주의나 성차별주의, 동성애 혐오증과 같은 편견이나 차별은 우리 사회에서 개인과 집단의 건강한 가능성을 저해할 수 있다.

둘째, 문화적 역량은 세 가지 주요 영역, 즉 ① 태도 신념 요소(문화적으로 다양한 사람에 대한 개인적 신념과 가치와 태도에 영향을 미치는 자기 자신의 문화적 조건화를 이해하는 것), ② 지식 요소(문화적으로 다양한 개인과 집단의 세계관에 대한 이해와 지식), ③ 기술 요소(사회의 개별 집단에게 서비스를 제공할 때 문화적으로 적절한 개입 전략을 결정하고 사용할 수 있는 능력)에서 볼 수 있다.

셋째, 광의적으로 개인 수준과 조직 체계 수준이라는 문화적 역량의 두 가지 수준으로 나타낼 수 있다. 문화적 역량에서 사회복지 업무는 미시 수준인 개인 수준에 초점을 맞추어 왔다. 예를 들면, 임상 사회복지사에 대한 교육과 훈련의 목적은 교육받는 이의 자기 인식(잠재적인 성향, 가치와 인간 행동에 대한 가정)을 증가시키고, 다양한 소수민족의 역사와 문화 그리고 인생 경험에 대한 지식을 습득하며, 문화적응을 위한 대인관계 기술, 사례관리, 갈등해결 등의 개발을 돕는 것이 있다. 이에 반해 일반적으로 조직이나 사회의 거시 수준에서는 문화적 역량이 덜 강조되어 왔다(Barr & Strong, 1987; T. L. Cross et al., 1989; J. M. Jones, 1997; Lewis et al., 1998; D. W. Sue, 1991). 사회복지사가 고용되어 있는 조직이 단일 문화적이고, 사회복지사가 문화적으로 숙달된 지식과 기술을 사용하는 것을 단념시키고 심지어 그에 대한 처벌까지 한다면, 조력 전문가를 문화적 역량을 갖추도록 훈련하는 것은 거의 소용이 없다. 전문직 종사자들이 문화적 역량의 발전에 관심이 있다면 체계적이고 사회적인 수준까지 강한 영향을 줄 수 있도록 관여해야만 한다.

마지막으로 문화적 역량의 정의는 대안적인 원조 역할의 발전을 강하게 제시한다. 이러한 정의의 많은 부분은 일대일 치료보다는 개조치료(recasting healing)와 관련이 있다. 문화적인 역량의 일부분이 체계적인 개입을 포함한다면, 옹호자나 상담가, 변화 대리인, 교사, 그리고 토착치료 행위나 자원의 촉진자는 임상작업에서의 관례적인 역할을 보충한다. 이런 역할과는 대조적으로 대안적인 역할은 다음과 같은 특성이 있다. ① 더 적극적으로 조력 형태를 취하고, ② 사무실 외부(집, 기관 또는 지역사회)에서 활동하며, ③ 내담자의 변화에 반하는 환경적 조건을 변화시키는 것에 초점을 맞추고, ④ 내담자가 문제를 가지고 있는 것이 아니라 문제에 직면해 있다고 보며, ⑤ 치료 차원이라기보다는 예방 차원적이며, ⑥ 내담자가 가지고 있는 능력과 기능적 자원을 인지하고, ⑦ 개인, 집단 또는 지역사회가 스스로의 운명을 결정할 수 있도록 하는 것이다.

(2) 문화적 역량에서의 네 가지 요소

다문화 사회복지 실천에 대한 정의를 고려할 때, 문화적 역량을 갖춘 사회복지사는 몇 가지의 중요한 목표를 가지고 일한다는 것이 분명해진다. 첫째, 문화적 역량을 갖춘 사회복지사는 인간 행동, 가치, 편견, 선입관, 그리고 개인적인 한계에 대한 자신의 가정을 적극적으로 알아 간다(Lum, 2005). 둘째, 문화적 역량을 갖춘 사회복지사는 자신과 문화적으로 다른 내담자의 세계관을 이해하려고 능동적으로 시도한다. 다시 말해서, 그들은 내담자가 가지고 있는 인간 행동에 대한 가정이나 편견, 가치가 무엇인지를 물어본다. 셋째, 문화적 역량을 갖춘 사회복지사는 자신과 다른 문화의 내담자와 일할 때 적절하고 잘 맞고 섬세한 개입 전략과 기술을 적극적으로 발전시키고 실행한다. 넷째, 문화적 역량을 갖춘 사회복지사는 조직적이고 제도적인 힘이 문화적인 역량의 발전을 어떻게 증진시키거나 부정할 수 있는지를 이해한다. 이 네 가지 목표는 문화적 역량이 적극적이고 발전적이며, 계속되는 과정이고 달성되는 것이라기보다는 달성하기를 열망하는 것이라는 사실이다.

역량 1: 인간 행동에 대한 자신의 가정과 가치 및 편견 알아 가기

사회복지사로서 문화적으로 다양한 집단과 효과적인 관계를 만드는 능력을 가로막을 수도 있는 고정관념이나 견해 또는 신념을 개인적으로 또는 전문인으로서 가지고 있는가? 대인관계에 영향을 끼치는 당신의 세계관은 무엇인가? 당신은 문제해결이라는 것을 어떻게 정의하는가? 원조하기, 지역사업, 교육하기, 그리고 관리하기에 대한 전문가로서의 이론에 당신의 어떠한 가치체계가 내재되어 있는가? 그리고 문화적으로 다양한 상황에서 이용되는 전략과 기술은 당신의 어떤 가치에 기초하고 있는가? 당신은 자신의 세계관을 알거나 이해하지 않고서는 모든 집단이 자신과 같은 생각을 갖고 있다고 경솔하게 가정해 버릴 수 있다. 그러면 당신은 문화적으로 다른 내담자에게 문화적인 차별을 하게 되거나 현실에 대한, 그리고 옳고 그름, 좋고 나쁨, 정상과 비정상에 대한 당신의 정의를 강요하게 될지도 모른다.

대부분의 대인 서비스 프로그램에서 '상담가여, 너 자신을 알라'는 말은 사회복지사나 상담가, 치료자에게 익숙하다. 내담자나 내담자 체계와 일할 수 있는 능력에 방해되는 자신의 편견이나 가치, 고민거리를 허락하지 않아야 한다는 중요성이 훈련 프로그램에서 강조된다. 많은 경우에 그러한 경고는 대체로 인지적인 측면에만 그칠 뿐, 훈련자가 자기 자신의 인간 행동에 대한 가치나 편견에 직접 접근하도록 이끄는 훈련은 거의 없다(Brammer, 2004; Fong, 2001). 다시 말해, 다른 사람을 억압하게 하는 감정적 및 내재된 가정을 다루는 것보다는 훈련자 자신의 문화유산에 대한 인지적인 이해, 그들이 인간 행동에 대해 갖고 있는 가치, 정상과 비정상을 판단하는 기준, 그리고 훈련자가 힘을 쏟고 있는 문화적으로 제한된 목표를 다루는 것이 쉬운 것으로 보인다.

태도나 신념 그리고 문화적 차이에 대한 느낌 등의 감정적 영향은 자신을 검증하는 것을 어렵게 하는데, 이러한 요소는 무의식적인 인종차별주의나 성차별주의, 비장애인 우선주의, 연령차별주의 등을 유발한다. 예를 들면, 유럽계 백인 미국인 집단의 일원으로서 개인적으로 또는 전문적으로 유색인종을 대해야 한다면 인종차별주의적이고 억압적이고 차별하는 자세에 대해 어떤 책임을 져야 하는가? 이것은 많은 백인에게는 당혹스러운 질문이 될 수 있다. 마찬가지로 의식하든 그렇지 못하든 간에 남성은 남성 특혜주의와 여성에 대한 억압을 통해 많은 이득을 누려 왔다. 문화적으로 역량 있게 된다는 것은 이러한 질문을 적절하게 다루며, 그와 연관된 편견이나 감정 또는 죄책감을 뚫고 나갈 수 있는 것을 의미한다.

역량 2: 문화적으로 다양한 내담자의 세계관 이해하기

인종, 성별, 성적 지향 등은 어떻게 세계관에 영향을 미치는가? 여성은 남성과 다르게 세상을 보는가? 동성애자는 이성애자와 다르게 세상을 보는가? 아프리카계 미국인으로서, 아시아계 미국인으로서, 중남미계 미국인으로서, 또는 미국 인디언으로서 갖는 세계관이란 것이 있는가? 연구자는 집단 구성원의 세계관은 그 집단의 다른 구성원에게 강하게 영향을 받는다는 사실을 강하게 지지한다. 많은 소수민족이 절대적으로 우세한 문화의 일원과는 다른 세계관을 갖는다는 것은 명백하다. 세계관의 특별한 측면에서 인종적, 민족적 소수집단이나 다수인 백인 모두에서 보이는 인종적, 문화적 정체성이라는 점이다.

세계관은 사람이 어떻게 자신과 세상(자연, 기관, 다른 사람 등)의 관계를 인식하는가로 정의될 수 있다(DuBray & Sanders, 2003; D. W. Sue, 1978). 세계관은 그 사람의 문화적 성장 배경이나 인생 경험과 밀접하게 연관되어 있다(Ibrahim, 1985; Katz, 1985; Trevino, 1996). 세계관은 "자신에게 의미 있는 방식대로 세상을 틀에 맞추는 방법", "사람의 개념적 준거 틀" 혹은 "세상은 이렇게 움직인다고 생각하는 자신의 방식"이라고 말했다. 또 이브라힘(Ibrahim, 1985)은 세계관을 "우리의 생활철학" 또는 "사회적이고 문화적이며 환경적이고 철학적인 측면에서의 경험"이라고 했다. 좀 더 실제적으로 볼 때, 세계관은 우리의 태도나 가치, 견해, 개념을 구성할 뿐만 아니라 우리가 생각하고 사건에 대해 정의 내리며, 결정하고 행동하는 방식에 영향을 미칠 수 있다.

사회복지사가 문화적으로 다양한 내담자의 세계관을 이해하고 공유할 수 있다는 것은 매우 중요한 부분이다(Slattery, 2004). 이것은 사회복지사가 내담자와 같은 세계관을 가져야 한다는 것이 아니라 자신의 것과는 다른 세계관을 판단하지 않는 자세로 바라보고 그대로 받아들여야 한다는 것을 의미한다. 어떤 사람은 이 과정을 문화적 역할 수용(cultural role taking)이라고도 부른다. 예를 들어, 한 백인

사회복지 서비스 제공자는 자신이 일생을 성적(sexual) 소수자, 소수민족 혹은 문화적으로 다양한 다른 집단의 일원으로 살지 않았음을 인식하게 된다. 문화적으로 다른 서비스 제공자가 소수민족으로 생각하고 느끼고 반응하는 것은 거의 불가능하다. 그러나 감정적 공감과는 별개로 인지적 공감이 가능할지도 모른다. 문화적 역할 수용에서 사회복지사는 내담자의 문화적 배경과 일상생활의 경험, 소망, 두려움, 염원 등과 같은 특징과 그 범위를 고려하는 실제적인 지식을 얻게 된다. 소수민족이 일상생활에서 부딪히는 좀 더 넓은 사회정치적 제도와 사회적 서비스가 어떻게 관련되어 있는지를 이해하는 것이 인지적 공감에 내포되어 있다.

역량 3: 적절한 개입 전략과 기술 개발하기

사회복지와 사회복지사는 문화적으로 다양한 단체 또는 개인과 일할 때 적절하고 효과적인 지지와 지도, 의사소통, 개입전략을 발전시키는 과정을 시작해야 한다. 이러한 역량은 치료 접근과 예방, 그리고 전통적인 일대일 관계와 체계에의 개입을 의미한다. 또한 사회복지사가 소수민족 지역사회에 이미 있어 왔던 고유의 지지/치유 접근이나 구조를 이용할 수 있는 능력을 가지고 있는 것이 중요하다(Yeh, Hunter, Madan-Bahel, Chiang, & Arora, 2004). 이러한 개념은 지역사회의 힘을 키워서 그들 스스로를 돕는 능력을 갖추게 하는 것이다(Anderson, 2003; Westbrooks & Starks, 2001).

사회복지사가 내담자의 삶의 경험과 문화적 가치에 일치하는 개입 양식과 목표를 설정할 때, 대부분 내담자를 효과적으로 도울 수 있는 정도는 증가할 것이다(Asian American Federation of New York, 2003). 이러한 전제의 여러 연구는 다음과 같은 사항을 일관되게 보고하고 있다. ① 경제적 · 교육적으로 소외된 내담자에게는 '대화를 통한 상담'이 맞지 않을 수도 있다. ② 자기개방은 아시아계 미국인이나 남미계 미국인, 그리고 미국 원주민의 문화적 가치와 모순될 수 있다. ③ 사회정치적인 분위기가 소수민족과 동성연애자의 자기개방을 막을 수도 있다. ④ 전통적인 사례연구 접근방법의 모호성이 특정 집단의 삶의 가치에 상반될 수 있다. ⑤ 많은 소수민족 내담자가 수동적/간접적 접근보다는 능동적/직접적 접근을 통한 치료를 원한다. 사회복지사는 내담자가 비슷한 배경과 문화적 유산을 나누고 있다고 가정하거나, 모든 내담자에게 똑같은 한 가지 방식이 동일하게 효과적일 것이라고 가정해서는 안 된다.

모든 집단과 개인은 각기 다르기 때문에 모든 상황과 모든 사람에게 다 같은 기술과 전략을 맹목적으로 적용하는 것은 어리석어 보인다. 사회복지사와 내담자 간의 인간적 교류는 각 개인의 인생 경험에 일치하는 차별적인 접근을 요구한다(D. W. Sue et al., 1996). 이러한 특별한 경우에 임상작업에서의 동등한 치료가 오히려 차별하는 치료가 될 수도 있다는 사실이 얼마나 모순되는 일인지 임상 사회복지사는 이에 대해 이해하고 있어야 한다. 차별적인 정신건강 실천을 입증하는 방편으로 인종적, 민족적 소수집단을 들 수 있는데, 여러 연구에 따르면 소수민족의 내담자에게는 잘 선택되지 않는 치료 형식(약물치료법, 전기충격요법 등)이 제공되었다. 어디서부터 불분명해졌는지는 모르겠지만, 다르게 치료한다는 것은 곧 차별하는 것과 같게 되었다. 그 혼란은 사회서비스에 대한 동등한 사용권 및 기회와 동등한 치료를 구분하지 않은 데서 기인한다. 소외되고 억압된 집단은 동등한 사용권 및 기회를 요구하는 것만큼 동등한 치료를 요구하지 않을지도 모른다. 이것은 차별화된 접근방법이 곧 진정한 무차별주의라는 것을 의미한다.

역량 4: 문화적 역량을 고취하거나 부정하는 조직적·제도적 힘 이해하기

자신이 고용된 기관이 오직 한 문화와 관련된 정책과 서비스만 제공한다면 사회복지사가 문화적 역량을 갖추게 된다는 것은 별로 좋을 것이 없을 것이다. 많은 경우에 그러한 조직은 관습적으로 문화적인 지식이나 기술에 가치를 두지 않거나 그 사용을 허용하지 않는다. 어떤 사회 서비스 단체는 다문화적인 표현을 적극 말리고 부인하며 심지어 그에 대한 처벌까지 감행한다. 내담자의 문제는 문화적 표현을 억압하는 제도에서 비롯될 수도 있다. 그러므로 문화적 역량을 조직의 관점에서 보는 것은 필수적이다. 제기되어야 할 질문은 '무엇이 문화적 역량을 갖춘 보호체계를 구성하는가?'이다. 우리 사회가 진정으로 다양성에 가치를 두고 각 기관 조직(정신건강 의료전달체계, 사업체, 산업체, 일반 초·중·고등학교, 대학교, 정부기관, NASW와 같은 전문기관)은 다문화적이 되는 방향으로 움직여야만 한다. 새로운 규칙이나 규율, 정책, 실제 업무, 조직 내의 구조가 다문화를 확장할 수 있도록 고안되는 것이 중요하다. 사회복지사는 제도적 힘이 문화적 역량을 증진시킬 것인지 혹은 부정할 것인지를 이해해야만 한다. 사회복지사는 조직적 변화 대리인으로서 대단히 숙련되어야만 하며, 다문화적인 조직 발달을 이해해야만 한다(Browne & Mills, 2001). 다문화 조직 발달의 몇 가지 기본 사항은 다음과 같다. ① (조직 내에서 압박과 차별을 중단시키는) 사회정의의 견해를 갖고, ② 조직 내에서 일어나는 불공평한 사례가 미약한 의사소통, 지식의 부족, 부실한 관리, 사람-조직 적합성 문제 때문이라기보다는 독점세력 때문에 일어날 수도 있음을 생각하며, ③ 분쟁은 불가피하고 항상 유해한 것만은 아님을 가정한다(D. W. Sue & Sue, 2003).

인종, 문화, 민족, 성적 지향, 성별 이슈가 내담자나 사회복지사에게 얼마나 영향을 미칠 수 있는지를 인식하는 것이 조직마다 다르다는 전제는 다문화적 조직의 사회복지에 기초한다. 다원론적인 사회에서 다양성에 가치를 두는 단체는 단일 문화적 단체의 특성인 오해와 충돌 등을 피할 수 있는 더 나은 위치에 있을 것이다. 그러한 단체는 또한 문화적으로 다양한 사람에게 그들의 문화와 연관된 복지사업 서비스를 제공하고, 정신건강 전문가가 처벌의 위협 없이 조직적으로 인정된 역할이나 활동에 참가할 수 있게 허용한다는 측면에서 더 나은 위치에 있을 것이다. 단일 문화적인 조직에서 다문화적인 조직으로 변하는 과정은 상담가나 변화 대리인으로 하여금 그들 자신의 특징을 이해하도록 요구한다. 어떠한 조직적 문화를 가지고 있는지를 규명하고, 어떤 정책이나 관행이 문화적 다양성을 촉진하거나 저해하는지를 알고, 변화를 어떻게 실행하는가를 아는 것은 매우 중요하다.

2 사례관리의 개념

사례관리는 미국에서 1960년대 「지역정신보건법」이 개정되면서 등장하여 만성정신장애인의 지역 내 보호를 위한 사회복지 실천 방법으로 시작되었다. 정신보건 영역에서 장애인들에게 단편적이고 중복적 서비스 제공의 개선을 위한 대안으로 사례관리가 대두되었고, 1970년대 최초로 사례관리라는 용어가 등장하였다. 이후 의료적, 사회적 지원이 필요한 노인의 욕구가 증가하면서 사회복지 영역에서 일반화되어 사용되었다(Ross & Moore, 1995).

목슬리(Moxley, 1989)는 사례관리를 "이용자에 대한 지속적인 보호와 상담, 치료서비스를 제공하는 실천과 지역자원을 효과적으로 조직하고 조정하는 행정적인 지원이 필요한 사례관리 체계가 공존하는 활동"이라고 정의하였으며, 전미사회복지사협회(NASW, 1992(the National Association of Social Workers))는 "개인의 욕구를 충족시키는 데 필요한 서비스를 연계, 조정하는 포괄적인 프로그램"이라고 규정하고 있다.

사례관리는 1993년 재가복지사업의 실천 방법으로 소개되기 시작하였으며, 이후 사회복지 실천현장에 적용되고, 학계에서도 관심을 갖게 되었다. 초기에는 중증장애인 및 치매노인 등 장기적이고 복합적인 욕구를 효과적이고 효율적인 개입의 필요에 의해 시작되었으나, 최근에는 구체적인 문제해결과 단기개입을 포괄한 다양한 활동으로 사용되고 있다. 그러나 사회복지 환경의 변화와 클라이언트 욕구의 복잡, 다양화로 인하여 그 성격이 변화되어 합의된 개념이 없는 상태로 다른 개념과 모델이 혼란스럽게 사용되고 있다.

사례관리는 사회복지 실천과 유사한 점이 많으나 사회복지 실천과는 차별되는 특징을 갖고 있다(한국사례관리학회, 2012).

- 클라이언트의 문제해결에 초점을 두는 것이 아니라, 욕구(need)에 기반을 둔 개별 맞춤형 서비스가 준비된 운영체계에 입각하여 체계적으로 제공된다.
- 한 번에 여러 원조자(원조체계)들로부터 다양한 원조가 제공되고 장기간의 서비스 제공이 요망되는 클라이언트의 복합적인 욕구가 그 대상이 된다.
- 클라이언트의 욕구에 부합하는 통합적 서비스를 제공하기 위해 서비스와 자원의 개발이 중시되며, 자원 간의 네트워크가 강조된다.
- 서비스의 연결과 조정과 함께 주기적인 점검과 평가가 강조된다.
- 사례관리팀과 통합사례관리 운영팀 등과 같은 사례관리의 운영체계가 강조된다.

하지만 사례관리의 정의와 개념의 혼란 속에서도 사회복지 서비스가 필요한 복합적이고 지속적인 욕구를 가진 클라이언트에 대한 지원을 위해 개인, 가족, 지역사회 차원의 직간접적인 서비스를 효과적으로 제공하고 점검하는 통합적인 실천방법이라는 공통적인 속성을 지니고 있다. 또한 기관 중심의 전통적 사회복지 실천과는 다르게 이용자의 욕구를 중심으로 하는 기관과 지역사회의 공식, 비공식 자원을 연계하고 활용하는 사례관리는 이용자 중심 실천원리가 반영되고 있다(권진숙 외, 2012).

따라서 사례관리는 "복합적이고 다양한 욕구를 지닌 클라이언트와 그 가족의 사회적 기능 회복을 위해 지역사회의 다양한 자원을 활용한 지속적이고 효과적인 사회복지 서비스를 제공하는 통합적 실천방법"이라고 할 수 있다(한국사례관리학회, 2012).

3 사례관리의 구성요소

사례관리를 실천하기 위해서는 다양하고 복합적인 욕구를 가진 클라이언트, 클라이언트의 욕구를 충족시키는 사회자원, 사례관리를 실시하는 기관에 배치되어 있는 사례관리자, 사례관리 과정으로 구분할 수 있다. 이러한 사례관리 구성요소와 상호작용은 **[그림 3-1]**과 같다.

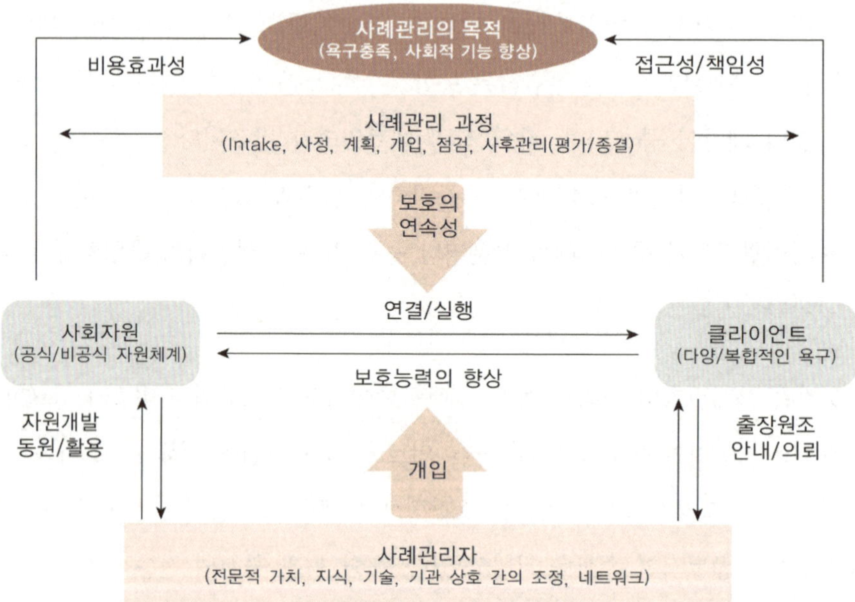

[그림 3-1] 사례관리 구성요소와 상호작용

출처: 이근홍(2006). 사회복지실천 개별관리. 경기: 공동체.

클라이언트는 복합적인 욕구를 갖고 있으면서도 사회적 기능상의 심각한 문제로 인하여 스스로 욕구를 충족시키지 못하는 사람을 일컫는다. 이러한 클라이언트의 특징은 첫째, 복합적인 욕구를 충족시킬 수 있는 사회자원의 존재와 활용능력이 부족하다. 둘째, 지속적이고 만성적인 질환으로 신체적, 정신적으로 심하게 손상되어 있다. 셋째, 보호할 가족의 부재, 가족이 있어도 그들을 적절히 보호하지 못하고 있다. 넷째, 공식 및 비공식 지원체계의 보호를 필요로 하고 있다. 다섯째, 스스로 보호할 능력이 상실되어 개별적인 옹호와 관리가 필요하다는 것이다(이근홍, 2006).

사례관리자는 사례관리에 관한 전문적인 지식과 기술, 가치를 갖고 클라이언트와 여러 가지 사회적 자원의 연결과 조정을 통하여 클라이언트에게 포괄적인 서비스를 제공하고 보호의 연속성을 보장하여 클라이언트의 복합적인 욕구를 충족시키고 사회적 기능을 향상시키는 역할을 수행하는 전문가이다.

사회자원은 사례관리의 중요한 요소로서 클라이언트의 욕구를 충족시킬 수 있는 주체이다. 인간의 사회적 욕구를 충족시키기 위해 활용되는 현금, 현물, 시설, 설비 또는 개인이나 집단의 지식과 기능 등이며, 비조직적이고 자발적이며, 상호부조적인 특징을 가지는 비공식 지원체계와 공식적인 기구를 통하여 자원이 제공되는 공식 지원체계로 구분할 수 있다.

사례관리는 사례관리자가 클라이언트의 욕구를 충족시키고 사회적 기능을 향상시키기 위해 클라이언트와 접촉하여 욕구사정, 보호계획 수립, 사회자원의 연결 및 조정, 서비스 점검 및 평가 등 일련의 과업을 수행하는 사례관리 과정이 이루어진다.

4 다문화 가족 사례관리

다문화 가족의 복잡하고 다양한 문제해결 및 욕구해소를 위한 심리 상담, 정서적 안정 및 자립 역량 강화 지원 등 맞춤형 종합서비스를 제공하고, 체계적인 실적 관리를 통한 사례관리사업의 지원체계 구축 및 안정화, 양질의 사례관리 서비스를 제공함으로써 결혼이민자 및 다문화 가족의 안정적인 사회 정착 기반 마련을 위해 다문화 가족 사례관리사업을 체계적으로 실시하고 있다(보건복지부 다문화가족지원사업안내, 2022).

전국의 다문화가족지원센터에 다문화 가족 사례관리자가 배치되어 다문화 가족이 가진 복합적인 문제해결 및 욕구충족을 위해 자원 연계 및 지속적인 사례관리와 초기적응 지원, 지역사회 자원 활용 및 연계, 상담, 정보 제공, 가족관계 향상, 경제적 자립 역량 강화 등을 지원하게 된다.

또한 다문화 가족들의 한국어 능력, 가족관계, 경제적 여건 등에 따른 개인별 맞춤형 서비스를 제공한다. 다문화 가족에 대한 전문적인 맞춤형 서비스 제공으로 결혼이민자 등에 대한 인권 보호가 신속하게 이루어지게 됨으로써 결혼이주여성들이 안정적으로 지역사회에 조기 정착하는 데 도움을 제공하고 있다.

다문화 가족의 사례관리 대상은 다문화가족지원센터 회원의 가족으로 다문화 가족, 외국인가족, 북한이탈주민가족 등으로 구성된다.

다문화 가족은 주민등록 등재 시 '주민등록등본(결혼이민자 또는 귀화자가 등본상 기재)', 주민등록 미등재 시 '가족관계증명서와 외국인등록증 사본' 또는 '가족관계증명서와 여권사본' 등으로 확인하며, 외국인가족 등은 외국인등록증 사본 또는 거소신고증 소지 외국인 근로자, 외국인 유학생, 재외동포(외국국적동포 + 재외국민), 난민 등으로 확인하며, 북한이탈주민가족은 북한이탈주민 등록확인서를 통해 대상자를 확인한다.

대상자 선정 절차는 초기상담을 거쳐 사례회의 후 1주일 내 서비스 신청자에게 통보한다. 초기상담을 통해 대상자에게 사례관리의 의미를 이해시키고, 대상자의 현황을 파악하며, 사례회의를 반드시 거쳐서 대상 가족을 선정한다. 사례관리 대상에서 탈락한 대상자는 불특정 대상의 네트워크 서비스를 받을 수 있다. 대상자로 선정되면 서비스 제공에 대한 동의 및 계약이 이루어진다. 대상자에게 사례관리 전반 및 과정, 협력적 노력의 필요성을 충분히 숙지시킨 후 '사례관리동의서'를 받고 계약을 체결하고, 계약기간은 위기 관리가구는 1~3개월, 일반형 · 통합형 관리가구는 3~12개월로 한다.

다문화 가족 사례관리 서비스 유형은 위기 관리가구, 일반형 관리가구, 통합형 관리가구 등으로 구분하고 있다.

위기 관리가구는 가족폭력, 이혼, 자살(시도) 등의 상황적 위기로 인해 정신적 외상(트라우마)을 경험한 개인 및 가족 등을 대상으로 하고 있으며, 일반형 관리가구는 다문화 가족이 기본 가족역량은 있으나, 정보 부족, 소득 부족 등으로 다양한 사회서비스를 이용하지 못하는 가족(문제와 욕구의 심각성이 상대적으로 낮은 경우)을 대상으로, 통합형 관리가구는 다문화 가족의 문제 및 욕구의 심각성, 복합성이 높아 통합적 접근을 요구하는 개인 및 가족, 기존의 사회서비스로는 욕구충족이 불가능하여 새로운 내·외부자원을 발굴·연계해야 하는 가족 등 사례관리 개입 효과가 다문화 가족에 국한하는 것이 아닌 지역사회의 역량 강화와 사회제도의 변화를 이끌어 내는 데 초점을 두는 사례 등을 대상으로 하고 있다.

욕구사정은 다양한 정보원을 통한 정보를 바탕으로, 우선순위를 정리하여 대상자 선정 후 1개월 이내 욕구사정을 진행하고, 욕구사정 진행계획서, 종합정보기록지를 작성한다.

실행계획 수립은 사례관리의 목적을 분명히 하고, 이러한 목적을 달성할 수 있는 구체적인 계획 수립 및 수행 과정의 밑그림을 작성하여 실행계획서 및 사례회의록을 작성(신규대상자의 경우는 대상자 선정 시 사례회의록으로 대체 가능)한다. 또한 사례 유형 변화 또는 욕구 변화가 있을 경우 실행계획서를 추가로 작성한다.

사례관리 서비스 활동 및 네트워크 활동으로 먼저 과정기록지 작성은 사례관리 대상자 및 가족에게 서비스 제공 및 욕구의 변화를 주기적으로 점검하고 파악하고, 위기 관리가구는 총 3회 이상, 일반형·통합형 가구는 총 5회 이상의 과정기록지를 작성한다. 서비스는 공공 및 민간 서비스 제공기관이 제공하는 서비스뿐만 아니라, 사례관리자가 제공하는 직접적인 서비스(상담이나 전문적 지지 등)도 포함된다.

종결 및 사후관리로서 평가는 목표달성 및 계약기간 만료, 사례관리 진행이 불가능한 사유가 발생할 경우 평가 후 사례를 종결하도록 하며, 사후척도를 작성하여야 한다. 종결은 공식적인 종결심사를 거쳐서 종결 처리하며, 종결 완료 후 1주일 이내에 종결보고서를 작성한다. 사후관리는 종결 이후 대상자의 상황에 대한 후속적인 점검으로 사후관리보고서를 작성한다.

불특정 대상 네트워크 활동으로 실적보고 대상은 사례관리 선정에서 탈락한 사례대상자, 사후관리 실적, 재사정 혹은 재판정 실적, 사례관리 관련 사업에 관한 홍보활동(인원수 상관없이 건당 기록), 센터에 방문하여 대상자에 대한 초기상담을 거쳐 구체적인 자원정보를 제공한 경우만 계수한다.

5 다문화 가족 사례관리 과정

다문화 가족을 대상으로 진행되는 사례관리 과정을 정리하면 〈표 3-1〉과 같다. 사례관리 대상자 선정은 초기상담을 거쳐 사례회의 후 1주일 내 서비스 신청자에게 통보한다. 초기상담을 통해 대상자에게 사례관리의 의미를 이해시키고, 대상자의 현황을 파악하고, 사례회의를 반드시 거친 후 대상가족을 선정하며, 사례회의 후 1주일 내 서비스 신청자에게 통보해야 한다. 하지만 사례관리 대상에서 탈락한 대상자는 불특정 대상의 네트워크 서비스를 받을 수 있다. 사례관리 대상자로 선정된 대상자에게는 사례관리 전반 및 과정, 협력적 노력의 필요성을 충분히 숙지시킨 후 '사례관리동의서'를 받고 계약을 체결한다. 계약기간은 위기 관리가구는 1~3개월, 일반형 · 통합형 관리가구는 3~12개월로 한다.

사례관리 대상자는 정확한 욕구를 사정한 다음 실행계획을 수립한다. 욕구사정은 다양한 정보원을 통한 정보를 바탕으로, 우선순위를 정리하며, 대상자 선정 후 1개월 이내 '욕구사정 진행계획서', '종합정보기록지'를 작성하여 욕구사정을 진행한다.

〈표 3-1〉 사례관리 운영체계

과정	주요 내용	관련 서식
1. 발굴	사례관리가 필요한 잠재적 대상자군을 효과적으로 찾아내고 접근하는 과정	
2. 초기상담	사례관리 의미 및 주요 과정 설명 과정, 사례관리자와의 관계 형성 등 세부적 상황 이해와 필요 정보 수집 과정	상담기록지
3. 동의 및 계약	문제해결 및 변화, 장기적 접근을 위한 사전 동의 및 계약은 필수	사례관리동의서 종합정보기록지
4. 욕구사정	다양한 정보원을 통한 정보를 바탕으로 사례관리 대상자가 경험하는 어려움의 원인과 해결방안, 과거-현재-미래의 연관성 분석을 통한 가설 수립을 위한 원조과정의 근본이며 사례관리 핵심	욕구 및 강점기록지 사전척도(한국 생활 만족도, 전반적 건강상태 평가, 강점척도)
재사정	대상자의 욕구, 환경변화 등의 변화 과정에 대한 장기적인 재사정 요구됨	
5. 실행계획 수립	사례관리 대상자와의 협력을 통해 변화 목적을 분명히 하고, 이러한 목적을 달성할 수 있는 구체적 내용을 통해 실제적 수행 과정 밑그림 완성	실행계획서
6. 실행	서비스 제공계획에 따른 서비스를 제공하며 이행 상황에 따른 환경, 욕구 변화 등을 주기적으로 점검하고 파악하는 활동	과정기록지, 의뢰서 네트워크활동기록지 슈퍼비전 및 사례회의록
7. 점검 및 조정	초반 상호 협의한 내용의 이행 정도 파악, 협력 상황 체크 등 적절한 수준의 서비스와 협력범위를 확보하고 있는지 등의 조정 활동	점검 및 평가서
옹호	자신의 이익을 주장하기 어려운 취약가정에 대상자와 그 집단을 옹호할 책임을 지며, 합법성 안에 사회적 인가의 가능성을 고려한 균형 있는 진행 요구됨	
8. 평가	사례관리를 위해 활용한 기술이나 방법의 효과성 평가 및 성과에 영향을 준 구조적 요소들을 분석하는 과정으로 서비스 발전을 위해서 필요한 활동	점검 및 평가서
9. 종결	목표 달성, 사례관리 대상자의 전출, 사망, 연락두절 등의 사유로 사례관리를 종결해야 할 경우 종결여부 결정	종결보고서
사후관리	종결 이후 변화 상황 안정화 여부 점검 및 재개입 필요성 조기 판단하기 위한 목적으로 수행 ※ 종결이 어려운 경우라 판단될 경우, 재사정의 절차 혹은 재판정의 절차를 통해 서비스 재실행	사후관리보고서 사후척도

출처: 위에 제시된 서식 외에 사례관리 서식은 '2022 사례관리 실무활용매뉴얼'을 참조하여 필요에 따라 활용하도록 함

실행계획 수립은 대상자에게 사례관리의 목적을 분명히 하고, 이러한 목적을 달성할 수 있는 구체적인 계획 수립 및 수행 과정의 밑그림을 작성하는 것이다. 실행계획 점검평가서, 사례회의록을 작성(신규대상자의 경우는 대상자 선정 시 사례회의록으로 대체 가능)하며, 사례유형 변화 또는 욕구변화가 있을 경우 '실행계획서'를 추가로 작성한다.

다음으로 사례관리 서비스 활동 및 네트워크 활동 단계로서 사례관리 대상자 및 가족에게 서비스 제공 및 욕구의 변화를 주기적으로 점검하고 파악하기 위해 '과정기록지'를 작성하며, 위기 관리가구는 총 3회 이상, 일반형 · 통합형 관리가구는 총 5회 이상의 과정기록지를 작성한다. 대상자의 욕구에 맞는 다양한 자원개발 활용을 위한 네트워크 활동 시 '네트워크활동기록지', '슈퍼비전기록지'를 작성해야 한다. 또한 사례관리 대상자에게 제공되는 서비스 활동에는 공공 및 민간 서비스 제공기관이 제공하는 서비스뿐만 아니라, 사례관리자가 제공하는 직접적인 서비스(상담이나 전문적 지지 등)도 포함된다.

마지막 단계로 평가, 종결 및 사후관리이다. 평가는 목표달성 및 계약기간 만료, 사례관리 진행이 불가능한 사유가 발생할 경우에 평가 후 사례를 종결하도록 하며, '종결보고서', '사후척도'를 작성하게 된다. 종결은 공식적인 종결심사를 거쳐서 종결 처리한다. 종결 완료 후 1주일 이내에 종결보고서를 작성하게 된다. 사후관리는 종결 이후 대상자의 상황에 대한 후속적인 점검으로 '사후관리보고서'를 작성한다.

다문화 가족의 사례관리를 체계적으로 실시할 수 있도록 여성가족부 및 한국건강가정진흥원(2013)에서는 '다문화 가족 사례관리 실무활용 매뉴얼'을 제작하여 배포하고 있다. 사례관리 과정은 위 매뉴얼을 실무에서 활용이 용이하도록 각 단계별로 구분하여 정리하였으며, 각 단계별 필요한 서식 및 작성방법을 제시하였다.

1) 발굴

발굴은 사례관리가 필요한 잠재적인 사례관리 대상자를 효과적으로 찾아내고 접근하기 위한 과정으로 다문화 가족이 모두 사례관리 대상이 되는 것은 아니므로, 사례관리를 필요로 하는 대상을 구분하는 것이 중요하다. 사례관리를 필요로 하는 대상일지라도 다문화가족지원센터의 여건상 이들을 모두 사례관리할 수 없기 때문에 센터의 내부역량 및 지역사회의 특성을 고려하여 사례관리 가능한 대상자를 구분하는 것이 필요하며, 사례관리 대상자의 구분은 대상자의 특성 및 규모를 함께 고려할 필요가 있다.

사례관리 대상자 발굴 과정에서 필요로 하는 핵심 과업으로 기관의 사례관리 대상자 규정, 발굴체계 구축, 발굴체계의 효과적 활용 등이 있다.

첫째, 기관의 사례관리 대상자를 규정하기 위해서는 사례관리 대상자의 욕구 및 개입의 시급성, 센터의 지역사회에서의 인지도, 보유 자원, 인적 역량을 고려하여 센터에서 효과적으로 개입할 수 있는 사례관리 대상자의 특성 등을 점검해야 한다.

둘째, 발굴체계를 구축하기 위해서는 아웃리치 또는 의뢰를 통한 대상자 발굴의 적절성, 센터장 및 중간관리자가 사례 발굴 과정의 참여성, 발굴을 위해 지역사회 유관기관과의 관계 형성을 위한 노력 정도, 사례관리를 통해 센터의 기능, 지역사회 유관기관이 충분히 이해할 수 있는 설명 자료의 준비성, 사례관리자는 가족센터에서 사례관리의 주요 내용과 방식에 대해 유관기관 실무자들의 설명 정도 등을 점검해야 한다.

셋째, 발굴체계를 효과적으로 활용하기 위해서는 정책 방향, 센터의 사업목적 및 투입여력을 고려하여 사례관리 대상자 선정의 적절성, 부적격 사례의 경우 타 기관으로 의뢰하는 과정의 개발과 활용성, 의뢰된 사례에 대한 책임 있는 결과 보고 등을 점검해야 한다.

다문화가족지원센터가 위치하고 있는 지역의 희망복지지원단, 읍 · 면 · 동 주민센터, 지역의 통반장 조직, 복지관, 어린이집 및 지역아동센터, 종교기관, 정신건강센터 등을 직접방문, 전화방문, 간담회 및 설명회 등을 통해 센터를 소개하고, 지속적인 사례관리 서비스가 필요한 다문화가정의 의뢰를 적극적으로 홍보해야 한다. 또한 경제적 여건이 취약한 다문화 가족의 경우 이미 기초수급권자일 수 있고, 복지관 등의 한글문화교실 이용, 자녀들의 지역아동센터 이용, 지역의 종교기관에서 종교생활 및 활동을 할 수 있으므로 이들 기관의 서비스 제공자나 담당자를 대상으로 사례의뢰 및 협조를 적극적으로 요청하는 것이 필요하다.

다문화가족지원센터를 이용하고 있는 다른 다문화 가족을 통해 주변에 도움이 필요한 다문화 가족을 소개하도록 요청하고, 수시로 알아보려는 노력과 홍보를 하는 것이 필요하다.

다문화가족지원센터를 이용하고 있는 기존 대상자의 기관 및 서비스에 대한 소개는 신뢰를 바탕으로 하고 있기 때문에 대상자와의 초기 관계 형성에도 많은 도움이 된다.

사업 시작 시기에는 센터 내부의 다른 프로그램 이용자 중에서 사례관리가 필요한 대상자를 발굴하는 것도 가능하지만 이미 지역사회 자원을 활용하고 있으며, 어떤 형태로든 지역사회에 노출되어 있는 사례이다. 따라서 표면적으로 보이는 모습만이 아니라 실제 생활에서의 어려움 여부에 대해 민감한 사정이 이루어질 필요가 있을 것이다.

또한 센터 내부 프로그램 이용자를 중심으로 사례관리 대상자를 발굴하는 데에만 역점을 둘 것이 아니라 지역사회에 방치되어 있거나 은폐되어 있는 사례 발굴을 위한 노력도 단계적으로 시도하는 것이 필요할 것이다.

2) 초기상담

초기상담은 사례관리 대상자에게 사례관리의 의미 및 주요 과정을 설명하는 과정, 사례관리자와의 관계 형성, 사례관리 대상자의 삶의 상황을 좀 더 세부적으로 이해하는 데 필요한 정보 수집을 위한 과정이 모두 포함된다. 초기상담을 포함한 모든 상담 과정은 적극적 경청과 면접을 통한 효과적인 의사소통이 필요하며, 사례관리사는 면접 과정에서 민감하고 목적을 분명히 해야 하는 동시에 타인의 세계를 보는 일이 본질적으로 불확실할 수밖에 없다는 사실을 인식하고 임해야 한다.

초기상담을 통해 이해하게 된 대상자의 삶의 모습은 이후로도 새로운 정보에 의해 다른 모습으로 그려질 가능성이 크다는 것을 이해하고 새로운 정보에 대한 개방적인 태도가 필요하며, 아울러 지금 파악하고 있는 정보의 테두리 안에서 대상자를 제한적으로 인식하고 있을 뿐이라는 자세가 필요하다. 만일 이 점을 인식하지 못한다면 대상자에 대한 제한적인 정보만으로 대상자의 삶을 규정하고 진단하게 됨으로써 새로운 정보를 제대로 활용하지 못하게 될 수 있으며, 사례관리의 과정이 초기상담-사정평가 등의 순으로 진행되지만 매 회의 접촉을 통해서 주요 과정은 순환적이고 통합적으로 전개됨을 알고, 초기상담 과정에서 받은 대상자에 대한 인식, 평가에 매몰되지 않기 위한 노력이 요구된다.

사례관리 대상자를 선정하게 되면, 대상자에게 사례관리의 의미, 사례관리의 주요 진행방식 등에 대한 구체적인 설명과 그 과정에 협력적인 노력을 기울이는 것의 중요성 등에 대한 설명을 제공해야 하며, 사례관리 대상자 선정은 초기상담 과정을 거쳐 사례회의 후 1주일 이내 통보해야 한다. 초기상담 과정에서 필요로 하는 핵심 과업으로 대상자와 그 가족이 현재 겪고 있는 어려움과 그 맥락 파악, 대상자(의뢰자)와의 관계 형성, 대상자와 의뢰자의 (의뢰)동기 파악, 대상자에게 사례관리의 기능 및 수행 방법, 수행 과정에 대해 설명하고 이해도 높이기 등이 있다.

첫째, 대상자와 그 가족이 현재 겪고 있는 어려움과 그 맥락을 파악하기 위해서는 다문화 가족 및 해당 국가의 문화 및 우리 문화에 대한 균형 있는 시각, 대상자가 말하는 문제만이 아니라 그동안의 해결 노력 파악 등을 점검해야 한다.

둘째, 대상자(의뢰자)와의 관계 형성을 위해서는 대상자와 그 가족이 처한 현 상황과 맥락을 다문화 가족에 대한 선입견, 편견을 배제하고 공감 노력을 하고 있는지를 점검해야 한다.

셋째, 대상자와 의뢰자의 의뢰 동기를 파악하기 위해서는 정책 방향, 센터의 사업목적 및 투입여력을 고려하여 사례관리 대상자 선정의 적절성, 부적격 사례의 경우 타 기관으로 의뢰하는 과정의 개발과 활용성, 의뢰된 사례에 대한 책임 있는 결과 보고 등을 점검해야 한다.

넷째, 대상자에게 사례관리의 기능 및 수행 방법, 수행 과정에 대해 설명하고 이해도를 높이기 위해서는 사례관리가 무엇인지, 그 수행 방법, 과정에 대해 사례관리 대상자의 이해를 높이기 위해 이용 및 동원할 수 있는 자원 활용 여부, 사례관리에 대한 소개 및 참여를 대상자의 눈높이에서 사례관리에 대한 설명, 대상자가 자신의 개인적인 삶의 상황을 낯선 서비스 제공자에게 공개해야 한다는 불안감, 수치감 등 부정적 감정 등을 잘 다루며 사례관리 서비스에 참여할 수 있도록 독려 등을 점검해야 한다.

초기상담에서는 사례관리자와 대상자와의 효과적인 의사소통이 매우 중요하다. 그러나 다문화 가족 대상의 사례관리에서는 한국어 구사 수준이 낮아 의사소통의 어려움을 가진 가구원이 필연적으로 포함될 수밖에 없다. 주의해야 할 점은 대상자의 한국어 의사소통 능력과 인지능력, 삶의 기술은 다른 차원이라는 점을 알고 대상자의 의사소통 능력이 떨어진다고 해서 개인의 역량이 모두 떨어지는 것은 아님을 인식하는 것이 중요하다.

사례관리 대상자의 의사소통 능력에 따라 정보획득이 제한되거나 전반적인 역량, 생활기술의 발휘에 어려움이 있을 수는 있으나 서비스 제공자들이 대상자들의 의사소통 능력이 떨어지는 것과 전반적인 삶의 기술, 역량이 떨어지는 것을 면밀히, 의도적으로 구분하려고 노력하지 않는다면 대상자의 의사소통 능력을 곧 전반적인 삶의 역량으로 판단하게 될 위험이 있다. 대개 새로운 꿈과 희망을 찾아

낯선 타국에서 새 삶을 선택하는 사람들의 역량은 결코 낮지 않다는 것에 주목해야 한다.

초기상담에서는 사례관리 대상자에게 사례관리란 무엇인지, 그 방식과 진행 과정 및 절차에 대한 구체적인 설명이 제공되어야 하는데, 한국어로 소통하는 것은 한계가 있다. 사례관리 대상자가 어느 정도 한국어 소통이 가능하더라도 사례관리 과정의 의미를 제대로 이해하는 것이 중요하므로 통 · 번역사의 적극적 활용을 통해 최대한 명확한 의미 전달이 될 수 있도록 지속적인 노력이 필요하다. 사례관리사는 대상자가 편안하게 자신의 이야기를 할 수 있도록 분위기를 조성하고, 대상자의 이야기가 다소 조리가 부족하고 한국어 표현이 서툴다 하더라도 더 이야기할 수 있도록 격려하며 대상자의 삶의 상황을 이해하고자 노력하는 모습을 지속적으로 표현하는 것이 중요하다. 또한 사례관리자는 다양한 국적의 다양하고 복합적인 문제를 가진 다문화 가족을 만나게 되므로 각 국가의 문화에 대한 사전 이해 및 자신의 문화적 민감성을 개발함으로써 대상자의 관점에서 그들이 처한 상황과 문제를 이해하고, 공감할 수 있는 준비를 해야 한다. 이미 받고 있는 서비스의 종류 및 내용, 서비스와 서비스 제공자에 대해 어떻게 인식하고 있는지, 이로 인해 삶의 전략이 어떻게 달라지고 있는지를 평가하는 것이 중요하다.

'상담기록지'에서 중요하게 다루어야 할 정보는 누가, 왜 왔으며, 어떠한 수준으로 개입이 이루어졌고, 적정한 수준에서 의뢰 · 연계가 이루어지고 있는지와 이에 대한 정보를 확인하고 관리하는 것이다. 기록은 상담내용에 따라 초기 접수의 성격을 가진 것인지, 혹은 이후의 추가상담(혹은 지속상담)이 이루어지는 경우인지에 따라 상단의 회차란을 활용하여 기록, 관리한다. 일반상담이 이루어지다가 사례관리 대상자로 등록한 경우, 그 이후의 개입 과정 기록은 '과정기록지'에 기록하면 된다.

[서식 1] 상담기록지

<table>
<tr><td colspan="5" rowspan="2">상담기록지(□ 접수 □ 일반)</td><td colspan="2">(　　)회차</td></tr>
<tr><td>날짜</td><td></td></tr>
<tr><td rowspan="2">내담자</td><td rowspan="2"></td><td rowspan="2">주서비스
대상자의 관계</td><td colspan="4">□ 본인 □ 배우자 □ (배우자)부모 □ 자녀 □ 친인척
□ 서비스제공자 □ 이웃 □ 기타</td></tr>
<tr><td colspan="4">* 구체적 관계기술 :</td></tr>
<tr><td>전화번호</td><td colspan="2"></td><td>주소</td><td colspan="3"></td></tr>
<tr><td>상담방법</td><td colspan="4">□ 전화/온라인 □ 대면(□ 내소 □ 가정방문 □ 기타장소방문)</td><td>소요시간</td><td></td></tr>
<tr><td>접수경로</td><td colspan="6">□ 자발적 요청(방법) □ 기관 내 의뢰( ) □ 비공식 지지체계 의뢰( ) □ 직접 사례 발굴
□ 타 기관 의뢰( ) □ 기타( )</td></tr>
<tr><td>가구유형</td><td colspan="6">□ 부부중심가구 □ 3세대가구 □ 한부모가구 □ 조손가구 □ 소년소녀가구 □ 노인부부가구
□ 청장년1인가구 □ 미혼모 · 부가구</td></tr>
<tr><td>수급유형</td><td colspan="6">□ 일반가구 □ 저소득가구 □ 차상위가구 □ 조건부/조건유예수급가구 □ 수급가구 □ 기타( )</td></tr>
</table>

<table>
<tr><td rowspan="5">이주당사자
관련정보</td><td>이주당사자
성명</td><td></td><td>내담자와의
관계</td><td>□ 본인
□ 배우자
□ (배우자)부모
□ 자녀
□ 친인척
□ 기타</td><td>출신국</td><td>□ 베트남 □ 중국
□ 몽골 □ 일본
□ 필리핀 □ 태국
□ 캄보디아
□ 러시아 □ 북한
□ 우즈베키스탄
□ 기타</td></tr>
<tr><td>입국년월</td><td colspan="2"></td><td colspan="2">입국당시 연령</td><td></td></tr>
<tr><td>가정 내 주 사용언어</td><td colspan="2"></td><td colspan="2">이중언어 의지</td><td></td></tr>
<tr><td>입국 전 학력</td><td colspan="2"></td><td colspan="2">입국 전 직업</td><td></td></tr>
<tr><td>이주특성</td><td colspan="2">□ 결혼이주
□ 결혼 후 이주
□ 외국인 근로자
□ 북한이탈주민
□ 중도입국(자녀)</td><td>문해 및
의사소통
능력</td><td colspan="2">□ 충분히 의미전달/이해가능함
□ 쉬운 문장 중심으로 기본적인 소통가능
□ 쉬운 단어만 전달/이해가능
□ 거의 안 됨
□ 전혀 안 됨</td></tr>
<tr><td>주호소</td><td colspan="6"></td></tr>
</table>

<table>
<tr><td rowspan="9">주요 욕구
및 목표</td><td>욕구영역</td><td>목표</td><td>구체적인 내용</td></tr>
<tr><td rowspan="2">① 안전</td><td>□ 가족 내 안전 유지</td><td></td></tr>
<tr><td>□ 가족 외부로부터의 보호</td><td></td></tr>
<tr><td rowspan="2">② 건강(질환장애 및 중독)</td><td>□ 신체적 건강유지, 향상</td><td></td></tr>
<tr><td>□ 정신적 건강유지, 향상</td><td></td></tr>
<tr><td rowspan="2">③ 일상생활 유지</td><td>□ 의식주 관련 일상 생활유지(능력)향상</td><td></td></tr>
<tr><td>□ 여가활용(능력)향상</td><td></td></tr>
<tr><td rowspan="2">④ 가족관계(친인척, 부부, 자녀문제)</td><td>□ 가족관계 향상</td><td></td></tr>
<tr><td>□ 가족 돌봄(능력)향상</td><td></td></tr>
</table>

	⑤ 사회적 관계(사회문제)	□ 친인척 및 이웃 간 관계 형성/개선	
		□ 소속된 집단 및 사회적 관계 형성/향상	
	⑥ 경제	□ 기초생활 해결	
		□ 자산관리	
	⑦ 교육	□ 기초지식 습득 및 향상	
		□ 교육 개선	
	⑧ 직업	□ 취(창)업	
		□ 주거 내부환경 개선	
	⑨ 생활환경 및 권익보장	□ 주거 외부환경 개선	
		□ 차별개선, 권익보장(법률상담)	
주요 상담내용			
주요 개입방법	□ 정보 제공(단순정보, 기관정보) □ 상담서비스 제공(교육, 조언, 정서적 지지 등) □ 대인서비스 연결(기관 내외부의 상담, 교육, 치료, 재활, 보호 등 비물질적 서비스 제공기관 연결) □ 물적 지원/서비스 연결(기관 내외부의 식품, 생활용품, 주거환경 개선, 후원금 등 연결 위한 노력) □ 기타		
주호소	□ 추후/지속상담 □ 사례관리 대상자로 등록 □ 내부서비스의뢰(기간내부의 타 부서로 의뢰한 경우) 후 상담 종결 □ 문제해결/욕구충족으로 종결 □ 타기관 의뢰 □ 기타	상담자	

출처: 여성가족부(2013). 다문화가족 사례관리 실무활용매뉴얼.

〈상담기록지〉 작성방법

*내담자 : 주서비스대상자로 확인된 사람의 이름을 기록하며, 본인이 아닌 경우 실제로 서비스를 받고자 하는 혹은 받을 필요가 있는 대상자의 이름을 기록함

*주서비스대상과의 관계 : 내담자와 주서비스대상과의 구체적 관계를 표시하며, 이후 개입이 필요한 사람을 주서비스대상이라고 이루어진 사람과의 관계를 기록함. 내담자가 주서비스대상이라면 □ 본인에 체크(∨)함. 본인이 아닌 경우는 접수상담 시 주요정보를 제공한 사람으로, 추후개입이 이루어져야 하는 대상과의 관계를 파악하여 기록함. 주서비스대상은 접수상담을 통해 확인한 정보를 토대로 잠정 평가한 내용이므로 상담이 진행됨에 따라 주서비스대상이 누가 될 것인가에 대한 판단이 달라질 수 있음. 따라서 당일 상담내용을 토대로 판단하여 기록함.

*상담방법 : 상담을 위해 어떠한 방법을 활용하여 접촉하였는지를 구분하여 기록함.

*소요시간 : 당일 서비스가 제공된 시간을 10분 단위로 기록함. 예컨대, 당일 서로 다른 접촉방법(전화+내소상담+가정방문)을 통해 수차례의 서비스가 제공되었다면, 각각의 내용을 구분하여 개입시간을 기록함(전화 10분+내소상담 40분+가정방문상담 50분). 가정방문이나 지역사회 방문상담은 방문을 위해 소요되는 이동시간은 제외하고 실제적인 개입활동이 이루어진 시간만을 기록함.

*접수경로 : 접수경로는 본 기관의 서비스에 대한 정보를 제공하여 서비스를 권유 혹은 의뢰한 상대를 확인하여 기록함.

*가구유형 : 서비스대상자의 가구유형을 확인하여 기록함. 접수상담 시 확인하기 어려운 정보는 추후 확인하여 기록할 수 있음. 다문화가구 이외에 해당하는 가구유형에 모두 체크함.

*수급유형 : 서비스대상자 가구의 수급유형을 확인하여 기록함. 접수상담 시 확인하기 어려운 정보는 추후 확인하여 기록할 수 있음.

*이주당사자 관련 정보 : 가족 구성원 중에 국외로부터 이주해 온 가구원이 여러 명이 있을 경우에는 이주당사자 정보 전체 영역을 복사한 후, 각 해당 가구원의 기록을 첨부하여 관리를 함. 내담자와 주서비스대상자와 이주당사자는 다를 수도 있음.

*문해 및 의사소통능력 : 의사소통 수준 점수를 척도에 맞추어 평가하여 점수화함.

*주호소 : 주호소에는 내담자가 인식하고 있는 어려움이나 문제 상황 혹은 구체적인 도움요청 내용을 내담자의 언어적 표현을 가능한 살려서 간략하게 기술함. 예) "아이의 병을 치료할 돈이 없어요.", "돈을 벌어서 아이를 데려와서 함께 살고 싶어요."

*주요욕구 및 목표 : 주호소의 내용을 분석하여 어떠한 어려움을 경험하고 있는지, 해당하는 욕구영역별로 구분하여 구체적인 변화목표를 잠정적으로 기술함.

*주요상담내용 : * 당 회기 상담의 주요내용을 요약하여 SOAIP를 활용하여 정보를 구분하여 기록함.

(1) 주관적 정보(Subjective Information, S) : 주서비스대상자나 가족 등 서비스대상이 자기 보고, 진술하는 내용을 기록. 주서비스대상자가 경험하는 문제, 어려움 등 자신의 상황에 대한 설명, 이를 어떻게 인식하고 있는지에 대한 주관적인 의견을 중심으로 기록함.

(2) 객관적 정보(Objective Information, O) : 주서비스대상자가 제시한 주관적 정보와 관련하여 사례관리자의 직접적인 관찰, 체계적인 자료수집 등에 의해 얻어진 정보. 주관적 정보와 비교하여 볼 때 이러한 자료는 독립적으로 검증될 수 있음.

(3) 분석평가(Assessment, A) : 위의 두 가지 정보를 토대로 한 사례관리자의 현 상황에 대한 견해(impression), 해석(interpretation)을 통한 판단, 앞으로의 상황에 대한 전망을 기록함. 분석평가 시 아래의 내용을 고려함.
① S정보와 O정보 사이의 관계 확인 ② 단기목표 혹은 치료계획에 대한 정당화 ③ 주서비스대상자의 주요 어려움에 대한 명확화 ④ 개입방법에 대한 정당화 ⑤ 주서비스대상자의 상황변화 및 그 가능성에 대한 전망과 그 이유에 대한 기술

(4) 개입(Intervention, I) : 당일 주서비스대상자의 행동이나 생각, 환경에 긍정적 영향을 미치기 위해 사례관리자가 행한 구체적인 실천활동의 내용

(5) 계획(Plan, P) : 오늘 개입활동의 결과를 토대로 앞으로의 개입활동에 대한 구체적인 계획

*주요개입방법 : 당일 상담을 통해 제공한 서비스 내용의 주요 초점을 기준으로 하나만 선택하여 기입함.

*추후계획 : 추후계획은 당일 상담을 마치면서 사례관리자 혹은 상담자가 판단하는 잠정적인 계획을 의미함.

*상담자 : 당 회기의 상담을 수행한 사람의 이름을 기록함.

3) 동의 및 계약

사례관리 과정에서 동의 및 계약의 절차를 중요하게 여기는 이유는 우선 사례관리 대상자의 문제해결이나 변화, 욕구충족의 과정은 단시간 내에 이루어지기 어려운 장기적인 접근이 필요한 경우가 많기 때문이다.

이 장기적인 과정에서 대상자의 자발적인 참여, 변화를 위한 노력 없이는 서비스 제공기관의 일방적인 자원연결, 자원을 쏟아붓거나 변화목표를 달성하는 데 기여하지 못하는 자원만을 반복적으로 제공하게 되어 실제로 변화를 이끌어 내지 못하고, 대상자의 의존성 심화 가능성을 높일 수 있다. 또한 사례관리 과정을 개시하기 전에 동의 및 계약의 과정이 필요하다. 사례관리 과정은 사례관리자의 자원연결을 위한 노력만 요구되는 것이 아니라 사례관리 대상자에게도 제공되는 자원을 받거나 이용하는 데에도 많은 에너지와 노력이 필요하다. 사례관리에 동의한 대상자의 1차 등록기간은 최대 1년으로 하며 대상자의 상황에 따라 연장할 수 있다.

동의 및 계약 과정에서 필요로 하는 핵심 과업으로 동의와 계약의 의미 이해시키기, 사례관리과의 역할 설명, 동의서와 계약서 작성 등이 있다.

사례관리자는 서비스 계약 및 해약 기준에 대한 안내가 충분히 이루어지고 있는가를 파악하고, 사례관리과가 구체적으로 사례관리 과정에서 어떤 역할을 하는지에 대한 설명, 사례관리 과정이 서비스 제공기관의 일방적인 과정이 아닌 대상자의 동의와 계약에 따라 서비스가 제공된다는 것을 설명하고 관련 서식의 작성 여부 등을 파악해야 한다.

사례관리 동의서는 아래의 서식과 같다.

[서식 2] 사례관리 동의서

사례관리 동의서

(○○○○○) 다문화가족지원센터는 다음과 같은 활동을 수행하기 위해 (   ) 님과 사례관리서비스 계약을 맺고자 합니다.

– 다 음 –

- 다문화가족지원센터는 다문화가족의 회복과 성장을 지원하기 위해 지속적으로 노력합니다.
- 사례관리서비스란 다문화가족의 회복과 성장을 위해 가족 스스로의 노력을 종합적으로 지원하는 서비스 방법을 말합니다.
- 사례관리자란 이러한 노력을 함께하는 다문화가족의 동반자입니다.

본 계약은 사례관리서비스에 대한 기본계약으로 사례관리기간, 사례관리방법, 사례관리의 유지 혹은 중단을 선택할 수 있는 가능성과 방법에 대한 설명을 포함하며, 이러한 과정을 함께 하기 위해 서로의 의무와 책임에 대한 약속을 하고자 합니다.

1. (서구) 다문화가족지원센터 사례관리의 기본 계약기간은 1년입니다. 이 기간 동안 협력적 노력을 통해 목표로 한 다문화가족의 회복과 성장, 복지수준이 향상되지 않았거나 좀 더 노력을 함께 할 필요가 있다고 협의되면 계약기간을 연장할 수 있습니다.
2. 사례관리는 사례관리 대상자와 가족, 사례관리자가 협력하여 사례관리 대상자와 가족의 복지를 향상할 수 있는 방법을 모색하고, 필요한 노력을 함께 하는 과정입니다. 즉 사례관리를 위한 가장 중요한 방법은 사례관리 대상자와 가족의 적극적인 참여입니다.
3. 사례관리 대상자와 가족은 현재의 삶에 변화가 필요하다고 느끼신다면 이를 사례관리자에게 적극적으로 표현해 주시길 바랍니다. 또한 이러한 변화를 가져오기 위한 방법을 적극적으로 제안하며, 이러한 제안이 현실적인 방법으로 전환될 수 있도록 상의해 주십시오.
4. 사례관리 대상자와 가족의 복지수준을 향상시키고 가정의 삶을 개선하기 위한 구체적인 방법과 필요한 서비스 내용은 실행계획서를 통해 다시 계약을 하게 됩니다.
5. 참여하시는 사례관리 대상자와 가족은 사례관리가 시작되었더라도 그 방법과 서비스가 만족스럽지 않거나 어떠한 이유로든 서비스 중단을 원하시면 사례관리 계약을 해지할 수 있습니다. 계약 해지를 원할 시에는 사례관리자와의 상담을 통해 해지가 가능하며, 해지에 따른 불이익은 전혀 없습니다.
6. 사례관리 계약 해지 이후라도 다문화가족의 회복과 성장을 위한 새로운 파트너가 필요하시면 다문화가족지원센터와 다시 시작하실 수 있습니다.

사례관리 (1)차 계약기간 :0000년 월 일 ~ 0000년 월 일

0000년 월 일

사례관리 대상자 : (서명)
가족대표 : (서명)
담당 사례관리자 : (서명)

출처: 여성가족부(2013). 다문화가족 사례관리 실무활용매뉴얼.

'사례관리 동의서' 작성 이전에 사례관리 대상자에게 사례관리에 대하여 알기 쉽게 설명을 해야 하며, 이후 사례관리 대상자에게 동의서 작성에 따른 부담이 있는지 질문하고, 걱정을 덜 수 있도록 충분한 설명을 제공해야 한다. 사례관리 동의서는 사례관리 대상자(본인 또는 가족)와 함께 읽어가며, 전반적인 사례관리 방법의 특성을 충분히 파악할 수 있도록 돕는 데 초점을 두는 것이 중요하다.

사례관리 기간은 결과적으로 개입목표 달성에 소요되는 기간이라는 의미로 이해될 필요가 있다. 따라서 목표와 개입기간 설정이 적절해야 하며, 다문화 가족에 대한 사례관리 목표로 "한국어 능력 향상"을 목표로 하는 경우가 많이 있는데, 한국어 능력 향상의 구체적인 기대수준이 명확히 제시되지 않는다면 사례관리의 개입기간 안에 달성할 수 없는 목표 설정이 될 수도 있다. 사례관리 서비스가 사례관리 대상자에게 무료로 제공되고, 더욱이 꼭 필요한 서비스라 해도 사례관리 대상자 입장에서는 사례관리를 위해 계획된 서비스 계획을 따르는 것 자체도 많은 에너지를 투입하는 작업이며 새로운 삶의 방식으로 바꾼다는 것 자체가 힘든 일이다. 즉 사례관리 서비스는 사례관리 대상자의 참여와 시간 투자가 이루어져야 하므로 사례관리자는 사례관리 진행이 계획대로 움직이는 것이 쉽지 않음을 염두에 두고 적정한 수준의 개입목표를 설정하고 개입해야 할 것이다.

[서식 3] 종합정보기록지

등록번호		사례관리자		접수일	년 월 일	■ 신규* □ 기존*
				작성일	년 월 일	

접수경로	□ 자발적 요청(방법:) □ 직접 사례 발굴 □ 기관 내 의뢰( ) □ 타 기관 의뢰( ) □ 비공식 지지체계 의뢰( ) □ 기타( )
정보제공자	□ 본인 □ 가족( ) □ 기타( )

사례관리 대상자		출신국	
		통역자	
생년월일	년 월 일	종 교	
주 소 (전화번호)			

직계/동거 가족사항

관계	성명	성별 연령	결혼상태	동거여부	학력	직업	건강상태 장애/질병명	출신국	종교
							□ 건강 □ 장애 □ 질병		
							□ 건강 □ 장애 □ 질병		
							□ 건강 □ 장애 □ 질병		
							□ 건강 □ 장애 □ 질병		

가족사항 비고		
	결혼상태	① 미혼 ② 법률혼 ③ 사실혼 ④ 별거 ⑤ 이혼 ⑥ 별거 ⑦ 기타
	학력	① 무학 ② 초재 ③ 초졸 ④ 중재 ⑤ 중졸 ⑥ 고재 ⑦ 고졸 ⑧ 대재 ⑨ 대졸 ⑩ 대학원 이상 ⑪ 기타
	직업	① 무직 ② 학생 ③ 주부 ④ 재활근로 자영(⑤ 사업자 ⑥ 노점) 취업(⑦ 일용직 ⑧ 계약직 ⑨ 정규직) ⑩ 확인불가
	종교	① 없음 ② 기독교 ③ 가톨릭 ④ 불교 ⑤ 원불교 ⑥ 이슬람교 ⑦ 힌두교 ⑧ 기타:

장애관련 특성							
	□ 없음 □ 지체장애( )급 □ 시각장애( )급 □ 청각장애( )급 □ 언어장애( )급 □ 뇌병변( )급 □ 신장장애( )급 □ 지적장애( )급 □ 자폐성장애( )급 □ 정신장애( )급 □ 간장애( )급 □ 심장장애( )급 □ 간질장애( )급 □ 호흡기장애( )급 □ 장루, 요루장애( )급 □ 안면장애( )급						
	원인		발생년도		장애등록	년도	발급지

가구유형	□ 부부중심가구 □ 3세대가구 □ 한부모가구 □ 조손가구 □ 소년소녀가구 □ 노인부부가구 □ 청장년1인가구 □ 미혼모 · 부가구

<table>
<tr><td>수급유형</td><td colspan="8">□ 일반가구 □ 저소득가구 □ 차상위가구 □ 조건부/조건유예수급가구 □ 수급가구 □ 기타( )</td></tr>
<tr><td rowspan="2">주거사항</td><td rowspan="2">주거
형태</td><td rowspan="2">□ 단독주택
□ 다세대주택 · 연립
□ 아파트
□ 기타( )</td><td rowspan="2">주거
구분</td><td rowspan="2">□ 자가
□ 전세(보증금 만원)
□ 월세(보증금 만원/ 월세 만원)
□ 영구임대
□ 무상임대(실소유자:)</td><td rowspan="2">난방
방법</td><td rowspan="2">□ 가스
□ 기름
□ 연탄
□ 기타</td><td rowspan="2">화장실</td><td>□ 공용
□ 단독</td></tr>
<tr><td>□ 수세식
□ 재래식</td></tr>
</table>

<table>
<tr><td rowspan="2">경제상황</td><td>가계소득</td><td>□ 월 평균 ( ) 만원</td><td>부채</td><td>□ 약 ( ) 만원</td><td>총재산</td><td>( )만원</td></tr>
<tr><td>소득원</td><td colspan="5">□ 연금 □ 공공부조 □ 저축 □ 가족지원 □ 근로수입(주소득원 :)
□ 기타 ( )</td></tr>
</table>

<table>
<tr><td rowspan="2">욕구영역</td><td rowspan="2">주개입목표</td><td colspan="4">욕구 구분</td><td colspan="3">서비스 수행방법</td></tr>
<tr><td>0</td><td>1</td><td>2</td><td>3</td><td>1</td><td>2</td><td>3</td></tr>
<tr><td rowspan="2">① 안전</td><td>□ 가족 내 안전 유지</td><td></td><td></td><td></td><td></td><td></td><td></td><td></td></tr>
<tr><td>□ 가족 외부로부터의 보호</td><td></td><td></td><td></td><td></td><td></td><td></td><td></td></tr>
<tr><td rowspan="2">② 건강 (질환 장애 및 중독)</td><td>□ 신체적 건강유지</td><td></td><td></td><td></td><td></td><td></td><td></td><td></td></tr>
<tr><td>□ 정신적 건강유지</td><td></td><td></td><td></td><td></td><td></td><td></td><td></td></tr>
<tr><td rowspan="2">③ 일상 생활 유지</td><td>□ 의식주 관련 일상 생활유지</td><td></td><td></td><td></td><td></td><td></td><td></td><td></td></tr>
<tr><td>□ 여가생활 활용</td><td></td><td></td><td></td><td></td><td></td><td></td><td></td></tr>
<tr><td rowspan="2">④ 가족 관계 (친인척 · 부부 · 자녀 문제)</td><td>□ 관계 형성</td><td></td><td></td><td></td><td></td><td></td><td></td><td></td></tr>
<tr><td>□ 가족 돌봄</td><td></td><td></td><td></td><td></td><td></td><td></td><td></td></tr>
<tr><td rowspan="2">⑤ 사회적 관계 (사회 문제)</td><td>□ 친인척 및 이웃 간 관계 형성</td><td></td><td></td><td></td><td></td><td></td><td></td><td></td></tr>
<tr><td>□ 소속된 집단 및 사회 생활</td><td></td><td></td><td></td><td></td><td></td><td></td><td></td></tr>
<tr><td rowspan="2">⑥ 경제</td><td>□ 기초생활 해결</td><td></td><td></td><td></td><td></td><td></td><td></td><td></td></tr>
<tr><td>□ 자산관리</td><td></td><td></td><td></td><td></td><td></td><td></td><td></td></tr>
<tr><td rowspan="2">⑦ 교육</td><td>□ 기초지식 습득 및 향상</td><td></td><td></td><td></td><td></td><td></td><td></td><td></td></tr>
<tr><td>□ 교육 개선</td><td></td><td></td><td></td><td></td><td></td><td></td><td></td></tr>
</table>

⑧ 직업	□ 취(창)업							
⑨ 생활 환경 및 권익 보장	□ 주거 내부환경 개선							
	□ 주거 외부환경 개선							
	□ 권익보장(법률 상담)							

사례관리 유형 결정 및 진행계획				
코드	유형 구분	주요 계획		
□ 0	위기 관리	담당자/사례관리자	내부서비스 제공	(협력)긴급지원기관
□ 1	일반형 관리	담당자/사례관리자	내부서비스 제공	외부자원연결
□ 2	통합형 관리	담당자/사례관리자	내부서비스 제공	외부자원개발

척도	구분	한국 생활 만족도	강점척도	가족중심실천 척도	서비스 만족도 평가	자기효능감	자원활용능력	사회지지망
	사전							
	사후							

이주당사자 정보						
이주당사자 성명		내담자와의 관계	□ 본인 □ 배우자 □ (배우자)부모 □ 자녀 □ 친인척 □ 기타	출신국	□ 베트남 □ 중국 □ 몽골 □ 일본 □ 필리핀 □ 캄보디아 □ 태국 □ 러시아 □ 북한 □ 우즈베키스탄 □ 기타	
입국년월		입국당시 연령	만(세)			
가정 내 주사용언어		이중언어 의지				
입국 전 학력		입국 전 직업				
이주특성	□ 결혼이주 □ 결혼 후 이주 □ 외국인 근로자 □ 북한이탈주민 □ 중도입국(자녀)	문해 및 의사소통능력	□ 충분히 의미전달/이해가능함 □ 쉬운 문장중심으로 기본적인 소통가능 □ 쉬운 단어만 전달/이해가능 □ 거의 안 됨 □ 전혀 안 됨			

가계도	생태도

개인력		가족관계	
유아동기		부부관계	
청소년기			
청장년기			
중년기		부모-자녀관계	
노년기		형제-자매관계	
종합의견			

출처: 여성가족부(2013). 다문화가족 사례관리 실무활용매뉴얼.

〈종합정보기록지〉 작성방법

*등록번호 : 예) 2018-001

*사례관리자 : 본 기록지는 사례관리자가 작성하도록 하며, 중간에 사례관리자가 바뀐 경우에는 기존자료를 참고로 하되, 최종기록에 대한 확인은 최종 담당 사례관리자가 함.

*접수일 : 접수일은 최초 접촉일을 기록함.

*작성일 : 작성일은 종합정보기록지를 완성한 날짜를 기록함.

*신규/기존 : 사례관리 대상자로 최초로 등록된 경우에는 신규에 체크(∨), 이미 등록관리되고 있는 사례에 대한 종합정보기록을 전면 수정하여 작성한 경우 또는 종결한 사례에 대한 재개입이 이루어진 사례의 경우에는 '□기존'에 체크(∨)함. 본 종합정보기록지는 사례관리 대상자와 관련한 정보에 변동이 있을 때에는 수시로 수정·보완하도록 하며, 최소 연 1회 갱신하도록 함.

*접수경로 : 접수경로는 본 기관의 서비스에 대한 정보를 제공하여 서비스를 권유 혹은 의뢰한 상대를 확인하여 해당하는 항목에 체크함.

*정보제공자 : 종합정보기록지를 작성하는 데 정보를 제공한 사람들을 모두 표시하고 구체적으로 누구인지 사례관리 대상자와의 관계를 중심으로 기록함.

*통역자 : 본 사례관리 대상자에 대한 통역을 주로 담당했던 통역자의 이름을 기록함. 이 통역자는 필요시 통역만의 기능이 아니라 대상자에 대한 비공식 지지체계나 준사례관리자로 활용할 수 있는 여지가 있으므로 적절한 통역자를 선정하여 협력체계를 구축하는 것이 필요함.

*직계/동거 가족사항 : 아래의 가족사항 비고의 항목을 참고하여 해당하는 내용의 숫자만으로 코드화하여 기록함. 사례관리 대상자와의 관계를 중심으로 인적사항을 기록함. 가족 구성원의 수가 많은 경우 칸을 추가하여 기록관리함.

*사례관리 유형 결정 및 진행계획 : 사례관리가구의 유형구분은 위기관리, 일반형 관리, 통합형 관리로 구분함.

- 위기관리가구: 욕구미충족 항목 중에 서비스 수행방법으로 선택된 방안 중 1. 긴급/위기지원의 방식을 필요로 하는 영역이 한 개라도 있는 경우 위기관리가구로 구분함. 위기관리가구는 위기안정화 자체가 주요 개입목표이므로 총 개입기간은 1개월 이내로 하며, 사례관리의 계약, 욕구 및 강점사정지 등의 기록을 작성하지 않고도 즉시 개입활동을 수행하도록 함. 위기안정화라는 개입목표가 달성된 이후에는 미충족욕구 영역에 대한 개입을 위해

사례관리 유형을 재구분하도록 함.

- 일반형관리가구: 2. 기존 내외부 서비스 연결이라는 서비스 수행방법만을 통해서 욕구충족이 가능할 것으로 판단되는 사례임.
- 통합형관리가구: 위기안정화가 목표인 영역이 없고 1, 2의 서비스 수행방법이 혼재하는 경우임. 즉 욕구영역 중 일부 혹은 전부가 기존서비스로는 욕구충족이 불가능하며, 신규 내외부 서비스를 개발하여 제공할 때만이 욕구충족이 가능할 것으로 판단되는 사례임. 한편 사정평가 및 개입계획안이 확정되기 전에 임시계획에 의해 내외부 서비스 제공이 필요한 경우 그 주요 내용을 기록한 후 실제 서비스 제공을 위한 활동을 개시할 수 있음.

*이주당사자 : 가족 구성원 중에 국외로부터 이주해 온 가구원이 여러 명이 있을 경우에는 이주당사자 정보 전체 영역을 복사한 후, 각 해당 가구원의 기록을 첨부하여 관리를 함. 내담자와 주서비스대상자와 이주당사자는 다를 수도 있음.

*가계도 : 사례관리 등록시점의 사례관리 대상가구에 대한 가계도를 직접 그려 넣음. 가계도는 3대에 걸쳐 파악하며, 가족사건, 에피소드, 가족 간의 관계 등에 초점을 둠. 주요내용은 가족 구성원, 이름, 연령, 형제자매 위치, 결혼상태, 종교, 직업, 지리적인 위치, 건강, 사회경제적 상태, 중요한 생활사건 등을 기록함. 가계도의 주요 상징들은 다음의 그림을 참고함.

*생태도 : 등록시점에서 사례관리 대상자 및 가족 구성원이 관계를 맺고 있는 다양한 자원체계도 및 관계의 주요특성, 상호작용을 파악하여 그림으로 정리함. 이때, 정서적 지지, 정보의 제공, 경제, 교육, 고용, 건강 등 삶을 유지하기 위한 모든 수단과 방법을 제공해 주는 가족 이외의 모든 환경을 파악하여 기록 관리함.

*개인력 : 개인력은 사례관리 대상자의 개인적 발달단계별로 주요 생활사건이나 경험의 이정표를 기록하고, 이러한 경험의 이정표가 대상자의 삶에 미친 영향을 분석하여 기술함. 구체적으로는 생활주기에 따른 인간관계, 생활사건, 대상자의 감정, 성격, 건강상태, 학력이나 취업상태 등을 기록하며, 필요시 가족 구성원 모두의 개인력 작성도 가능함. 객관적 사건이나 상황보다는 그것이 대상자에게 의미하는 바를 이해하거나 현재까지 미치고 있는 영향력을 파악하는 것이 중요함.

*가족관계 : 가족관계는 가족의 하위체계별로 구분하여 각각의 관계의 특성과 다른 하위체계에 미치는 영향을 분석하여 기술함.

*종합의견 : 종합정보기록지의 다른 항목에 해당하지는 않으나 사례관리를 수행하는 데 꼭 필요한 정보나 사례관리자의 입장에서 종합적으로 강조하고 싶은 분석적 내용을 자유롭게 기술함. 이상의 종합적인 정보들을 토대로 사례관리 대상자와 가족의 삶에 대한 종합분석 및 장기전망을 기록함. 이를 토대로 사례관리자의 잠정적인 변화노력의 방향을 기술함.

4) 욕구사정

욕구(need)란 사전적 의미로는 필요, 곤란, 빈곤, 결핍 등을 의미하며, 특히 사회복지적 관점에서 정의를 내린다면 욕구는 개인이 살아가기 위해 수용할 수 있는 사회적 독립 또는 삶의 질을 달성, 유지, 비축할 수 있도록 하는 데 필요한 것이다. 욕구사정이란 특정 프로그램이나 서비스를 제공해야 할, 즉 개입의 필요성이자 개입을 통해 변화를 도모해야 할 대상자의 상황에 대한 가설을 수립하는 과정이기 때문에 욕구는 변화목표, 성과와 직접적인 관련이 있으며 서비스 자체에 대한 요구(demand, want)와는 구분되어야 할 개념이다.

욕구사정이란 대상자에게 어떤 욕구가 있으며, 이러한 욕구를 충족시키기 위한 방법이나 전략을 개발하고 구체적으로 어떤 서비스를 제공할지에 대한 의사결정을 위해 필요한 정보를 얻고 이를 분석하는 과정이다. 다양한 정보원을 통해 얻은 정보를 바탕으로 대상자가 경험하는 어려움의 원인과 해결방안, 혹은 과거-현재-미래의 연관성 등에 대한 분석을 통해 일종의 가설을 수립하기 위한 것으로 모든 원조 과정의 근본이며, 사례관리의 핵심 과정이다. 이러한 욕구사정은 등록 후 1개월 이내에 일차적으로 완료해야 한다.

욕구사정의 핵심 과업으로 대상자와 의뢰자의 주 호소 분석, 대상자의 이전 노력 분석, 생태체계적 사정, 과거에 제공된 개입(서비스)의 내용 및 결과 분석, 요구를 욕구로 전환, 욕구의 우선순위 결정 등이 있다.

첫째, 대상자와 의뢰자의 주 호소 분석하기에서는 비위협적이고 융통성이 있으며, 대상자 및 가족의 자발성에 기초한 사정이 이루어졌는가? 대상자가 이해할 수 있는 언어로 대상자의 확인된 욕구에 대한 의사소통 및 문서화가 이루어졌는가?를 점검해야 한다.

둘째, 대상자의 이전 노력 분석하기에서는 대상자가 가진 위험 요인의 확인 및 분석이 이루어졌는가?를 점검해야 한다.

[서식 4] 욕구 및 강점 사정지

<table>
<tr><td colspan="2">사례관리
대상자</td><td></td><td colspan="2">등록번호</td><td colspan="2"></td><td>□ 신규
□ 재사정 (　) 차</td></tr>
<tr><td colspan="2">사례관리자</td><td></td><td colspan="2">작성일자</td><td colspan="3"></td></tr>
<tr><td rowspan="2">욕구영역</td><td rowspan="2" colspan="2">주개입목표</td><td rowspan="2">자가
평가 및
인식</td><td colspan="5">사례관리 대상자의 사정평가</td></tr>
<tr><td>주요현상</td><td>주요
원인</td><td>강점</td><td>장애물</td><td>심각도</td></tr>
<tr><td rowspan="2">① 안전</td><td colspan="2">□ 가족 내 안전 유지</td><td></td><td></td><td></td><td></td><td></td><td></td></tr>
<tr><td colspan="2">□ 가족 외부로부터의 보호</td><td></td><td></td><td></td><td></td><td></td><td></td></tr>
<tr><td rowspan="2">② 건강(질환장애 및 중독)</td><td colspan="2">□ 신체적 건강유지</td><td></td><td></td><td></td><td></td><td></td><td></td></tr>
<tr><td colspan="2">□ 정신적 건강유지</td><td></td><td></td><td></td><td></td><td></td><td></td></tr>
<tr><td rowspan="2">③ 일상생활 유지</td><td colspan="2">□ 의식주 관련 일상 생활유지</td><td></td><td></td><td></td><td></td><td></td><td></td></tr>
<tr><td colspan="2">□ 여가생활 활용</td><td></td><td></td><td></td><td></td><td></td><td></td></tr>
<tr><td rowspan="2">④ 가족관계
(친인척 · 부부 · 자녀 문제)</td><td colspan="2">□ 관계 형성</td><td></td><td></td><td></td><td></td><td></td><td></td></tr>
<tr><td colspan="2">□ 가족 돌봄</td><td></td><td></td><td></td><td></td><td></td><td></td></tr>
<tr><td rowspan="2">⑤ 사회적 관계
(사회문제)</td><td colspan="2">□ 친인척 및 이웃 간 관계 형성</td><td></td><td></td><td></td><td></td><td></td><td></td></tr>
<tr><td colspan="2">□ 소속된 집단 및 사회생활</td><td></td><td></td><td></td><td></td><td></td><td></td></tr>
<tr><td rowspan="2">⑥ 경제</td><td colspan="2">□ 기초생활 해결</td><td></td><td></td><td></td><td></td><td></td><td></td></tr>
<tr><td colspan="2">□ 자산관리</td><td></td><td></td><td></td><td></td><td></td><td></td></tr>
<tr><td rowspan="2">⑦ 교육</td><td colspan="2">□ 기초지식 습득 및 향상</td><td></td><td></td><td></td><td></td><td></td><td></td></tr>
<tr><td colspan="2">□ 교육 개선</td><td></td><td></td><td></td><td></td><td></td><td></td></tr>
<tr><td>⑧ 직업</td><td colspan="2">□ 취(창)업</td><td></td><td></td><td></td><td></td><td></td><td></td></tr>
<tr><td rowspan="3">⑨ 생활환경 및 권익 보장</td><td colspan="2">□ 주거 내부환경 개선</td><td></td><td></td><td></td><td></td><td></td><td></td></tr>
<tr><td colspan="2">□ 주거 외부환경 개선</td><td></td><td></td><td></td><td></td><td></td><td></td></tr>
<tr><td colspan="2">□ 권익보장(법률 상담)</td><td></td><td></td><td></td><td></td><td></td><td></td></tr>
<tr><td>사례관리 대상자 가족의 삶에 대한 전망 및 목표</td><td colspan="8"></td></tr>
<tr><td>사례관리자 종합의견</td><td colspan="8"></td></tr>
</table>

출처: 여성가족부(2013). 다문화가족 사례관리 실무활용매뉴얼.

〈욕구 및 강점 사정지〉 작성방법

*신규/기존 : 사례관리 대상자로 처음 등록된 경우에는 신규에, 이미 등록관리되고 있는 사례에 대한 재사정평가인 경우는 재사정에 체크하며, 몇 번째 사정평가에 해당하는지 그 회차를 기록함. 즉 본 사정지는 사례관리 대상자의 신상에 변동이 있는 경우는 수시로 수정 보완하도록 하며, 최소 3개월마다 갱신하도록 함.
*자가 평가 및 인식 : 삶의 상황에 대해 어떠한 인식을 하고 있는지 기술함. 즉 객관적인 상황에 비해 문제의식이 없거나 왜곡된 인식을 하는 것인지 등에 대해 대상자가 인식하고 있는 주관적인 내용을 중심으로 기술함. 아울러 욕구영역별로 사례관리 대상자는 각각의 상황에 대한 대처노력이나 문제해결방법에 대한 탐색을 함. 즉 대상자가 자신의 언어로, 현 문제상황과 관련하여 도움이 필요하다고 요구하는 내용 및 해결방법에 대한 기대를 종합하여 작성함. 사례관리 대상자의 이러한 주관적 인식을 이해하는 것은 제공자 중심 서비스의 전제이며, 대상자가 기대하는 변화를 도모하기 위한 보다 효과적인 방안을 찾을 수 있는 기초자료로서의 중요성을 가짐. 해당하는 항목이 없는 경우는 빈칸으로 남겨둠.
*주요 현상 및 원인 : 사례관리자가 아래의 비고내용을 활용하여 해당하는 것 중 가장 대표적인 주요 현상이나 원인을 각각 하나씩만 선택하여 부호화함. 해당하는 항목이 없는 경우는 빈칸으로 남겨둠.
*강점 : 각각의 욕구영역에 해당하는 문제해결이나 개입목표 달성에 도움을 줄 수 있는 대상자나 주변 환경이 가지고 있는 강점을 사례관리자가 분석하여 기술함. 각 욕구영역별로 야기되고 있는 주요 문제를 완화하거나 해결하는 데 도움이 될 수 있으며, 잠재적 활용가치가 있는 개인의 내적, 가족이나 지역사회의 유형 혹은 무형의 자원을 파악하여 기록함. 강점 내용이 발견되지 않는 영역의 경우 생략 가능. 사정평가된 강점은 사례관리 과정에서 일차적으로 활용하기 위한 방안이 마련되어야 하며, 이러한 노력이 먼저 투입될 수 있도록 개입계획을 수립하고, 이후에 필요한 서비스나 자원을 추가제공할 때 다문화가족의 역량강화가 가능해질 것임.
*장애물 : 각각의 욕구영역에 해당하는 문제해결이나 개입목표 달성에 방해가 되는 장애물을 사례관리자가 분석하여 기술함. 장애물사정의 중요성은 장애물을 제거하거나 우회하는 등의 노력을 통해 보다 구체적이고 실현가능한 계획수립의 기초가 된다는 점임.
*심각도 : 심각도 평가는 각각의 욕구영역별로 미충족 욕구상태로 표시한 항목에 대해서 욕구충족을 위한 서비스 제공 방식의 긴급성을 중심으로 평가함. 심각도는 1~4점으로 구분하며 각각의 구분은 다음과 같음.
"1-가벼움"은 현재 문제가 발견되나 특별한 개입을 필요로 하지는 않고, 지켜보면서 추후 개입 필요 여부에 대한 점검만 해도 되는 수준.
"2-중간"은 문제가 심각하지는 않으나 상황의 악화를 예방하기 위한 차원에서의 개입이 필요한 수준.
"3-심함"은 문제 상황이 심각하여 현 거주 상황에서 문제를 완화하거나 해결하기 위한 적극적 개입이 필요한 상황.
"4-아주 심함"은 문제 상황이 심각하여 문제해결을 위해서는 사례관리 대상자나 가족 구성원의 일부를 현주거지에서 즉각적으로 분리 혹은 격리를 통해 최소한의 안전확보 및 필요한 개입을 수행해야 하는 수준. 심각도의 수준은 개입의 우선순위를 결정하는 데 참고함.

셋째, 생태체계적 사정하기에서는 다각적인 정보원 활용 여부와 사례관리 대상자의 동의 여부, 비공식적 지지체계에 대한 사정 여부, 사례관리자와 대상자가 함께 대상자의 안녕과 삶의 질 향상에 초점을 둔 강점 관점 사정 여부, 대상자의 상황, 프로그램의 가이드라인, 합리적인 시간 계획에 기반한 포괄적 사정 여부, 기관의 사업지침에 기반한 사정 여부, 문화적 민감성에 기반한 사정 여부, 필요시 전문화된 사정 평가를 의뢰, 활용 여부 등을 점검해야 한다.

넷째, 과거에 제공된 개입(서비스)의 내용 및 결과 분석하기에서는 이전에 도움 받은 경험이 대상자의 삶에 미친 영향 분석 여부 등을 점검해야 한다.

다섯째, 요구를 욕구로 전환하기에서는 대상자의 요구(want) 내용을 욕구(need)의 형태로 전환 여부를 점검해야 한다.

여섯째, 욕구의 우선순위 결정하기에서는 사정을 통해 획득한 정보의 포괄성 및 서비스 수요에 대한 적합성 검토 여부, 사정을 통해 대상자의 (최초의) 욕구의 확인과 우선순위 선정이 타당성 있게 이루어졌는가? 대상자의 위험요인 중 대상자의 안녕에 큰 영향을 주는 욕구의 우선순위 결정 여부, (활용 가능한)프로그램(서비스/자원)의 목적과 목표, 개입 가능한 대상자의 욕구에 대해 대상자가 이해할 수 있는 언어로 소통 여부, 개별화된 실행계획 수행에 필요한 투입자원 추정 여부 등을 점검해야 한다.

다문화 가족에 대한 욕구사정을 적용할 때 대상자가 제시한 문제를 해결 가능한 형태로 재구성, 사례관리 대상자의 삶의 영역을 폭넓게 탐색, 사례관리자의 문화적 민감성 및 편견 · 선입견에 대한 점검, 사례관리 대상자의 문제해결 노력에 대한 사정 등에 유의해야 한다.

특히 사정 과정에는 다양한 정보원의 활용과 강점 사정이 중요하기 때문에 당사자인 사례관리 대상자의 이야기를 듣는 것뿐만 아니라 가족 또는 친구, 이웃 등 다각적인 정보원을 활용하여 충실한 욕구조사가 이루어져야 하고, 정보원 간 정보의 차이가 있는지, 입장의 차이가 있는지를 확인하고, 만일 차이가 있다면 추가 상담을 실시해야 한다. 사례관리 대상자의 강점 사정 시 대상자와 가족이 포함된 전체 수준의 자원을 사정하고, 대상자가 그동안 문제해결을 위해 노력해 온 점, 예를 들어 결혼이민을 선택한 동기를 재확인하고, 다른 문화권의 배우자를 선택한 동기를 스스로 재확인하는 기회 제공이 필요하며, 이주하기 전 자국에서의 직업경험, 관심사 등에 대해서도 정보를 수집하고, 사정에 포함해야 한다.

[서식 5] 사전 척도

1. 한국 생활 만족도

*. 다음은 여러 가지 감정 상태를 나타내는 얼굴입니다.

(1)	(2)	(3)	(4)	(5)

다음은 귀하의 한국 생활에 대한 만족 정도를 묻는 질문입니다.
귀하는 다음 각각에 대하여 어느 정도 만족하십니까? 해당하는 항목에만 응답해 주세요.

문 항	매우 불만이다	대체로 불만인 편이다	그저 그렇다	대체로 만족하는 편이다	매우 만족한다
A. 한국에서의 생활 전반					
B. 남편과의 관계					
C. 자녀와의 관계					
D. 시댁과의 관계					
E. 이웃과의 관계					
F. 직장 고용주와의 관계					
G. 한국인 직장 동료와의 관계					

2. 평가도구

다음은 응답자 본인과 본인의 상황에 대해 어떻게 생각하는지를 묻는 질문입니다. 각 문항을 잘 읽고 본인의 의견과 가장 가까운 응답을 ① 전혀 그렇지 않다 ② 그렇지 않은 편이다 ③ 그저 그렇다 ④ 그런 편이다 ⑤ 매우 그렇다 중 하나를 골라 답해 주시기 바랍니다.

문 항	전혀 그렇지 않다	그렇지 않은 편이다	그저 그렇다	그런 편이다	매우 그렇다
1. 나는 어려움을 피하지 않고 적극적으로 해결하려고 한다.					
2. 나는 도움이 필요할 때 어디에 가면 도움을 구할 수 있을지 잘 안다.					
3. 나를 격려하고 지지해 주는 사람들이 많다.					
4. 나는 상황을 개선하기 위해 필요한 자원(예로, 가족, 친구, 센터의 서비스 등)들을 잘 활용할 수 있다.					
5. 나는 나에게 도움이 되는 정보를 잘 얻는다.					
6. 자신의 미래를 희망적으로 느꼈습니까?					
7. 전반적으로 자신이 일을 잘하고 있다고 느꼈습니까?					

출처: 여성가족부(2013). 다문화가족 사례관리 실무활용매뉴얼.

5) 실행계획 수립

실행계획 수립은 사례관리 대상자와의 협력을 통해 변화의 목적을 분명히 하고 이러한 목적을 달성할 수 있도록 이끄는 적절한 활동의 선정, 주요 활동의 우선순위 결정, 서비스 제공자, 서비스 제공 시기, 제공 기간 등의 구체적인 내용을 통해 실제적 수행 과정의 밑그림, 혹은 설계도면을 완성해 가는 과정이다.

사례관리자는 사례관리를 통해 대상자의 삶에 변화를 가져오는 주요한 전략을 구성하는 데 필요한 다양한 요인을 충분히 검토하고, 제한된 시간과 자원의 활용 가능성, 효율성을 극대화하기 위해 노력해야 하며, 목표 수립에 있어서 단기(3개월 이내), 중기(6개월 이내), 장기(1년 이내) 목표는 논리적으로 연관성을 가져야 한다.

실행계획 수립 시 핵심 과업으로 사례관리 대상자와 그 가족의 삶의 변화에 대한 객관적인 기대수준 결정, 시간계획에 따른 목표 수립, 목표 달성 수단으로서의 서비스(자원) 제공계획 구상, 최종 서비스 내용 및 제공방식, 제공기관 결정 등이 있다.

첫째, 사례관리 대상자와 그 가족의 삶의 변화에 대한 객관적인 기대 수준 결정을 위해 사례관리 대상자의 현재 상황, 예상되는 미래, 그 이후에 나타날 서비스 욕구에 대한 이해(서비스의 유익성, 대안, 위험, 결과 등)의 충분성 여부, 사정에 근거하여 개별화 실행계획서(ISP, 서비스계획서) 작성 여부 등을 점검해야 한다.

둘째, 시간 계획에 따른 목표 수립에서는 사례관리 대상자가 합의 및 동의에 의한 장단기 계획 개발 여부 등을 점검해야 한다.

셋째, 목표 달성 수단으로서의 서비스(자원) 제공계획 구상을 위해 사례관리 대상자가 독립적으로 대안적인 자원에 접근하도록 대상자의 능력을 지지 · 개발 여부, 가족관계의 유지와 강화를 고려한 서비스 계획 진행 여부, 현실적인 계획을 세우기 위해 직접 면접 및 방문조사 등 실시 여부, 사례관리 대상자의 목표 달성을 방해하는 장애물의 사정 및 장애 제거를 위한 전략 수립 여부, 활용 가능한 재정/자원 내에서의 계획의 개발 · 수행 여부, 활용 가능한 자원 또는 기관에서 제공 가능한 자원에 대한 적절한 정보 제공 여부 등을 점검해야 한다.

넷째, 최종 서비스 내용 및 제공방식, 제공기관 결정하기에서는 목표 달성을 위해 필요한 네트워크 구축 여부, 사례관리 대상자가 사례관리 전 과정에 참여 가능하도록 서비스에 대한 충분한 이해를 돕고 있는가를 점검해야 한다.

다문화 가족에게 제공되는 서비스 실행계획을 수립하는 과정에서 구체적이고 명확한 목표 설정, 사례관리 대상자와의 상호 협의 및 동의에 기반한 목표 수립, 사례관리 대상자의 잠재적 위기상황에 대한 사정 및 실행계획, 현실적인 실행계획 수립을 위한 가정방문이 절대적으로 필요하다.

대상자가 장기간 경험해 온 가족문제(폭력, 경제적 어려움, 질병 및 장애 등), 공공기관의 높은 장벽, 부정적인 사회적 시선 등은 대상자의 심리에 내재화되어 목표 달성에 장애물이 되기도 한다. 따라서 사례관리자가 대상자와의 관계에 대해 성찰하지 않고, 민감성을 갖고 관계를 형성 · 유지하려는 노력을 하지 않는다면 사례관리자는 대상자가 경험하는 또 다른 '공공의 벽', '부정적 시선'이 될 수 있으므로 사례관리자는 대상자와의 관계 형성과 신뢰감 구축을 위한 지속적인 노력이 필요하다. 사례관리자는 대상자가 갖고 있는 외재적 장애물뿐만 아니라 내재적 장애물에 대한 사정을 면밀히 하여 대상자가 사례관리자와 사례관리 서비스를 통해 새로운 긍정적 경험을 할 수 있는 기회를 제공할 수 있어야 한다.

[서식 6] 실행계획서

실행계획서(　　차)

수행기간 : 　년　월　일 ~ 　년　월　일

사례유형 : ▫ 위기 ▫ 일반 ▫ 통합

<table>
<tr><td colspan="2">등록번호 :</td><td colspan="3">대상자명 :</td><td colspan="2">작성일 :</td></tr>
<tr><td colspan="4">사례관리 대상자/가족의 삶의 비전과 목표</td><td colspan="3">사례관리 목적</td></tr>
<tr><td colspan="4"></td><td colspan="3"></td></tr>
<tr><td rowspan="2">변화
목표</td><td colspan="2">단기목표(1~3개월)</td><td colspan="2">중기목표(4~6개월)</td><td colspan="2">장기목표(7~12개월)</td></tr>
<tr><td colspan="2"></td><td colspan="2"></td><td colspan="2"></td></tr>
<tr><td>욕구영역</td><td>변화목표</td><td>실행계획</td><td>우선
순위</td><td>실행기간</td><td>빈도/횟수</td><td>실행자/기관</td></tr>
<tr><td></td><td></td><td></td><td></td><td></td><td></td><td></td></tr>
<tr><td></td><td></td><td></td><td></td><td></td><td></td><td></td></tr>
<tr><td></td><td></td><td></td><td></td><td></td><td></td><td></td></tr>
<tr><td></td><td></td><td></td><td></td><td></td><td></td><td></td></tr>
<tr><td colspan="7">본인은　　년　　월　일부터 상기와 같은 실행계획에 동의하며, 변화 노력에 적극적으로 동참할 것을 약속합니다. 또한 더 나은 생활지원을 위해 협력하는 기관들과 본인 및 가족의 기초 정보 및 서비스 진행과정에 대한 정보를 공유하는 것에 대해 동의합니다.

년　　월　　일

본인 :　　　　(인)　가족 :　　　　(인)　사례관리자 :　　　　(인)</td></tr>
</table>

출처: 여성가족부(2013). 다문화가족 사례관리 실무활용매뉴얼.

〈실행계획서〉 작성방법

*수행기간 : 본 계획서의 유효기간을 의미함. 즉 본 계획대로 사례관리를 진행할 기간을 설정하는데, 재사정주기가 3개월임을 감안하면 대개의 계획서는 3개월 주기가 적절함. 3개월 주기로 갱신을 하되 구체적인 내용 변화가 없을 경우에는 기존계획을 유지하는 사유를 기록한 후 수행기간을 수정하여 활용할 수 있음.

*사례관리 대상자/가족의 삶의 비전과 목표 : 욕구 및 강점 사정지를 통해 작성한 사례관리 대상자/가족의 삶의 비전과 목표를 다시 한 번 재정의함. 실행계획과 다문화가족의 삶의 비전과 목표를 같은 방향을 유지해야 하기 때문임.

*사례관리 목적 : 사례관리의 구체적인 목표를 수립하기 전에 좀 더 추상적인 수준과 가치지향적인 목적을 진술할 필요가 있음. 사례관리 대상자와 가족의 삶의 비전과 목표를 통해 사례관리를 해야 하는 목적을 발견하고 이를 궁극적인 지향점으로 삼기 위한 노력이 필요함.

*변화목표 : 변화목표란 다양한 서비스 제공을 통해 궁극적으로 변화를 가져오기 위한 영역 및 각 영역별 변화의 양과 질에 대한 기대치를 기록함. 목표달성을 위한 시간기준을 설정함.

(1) 단기목표는 사례관리 시작 이후 적어도 3개월 이내에 달성 가능한 성취 수준의 고려뿐만 아니라 장기목표를 달성하기 위한 과정적 목표의 의미를 가짐. 단기목표로 설정 가능한 부분은 행동이나 인식의 변화보다는 새로운 지식이나 정보의 습득, 이를 통해 새로운 자원의 활용 등 궁극적인 행동변화에 영향을 미치는 생활조건의 변화를 목표로 할 때 더욱 적절함.

(2) 중기목표는 단기목표 달성을 통해, 혹은 단기목표와 무관하게 3~6개월 이상의 개입노력을 통해 변화를 가져올 수 있는 영역, 행동이나 태도의 변화를 도모하기 위한 목표로 적절함.

(3) 장기목표는 6개월 이상 1년 이내의 개입노력을 통해 변화를 가져올 수 있는 영역으로 대상자의 사회경제적 상태, 수준의 변화의 도모가 적절함. 변화목표의 제시 이유는 사례관리 과정을 통해 궁극적으로 대상자와 그 가족에게 기대되는 측정 가능한, 혹은 객관적으로 판단이 가능한 변화 상태를 규정하는 데 있음.

*욕구영역 : 변화목표가 어떠한 욕구영역에 해당하는지를 구분하여 기록함.

*변화목표 : 위의 변화목표별 실행계획을 수립하기 위해 재분류하여 기록함.

*실행계획 : 장단기목표를 달성하는 데 필요하고 투입되어야 할 서비스 및 프로그램의 내용, 양, 기간에 대한 계획임. 즉 특정한 변화를 가져오기 위해 과연 이 프로그램이나 서비스가 적절한지, 혹은 이 프로그램이나 서비스를 충분히 제공한다면 장단기목표로 설정한 그 결과를 달성할 수 있을 것인지에 대한 충분한 근거를 가지고 계획을 수립하여야 함.

*우선순위 : 변화목표 중 가장 긴급성을 요하는 것, 대상자와 그 가족이 우선순위를 높게 두는 것, 서비스가 미뤄질 경우 다른 욕구영역에까지 새로운 문제 유발 혹은 욕구발생 가능성이 높은 경우, 같은 노력을 투입했을 때 가장 큰 효과를 거둘 수 있는 것 등에 대한 종합적 고려를 통해 대상자와의 합의에 기반하여 서비스 우선순위를 선정함.

*실행 기간 및 횟수 : 서비스의 충분성과 연관되어 있음. 즉 서비스를 통해 기대되는 성과를 도출하기 위해 얼마만큼의 서비스가 제공될 필요가 있는지 투입량에 대한 잠정적 계획의 의미. 그러나 외부기관에 의뢰하여 서비스를 제공하는 경우는 그 기관의 서비스제공지침에 의존할 수밖에 없으므로 그 기관의 서비스제공지침을 고려하여 서비스 기간 및 횟수를 구체적으로 기록함.

*실행자 및 기관 : 실행기관의 명칭과 실제로 서비스제공의 1차 책임을 수행하는 기관의 담당자명을 파악, 기록하여 주기적인 점검채널을 구축하도록 함.

6) 실행

실행은 사례관리 대상자 및 가족에게 서비스 제공계획에 따른 서비스를 제공하고 이행상황 및 대상가구의 환경, 욕구 변화 등을 주기적으로 점검, 파악하는 활동으로 이때 서비스는 공공, 민간 서비스 제공기관이 제공하는 서비스만이 아니라 사례관리자가 제공하는 직접서비스(상담, 전문적 지지 등)도 포함된다.

실행계획 수립 시 핵심 과업으로 사례관리 대상자와의 정기적이고 지속적인 의사소통 채널 확보, 사례관리 대상자와 신뢰관계 유지, 사례관리 대상자 중심 실천, 사례관리 대상자의 역량 강화 실천 등이 있다.

첫째, 사례관리 대상자와의 정기적이고 지속적인 의사소통 채널 확보를 위해서는 주요 정보 획득을 위해 대상자와 라포 형성 및 의사소통을 효과적으로 유지 여부 등을 점검해야 한다.

둘째, 사례관리 대상자와 신뢰관계를 유지하기 위해서는 대상자만이 아니라 서비스 제공자들과 전문적인 라포(professional rapport) 유지 여부 등을 점검해야 한다.

셋째, 사례관리 대상자 중심 실천을 위해서는 대상자의 욕구충족을 위해 적절하고, 비용 효과적인 서비스 선정 여부 등을 점검해야 한다.

넷째, 사례관리 대상자의 역량 강화 실천을 위해서는 대상자에게 제공될 서비스의 목록이 잘 정리되어 있는가? 대상자에게 제공될 서비스에 대한 설명 및 제공시기를 충분히 알리고 있는가? 필요에 따라 서비스의 직접 제공 및 서비스 의뢰가 효과적으로 이루어지고 있는가? 대상자의 의존을 심화시키는 것이 아니라 자활능력(self-sufficiency)을 향상시키기 위한 활동 수행 여부 등을 점검해야 한다.

사례관리자는 대상자의 문제를 알아서 해결해 주는 '해결사'가 아닌 대상자가 자신의 문제를 해결해 나갈 수 있도록 조력하는 역할을 수행해야 하며, 대상자인 다문화 가족 구성원이 한국말이 서툴고 한국에서의 생활 경험이 많지 않다는 이유로 사례관리자는 의도하지 않게 '어린 사람'을 대하듯 하거나, 과보호하려는 경향을 보이기도 한다. 그러나 대상자가 한국말이 서툴고 한국 생활 경험이 짧다고 하여 인지적으로 미숙하다거나 보호를 받아야 하는 어린이가 아님을 염두에 두고 대상자를 대해야 할 것이다. 즉 '사례관리자인 나는 사례관리 대상자를 어떤 대상으로 상정하고 대하고 있는가'를 반성적 성찰을 통해 자기 점검을 해야 한다. 사례관리 대상자의 경우, 자국에서의 학력, 직업경력, 경험 등이 다양하다. 이들의 한국에서의 생활을 이해하고, 존중하며 현 생활에 어려움, 문제 등이 있다 하더라도 이들을 "가르치려는" 듯한 태도는 지양해야 한다. 이들은 한국어 구사가 서툴고 한국 상황과 문화 등에 대한 이해가 부족한 것이지 인지적으로 문제가 있거나 능력이 부족한 것이 아님을 명확히 인식하고 서비스를 제공해야 할 것이다.

복합적이고 중증적인 문제와 열악한 상황에 둘러싸인 대상자는 자신의 문제를 누군가 해결해 주기를 바라거나 의욕이 없는 마술적 사고를 할 수 있다. 사례관리자는 대상자가 갖고 있는 강점(과거 직업경험, 학력, 관심사, 삶에의 의지 등)을 최대한 이끌어 내어 사례관리 실행 단계에 동참할 수 있도록 해야 한다. 사례관리 대상자는 사례관리자가 남의 일인데도 열심히 최선을 다해 알아봐 주고 도우려는 모습을 보고 자신도 더욱 노력해야겠다는 마음을 갖게 되기도 하고, 적극적인 참여를 하게 되므로, 항상 공동의 노력을 하고 있음을 상호 인식하는 것이 중요하다.

[서식 7] 과정기록지

<table>
<tr><td colspan="3" rowspan="2">과정기록지</td><td colspan="2">(   )회차</td></tr>
<tr><td>날짜</td><td></td></tr>
<tr><td rowspan="2">서비스
제공대상</td><td colspan="4">□ 사례관리 대상자 본인 □ 배우자 □ (배우자)부모 □ 자녀 □ 친인척 □ 서비스제공자
□ 이웃/친구/직장 □ 기타</td></tr>
<tr><td colspan="4">* 사례관리 대상자 본인이 아닌 경우 구체적 관계기술 :</td></tr>
<tr><td>접촉방법</td><td colspan="2">□ 전화/온라인 □ 대면(□ 내소 □ 가정방문 □ 기타 장소방문)</td><td>소요시간</td><td></td></tr>
<tr><td>욕구영역별
서비스
제공방법</td><td colspan="4">
<table>
<tr><th>욕구영역</th><th>목표</th><th>*개입방법</th></tr>
<tr><td rowspan="2">① 안전</td><td>□ 가족 내 안전 유지</td><td></td></tr>
<tr><td>□ 가족 외부로부터의 보호</td><td></td></tr>
<tr><td rowspan="2">② 건강(질환장애 및 중독)</td><td>□ 신체적 건강유지, 향상</td><td></td></tr>
<tr><td>□ 정신적 건강유지, 향상</td><td></td></tr>
<tr><td rowspan="2">③ 일상생활 유지</td><td>□ 의식주 관련 일상 생활유지(능력)향상</td><td></td></tr>
<tr><td>□ 여가활용(능력)향상</td><td></td></tr>
<tr><td rowspan="2">④ 가족관계(친인척 · 부부 · 자녀문제)</td><td>□ 가족관계 향상</td><td></td></tr>
<tr><td>□ 가족 돌봄(능력)향상</td><td></td></tr>
<tr><td rowspan="2">⑤ 사회적 관계(사회문제)</td><td>□ 친인척 및 이웃 간 관계 형성/개선</td><td></td></tr>
<tr><td>□ 소속된 집단 및 사회적 관계 형성/향상</td><td></td></tr>
<tr><td rowspan="2">⑥ 경제</td><td>□ 기초생활 해결</td><td></td></tr>
<tr><td>□ 자산관리</td><td></td></tr>
<tr><td rowspan="2">⑦ 교육</td><td>□ 기초지식 습득 및 향상</td><td></td></tr>
<tr><td>□ 교육 개선</td><td></td></tr>
<tr><td>⑧ 직업</td><td>□ 취(창)업</td><td></td></tr>
<tr><td rowspan="3">⑨ 생활환경 및 권익보장</td><td>□ 주거 내부환경 개선</td><td></td></tr>
<tr><td>□ 주거 외부환경 개선</td><td></td></tr>
<tr><td>□ 차별개선, 권익보장(법률상담)</td><td></td></tr>
</table>
</td></tr>
<tr><td>개입방법</td><td colspan="4">1 정보 제공(단순정보, 기관정보)
2 상담서비스 제공(사례관리자가 대상자에게 개별적으로 직접적인 교육, 조언, 정서적 지지 등 비물질적 서비스 제공)
3 집단상담 및 교육 프로그램 실시(사례관리자가 대상자를 포함한 집단을 대상으로 상담이나 교육, 외부활동 실시)</td></tr>
</table>

	4 대인서비스 연결(기관 내 외부의 상담, 교육, 치료, 재활, 보호 등 비물질적 서비스 제공기관 연결하기 위한 자원탐색/개발/조정활동) 5 물적 지원/서비스 연결(기관 내외부의 식품, 생활용품, 주거환경개선, 후원금 등 연결하기 위한 자원탐색/개발/조정활동) 6 옹호활동 7 기타		
주요상담 내용			
추후계획	□ 지속적인 사례관리(계획된 단계별로의 진행) □ 재사정/평가 □ 종결계획수립/종결 □ 사후관리 계획수립/사후관리 □ 기타	사례관리자	

출처: 여성가족부(2013). 다문화가족 사례관리 실무활용매뉴얼.

〈과정기록지〉 작성방법

*접촉방법 : 사례관리를 위해 어떠한 방법을 활용하여 접촉하였는지를 구분하여 기록함.
*소요시간 : 당일 서비스가 제공된 시간을 10분 단위로 기록함. 당일 서로 다른 접촉방법(전화+내소상담+가정방문)을 통해 수차례의 서비스가 제공된 경우는 각각의 내용을 별도로 구분하여 개입시간을 기록함(전화 10분+내소상담 40분+가정방문상담 50분). 가정방문이나 지역사회방문상담은 방문을 위해 소요되는 이동시간은 제외하고 실제적인 개입활동이 이루어진 시간만 기록함.
*개입방법 : 당일 특정한 접촉방법을 통해 다양한 욕구영역에 대한 서비스를 제공했다면 해당 욕구영역에 각각 어떠한 서비스를 제공했는지 중복적으로 체크할 수 있음. 당일 여러 번에 걸쳐 다양한 접촉방법을 통해 서비스를 제공했다면 각각의 내용을 분리하여 별도의 과정기록지를 작성할 수 있음.
*주요 상담내용 : 당 회기 상담의 주요내용을 요약하여 SOAIP를 활용하여 정보를 구분하여 기록함.
(1) 주관적 정보(Subjective Information, S) : 서비스대상이 자기 보고, 진술하는 내용을 기록. 대상자가 경험하는 문제, 어려움 등 자신의 상황에 대한 설명, 이를 어떻게 인식하고 있는지에 대한 주관적인 의견을 중심으로 기록함.
(2) 객관적 정보(Objective Information, O) : 사례관리 대상자가 제시한 주관적 정보와 사례관리자의 직접적인 관찰, 체계적인 자료수집 등에 의해 얻어진 정보. 주관적 정보와 비교하여 볼 때 이러한 자료는 독립적으로 검증될 수 있음.
(3) 분석평가(Assessment, A) : 위의 두 가지 정보를 토대로 한 사례관리자의 현 상황에 대한 견해(impression), 해석(interpretation)을 통한 판단, 앞으로의 상황에 대한 전망을 기록함. 분석평가 시 아래의 내용을 고려함.
① S정보와 O정보 사이의 관계 확인 ② 단기목표 혹은 치료계획에 대한 정당화 ③ 개입방법에 대한 정당화 ④ 대상자의 주요 어려움에 대한 명확화 ⑤ 대상자의 상황변화 및 그 가능성에 대한 전망과 그 이유에 대한 기술
(4) 개입(Intervention, I) : 당일 사례관리 대상자의 행동이나 생각, 환경에 긍정적 영향을 미치기 위해 사례관리자가 행한 구체적인 실천 활동의 내용.
(5) 계획(Plan, P) : 오늘 개입활동의 결과를 토대로 앞으로의 개입활동에 대한 구체적인 계획.
*추후계획 : 추후계획은 해당 회기의 개입활동을 마치면서 사례관리자 혹은 서비스제공자가 판단하는 잠정적인 계획을 의미함.

[서식 8] 네트워크활동기록지

날짜	성명/기관/조직명	기관 구분	목적 및 주요활동	접촉 방법	접촉 대상	활동시간	담당자	주요활동내용

출처: 여성가족부(2013). 다문화가족 사례관리 실무활용매뉴얼.

〈네트워크활동기록지〉 작성방법

*날짜 : 활동이 이루어진 실제 날짜를 기록함.
*기관/조직명 : 기관이나 조직의 실제명칭을 기록함.
*기관 구분 : 현재 접촉하고 있는 기관의 유형을 구분하여 해당항목의 번호를 기록함.
1. 행정기관, 2. 고용복지관련기관, 3. 교육관련기관, 4. 보건의료관련기관, 5. 기타로 구분함.

(1) "행정기관"이라 함은 시군구청이나 주민센터 등 행정조직을 의미함.
(2) "고용·복지관련기관"이라 함은 고용안정센터 등 고용노동부 관련조직이나 지역자활센터, 사회복지관련기관(사회복지사업법에 의해 설치, 설립한 사회복지시설) 등을 통해 직접 의뢰된 경우를 의미함.
(3) "교육관련기관"이라 함은 학교 또는 교육청 등 교육기관 및 교육지원을 위한 국공립기관을 의미함.
(4) "보건의료관련기관"이라 함은 보건소, 정신건강센터, 알코올상담센터, 국공립병원, 개인병의원 등 보건의료서비스를 제공하는 공공 혹은 민간 기관을 의미함.
(5) "기타"는 자발적으로 왔거나 이웃이나 친지에 의한 경우, 위 분류체계에 포함되지 않은 조직들을 포함하여 기록함.

*목적 및 주요활동 : 네트워크활동의 세부내용은 1-기관홍보/조직에 대한 특정정보문의/탐색/확인/후원개발/자원연결(기존사업계획/방법에 대한 변동 없이 자원연결), 2-자원조정(기관/조직의 기존정책이나 지침, 수행방법에 대한 변화요청), 3-신규서비스/사업공동개발논의/수행 중인 공동사업운영/평가, 4-기타로 구분하여 해당 번호를 기입함.

"1. 자원탐색 및 개발": 지역사회에 본 기관의 다문화가족 사례관리사업을 소개하고, 다문화가족 사례관리사업의 잠재적 대상자군에게 필요한 지역사회자원의 탐색 및 연계가능성을 타진하기 위한 활동을 의미함. 즉 실제적인 연계 활동이 이루어지기 전 단계이며, 해당기관 자원의 특성 및 주요서비스 대상, 제공량 등을 파악하기 위한 목적의 활동을 구분하여 기록함. 즉 1. 자원탐색 및 개발은 몰라서 활용하지 못하는 자원인 경우, 이를 탐색하고 개발하는 활동임.

"2. 자원조정": 대개의 사례관리 대상자들의 미충족 욕구는 서비스에 대한 정보 부족뿐만 아니라 제공자 중심의 서비스로 인해 서비스에 대한 접근이 어려운 경우, 서비스로부터 배제된 경우에 발생함. 따라서 지역사회 기관의 서비스 제공 방식이나 범위에 변화를 가져오도록 하는, 자원조정 활동은 사례관리활동의 핵심이라 할 수 있음. 즉 자원조정이라 함은 지역사회의 서비스 제공기관에 대한 이미 알고 있는 정보를 토대로 하며, 기관의 서비스 원칙이나 내용, 빈도, 범위 등에 변화를 주어야만 다문화가족 역량강화를 위한 자원으로 활용 가능한 경우에, 이를 도모하기 위한 사례관리자의 활동을 기록함.

"3. 협약체결": 사례관리를 위해 다문화가족지원센터와 지역사회의 유관기관과 사례의뢰, 서비스제공 등과 관련하여 두 기관 간의 책임이나 권한, 구체적인 협력사항을 합의하고 이를 공식화한 경우에 해당함.

"4. 신규사업 협력 및 개발": 신규 협력사업은 네트워크 활동을 통해 각 기관이 수행하지 않았던 새로운 사업을 연합하여 수행하거나, 기존에 단독으로 수행하던 유사한 사업을 보완 및 연합하여 수행함으로써 시너지를 얻기 위한 목적으로 개발 및 이를 유지하기 위한 활동에 대한 내용일 경우 이를 기록함. 4. 신규사업 개발은 필요하지만 없던 자원(서비스나 사업)을 새롭게 개발하는 활동을 의미함.

"5. 기타": 위의 구분에 해당하지 않는 내용을 기록함.

*접촉방법 : 개입활동이 이루어진 방법을 구분하여 기록함. 1. 팩스/인터넷/공문/소식지 발송 등의 간접적 접촉, 2. 전화, 3. 내관(상대 기관실무자가 찾아온 경우), 4. 기관방문(사례관리자가 상대 기관, 제3의 기관에서 접촉한 경우), 5. 기타

*접촉대상 : 1. 불특정인, 2. 담당실무자, 3. 중간관리자, 4. 조직/기관 대표, 5. 기타로 구분하여 해당번호를 기입함.

*활동시간 : 당일 투입된 활동시간을 10분 단위로 기록함. 서로 다른 접촉방법(전화+내소+기관방문)을 통해 수차례의 활동이 수행된 경우는 각각의 내용을 별도로 구분하여 시간을 기록함(전화 10분+내소 40분+기관방문 50분). 기관방문은 방문을 위해 소요되는 교통시간은 제외하고 실제적인 개입활동이 이루어진 시간만을 기록함.

*담당자 : 당 회기의 개입을 수행한 사람의 이름을 기록함. 이는 대체로 사례관리자이나 경우에 따라 한 사례관리 대상자에 대해 내부의 다른 인력이 해당서비스를 수행한 경우에는 담당자의 이름을 기록함.

*주요활동내용 : 당 회기의 주요활동내용을 요약하여 기록함.

[서식 9] 의뢰서

의뢰기관		의뢰날짜	
담 당 자		연 락 처	

<table>
<tr><td>대상자 성명</td><td colspan="2"></td><td>연 락 처</td><td colspan="3">(집)
(H. P.)</td></tr>
<tr><td>주 소</td><td colspan="6"></td></tr>
<tr><td>가구유형</td><td colspan="6">□ 부부중심가구 □ 3세대가구 □ 한부모가구 □ 조손가구
□ 소년소녀가구 □ 노인부부가구 □ 청장년1인가구 □ 미혼모 · 부가구</td></tr>
<tr><td>수급유형</td><td colspan="6">□ 일반가구 □ 저소득가구 □ 차상위가구 □ 조건부/조건유예수급가구
□ 수급가구 □ 기타( )</td></tr>
<tr><td>사례요약</td><td colspan="6"></td></tr>
<tr><td>의뢰/요청내용</td><td colspan="6"></td></tr>
<tr><td>첨부자료</td><td colspan="6"></td></tr>
<tr><td rowspan="3">사례관리자</td><td rowspan="3"></td><td colspan="2">연락처</td><td>사무실</td><td>휴대전화</td><td>이메일</td></tr>
<tr><td colspan="2">연락 가능한 주요시간대</td><td rowspan="2"></td><td rowspan="2"></td><td rowspan="2"></td></tr>
<tr><td colspan="2"></td></tr>
</table>

출처: 여성가족부(2013). 다문화가족 사례관리 실무활용매뉴얼.

〈의뢰서〉 작성방법

*사례관리 대상자에게 필요한 자원이나 서비스를 요청하는 기관과 기관의 부서 및 담당자 이름을 정확히 파악하여 명시함. 정보가 부정확한 경우 의뢰서를 발송하였어도 해당기관에서 담당자가 명확하지 않아 신속하게 처리되지 않는 경우가 많음.

*사례요약 : 의뢰기관의 보유 자원이나 서비스 제공여부를 결정하는 데 도움이 되는 필수 정보를 중심으로 제시함. 이를 위해서는 의뢰기관에서 어떤 조건이나 절차를 중요하게 생각하는지를 사전에 명확하게 파악하고 있는 것이 중요함.

*의뢰/요청내용 : 의뢰기관에서 어떤 도움을, 어떤 방식으로, 어느 시점에서 제공하길 기대하는지, 구체적으로 작성함.

*첨부자료 : 의뢰기관에서 의뢰/요청내용을 수락하거나 의사결정하는 데 필요한 정보가 담겨 있는 첨부자료의 이름을 기록하고 실제자료는 별도로 첨부하여 발송함.

*사례관리자 : 의뢰를 요청하는 사례관리자와 관련된 정보를 제공하는 부분임. 해당기관에서 요청한 내용에 대한 추가 질문이나 추가 자료 요청 등을 하는 데 필요한 정보임. 특히 도움을 요청을 하는 입장에서 의뢰기관에서 필요한 응답을 신속하게 할 수 있는 가능한 채널을 모두 제시하는 것이 필요함.

[서식 10] 슈퍼비전 및 사례회의록

<table>
<tr><td>구 분</td><td colspan="3">□ 사례판정회의 □ 내부사례회의 □ 통합사례회의
□ 권역별사례회의 □ 내부슈퍼비전 □ 외부슈퍼비전</td></tr>
<tr><td>차 수</td><td></td><td>회의일시</td><td></td></tr>
<tr><td>장 소</td><td></td><td>작 성 자</td><td></td></tr>
<tr><td>안 건</td><td colspan="3"></td></tr>
<tr><td>참 석 자</td><td colspan="3">(참여기관 및 명단)</td></tr>
<tr><td>전차회의
결과보고</td><td colspan="3"></td></tr>
<tr><td rowspan="3">회의
내용</td><td colspan="3">▣ 사례개요</td></tr>
<tr><td colspan="3">▣ 논의사항</td></tr>
<tr><td colspan="3">▣ 적용계획</td></tr>
</table>

출처: 여성가족부(2013). 다문화가족 사례관리 실무활용매뉴얼.

〈슈퍼비전 및 사례회의록〉 작성방법

*구분 : 그날의 회의 목적에 따라 유형을 구분하여 기록함.
*안건 : 이 회의에서 다루어야 할 주요 안건이나 이슈를 요약적으로 제시하여 회의의 목적이 잘 드러날 수 있도록 정리함.
*참석자 : 참석자의 소속기관, 직책, 이름 등을 구체적으로 작성함.
*전차회의 결과보고 : 첫 회의가 아닌 경우, 이전 회의나 슈퍼비전에서 다루었던 내용에 대한 간략한 보고와 그 결정사항 등을 어떻게 적용하고 있는지 경과를 보고함. 후속논의가 필요시 본 회의의 안건으로 채택할 수 있음.

7) 점검 및 조정

점검 및 조정은 실행계획이 제대로 이루어지고 있는지를 살펴보고 계획이 달성될 수 있도록 사례관리 대상자나 서비스 제공기관 간의 갈등이나 서비스 간의 충돌에 대한 조정을 통해 협력적 목표 달성이 가능하도록 하는 작업이다. 이때 사례관리자는 이 단계에서 서비스의 흐름과 대상자, 대상자와 함께 사례관리에 참여하고 있는 원조집단의 기능에 민감성을 가지고 단계별로 진행되는 과업들을 잘 관리해 나가야 한다.

사례관리자와 사례관리 대상자, 다른 사례관리 원조 제공자들이 초반에 상호 합의한 목적을 공유하며 초기의 약속대로 잘 협조하고 있는지, 협력 속에 갈등이나 위기가 잠재되어 있지 않은지, 그리고 지금 여기(here&now)의 상황이 적절한 수준의 서비스와 협력 범위를 확보하고 있는 것인지 등을 확인하며 조정해야 한다. 정기 점검은 3개월에 1회 실시하고, 그 결과에 따라 욕구를 재사정할 수 있다.

점검 및 조정 시 핵심 과업으로 서비스 제공기관 간 전문적 라포 형성 및 정기적이고 공식화된 의사소통 채널 확보, 서비스 제공기관 간의 제공방식의 차이를 이해하고 대상자 중심의 실천을 유지하도록 돕기 등이 있다.

첫째, 서비스 제공기관 간 전문적 라포 형성 및 정기적이고 공식화된 의사소통 채널 확보를 위해서는 서비스가 제대로 전달되고 있는지, 대상자의 욕구충족 여부에 대한 점검 여부 등을 점검해야 한다.

둘째, 서비스 제공기관 간의 제공방식의 차이를 이해하고 대상자 중심의 실천을 유지하도록 돕기 위해서는 서비스의 적절성에 대한 점검 여부, 대상자의 불평이나 어려움이 즉각적으로 처리되는지 점검하고 있는가? 서비스의 만족도에 대한 점검 여부, 점검 결과에 따라 필요시 서비스 조정이 효과적으로 이루어지고 있는지 여부, 서비스 계획 변동에 대해 기관 및 예산지원 기관에 통지 여부 등을 점검해야 한다.

다문화 가족에게 서비스 제공을 위한 지역 내 타 기관과의 유대관계 형성이 중요하고, 사례관리자는 전문가로서의 윤리의식을 바탕으로 한 실천이 무엇보다도 중요하다.

[서식 11] 점검 및 평가서

점검 및 평가서(　　차)	수행기간 : 　년 　월 　일 ~ 　년 　월 　일

작성일 :　　　　　　　　　　사례유형 : □ 위기 □ 일반 □ 통합

등록번호 :	대상자명 :
사례관리 대상자/가족의 삶의 비전과 목표	사례관리 목적

변화 목표	단기목표(1~3개월)	중기목표(4~6개월)	장기목표(7~12개월)

욕구영역	변화목표	실행계획	사례관리 대상자 점검				욕구충족도
			적절성	적시성	충분성	만족도	

종합점검 및 평가의견	해당기간 중 총 서비스 제공량				
	제공 유형	대상			
		대상자	가족 구성원	비공식 지지체계	서비스 제공자
	전화				
	내방				
	방문				

추후 계획			
실행계획 지속	□ 예	세부 내용	
실행계획 수정 필요	□ 예		
재사정 필요	□ 예		
평가 필요	□ 예		
종결 필요	□ 예		

출처: 여성가족부(2013). 다문화가족 사례관리 실무활용매뉴얼.

〈점검 및 평가서〉 작성방법

*사례관리 대상자 점검 : 각각의 서비스에 대해 사례관리 대상자의 주관적 평가를 통한 점검방법으로, 평가척도에서 제시하고 있는 스마일카드를 활용하여 해당 점수를 기입함.
"적절성"은 욕구를 충족하는 방법이 적절했는지?, "적시성"은 해당 서비스가 꼭 필요한 시기에 제공되었는지?, "충분성"은 해당 서비스의 기간이나 빈도가 목표로 하는 문제를 해결하는 데 혹은 필요한 욕구를 충족하고 변화를 도모하는 데 충분한 양의 서비스였는지를 평가하기 위한 항목임. "만족도"는 해당 서비스에 대한 종합적인 만족의 수준을 나타냄.

*욕구충족도 : 대상자가 아닌 사례관리자가 종합하여 평가하며 해당 항목별로 서비스를 통하여 사례관리 대상자와 가족의 욕구가 충족되었는지를 평가함. 욕구 영역별 욕구충족여부를 평가하여 해당하는 항목의 번호를 기록함.

1. 욕구충족은 해당 영역에 대한 욕구(변화 및 서비스의 필요성)는 있으나 현재 받고 있는 서비스를 통해 이러한 욕구가 충족되고 있는 상태로 지속적인 서비스의 필요성을 의미함.
2. 욕구미충족 상태는 해당 영역에 대한 욕구(변화 및 서비스의 필요성)가 있으며, 현재 서비스를 받고 있음에도 불구하고 욕구가 충족되지 않거나 문제가 해결되지 않고 남아 있는 경우에 해당함.
3. 미확인은 본 점검 및 평가서를 작성할 시점까지 파악되지 않은 영역인 경우 미확인으로 구분함.

*종합점검 및 평가의견 : 실제로 제공된 내용을 중심으로 기록하고 계획 시의 내용과 달라진 경우는 왜 변경되었는지에 대한 구체적인 사유를 기록하고 분석하여 작성함.

*해당기간 중 총서비스 제공량 : 서비스가 어떠한 대상에게 제공되었는지 그 양을 분석해 봄으로써 사례관리의 균형을 점검하기 위한 자료임. 즉 사례유형에 따라 제공대상의 특성은 달라질 수밖에 없음. 예를 들어 위기개입을 필요로 하는 경우는 대상자에 초점화될 가능성이 많고, 통합사례의 경우는 서비스 제공자와의 접촉이 빈번해질 수밖에 없을 것임.

*추후계획 : 각각의 추후계획별로 재사정이 필요하다고 한 경우는 언제, 어떠한 방식으로 할 것인지, 지난번과는 어떤 차이를 두고 재사정할 계획인지를 구체적으로 기록함.

(1) 실행계획 수정필요 : 실행계획 수정이 필요한 이유와 근거를 설명하고 실행계획 수정을 위해 사례관리자가 어떠한 활동을 할 것인지에 대한 구체적인 내용을 기술함.
(2) 평가 필요 : 사례관리자의 잠정적 판단으로 목표달성이 어느 정도 이루어졌다고 판단한 경우로, 종결을 확정하기 위한 전 단계를 의미함. 즉 목표달성여부에 대한 평가가 가능한 사례인 경우 평가를 거쳐서 평가를 확정할 수 있도록 함.
(3) 종결 필요 : 객관적인 평가척도 등을 활용한 평가를 통해 종결이 결정되지는 않았으나 종결이 필요한 경우에 해당함. 구체적인 사유를 기록하고 종결 방법이나 사후관리 방법에 대한 잠정적인 계획을 기술함.

8) 평가 및 종결

평가는 사례관리를 위해 활용한 기술이나 방법의 효과성을 평가하는 것을 가능하게 하고, 성과에 영향을 준 구조적 요소들을 분석할 수 있게 한다. 특히 성과가 강조되는 정책 환경에서는 평가의 중요성이 강조되고 있다. 사례관리의 실천에 대한 평가는 이에 대한 성과를 비용과 관련시키는 것이 쉽지 않아 어려운 부분이 많이 있으나 서비스의 발전을 위해 실천에 대한 효과성은 전체 프로그램 성공과는 또 다른 측면으로 반드시 필요한 부분이다. 정기 평가는 매년 11월에 실시하고, 개입 기간이 3개월 이내의 사례는 평가하지 않을 수 있다.

평가 시 핵심 과업으로 적절한 평가 자료원 마련, 과정 평가, 성과 평가 등이 있다. 첫째, 적절한 평가 자료원 마련을 위해서는 사례관리 과정별로 요구되는 사례별로 정확하고 시기적절한 정보 획득 여부, 평가의 필요성, 일정 및 방법에 대해 대상자에게 충분한 설명 여부 등을 점검해야 한다.

둘째, 과정 평가에서는 사례관리자의 활동에 대한 자기 평가 여부, 주기적인 평가 실시 여부 등을 점검해야 한다.

셋째, 성과 평가에서는 사례관리를 통한 변화나 향상에 대해 대상자의 평가 반영 여부, 목표달성을 위한 서비스의 양과 질에 대한 평가 여부, 실행계획의 비용효과성 여부, 재정 성과를 나타내고 있는지를 지속적으로 검토하여, 대상자의 독립성을 개발하고 유지하기 위한 노력 여부, 사례관리의 양적 효과에 대한 기록화 및 문서화 여부 등을 점검해야 한다.

평가는 다문화 가족 사례관리사업을 통해 단순히 결혼이민자의 국내 적응능력을 키우는 것이 목표인지, 다문화 가족에 대한 생태체계적 관점에서 건강한 가족기능을 발휘하고 한국 사회에 뿌리를 내리는 것이 목표인지, 직업적 차원에서의 자활이나 경제적 독립을 목적으로 하는지에 따라 그 내용이 달라진다. 따라서 이에 대해 개입목표 수립단계에서 대상자와 함께 목표를 분명히 할 필요가 있다.

종결은 목표 달성, 사례관리 대상자의 전출, 사망, 연락두절 등의 사유로 더 이상 사례관리를 진행하지 못할 상황이 발생하였을 때 사례관리의 종결 여부를 결정하게 된다. 종결은 단순히 서비스의 종료나 사례관리자와의 관계의 종료가 아닌 중요한 실행의 과정이므로 준비하고 잘 설계해야 하는 과정임을 인식할 필요가 있다. 즉 목표 달성에 의한 성공적 종결이라 할지라도 종결은 대상자에게 또 다른 심리적 위기를 초래할 수 있는 과정이자 대상자 혼자 힘으로 새로운 도전을 할 수 있는 기회임을 알고 이를 효과적으로 활용하는 것이 중요하다. 종결 완료 후 일주일 이내 종결보고서를 작성하면 된다.

종결 시 핵심 과업으로 적절한 종결 시점 결정, 종결에 대한 준비, 사후관리 계획 수립 등이 있다.

첫째, 적절한 종결 시점을 결정하기 위해서는 주 문제 상황의 해결 정도 확인 여부, 대상자의 변화 정도 확인 여부 등을 점검해야 한다.

둘째, 종결에 대한 준비를 위해서는 종결에 대한 합의 및 고지 여부, 공식적인 종결심사 회의 실시 여부 등을 점검해야 한다.

셋째, 사후관리 계획을 수립하기 위해서는 사후관리 계획 수립 여부를 점검해야 한다.

사례관리자는 대상자가 종결의 의미를 이해할 수 있도록 대상자의 입장에서 상세히 설명해 주고 이해할 수 있도록 도와야 한다. 또한 사례관리 서비스를 받아온 다문화 가족에게 있어서 사례관리자나 다문화가족지원센터는 한국에서 가장 중요한 지지체계일 수 있기 때문에 종결을 받아들이는 것을 힘들어할 수 있으므로, 종결에 대한 준비를 3~4차례의 상담 과정을 통해 다루고, 사후관리 계획을 수립해야 할 것이다.

[서식 12] 종결보고서

등록번호		등록일	
성　　명 :		종결일	
종결사유 (구체적으로 기입)			

욕구영역	변화목표	실행계획	사례관리 대상자 점검				욕구충족도
			적절성	적시성	충분성	만족도	

종결유형	총서비스 제공량				
□ 욕구충족/변화목표달성 □ 계약기간만료 □ 거절이나 해약 □ 이사 □ 사망 ( ) □ 연락두절 □ 기타 ( )	제공 유형	대상			
		대상자	가족 구성원	비공식 지지체계	서비스 제공자
	전화				
	내방				
	방문				

사례관리 대상자의 종합의견	
가족/보호자 종합의견	

사후관리 계획					
	사후관리 빈도	□ ( )개월 후부터 ( )개월 간격으로			총 □ 1회 □ 2회
	사후관리 예정일	1차		2차	
	사후관리 방법	□ 전화상담	□ 내소상담	□ 가정/방문상담	□ 기타
	의뢰기관 선정여부	□ 아니요 □ 예	기관명	담당자	연락처

사례관리 대상자	성명: (서명 또는 날인)	가족보호자	성명: (서명 또는 날인)
사례관리자 종합의견			
사례관리자	성명:　　　　(서명 또는 날인)	작성날짜	

출처: 여성가족부(2013). 다문화가족 사례관리 실무활용매뉴얼.

〈종결보고서〉 작성방법

*총서비스 제공량 : 사례관리 계약기간 동안 제공된 총서비스 제공량을 대상유형별로 어떤 접촉방법을 주로 활용하여 제공하였는지를 종합적으로 제시함. 이를 통해 서비스 제공유형을 전반적으로 평가해 볼 수 있음.

*종결유형 : 사례관리를 수행하면서 야기될 수 있는 종결의 다양한 사유 중 대표적인 사유를 중심으로 구성됨.

(1) "욕구충족/변화목표달성": 사례관리 시 계획했던 욕구가 충족되고 대상자와 합의한 변화목표를 달성한 경우에 해당함.

(2) "계약기간만료": 사례관리 기본계약기간은 1년 단위로 갱신하도록 되어 있음. 이 기간 동안 욕구충족 및 변화목표는 달성되지 않았지만 정기계약기간에 따라 만료되는 경우에 해당함. 정기계약기간이 만료된 사례는 연초의 정기재등록과정을 통해 사례관리기간을 연장할 수 있음.

(3) "거절이나 해약": 욕구충족이나 변화목표가 달성되지 않았으나 사례관리 대상자나 가족/보호자가 사례관리 등록을 철회하고자 하는 경우에 해당함.

(4) "이사": 사례관리 대상자와 가족이 사례관리 관할 구역을 넘어서 이사를 한 경우이나, 이는 행정적인 구역과 관계없이 사례관리 수행을 위한 물리적, 혹은 심리적 접근성을 고려하여 판단함. 즉 관할 지역이 아니더라도 타 사례관리기관으로 이관하는 것보다 현 기관에서의 접근성이 더욱 좋다면 등록을 유지할 수 있음. 이러한 부분에 대한 종합적 판단을 통해 종결여부를 결정함.

(5) "사망": 사례관리 대상자가 질병이나 사고로 인해 사망한 경우이며, 이로 인한 사례관리 대상이 부재한 경우에 해당함.

(6) "연락두절": 사례관리 대상자와 가족이 사례관리자에게 알리지 않고 연락처 등을 변경하여 사례관리자가 연락을 취할 방법을 강구하지 못하여, 실제적인 접촉이 이루어지지 않은 지 3개월이 넘는 경우에 해당함.

(7) "기타": 이상의 사유 이외의 경우에 해당하며, 구체적인 내용을 기록함.

*가족/보호자 종합의견 : 욕구충족/변화목표달성, 계약기간만료, 거절이나 해약, 이사 등을 사유로 종결하는 경우에 사례관리 대상자와 가족/보호자에 대한 종결평가상담을 통해 그동안 사례관리과정에서 경험한 서비스에 대한 평가(만족 혹은 불만족요인), 사례관리를 통한 사례관리 대상자와 가족의 변화와 성장 경험, 이후의 생활에 대한 계획 등을 요약하여 기록함. 종합의견은 사례관리 대상자와 가족/보호자의 의견을 각각 분리하여 기록하되, 상황에 따라 사례관리 대상자 혹은 가족/보호자와의 종결평가상담 내용 중 1개만 기록될 수 있으며, 이 경우는 그 사유를 기록함.

*사후관리 계획 : 사후관리는 "연락두절" 사례를 제외하고 사례관리 대상자와 가족/보호자의 동의를 구한 후 종결 이후의 상황변화에 대한 2회 이내의 재접촉을 의미함. 즉 사후관리의 목적은 종결상황의 안정화 여부의 확인을 통해 종결상태를 확정하거나 재개입의 가능성을 탐색하기 위한 과정임. 따라서 재접촉의 빈도 및 기간은 사례관리 대상자와의 협의를 통해 정하되 접촉빈도는 2회를 넘지 않도록 함.

*사후관리 예정일 : 사례관리 대상자와의 협의를 통해 사후관리 예정일을 잠정적으로 결정하고 사례관리 대상자들이 이때 사례관리자로부터 연락이 올 수 있다는 사실을 미리 알고 대처할 수 있도록 한다는 의미를 가짐. 사후관리 시 접촉방법은 다양한 접촉방법 중 사례관리 대상자가 희망하는 방법, 현실적으로 가능한 방법 등을 고려하여 미리 합의하여 결정함. 종결사유 중 이사, 서비스에 대한 불만족 등의 사유 시 다른 사례관리기관으로의 이관이 필요한 경우가 있을 시 이관계획에 대한 잠정적인 계획을 수립하며, 선정여부·기관명·담당자 이름 등 주요내용을 기록해 둠. 혹은 이관이 이미 확정된 경우는 그 주요정보를 기록함. 이상의 내용에 대해 사례관리 대상자, 가족/보호자, 사례관리자가 종합적으로 합의하며, 그 내용에 대해 각각 서명 확인함.

9) 사후관리

종결 이후 사후관리를 통해 대상자의 상황에 대한 후속적인 점검을 해야 한다. 이는 대상자의 변화된 상태를 유지할 수 있도록 지원하고, 위기상황의 재발을 예방하기 위한 제한적인 활동 목적을 갖는 과정이다. 사후관리 완료 후 일주일 이내 사후관리 보고서를 작성해야 한다.

사후관리 시 핵심 과업으로 사례관리 종결 이후 삶의 안정성 확보, 종결 이후 잠재적 위기에 대한 조기발견 체계 마련 등이 있다.

첫째, 사례관리 종결 이후 삶의 안정성을 확보하기 위해서는 적절한 사후관리 계획과 사후관리 계획에 필요한 과정의 기록이 충실히 이루어지고 있는지 여부를 점검해야 한다.

둘째, 종결 이후 잠재적 위기에 대한 조기발견 체계 마련을 위해서는 대상자의 동의에 의해 대상자와 가족에 대한 사후관리 시행 여부, 대상자가 지속적으로 활용할 수 있는 자원의 모색 및 연계 체계 구축 여부, 사후관리를 통해 대상자에 대한 결과평가를 측정하기 위한 자료 수집이 적절히 이루어지고 있는가? 사후관리를 통해 대상자의 현재 생활환경 조정 및 대상자의 기능 안정성에 대한 사정이 적절히 이루어지고 있는가?를 점검해야 한다.

[서식 13] 사후관리 보고서

<table>
<tr><td>대상자명</td><td colspan="2"></td><td colspan="2">등록번호</td><td></td></tr>
<tr><td>사례 등록일</td><td colspan="2"></td><td colspan="2">사례 종결일</td><td></td></tr>
<tr><td>주소</td><td colspan="2"></td><td colspan="2">전화번호</td><td>(집)
(H. P.)</td></tr>
<tr><td rowspan="3">1차
사후관리</td><td>날 짜</td><td colspan="2"></td><td>접촉방법</td><td>□ 전화상담 □ 내소상담
□ 가정/방문상담 □ 기타</td></tr>
<tr><td>접촉대상</td><td colspan="4">□ 사례관리 대상자 □ 가족/보호자 □ 기타</td></tr>
<tr><td>현 상황요약</td><td colspan="4"></td></tr>
<tr><td rowspan="3">2차
사후관리</td><td>날 짜</td><td colspan="2"></td><td>접촉방법</td><td>□ 전화상담 □ 내소상담
□ 가정/방문상담 □ 기타</td></tr>
<tr><td>접촉대상</td><td colspan="4">□ 사례관리 대상자 □ 가족/보호자 □ 기타</td></tr>
<tr><td>현 상황요약</td><td colspan="4"></td></tr>
<tr><td>사례관리자
종합의견</td><td colspan="5"></td></tr>
<tr><td>추후계획</td><td colspan="5">□ 재개입 □ 타 기관 사례관리 의뢰 □ 종결확정 □ 기타( )</td></tr>
<tr><td>담당자</td><td colspan="2">성명: (서명 또는 날인)</td><td colspan="2">작성날짜</td><td></td></tr>
</table>

출처: 여성가족부(2013). 다문화가족 사례관리 실무활용매뉴얼.

〈사후관리 보고서〉 작성방법

*현 상황 요약 : 1차, 2차 사후관리 중 사후관리 계획에 따라 1차 혹은 1, 2차 모두를 사후관리할 수 있음. 날짜는 실제 사후관리가 이루어진 날짜를 기록함. 접촉방법은 전화 혹은 내소를 구분하여 기록하며, 외부방문을 통한 경우는 가정이나 사례관리 대상자나 가족/보호자가 이용하고 있거나 참여하고 있는 기관에서 이루어진 경우는 "가정/방문상담"으로 체크함. 접촉대상은 사후관리를 위해 접촉한 사람이며, 1회의 사후관리 과정에서 여러 사람과의 접촉이 이루어졌다면 모든 항목에 체크할 수 있음.

*사례관리자 종합의견 : 사후관리를 통해 수집한 정보를 토대로 한 종합 평가결과를 요약 기록함. 사례관리자의 종합의견은 추후계획 및 그 당위성을 반영하고 있어야 함.

*추후계획 : 1차 혹은 1, 2차 사후관리를 통해 수집한 정보를 토대로 본 사례에 대한 종결을 최종 확정을 하거나 본 기관에서의 재개입이 필요하다고 판단된 경우, 혹은 재개입이 필요하지만 타 기관 의뢰를 통해서 재개입이 필요하다고 판단된 경우를 구분하여 기록함.

[서식 14] 사후 척도

1. 한국 생활 만족도

*. 다음은 여러 가지 감정 상태를 나타내는 얼굴입니다.

(1) (2) (3) (4) (5)

다음은 귀하의 한국 생활에 대한 만족정도를 묻는 질문입니다.
귀하는 다음 각각에 대하여 어느 정도 만족하십니까? 해당하는 항목에만 응답해 주세요.

문 항	매우 불만이다	대체로 불만인 편이다	그저 그렇다	대체로 만족하는 편이다	매우 만족한다
A. 한국에서의 생활 전반					
B. 남편과의 관계					
C. 자녀와의 관계					
D. 시댁과의 관계					
E. 이웃과의 관계					
F. 직장 고용주와의 관계					
G. 한국인 직장 동료와의 관계					

2. 평가도구

다음은 응답자 본인과 본인의 상황에 대해 어떻게 생각하는지를 묻는 질문입니다. 각 문항을 잘 읽고 본인의 의견과 가장 가까운 응답을 ① 전혀 그렇지 않다 ② 그렇지 않은 편이다 ③ 그저 그렇다 ④ 그런 편이다 ⑤ 매우 그렇다 중 하나를 골라 답해 주시기 바랍니다.

문 항	전혀 그렇지 않다	그렇지 않은 편이다	그저 그렇다	그런 편이다	매우 그렇다
1. 나는 어려움을 피하지 않고 적극적으로 해결하려고 한다.					
2. 나는 도움이 필요할 때 어디에 가면 도움을 구할 수 있을지 잘 안다.					
3. 나를 격려하고 지지해 주는 사람들이 많다.					
4. 나는 상황을 개선하기 위해 필요한 자원(예로, 가족, 친구, 센터의 서비스 등)들을 잘 활용할 수 있다.					
5. 나는 나에게 도움이 되는 정보를 잘 얻는다.					
6. 자신의 미래를 희망적으로 느꼈습니까?					
7. 전반적으로 자신이 일을 잘하고 있다고 느꼈습니까?					

3. 가족중심실천 척도

다음의 문항들은 사례관리자들과 만나며 경험한 일들에 관한 질문입니다.
본인이 경험한 정도를 ① 전혀 그렇지 않았다 ② 대체로 그렇지 않았다 ③ 중간이다 ④ 대체로 그랬다 ⑤ 항상 그랬다 중 하나를 선택하여 말씀해 주십시오.

문 항 사례관리자 선생님(들)은 ______________	전혀 그렇지 않았다	대체로 그렇지 않았다	중간이다	대체로 그랬다	항상 그랬다
1. 나와 우리 가족의 생각, 습관, 생활방식을 존중해 주었다.					
2. 나와 우리 가족의 형편에 맞게 도움이 되는 일을 권해 주었다.					
3. 나와 우리 가족이 다른 프로그램이나 기관으로부터 가능한 한 쉽게 서비스를 받을 수 있도록 도와주었다.					

4. 서비스만족도 평가

다문화가족지원센터의 사례관리서비스에 대한 전반적 만족도는 다음 중 어떤 표정과 가장 가깝습니까?

(1)	(2)	(3)	(4)	(5)

출처: 여성가족부(2013). 다문화가족 사례관리 실무활용매뉴얼.

6 문제유형별 사례

1) 자녀 교육 및 양육 문제

(1) 사례 개요

- 클라이언트는 중국 국적이며, 부모님의 이혼으로 인해 조선족인 할머니를 따라 한국에 입국하였음
- 한국에서 남편을 만나 결혼을 한 다문화가정임
- 현재 배우자와 자녀와 함께 거주함
- 한국어 구사에 어려움이 있어 주 언어로 중국어를 사용하고 있으며 국적은 미취득 상태임
- 자녀의 언어발달 지연 관련하여 학교 담임선생님이 센터로 사례관리를 의뢰하였음
- 클라이언트는 초기 상담을 통해 자녀의 언어발달 문제와 본인의 한국어교육에 대해 욕구를 표출함

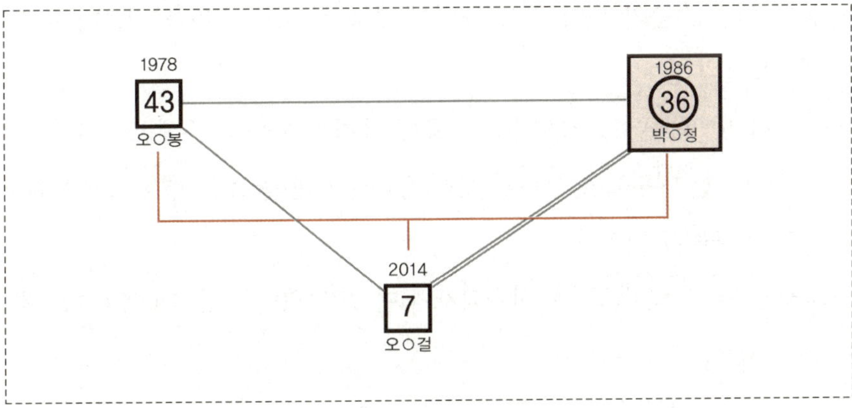

(2) 가족 구성

클라이언트: 박○정 (36세)

- 유년 시절 부모님의 이혼으로 일정한 양육자와 거주지가 없었으며 불안정한 학창 시절을 보냈음
- 사소한 일에도 심리 · 정서적으로 불안함을 느끼며, 특히 자녀 문제에 대한 불안감을 호소함
- 자녀의 언어발달 지연 문제, 취업을 강요하는 시댁과의 불화, 남편의 무관심으로 인해 상당한 스트레스를 받고 있음
- 스트레스로 인한 화를 억제하지 못하는 현상이 최근 들어 자주 발생하고 있음
- 자녀의 담임선생님 권유로 한국어교육에 대한 욕구를 가지게 되었으며 건강한 부모역할을 위해 부모교육을 원함

자녀: 오○걸 (7세)

- 본인 연령 수준의 언어 구사 능력이 부족함. 주로 소리를 지르며 감정 및 의사표현을 함
- 한국어 및 중국어로 지시하는 내용에 대하여 완벽히 수행함
- 마음에 드는 친구들을 부르지 못해 상대방의 몸을 치는 행동으로 표현함에 따라 친구들이 기피함
- 식습관부터 학습태도까지 사회화가 되어 있지 않아 초등학교에서 하나씩 배우고 있음

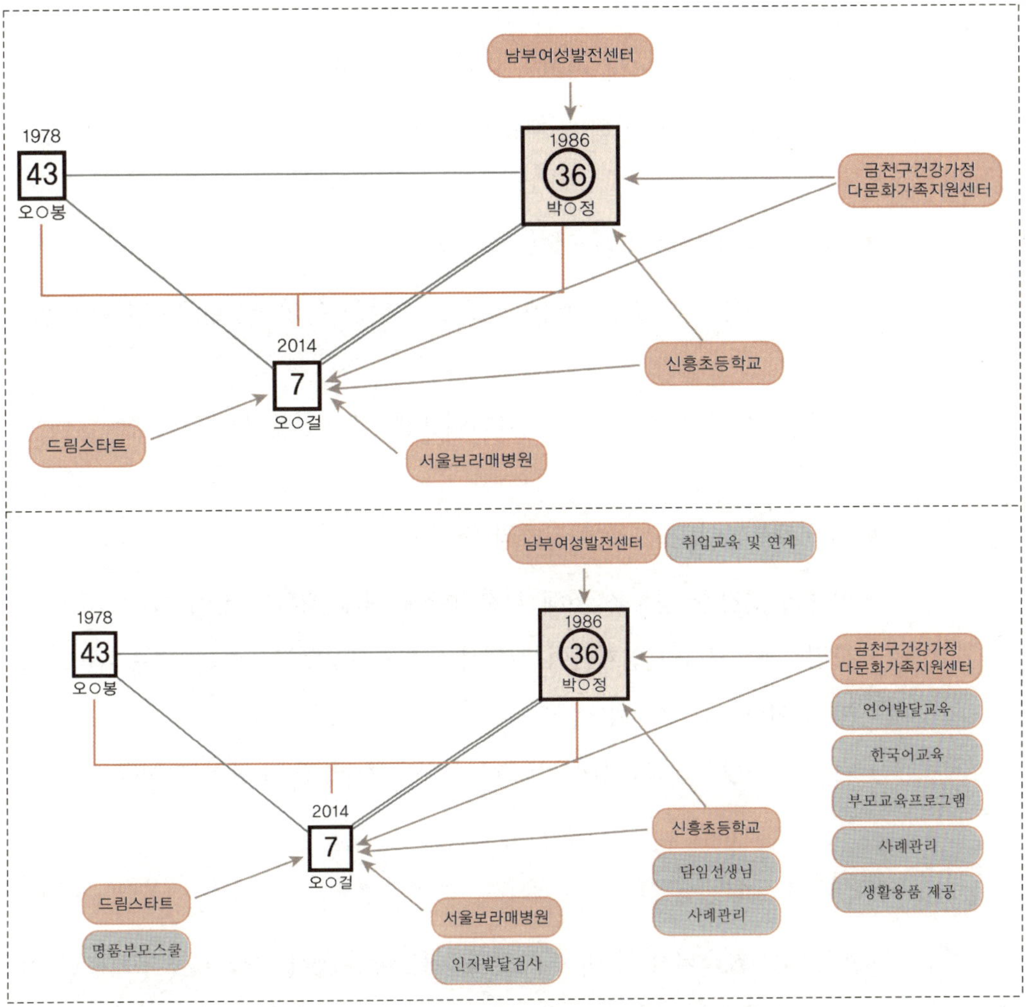

(3) 욕구 및 개입

■ 자녀 양육의 어려움

- 자녀의 언어 문제에 대해 도움받기를 원하고 있음. 본 기관의 언어발달지도 사업에 긴급으로 연계하여 초기평가 후 수업 진행함
- 가족역량강화사업의 배움지도사를 파견하여 자녀의 언어 및 학습지원을 도

모함

- 자조모임 참여로 자녀 연령이 비슷한 결혼이민자들과의 교류를 통해 자녀 양육 정보 교환의 기회를 제공함

■ 의사소통 및 한국어에 대한 두려움

- 수시로 입문할 수 있는 한국어 기초반 수업을 수강하며 한국어 실력을 향상 중임
- TOPIK 2단계를 준비하며 한국어에 대한 자신감을 높이고자 함

■ 부모-자녀 간의 정서적 교류의 어려움

- 자녀의 건강한 성장을 위해 부모역할에 대해 배우고 싶어 함
- 드림스타트센터와 연계하여 진행하는 부모교육프로그램인 '명품 부모스쿨'에 참여하도록 격려함
- 본 센터 문화 프로그램과 연계하여 부모-자녀 간 소통의 기회를 제공함

(4) 변화 내용

- 초반에는 해소되지 않은 욕구 탓에 화를 참지 못하고 소리를 지르며 불안감을 나타냈지만, 사례관리 대상자로 선정된 후 언어발달 초기 검사 및 수업 진행, 가정방문을 통해 센터를 신뢰하고 공손한 모습으로 변모하며 안정감을 찾아가고 있음
- 클라이언트는 초등학교 자녀의 언어발달 지연으로 많이 불안하고 초조해하지만, 어려움에 대해 의지할 곳이 없었음. 자녀의 언어발달교육을 통해 언어가 발전하고 있는 모습을 보이고 있음. "아아, 어어" 표현이 전부였던 초반에 비해 불완전하지만 "마마, 주세요, 이름" 등 언어 구사에 정확성을 보이며

가정 및 학교에서 기대감을 가지고 지켜보고 있음

- 한국어교육을 수강하며 가정 내에서 주 언어를 한국어로 사용하려 노력하고 있으며 자녀의 언어교육에도 적극적으로 참여하며 자신감 있는 모습을 보임. 클라이언트의 한국어교육을 통해 자녀가 한국어 사용 환경에 더 많이 노출될 수 있는 환경을 조성하려 노력 중임
- 소극적이고 부정적이던 생활 모습들이 현저하게 긍정적이고 적극적으로 변화하고 있음. 이러한 상황을 본인이 자각하고 있고 더 나아가려는 열정이 느껴짐. 자녀에게 건강한 부모역할을 할 수 있도록 부모교육에 적극 참여하고 있음

2) 국적 취득 문제

(1) 사례 개요

- 클라이언트 푸ㅇㅇ파 씨는 캄보디아 출신의 결혼이민자임
- 전 배우자와의 사이에서 태어난 자녀 한 명과 현재 사실혼 배우자 사이에서 태어난 자녀를 두고 있음
- 3년 전, 남편의 가정폭력으로 인해 이주여성쉼터에 입소한 후 퇴소하여 인근에 거주하고 있음
- 이혼 후 국적 취득에 대한 어려움 및 신분상의 불안함으로 인해 이와 관련된 정보 제공을 요청함
- 경제적인 이유로 임신 중에 본국을 방문한 이후 단 한 번도 본국에 방문한 적이 없어 고향에 대한 그리움이 오래됨

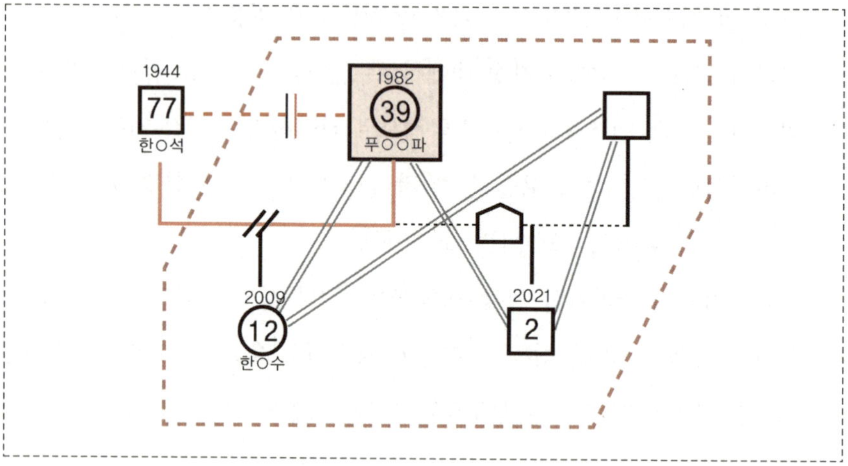

(2) 가족 구성

클라이언트: 푸○○파 (39세)

- 캄보디아 출신 결혼이민자로 국적 취득을 위해 사회통합프로그램에 연계되어 교육 예정임
- 수급비 90만 원과 사실혼 배우자의 근로소득으로 생계를 이어가고 있음
- 본국에서 재봉틀 관련 근로를 하였으며, 영유아 옷(발레복 등)을 전문적으로 제작하였음
- 두 자녀 양육에 책임감과 동시에 부담감을 느끼며 국적 취득 및 경제 활동에 대한 욕구를 표함

자녀: 한○수 (12세)

- 신체 및 정신적 건강상의 문제가 없음
- 현재 사실혼 관계인 부를 잘 따르며, 배다른 동생이지만 동생을 자랑스럽게 여기고 양육에 대해서도 클라이언트를 도와줌

- 학습 부진이 다소 있으며, 방과 후 학습을 진행하고 있음
- 외가에 대한 정보나 문화에 대한 경험이 적어 긍정적인 유대감 형성에 어려움이 있음

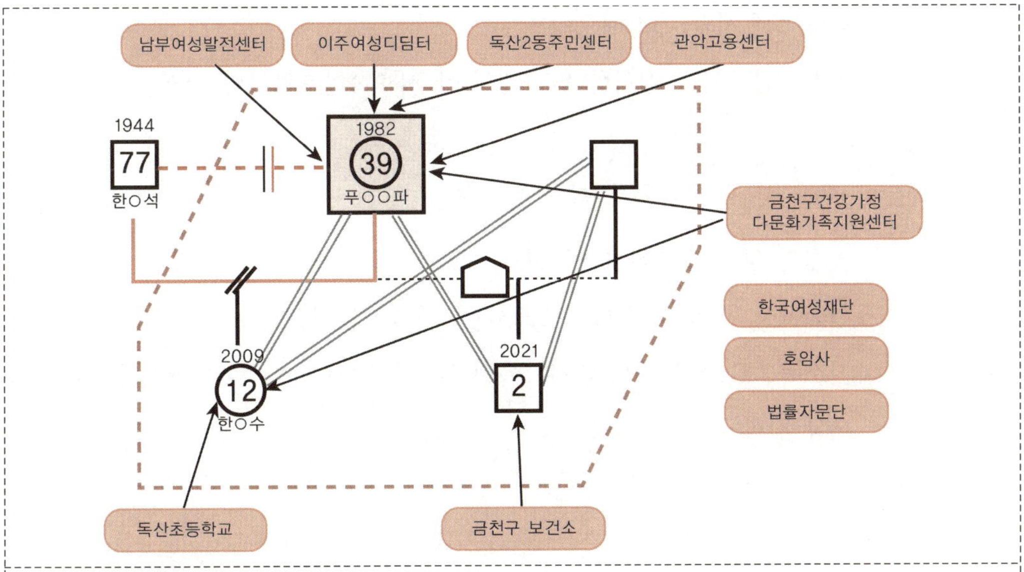

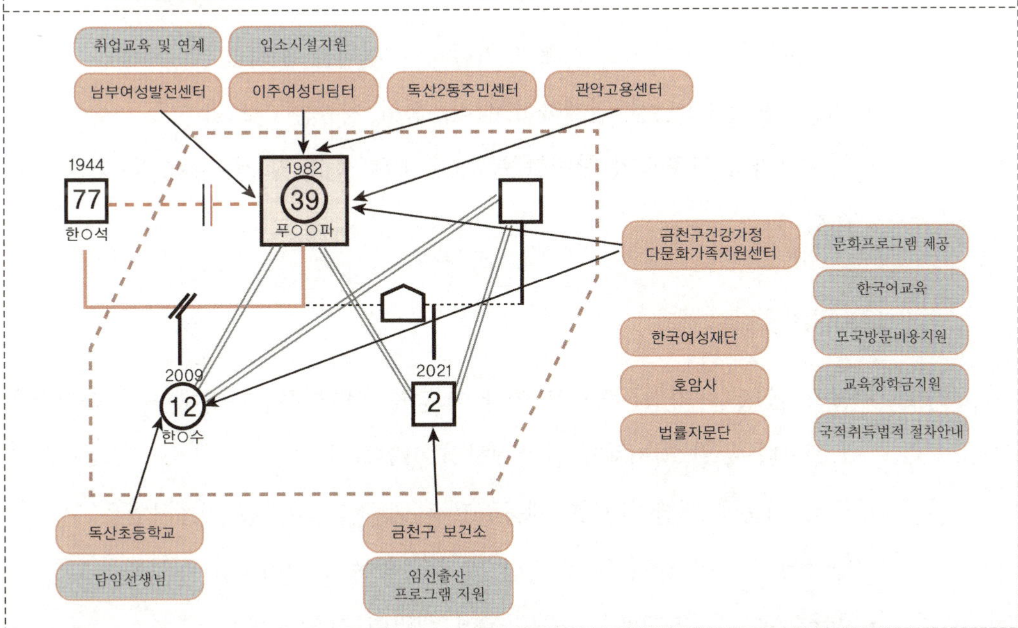

(3) 욕구 및 개입

■ 국적 취득 관련 정보 수집에 대한 어려움

- 국적 미취득 한부모로서 국적을 취득하기 위한 법률관계 자문을 위해 센터 담당 변호사와 매칭해 줌
- 국적 취득 시 면접시험 면제를 위한 사회통합프로그램 연계

■ 경제 및 자녀 사교육 제공 두려움

- 경제적 자립을 위한 취업 정보 제공
- 한국여성재단의 지원으로 모국 방문의 기회 제공
- 저소득으로 인해 자녀의 사교육비 부담을 경감시켜 주기 위해 다문화 가족 대상 장학금 지원 안내

■ 이혼으로 인한 심리 · 정서적 어려움

- 전 배우자의 폭력으로 인해 불안감과 무기력을 호소함
- 개인 및 가족상담을 연계하여 심리, 정서 치유를 도모함
- 한부모가족 자조모임 참여를 통해 유대감 형성 및 자아존중감 향상에 기여함

(4) 변화 내용

- 클라이언트는 가정폭력으로 인한 이혼 후, 경제적인 자립에 대한 불안감을 느꼈으나 주변 지지체계가 존재하지 않았음
- 국적 취득에 대한 정보를 제공하고 사회통합프로그램 연계하였음
- 한국어 실력이 좋지 않아 취업 및 근로활동에 어려움을 겪었음
- 한국어교육을 연계함으로써 한국어 실력이 향상되었음

- 경제적인 어려움으로 인해 사교육을 제공하기 어려워 학습 부진을 겪는 자녀에게 우리 장학재단 장학금 연계를 진행하였음
- 모국 방문을 통해 클라이언트의 친가와 자녀의 긍정적인 관계 형성에 기여하였음
- 대상 가정이 타지에서 심리적 및 정서적으로 자립할 수 있게끔 원조하였음
- 다양한 프로그램 연계를 통해 클라이언트와 자녀 간의 유대감을 향상시켰음

3) 취업 문제 -①

(1) 사례 개요

- 클라이언트는 베트남 출신 결혼이민자임
- 현재 이혼한 전 배우자와의 사이에서 태어난 두 명의 자녀를 둠. 전 배우자와 클라이언트가 각각 한 명씩 양육 중임
- 자립심과 생활력이 강하며, 현재 자활센터 공공근로로 양로원에서 근무하고 있음
- 현재 업무의 전문성을 확보하고자 자격증(간호조무사, 사회복지사) 등을 취득하고자 함
- 방송통신고등학교에 재학 중이며 보다 안정적인 취업을 위해 대학 학위를 취득하고자 함
- 자녀의 학교 부적응 및 소통의 어려움 등 양육에 대한 어려움을 호소함

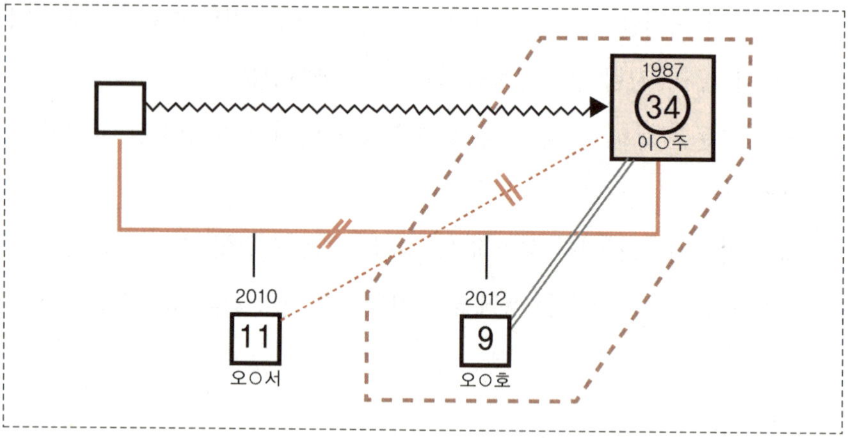

(2) 가족 구성

클라이언트: 이○주 (34세)

- 베트남 출신 결혼이민자로 현재 귀화하여 한국 국적을 취득하였음
- 자활센터 공공근로 양로원에서 근무하고 있으며 월 100만 원의 근로소득과 주거급여 12만 원으로 생계를 이어가고 있음
- 직업에 대한 만족도가 높고, 현재 방송통신고등학교에 재학 중임
- 현재 하고 있는 업무를 보다 전문적으로 하고 싶어 함

자녀: 오○호 (9세)

- 주의가 산만하고 클라이언트와 상호작용의 어려움이 있음
- 학교 부적응, 또래관계, 소통의 어려움 등의 문제를 가지고 있음
- 학교 돌봄교실 및 방과후수업으로 축구 수강 중임. 합기도 및 눈높이 영어교육을 받고 있으며, 수학과 국어를 추가적으로 진행할 예정임
- 클라이언트와의 관계는 좋은 편이나 잦은 야근으로 인해 자녀 양육에 대해 공백이 발생함

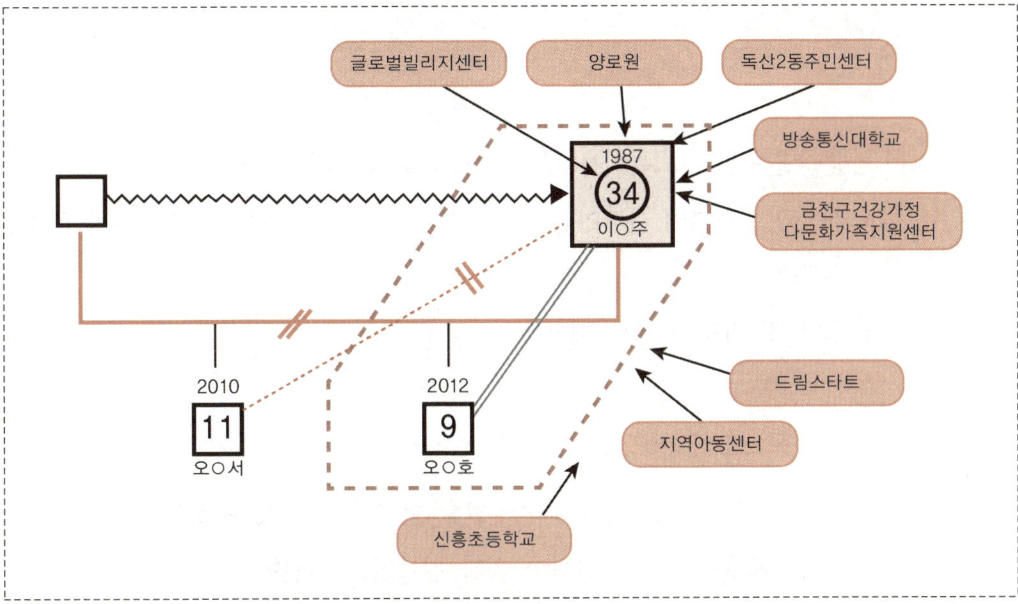
글로벌빌리지센터
양로원
독산2동주민센터
방송통신대학교
1987
34
이○주
금천구건강가정
다문화가족지원센터
2010
11
오○서
2012
9
오○호
드림스타트
지역아동센터
신흥초등학교

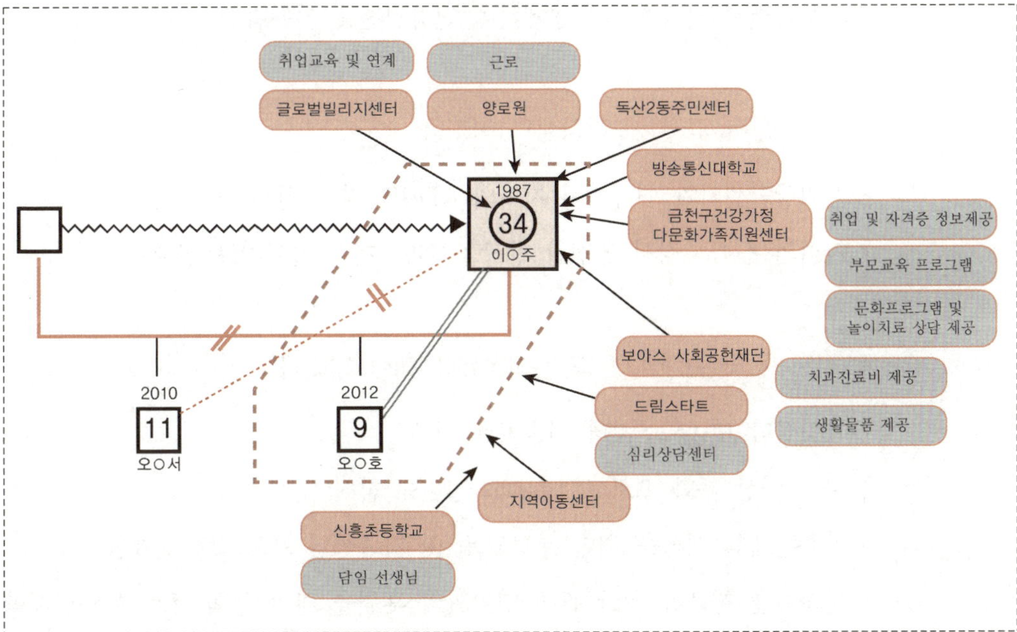
취업교육 및 연계
근로
글로벌빌리지센터
양로원
독산2동주민센터
방송통신대학교
1987
34
이○주
금천구건강가정
다문화가족지원센터
취업 및 자격증 정보제공
부모교육 프로그램
문화프로그램 및
놀이치료 상담 제공
보아스 사회공헌재단
치과진료비 제공
생활물품 제공
드림스타트
심리상담센터
2010
11
오○서
2012
9
오○호
지역아동센터
신흥초등학교
담임 선생님

(3) 욕구 및 개입

■ 취업 및 자격증 관련 정보 수집에 대한 어려움

- 운전면허증, 사회복지사 및 요양보호사 등 자격증 정보 제공
- 취업과 관련하여 클라이언트는 자격증 취득과 방송통신대학교 진학에 대한 욕구를 표함
- 취업 및 자격증 정보 제공

■ 저소득으로 인한 의료비 부담의 어려움

- 경제적 어려움으로 인해 치과진료를 받지 못하고 있는 상황이므로 보아스 사회공헌재단의 후원을 받아 치과 진료비를 지원함
- 서울특별시 서남병원과 연계하여 건강검진을 지원함

■ 자녀 정서 및 정신 건강상의 어려움

- 심리상담센터와 연계하여 자녀의 ADHD 검사 실시
- 자녀의 심리 · 정서 안정감 향상을 위한 개인 놀이치료 연계

■ 부모-자녀 관계개선 및 문화향유에 대한 어려움

- 개인상담 및 부모-자녀 미술치료 연계
- 자녀 대상 문화 프로그램(아무파티 챌린지) 참여
- 가족관계의 개선을 위한 부모교육 및 가족상담 프로그램 연계함
- 문화예술 향유를 위한 관내 영화관의 후원을 받아 문화 프로그램 연계함

(4) 변화 내용

- 경제적인 자립 욕구가 강한 클라이언트를 위해 운전면허 자격증, 간호조무사

및 사회복지사 자격증 등 취업 관련 정보를 제공하였음. 현재 운전학원과 간호조무사 학원에 등록하여 수강 준비 중임

- 추후 자격증을 취득하여 현재 일하고 있는 양로원에서 정규직원이 되고 싶은 꿈이 생김
- 치과 치료비에 부담을 느낀 클라이언트에게 의료비를 지원하였으며, 생활용품을 제공하여 기본적인 생활을 영위할 수 있도록 원조함
- 가족관계 향상 프로그램에 참여하여 자녀와의 긍정적인 애착관계를 형성하였음
- 자녀는 ADHD 소견이 있어 약물 복용 및 놀이치료를 진행하고 있음
- 클라이언트는 미래에 대한 희망을 가지고 있어 현 상황을 포기하지 않고 적극적으로 자립을 위해 노력 중임
- 놀이치료를 통해 자녀의 학교 적응 및 또래관계가 개선되어 학교생활 전반에 걸쳐 만족감을 표함

4) 취업 문제 -②

(1) 사례 개요

- 클라이언트는 이주여성쉼터에서 한 달 전에 퇴소한 베트남 출신의 한부모 가정임
- 안정적인 정착 생활을 위해 초졸, 중졸 검정고시를 준비하여 합격이라는 결과를 이루어 냈으며, 현재 고졸 검정고시를 준비하면서 또 다른 출발을 준비하고 있음
- 임신 5개월 때 전 남편의 폭언과 폭행으로 인해 경찰서에서 이틀간 임시 보호를 받았음
- 임신 9개월 때 다시 남편의 폭행으로 경찰서에서 신고 접수가 되면서 본 기

관으로 의뢰됨

- 주변 자원이 전무하여 막막한 상황에서 자녀와 자립하기 위해 고군분투하는 적극적인 성격을 소유함

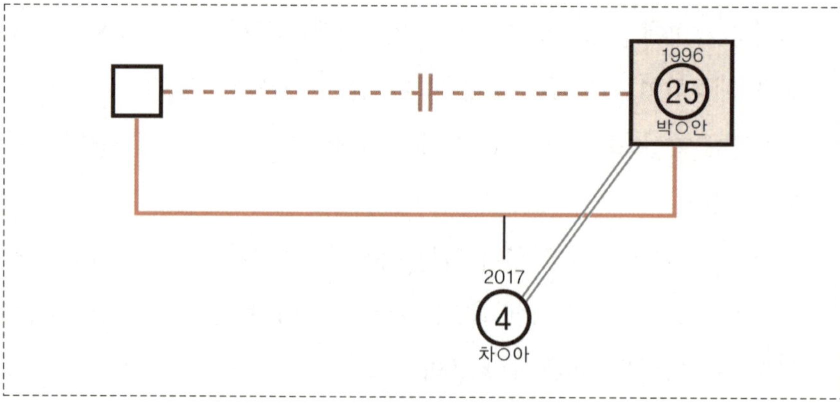

(2) 가족 구성

클라이언트: 박○안 (25세)

- 이주여성디딤터에서 마련해 준 빌라에서 자녀와 거주하고 있으며 월세 20만 원을 납부하고 있음
- 대상자는 취업을 위해 8월 검정고시 공부를 하고 있으며, 취업에 대한 욕구가 있음
- 8월 검정고시 후 생계유지를 위한 경제활동을 원하며 차후 간호조무사를 계획하고 있음
- 자녀가 대상자와 함께 시간을 보내고 싶어 하지만 심적으로 여유가 없어 미루고 있음

자녀: 차○아 (4세)

- 어린이집에 오전 8시 등원하여 19시 하원하고 있음
- 어린이집 등원에 거부감 없으며 교우관계가 원만함
- 한국어를 사용하며 베트남어는 구사할 줄 모름
- 아빠의 부재에 대하여 궁금해하며 대상자에게 물어봄

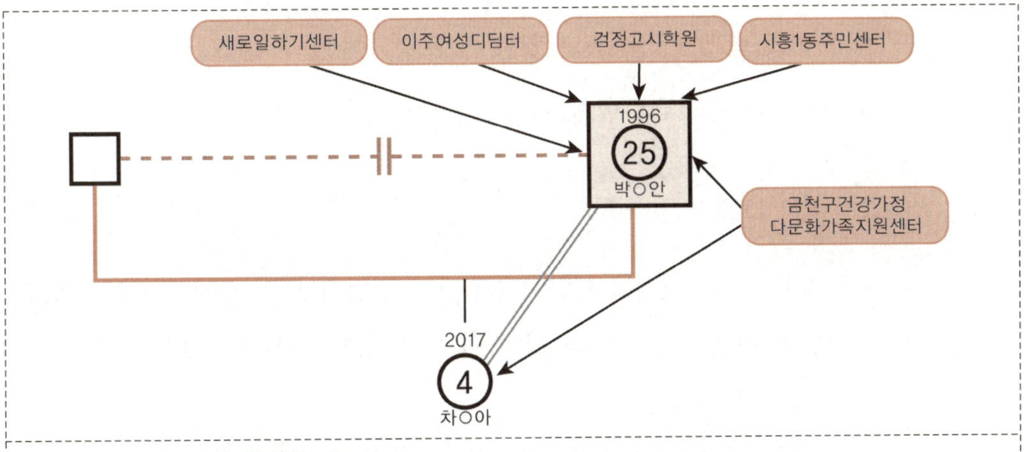

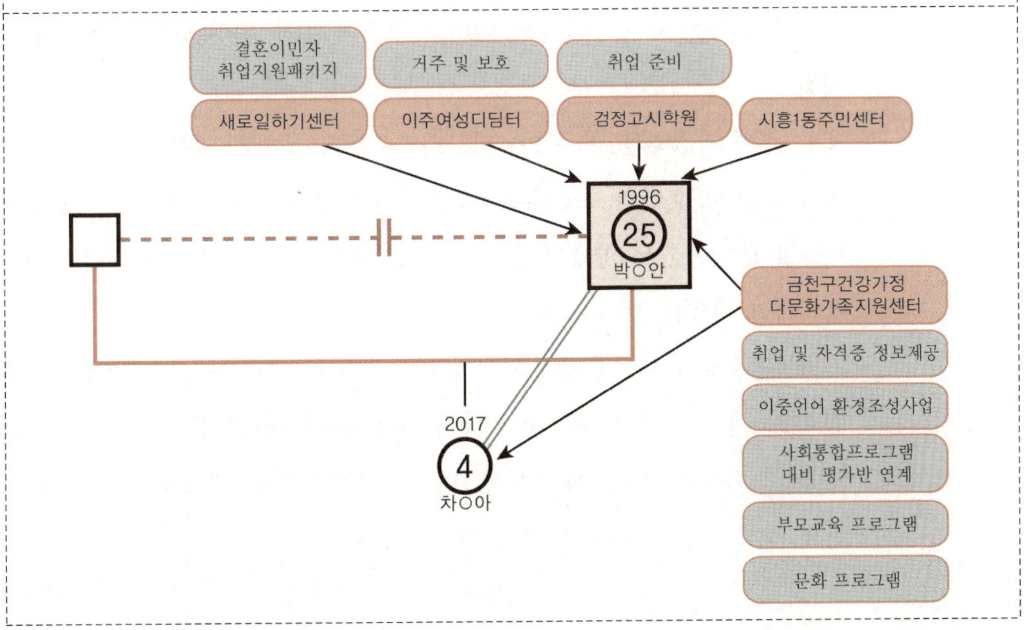

(3) 욕구 및 개입

■ 생계유지를 위한 취업 정보 안내 및 취업을 원함

- 취업에 필요한 한국어교육 프로그램 연계
- 네일, 미용 관련 자격증 및 취업 정보 제공
- 새로일하기센터의 결혼이민자 취업지원 패키지 연계

■ 자녀와 함께 할 수 있는 활동 및 프로그램 안내 원함

- 센터 문화프로그램 연계(이중언어환경조성사업, 가족 사랑의 날, 해피투게더 등)

(4) 변화 내용

- 클라이언트는 생계에 대한 부담감으로 취업에 모든 관심이 쏠려 있었음
- 다양한 취업 정보에 관한 안내 결과, 검정고시 및 국적 취득 준비를 통해 구직활동을 도모함
- 자격증 취득을 통한 안정적인 일자리 구하기 위해 취업에 대한 욕구가 강해짐
- 네일 관련 자격증을 취득하여 파트타임으로 근무하고 있음
- 초기 상담 시, 불안과 초조함뿐이었던 클라이언트는 사례관리 담당자를 향해 미소를 보이며 자녀 양육에 필요한 의료정보 안내 및 교육 프로그램 참여에 적극적인 자세를 보이고 있음
- 기초생활수급자로 선정되어 생계에 대한 부담을 덜었으며, 사회통합프로그램 평가 대비 교실 연계를 통해 국적 취득 준비를 하고 있음. 클라이언트는 8월까지 검정고시와 국적 취득을 마치고 취업을 위한 계획을 세우며 제2의 한국 정착 생활을 위해 노력 중임

5) 경제적 빈곤 문제

(1) 사례 개요

- 클라이언트는 중국 국적이며 전 남편의 게임 중독 및 방임으로 이혼 후 두 자녀를 양육하고 있음
- 초등학교 중퇴로 정규 학습 과정을 밟지 못해 학습 수준이 낮으며 이로 인해 자녀 학습지도에 어려움을 느낌
- 우울증, 갑상선 기능저하, 퇴행성관절염으로 한 달에 한 번 병원 처방약을 먹고 있음
- 질병으로 경제활동이 어려우며 기초생활수급비로 생활하고 있음
- 여유롭지 않은 경제 상황으로 인해 적절한 영양공급이 어려워 성장 발달이 지연되고 있음
- 기본 식사는 라면, 죽 등으로 대체하며, 이마저도 없을 시에는 굶는 일도 허다함
- 자녀 1은 중학교 1학년에 재학 중이며 지적장애가 있어 등교 시 활동보조원이 동행함
- 자녀 2는 드림스타트 사례관리 대상으로 미술치료 서비스를 제공받고 있음

(2) 가족 구성

클라이언트: 박○연 (47세)

- 초등학교 중퇴로 정규 학습 과정을 밟지 못해 학습 수준이 낮고, 한 달에 한 번 병원 내원하여 처방 받은 약을 먹고 있음
- 질병으로 인해 경제활동이 어려워 기초생활수급비로 생활하고 있음
- 자녀들에 대한 애정은 높지만 양육 태도가 일관적이지 않고 과격한 언어표

현이 많고 차분한 설명보다는 화를 잘 내는 편임

자녀 1: 이○정 (14세)

- 지적장애 2급으로 등하교 시 활동보조원의 도움으로 귀가함
- 장의 기능이 약해 저신장, 저체중이며 아토피가 매우 심함

자녀 2: 이○호 (13세)

- 모의 건강상태가 좋지 않고, 아동의 누나는 지적장애가 있어 가정 내 보살핌이 필요한 나이임에도 가정 내 정서적 지지를 받지 못함
- 자기표현을 어려워하고 타인과의 관계 형성에 어려움이 있으며 수동적 공격성을 보임
- 코로나로 인해 지역아동센터 이용시간 이외에 길에 있는 시간이 많고, 대부분 시간을 핸드폰 게임으로 보내며 일상생활이 불규칙함

(3) 욕구 및 개입

■ 경제적 어려움

- 경제적인 어려움에 대해 도움받기를 원하여 동복지협의체와 연계하여 김장김치, 떡국 등 식료품 및 생필품을 지원함
- 다문화 가족 이주여성 건강관리 사업 연계를 통해 건강검진을 지원함
- 3개월 이상 공과금이 연체되어 가족역량 강화 지원사업 위기대상으로 선정되어 미납금을 지원함

■ 자녀의 양육 및 학습의 어려움

- 자녀 학습지원을 원해 가족역량강화사업의 배움지도사를 파견하여 자녀의 학습지원을 도모함
- 본 센터 문화프로그램 연계를 통해 여가활동 능력 향상을 도모함

(4) 변화 내용

- 클라이언트는 질병으로 경제활동이 불가능하며 이로 인해 경제적으로 많은 어려움을 가지고 있음
- 대부분의 끼니를 시리얼로 대체했으나 가족역량강화 지원사업의 생필품 지원으로 정상적인 식사가 이루어짐
- 대부분의 시간을 핸드폰 게임으로 보내던 자녀가 학습지원으로 공부하는 시간이 늘어남
- 센터에서 연계된 문화프로그램 참석을 통해 여가시간을 유익하게 보냄
- 부모교육을 통해 양육 태도가 일관적이지 않고 화를 내던 방식에서 자녀와 소통하며 하나씩 맞춰 가며 건강한 부모역할을 감당하고 있음

Chapter 4

다문화 가족과 교육

1 다문화 가족 교육

다문화 교육(Multicultural education)은 다양한 문화적 배경을 가진 피교육자들에게 공평한 교육적 기회를 제공하는 교육이다.

다문화 사회는 정보화 사회, 지구촌 등으로 표현되는 21세기의 다양한 모습 중 하나이다. 수많은 인류와 물적 자원들이 국경선을 넘나들고, 또한 합쳐지며 새로운 문화를 만들어 내고 있다. 한국도 마찬가지로 이러한 사회의 흐름에 따라 총인구 대비 약 2%의 비율을 다문화가정이 차지하고 있다. 물론, 역사적으로 오래된 다문화 사회를 이루고 있는 유럽국가와 미국에 비하면 낮은 비율이지만, 세계 인구 대비 평균 디아스포라(Diaspora)가 2.5%인 것을 감안했을 때, 한국은 지속적으로 다문화 사회에 근접하고 있다고 볼 수 있다. 교육부 자료에 의하면, 이미 국제결혼 가정 자녀의 17.6%가 외모 차이와 언어 미숙으로 인하여 학교 부적응을 겪고 있는 것으로 나타났다. 한국이 그동안 단일민족과 혈통을 강조했던 사회라는 점에서 다문화 사회로의 변화에 대한 적절한 대응이 필요하고 그러한 대응의 하나로 대두된 것이 다문화 교육이라고 할 수 있다.

1) 다문화 교육의 의미

미국에서는 1970년대부터 다문화 교육이라는 용어를 사용하였다. 다문화 교육을 정의하는 것은 학자마다 조금씩 다르다. 그중 다문화 교육의 선두자격인 뱅크스(Banks)는 다문화 교육을 다음과 같이 정의하고 있다. “다문화 교육은 교육철학이자, 교육개혁 운동으로 교육기관의 구조를 바꾸어 피교육자들에게 평등한 교육 기회를 제공하는 것이 중요한 목표다.” 또한 여러 개념을 조합한 베넷(Bennett)은 다문화 교육의 네 가지 구성요소를 평등교육, 교육과정 개혁, 다문화적 능력, 사회

정의를 향한 교육으로 구분하여 "다문화 교육은 평등교육을 목표로 교육과정 개혁을 통하여 주류집단과 소수집단의 모든 사람이 다문화적 능력을 배양하여 사회정의의 실현에 참여할 수 있도록 하는 교육"이라 정의하였다.

베넷의 다문화 교육의 정의의 네 가지 구성요소 중 평등교육은 다문화가정의 자녀에게 학교에 입학하는 기회를 제공하는 것과 같은 기회의 평등에 그치는 것이 아닌 각각의 아동이 가지고 있던 잠재력을 발현할 수 있도록 또는 문화적 차이에 따른 결핍이 없도록 지원해야 함을 의미하는 과정의 평등이다. 다음으로 교육과정 개혁은 다른 사람의 입장이 되어 판단할 수 있는 비판적 사고력을 키울 수 있는 내용이 교육과정에 포함되도록 하는 것이다. 다문화적 역량은 다양한 방식으로 인식하고 생각하고 평가하고 행동할 수 있는 역량을 말하는데, 자국 내 또는 국가 간에 존재하는 문화적 다양성을 이해하고 조율하는 방법을 학습하는 것이 중요하다. 마지막으로 사회정의를 향한 교육은 사회정의를 향한 교육을 통해 깨닫지 못했던 인종차별, 계급차별 등의 차별을 인식하고 적절한 대응이나 문제해결 행동으로 옮기는 것이다.

다문화 교육의 지향점은 크게 다음과 같이 세 가지로 구분된다.

첫째, 사회 분열이 아닌 사회통합을 지향하는 교육

둘째, 민주적 가치를 전체 구성원에게 확장하는 교육

셋째, 소수집단이 아닌 모든 집단을 위한 교육

(1) 다문화 교육 대상

다문화 교육의 대상을 어느 범위까지 포함해야 하는지에 관한 논의는 크게 두 가지 대립되는 의견으로 나뉜다.

주류집단으로부터 소외되거나 차별받는 사회문화적 소수집단에 한정하고 있다.

다문화 교육의 대상을 전체 구성원으로 확대해야 한다. 특히 세계화에 따른 다원화가 가속화되고 있는 상황에서 이해관계의 충돌이나 대립 가능성이 높은 집단들이 동일한 사회적 공간에 병존할 가능성이 높기 때문에 사회통합과 평화적 존속을 위해 전체 구성원을 대상으로 다문화 교육을 실시해야 한다.

(2) 다문화 정책의 도입

1980년대 후반, 소위 3D 업종이라 불리는 노동시장의 인력부족 해소를 위해 외국인 노동자들이 입국하기 시작했고, 1990년대 후반 국제결혼이 증가하면서 결혼다문화 여성들이 늘어났다. 하지만 이주민에 대한 정책이 제도화된 것은 2000년대 중반에 이르러서이다. 참여정부는 소수자 차별에 많은 관심을 기울였는데, 2005년에는 시민단체, 학계, 관계부처 등의 협의를 거쳐 '외국인 정책 기본방향 및 추진체계'를 논의하였고, 2006년에는 '결혼이민자 지원 종합대책'을 발표하였다. 2007년에는 「재한외국인 처우 기본법」을 통해 외국인정책위원회를 구성하여 5년 단위의 외국인 정책을 수립해야 함을 제정하였다.

(3) 다문화 교육의 문제점

국가적 차원에서 다문화에 대한 관심이 증가하고, 정책이 수립됨에 따라 다문화 교육도 시작되었다. 하지만 한국의 다문화 교육은 몇 가지 문제점을 가지고 있다. 한국 다문화 교육 사례의 특징을 세 가지로 요약하면, "첫 번째, 현재 한국 다문화 교육의 특징은 분절성이다. 우선 다문화 교육의 대상 측면에서 이주민에 대한 교육과 내국인에 대한 교육이 분리되어 있으며, 이주민 내부에서도 다문화 여성과 그 자녀라는 특정 대상에 편중되는 현상이 나타난다. 다문화 교육을 수행하는 기관 측면에서는 정부 각 부처별로 기존 정책이나 기능의 연장선상에서 다문화 교육 프로그램을 확대 운영하는 사례들이 있다. 이처럼 부처 간 경쟁과 중복사업이 반복되는 관행은 다문화 교육 프로그램을 더욱 세분화하는 결과가 있다. 명목상으로는 각각의 교육 수요에 맞는 다양하고 세분화된 프로그램, '맞춤형' 서비스를 이야기하지만, 결과적으로 거시적인 사회통합에 기여하는 다문화 교육의 지향점에 대한 토론의 결핍을 초래하고 있다. 두 번째는 다문화 교육에서 문화의 의미에 대한 체계적인 접근이나 사회적 합의가 형성되지 못한 것이다. 다문화주의를 채택한 국가에서 다문화정책의 근간이 되는 소수자 문화공동체에 대한 집단적 권리의 인정은 한국의 이주 현실에는 아직 들어맞지 않으며, 이를 지향하는 다문화 교육 사례도 찾아보기 힘들다. 한국 다문화 교육의 어젠다 안에서 문화권은 개인 기본권의 연장선상에서, 사회적 소수자인 이주민 인권의 연장선상에서 사고되는 경향이 있다.

2) 다문화가정 자녀 교육의 정책적 과제

다문화가정 자녀를 위한 교육의 요구에 대해 정책적 과제를 꾸준히 반영해 왔다. 일반적으로 다문화가정 자녀 교육의 주체를 살펴보면 다음과 같다.

첫째, 가정에서 부모의 역량 강화가 필요하다.

다문화가정 부모들의 자녀 교육에 관한 다양한 정보 습득의 기회 제고, 다문화가정 부모 대상 언어교육을 통해 이들의 교육지원 역량 강화, 학생의 교육결과(학업성취와 같은 지적 발달은 물론 사회적, 정서적, 신체적 발달 등)에 가정의 사회적 자본이 미치는 요인을 감안하여 학부모들 특히 한국인 아버지와 자녀에 대한 심리적 지지 역할을 강화하는 가족 단위의 정책 마련, 어릴 때부터 어머니 나라의 언어와 문화에 노출되도록 어머니에 대한 긍정적 태도 형성을 돕고 세계화 시대의 인재로 양성 등이 있다.

둘째, 학교에서 교사의 역량 강화가 필요하다.

교사의 다문화가정 학생에 대한 관심 제고 및 이들 가정과 상호 교류기회 확대 노력, 교사들의 다문화 교육에 대한 부담감 해소를 위한 연수 기회 확대, 다문화 교육 관련 학생상담, 교수전략 등에 관한 정보 공유 등의 방법이 있다. 통계에 의하면 다문화가정 자녀들의 학교 따돌림 건수는 예상만큼 많지 않았다. 어렸을 때부터 또래들과 자주 접촉하도록 유도하는 프로그램이 효과적이다.

셋째, 미디어의 역할 제고가 필요하다.

다문화가정에 대한 선정적 보도 태도를 지양하고 균형감 회복, 성공적으로 살아가는 다문화가정의 사례 확산 및 공유 노력, 외국의 사회경제적 현실과 문화적 전통에 대한 이해를 제고할 수 있는 프로그램 개발 및 운영에 대한 노력이 필요할 것이다.

넷째, 시민단체의 교육 역량 강화가 필요하다.

이주민의 학습권 보장을 위한 인권 보호 차원의 노력, 그리고 중 · 고등학생의 자발적이고 활발한 학습 봉사 참여 유도 등이 있다.

다섯째, 당사자 자조모임 역량 강화가 필요하다.

장기적으로 이주민 2세, 3세의 사회진출과 정주민들과의 공존을 위해 다양성 속의 일치라는 공생의 논리 개발 및 지속적 추진, 그리고 다문화 시민권의 이념에 입각해 이주민 가족의 경제적, 문화적, 정치적 자립 역량 강화를 위한 정책적 지원이 필요하다.

3) 교육대상의 다양화 및 차별화

교육대상에 따른 다양성이 있으므로 이에 세 가지로 세분화할 수 있다.

(1) 이주민 2세대 교육

이주민 2세대 교육은 한국 사회에 적응한 정도에 따라 다른 접근이 필요하다. 다른 모습, 다른 사고방식에 따라 접근하는 방법, 다른 외관, 비슷한 가치관에 따라 접근하는 방법, 비슷한 모습, 다른 문화에 따라 접근하는 방법, 비슷한 모습, 비슷한 문화에 따라 접근하는 방법이 있다.

① 다른 모습, 다른 사고방식

대부분 국내 이주 기간이 짧고 한국어 구사 능력이 낮으며 피부색도 다른 경우에 속한다. 의사소통이 원활하지 못하여, 주류문화인이 막연한 두려움을 가지고 있고 이방인이라는 인식이 강하다. 이런 유형의 사람들은 이주의 목적보다 출신국 문화권별로 분류하고 접근하는 것이 바람직하다.

② 다른 외관, 비슷한 가치관

한국에 오래 거주하면서 행동양식이나 세계관이 한국인과 비슷한 경우, 혹은 한국에서 태어나거나 한국 체류기간이 긴 학생, 자신을 한국문화의 성원이라고 생각하나 다른 외관 때문에 주류문화인들이 이들을 외국인으로 여기는 경우 등이 포함되며, 다문화 교육 정책의 가장 큰 혜택을 받는다. 이주민 대상의 동화주의나 문화적 박탈 패러다임보다는 주류문화 학생 대상의 문화적 차이 패러다임에 근거한 교육이 더욱 바람직하다.

③ 비슷한 모습, 다른 문화

중국이나 일본 등 민족이 다른 경우와 새터민이나 입국재외동포(조선족, 고려인)와 같은 민족을 포함한다. 주류문화인은 이주민들의 외양이 비슷해 내면적으로 자신들과 같다고 생각한다. 서로 다른 문화가 조화롭게 공존하기 위해서는 한국적 다문화 교육에 따른 어느 정도의 통일이 필요하다.

④ 비슷한 모습, 비슷한 문화

한국문화 구성원과 외양과 사고방식에 있어 차이가 없지만, 다문화가정 학생으로 분류되는 경우에 속하며, 별도의 교육지원이 불필요하다.

(2) 정주민 대상 교육

정주민 대상 교육은 통합적, 다원적, 성찰적, 행동적 시민상의 구축을 위한 교육을 실시한다.

(3) 활동가 교육

민간단체 상근 활동가 대상 재교육이 필요하다. 이주민과 정주민을 대상으로 다문화 교육을 하고자 한다면 무엇보다 담당 상근자의 전문 역량이 강화되어야 한다.

그러므로 다문화 교육의 진정한 의미는 다음과 같다. 가장 이상적이고 현실적인 다문화 교육을 위해서는 두 가지 현상이 균형을 이루며 발전해야 한다. 이에 Mainstreaming(주류화)을 설명할 수 있는데, 다문화가정 자녀가 사회 구성원으로서 성공적으로 자리 잡기 위해서는 주류사회로의 통합이 필요하다.

현실적으로 모든 다양성이 공존하는 정책은 다수자와 소수자의 동등한 관계 형성에 어려움을 초래한다. 또한, 소수자의 안전한 공간 확보가 필요하다. 무조건적으로 mainstream(주류화) 사회로의 통합을 강요하기보다는 그들의 '다름'을 인정해 주면서 각각 다른 차이에 맞추어 하나로 융합할 수 있는 전체적인 사회상을 꾸려 나가는 것이 더 중요하다. 그러기 위해서는 다문화가정 후원 프로그램뿐만 아니라 이주민 스스로 운영하는 단체에 대한 지원이 필요할 것이고, 사회 구성원들의 의식 전환과 다문화가정 자녀들을 위한 맞춤식 교육이 필요할 것이다.

2 다문화 가족 생애주기별 교육

생활주기는 시간의 흐름에 따른 가족의 생성, 성장, 성숙 그리고 소멸에 이르는 발달단계를 말하며, 각 단계는 가족 내의 주요한 변화를 중심으로 발생한다.

시간의 경과에 따른 가족 내의 발달적인 경향을 지칭하는 용어로, 이를 통해 가족의 움직임과 상호관계를 이해할 수 있다. 개인의 발달과 마찬가지로 가족 역시 각 발달단계마다 주요한 발달 과업이 있으며, 특정 단계에서 일어날 수 있는 문제들이 존재한다. 가족 발달 과업은 과업의 성공 또는 실패 경험이 가족 구성원의 기능과 성장에 영향을 준다. 에블린 듀발(Evelyn Duvall)은 가족생활주기를 여덟 가지로 나누었으며, 부부의 결혼을 가족의 시작으로 간주하고 배우자가 사망하는 시점을 가족의 소멸 단계라고 보았다.

에블린 듀발(Evelyn Duvall) 생활주기별 단계의 특징과 발달 과업은 다음과 같다.

- 1단계: 신혼기 가족(결혼~첫 자녀 출산 전) - 결혼이라는 새로운 삶의 형태와 남편과 아내라는 새로운 역할에 적응하는 시기
- 2단계: 자녀 출산기 - 부부가 부모로서의 역할을 받아들이며, 자녀의 인격과 인성의 발달이 이루어지는 시기

- 3단계: 학령 전기 자녀기 - 첫 아이가 유치원에 입학할 시기로, 가족 전체의 에너지가 아동에게 집중되는 시기
- 4단계: 초등학교 자녀기 - 첫 자녀가 초등학교에 입학하는 시기
- 5단계: 중 · 고등학교 자녀기 - 부모는 중년기, 자녀는 청소년기를 맞이하게 되며, 부모-자녀 세대 간에 갈등이 발생함
- 6단계: 성인 자녀기 - 자녀들이 사회로 진출하는 시기로, 자녀들은 가족 대신 사회생활에 에너지를 집중
- 7단계: 중년기 - 자녀들이 독립하고 부부만 남아 빈 둥지(empty nest) 시기라고도 부름. 부모로서의 책임감을 부부간 상호관계 중심으로 이전해야 하는 시기
- 8단계: 노년기 - 부모가 만성적으로 신체적 질환을 나타내며 자녀들이 부모의 보호자가 되는 시기. 이 시기 부모는 노화와 배우자의 죽음에 적응하게 되며 자녀들에 대한 독립과 의존을 균형 있게 조절해야 하는 시기

3 다문화 사회 시민교육

1) 다문화 사회 시민교육의 현황

현재 가속화되고 있는 지구화는 1980년대 이후 서구사회에서 전 지구적 자본의 흐름에 의한 경제적, 구조적 결과에 의해 시작되어 문화, 사회, 교육, 정치 등 사회적 · 문화적 변화를 촉발하고 있다. 2000년대 이후 다양한 배경을 지닌 이주자의 급증으로 인해 한국 사회에서 진행되어 왔던 다문화 사회로의 진전은 이러한 지구촌 사회의 형성과 밀접한 연관이 있다.

전 세계적으로 국제적 이주노동자는 정착지에서 기층, 계층으로 구조적으로 편

입되고 있고, 한국 사회도 이러한 흐름과 무관하지 않다. 한국 사회의 주요한 이주 집단인 결혼이주자, 이주노동자, 북한이탈주민들 역시 지구적 차원에서 이루어지고 있는 경제적, 사회적, 문화적 변화를 반영하고 있다.

그동안 한국 사회에서는 '세계화', '다문화 사회' 혹은 '다문화 현상'을 문화적 관점에서만 주로 사유하고 접근하는 이른바 '문화기반 담론(cultural-based discourse)'이나 세계화 시대의 글로벌 경쟁력을 강조하는 '신자유주의적 담론(neoliberal discourse)'이 주류를 이루어 왔다(이민경, 2013). 이러한 현상은 이미 많은 논쟁자들이 비판하고 있는 것처럼 따뜻하고 세련된 언어에 의해 포장되고 유통되면서 지구화 혹은 다문화 사회 안에 내재된 구조적 문제는 상대적으로 간과되어 왔다는 한계를 지니고 있다(이민경, 2013).

한 사회에서 통용되는 특정한 담론은 선별과 통제, 배제의 과정이 명시적, 암묵적으로 행해진 결과라고 본다면, 한국 사회의 다문화 담론은 빈곤과 불균형, 사회적 부정 등 구조적 담론이 통제 혹은 배제된 결과로 읽을 수 있다(이민경, 2013). 이러한 현상은 지금의 지구화 혹은 세계화가 구조적 격차에 의해 진행되고 있다는 점을 은폐할 위험성이 있다는 점에서 문제적이다.

문화적 격차는 시간의 흐름과 함께 좁혀질 수 있는 가능성이 크지만, 구조적 격차는 오히려 더 벌어질 가능성이 크기 때문이다(조상식, 2009). 이런 점에서 한국 사회에서 그동안 진행되어 왔던 다문화 사회의 진전에 따른 교육적 대응의 양상을 검토하고 재구조화할 필요가 있다.

지난 10여 년간 다문화가 한국 사회의 지배적인 화두가 되면서 새롭게 재편되고 있는 국제적 환경과 질서를 이해하고 다름과 공존의 가치를 익히기 위한 다양한 차원의 다문화 교육 담론과 실질적인 프로그램 개발, 현장에서의 적용 등이 시민사회와 학교 안팎에서 매우 활발하게 이루어져 왔다(이민경, 2013). 서로 다른 사상적 배경을 기초로 한 다문화 교육의 지향과 비전 등에 대한 이론적 논의에서부터 이에 따른 다양한 시범적 교육프로그램 개발과 시행 등 이론적, 실천적 노력들은 한국 사회의 다문화 교육의 저변을 확장하기도 하였다. 이처럼 다양한 영역과 차원에서의 관심과 노력에 힘입어 다문화 교육이 이주자나 소수자를 위한 '특별한 교육'이거나 '문화 접촉을 통한 타문화 이해' 수준을 넘어 사회 구성원들이 지녀야 할 다문화 사회에서의 가치와 태도, 실천의 의미로 확장되어 온 것은 매우 긍정적인 변화라고 할 수 있다.

그러나 다문화 교육을 둘러싼 이론적, 실천적 확장에도 불구하고, 지금의 지구화와 다문화 사회를 어떻게 이해해야 하며, 이에 따른 교육적 대응은 어떠해야 하는가에 대한 논의는 계속 이어지고 있다. 또한, 한국 사회에서 이루어져 온 교육적 대응이 실질적으로 친다문화적 사회조성과 교육현장의 변화에 얼마나 기여했는지 혹은 할 수 있는지에 대한 평가도 엇갈리고 있다(조영달 외, 2010; 이민경, 2013).

'다문화주의(multiculturalism)'를 전제로 하는 다문화 교육에 대한 비판 역시 같은 맥락에서 읽을 수 있다. 다문화주의가 후기 자본주의 축적 과정에서 요구되는 '문화적 이데올로기'라는 비판은 이러한 배경에 기인하고 있다(조상식, 2009).

한편, 한국 사회에서 다문화 교육은 매우 모호하고 추상적으로 사용되어 왔다는 점을 지적할 필요가 있다. 다문화 사회는 다양한 인종과 민족적 배경을 지닌 사람들이 함께 존재하는 현상적 의미로만 정의되지 않는다. 오히려 다양한 사회적, 문화적 배경과 관계없이 평등하게 더불어 살아가는 사회라는 가치 지향적인 개념을 담고 있다고 할 수 있다(이민경, 2008). 따라서 지구화, 다문화 시대의 교육적 노력은 사회적, 교육적 환경과 구조를 친다문화적으로 만드는 하드웨어적인 측면과 교육을 통해 인식의 개선과 공감이라는 사회적 합의를 만들어 나간다는 소프트웨어적인 측면을 동시에 포함한다고 할 수 있다.

전자가 이주자들의 교육권을 보장하고 교육의 장에서 소외 혹은 배제되지 않게 하려는 적극적 의미의 평등을 지향하는 친다문화적인 교육 환경 구축을 의미한다면, 후자는 교육을 통해 평등한 공존을 위한 가치와 태도의 형성, 그리고 정의로운 사회를 위한 방법을 모색하는 실천을 의미한다. 따라서 이 두 가지는 현실 속에서 혹은 궁극적으로 매우 밀접하게 상호 보완적인 관계를 형성한다.

포괄적인 의미에서 교육의 사회적 기능과 역할은 사회 구성원으로 살아가기 위한 지식 영역과 바람직한 신념과 태도를 아우르는 가치 영역, 사회개혁을 위한 시민을 양성하기 위한 실천적 영역을 포함한다. 다문화 교육도 마찬가지다. '세계화' 혹은 '다문화 사회'라는 새로운 변화는 단순히 문화와 가치의 충돌이나 갈등의 문제를 넘어서는 사회, 정치, 경제적 영역에서부터 문화, 사회심리, 정서 등 다양한 영역과 연관되어 있는 복합적인 성격을 지닌다(이민경, 2008). 교육의 장에서 이러한 변화를 어떻게 해석하여 다루어야 하는지, 어떤 교육적 비전과 목표를 설정해야 하는지, 그리고 이를 위해서는 어떤 내용을 포괄해야 하는지, 어떤 가치와 실천적 태도를 독려해야 하는지 등 복합적인 과제가 주어진다.

또한, 세계화 혹은 지구화(globalization)는 개인과 사회, 정부와 여타 조직들이 어떠한 영향을 주고받는지, 이로 인한 국지적, 국제적 변화는 어떠한지 등 국가 경계를 넘어서는 전 지구적 이슈에 관한 문제를 제기한다.

지구화는 기존의 국가의 경계를 토대로 구성된 근대국가의 국민을 넘어서는 세계시민(global citizen)으로의 확장을 동반할 수밖에 없다. 한편, 국내적 차원에서 보면, 세계화의 진전에 의한 이주자의 급증은 궁극적으로 이들을 어떻게 받아들일 것인지, 그리고 이들에게 어떤 권리를 부여하고 더불어 살아갈 것인가의 문제, 즉 '환대(hospitality)'의 문제를 전제로 한다. 이처럼 지구화와 다문화 사회의 형성은 '문화적 시민권(cultural citizenship)'을 넘어 전 지구적 정의와 공존, 그리고 사회적, 정치적 시민권 등 매우 중층적인 문제를 던져준다.

지구화와 다문화 사회의 구조와 특성에 주목하면서 지구화 시대의 다문화 시민성 교육으로서 교육의 지향과 내용, 그리고 방법에 대해 고찰이 필요하다. 다문화 시민성 교육이란 다문화 사회에서의 시민성을 기르는 교육이다. 세계화의 진전과 더불어 형성된 다문화 사회에서의 바람직한 시민성 교육은 어떤 비전과 방향성을 가져야 하는지, 그리고 그 실천 방법은 무엇인지를 탐구하는 것이다. 지구화 시대의 다문화 시민성 교육의 방향성과 방법은 '세계시민성'과 '환대'의 개념을 기반으로 한 원리와 구체적인 실행이어야 한다.

2) 다문화 사회 시민교육의 방향

한국 사회 교육의 장에서 1990년대 중후반에 이미 세계화 담론의 증가와 더불어 세계시민성을 고려한 교육목표 논의가 있어 왔다(구정화 · 박선웅, 2011). 국제화, 세계화 담론이 한국 사회의 지배적인 화두로 대두되면서 교육의 장에서도 이를 수용하기 위한 노력의 하나로 시작되었던 것이다. 지역, 국가, 세계를 교차하는 다중 시민성의 정체성 갈등을 해결하고 세계시민을 길러내기 위한 교육적 노력이 필요하게 되었기 때문이다(구정화 · 박선웅, 2011). 그러나 그 이면에는 인류 문명의 위기를 보여 주는 지구환경 파괴의 문제, 국지적 전쟁, 자본주의의 세계적 확산 및 심화에 따른 전 지구적 불평등 문제들에 대한 문화적, 정치적 대항이념으로서 세계시민주의의 부활이 존재한다. 따라서 세계시민교육은 이러한 지구화 문제를 함께 고민하고 상생의 삶을 위한 공동체적 노력을 필요로 하게 되었고, 교육을 통한 세계시민성 함양을 위한 필요성이 대두되게 되었던 것이다.

그러나 교육목표로서 세계시민성이 지니는 한계에 대한 우려와 비판의 목소리도 많다. 우리 사회가 다문화 사회로 이행하는 과정에서 나타나는 문제들은 세계시민성이라는 목표로 바라보기에는 부분적이고 특수한 현상인 경우가 많다는 지적이 그것이다(구정화 · 박선웅, 2011).

'나 - 지역 - 국가 - 세계'라는 삶의 다층적인 구도에서 인류의 보편적인 가치를 강조하는 세계시민성 논의 자체는 타당성을 갖지만, 특정 국가 내에서 주류집단과 소수집단 간 빚어지는 문화적, 경제적, 정치적 마찰을 어떻게 합리적으로 해결하며 서로 공존할 것인가 하는 다문화적 문제를 다루기에는 세계시민성 논의가 추상적이어서 공허해질 수 있다는 것이다(구정화 · 박선웅, 2011). 이러한 추상성을 극복하기 위해서는 구체성과 일상성을 다문화 시민성 교육의 기본 방향성으로 들여올 필요가 있다.

일반적으로, 다문화 시민성 교육은 다문화 사회에서의 시민성 교육이라고 할 수 있다. 즉 다문화 사회를 살아가는 개인들에게 요구되는 시민성으로서 다문화 시민성을 기르기 위한 교육이다. 다문화 시민성 교육은 단순히 문화적 다양성을 지지하는 것을 넘어 다문화 사회가 요구하는 시민의 자질을 함양할 필요가 있다. 다양한 배경을 지닌 사람들이 평등하고 정의로운 사회를 구현하기 위한 가치와 태도를 기르고 실천으로 연결되는 교육이라고 할 수 있다.

환대는 다문화 사회의 진전을 가져온 세계화 시대의 가치, 즉 세계시민성을 형성하는 일종의 일상적, 실천적 태도로 이해할 수 있다. 타자에 대한 무한책임, 공동체적 성원의식, 상호 호혜성에 기반한 환대는 다문화 시민성 교육의 구체적이고 실천적인 윤리의 핵심일 가능성이 높다. 따라서 환대의 윤리를 다문화 시민성 교육에서 가르쳐야 할 태도(attitude)와 이에 기반한 실천(action)을 주요한 교육목표로 다루는 것이 필요하다.

주목할 것은 다문화 시민성 교육은 전 지구적 차원에서의 의사결정 과정에 영향력을 행사할 수 있게 한다는 점에서 평화, 평등, 민주주의, 인권교육을 아우르는 교육모델이 될 수 있다는 점이다. 따라서 다문화 시민성 교육은 인권교육, 평화교육, 반인종주의 교육과 다문화 교육, 개발교육을 포함하는 개념으로 확장이 가능하다(이민경, 2008).

서구학자들은 다문화 교육을 포괄적으로 정의하고 있다. 다문화 시민성 교육을 인종, 문화, 언어, 사회계층, 젠더 및 장애를 모두 포함하는 개념으로 정의하고 있다.

한편, 시민사회가 견고하게 작동하고 있는 유럽의 경우 다문화 교육을 시민성 교육적 차원에서 접근하고 있음을 간접적으로 보여 주고 있다(이민경, 2008).

세계시민성과 환대를 기초로 하는 다문화 시민성 교육은 지구촌 차원에서 자신의 존재를 자각하고 이를 실천으로 연결하는 세계시민 양성을 목표로 하는 교육이라고 할 수 있다.

다문화 시민성 교육이란 세계시민적 가치와 윤리를 교육하는 것이며, 전 지구적 관점에서 사유하고 실천하는 것을 의미한다. 이 점에서 지구화 시대의 시민은 환대의 윤리를 기본적인 가치와 태도로 가져가는 것이며, 세계시민으로서의 행동방식을 내면화하는 것이기도 하다.

3) 다문화 사회 시민교육의 실천

지구화 시대의 다문화 시민성 교육은 정의롭지 않은 현실에 대한 비판적 안목을 기르고, 타자에 대한 개방적이고 열린 태도를 지향하며 궁극적으로 지구촌 사회의 정의를 위한 실천을 추구한다고 할 수 있다. 이러한 다문화 시민성 교육방법은 지구촌 차원의 정의 문제를 다루는 세계시민교육과 국내적 차원에서 개방적이고 열린 태도를 지향하는 다문화 사회의 기본윤리라고 할 수 있는 환대를 그 핵심요소로 할 수밖에 없다.

많은 국내외 논쟁자들이 그동안 한국 사회에서 주류를 이루어 왔던 문화의 다양성 인식이나 문화 상대주의적 인식을 뛰어넘어 문화 간의 불평등한 관계를 인식할 수 있는 다문화 시민성 형성을 다문화 교육의 핵심요소로 언급(박선웅 · 구정화, 2011)하고 있는 것이다. 다문화 시민성 교육은 현실적으로 작동하는 차별과 불평등 완화를 위한 사회적 연대와 참여 등이 그 주요한 요소들이라고 할 수 있다. 한 사회 혹은 지구촌 차원에서 존재하는 불평등을 인식하고 이에 대한 사회구조적 원인을 파악하며, 이를 개선하기 위한 참여와 연대는 그 실천적 전략이 될 수 있다.

세계시민성과 환대에 바탕을 둔 다문화 시민성 교육의 차원을 인지적, 정서적,

실천적 차원으로 나누어 그 방법론을 기술하면 다음과 같다.

첫째, 인지(cognition)는 앎에 해당되는 영역으로 태도 대상에 대하여 갖고 있는 모든 상념과 지식을 말한다.

인지적 영역에서의 다문화 시민성 교육은 사회정의와 평등, 평화와 갈등, 다양성, 지속가능한 발전, 세계화와 상호의존성을 중심으로 하여 지구화와 다문화 사회의 구조적 특징과 문화에 대한 이해를 중심으로 하는 교육과정이 가능하다. 이는 지구화, 세계화의 구조와 이로 인한 변화를 이해하는 것이다. 인지적 차원의 교육은 지구촌 차원의 불균형을 인식할 수 있게 되고 이를 정의의 관점에서 해결하려는 가치와 실천의 문제로 확장될 수 있게 한다. 이러한 세계시민으로서의 의식은 다문화 사회의 시민의식으로 구체적으로 연결될 수 있다. 세계시민으로서의 개인을 이해하게 되면 다문화 사회를 살아가는 시민의식을 자연스럽게 형성하게 되는 토대가 될 수 있기 때문이다.

예를 들면, 지구화에 대한 구체적인 이해를 위한 교육방법으로 지구촌 사회의 연결망을 구체적인 일상에서 알고 이해할 수 있는 내용을 다룰 수 있다고 기술하고 있다.

사이토(Saito, 2010)가 제안하는 학교교실 상황에서 적용할 수 있는 구체적 사례는 다음과 같다.

학생들에게 자신이 입고 있는 옷과 물건에 대한 생산지 표시를 확인하게 하여 일상적 삶 속에 지구화가 이미 들어왔음을 직접적으로 인지하게 하는 교육방법이다.

의류 상표에 새겨진 다양한 국적의 제조사 확인해 보기를 통해 세계적 차원의 경제적 연결망을 이해하게 되면, 우리의 의식주의 핵심에 지구촌 차원의 노동과 산업적 연계가 존재하고 있음을 이해할 수 있기 때문에 매우 구체적으로 지구화에 대한 이해가 가능해진다. 이러한 방법론은 사물을 통해 국지적인 것(local)을 세계 지역적인 것(glocal)으로 재개념화할 수 있다는 점에서 매우 효과적인 방법론이 될 수 있다.

이러한 교육방법은 학생들이 일상의 삶에서 지구촌 차원의 초국적 연결망을 이해하여 세계를 구성하는 개인, 즉 세계시민으로서의 자신의 존재를 자각할 수 있는 기회를 제공해 줄 수 있다.

세계시민으로서의 개인 정체성의 자각은 다문화 사회에서 자신의 가치와 신념, 행동방식을 결정하는 핵심적인 역할을 할 수 있게 되기 때문이다. 지구적 연결망을 이해하게 되면 자연스럽게 국가 간의 경계에 의해서만 자신의 삶과 다른 사람과의 관계를 한정 짓는 방식에서 벗어날 수 있는 길이 열린다. 타인에 대한 열린 태도와 적극적으로 받아들이는 것이 왜 지구촌 사회의 새로운 윤리인지를 자연스럽게 이해하게 된다.

둘째, 정서(affection)는 특정한 대상에 대한 정서와 감정을 의미한다. 이를 구체적으로 기술하면 다음과 같다.

정서의 특징으로는 두 가지를 들 수 있는데, 하나는 '단순성'이다(이민경 · 양계민, 2011).

태도 대상에 대하여 알고 있는 인지요소는 좋은 면과 나쁜 면을 모두 포함하는 복잡성을 띨 가능성이 높지만, 사람들이 느끼는 좋은 감정과 싫은 감정은 한마디로 표현될 수 있다는 점에서 매우 단순하다는 것이다. 이러한 단순성은 인지적 차원 이전에 특정 대상에 대하여 무의식적인 태도를 결정할 수 있다는 점에서 그 영향력이 매우 막강하다고 할 수 있다. 정서적 차원이 인지와 행동을 결정하는 매우 핵심적인 요소로 보고 깊은 관련이 있다고 한다(이민경 · 양계민, 2011).

다른 하나는 '지속성'인데, 인지요소가 망각된 후에도 영향력을 발휘하는 특성을 지니고 있다는 점에서 그 효과성에 주목하고 있다. 이러한 특성은 후광효과를 가지기 때문인데, 후광효과는 하나의 정서가 형성되면 태도 대상의 다른 특성까지도 영향을 주어서 다른 특성이 발견되어도 정서가 변화하지 않게 되는 특성을 지니고 있다.

이처럼 정서는 태도 변화에서 가장 변화시키기 어려운 부분이지만 가장 중요한 부분이라고 할 수 있다. 특히, 정서적인 애착은 무의식적으로 형성될 가능성이 많기 때문에 더 근본적일 수 있다고 본다(Saito, 2010).

예를 들면, 어렸을 때부터 다양한 배경을 지닌 사람들과 문화를 자연스럽게 접한 아이들은 타인과 타문화에 대한 이질감이 전혀 없고, 다양성에 대한 이해와 타인과 타문화에 대한 개방성이 매우 높게 나타난다는 것이다. 긍정적인 접촉과 경험은 다문화 시민의식을 결정하는 전체이자 토대가 될 수 있다고 본다.

이는 접촉가설에서 논의하고 있는 것처럼 접촉의 조건과 상호작용에 따라 달라질 수 있지만, 자연스러운 접촉은 공감 능력이 형성될 기회가 많기 때문이며, 타자와 타문화에 대한 친밀감을 느낄 수 있게 할 가능성이 큰 것이 그 원인으로 제기되고 있다. 일상생활에서 다양한 문화와 사람에 대한 접촉을 통해 다양성과 공존, 협력에 대한 긍정적인 경험의 중요성을 역설하는 것은 이 때문이다. 이처럼 타자와 타문화에 대한 개방감과 정서적 차원의 수용은 환대의 개념으로 이해가 가능하다. 타자와 타문화에 대한 거리감은 위계적 가치와 이방인에 대한 이질감에서 비롯될 수 있는데, 정서적 차원에서의 접근은 이러한 거리감과 이질감을 줄여줌으로써 '무조건적 의미에서의 환대를 하게 되는 토대가 될 수 있다.

예를 들어, 교실환경에서 역할극 놀이 등을 통해 학교와 가정 등 일상생활에서 다양한 상황에 의해 소외되거나 배척당하는 경험을 하게 하는 놀이를 통해 환대의 의미를 스스로 깨닫게 하는 방법을 사용해 볼 수 있다.

셋째, 행동(behavior)은 태도 대상과 관련된 실천적 태도를 의미한다.

기술 영역은 비판적 사고, 효과적인 논쟁 능력, 협력과 분쟁 해결, 불평등과 부정의에 대한 도전 능력을 가르치는 실천적 영역이다. 사회정의와 평등에 대한 헌신, 다양성의 존중, 측은지심, 인간이 변화를 만들 수 있다는 신념, 환경과 지속가능성에 대한 관심 등은 이러한 실천적 영역이 강조하고 있는 것들이다.

행동의 영역은 세계시민성과 환대가 궁극적으로 발현되는 것이기도 하고, 그 자체로 세계시민성과 환대를 체험하는 방식이기도 하다. 특히, 행동 영역에서 지구촌 시대의 시민성 교육은 교육의 일차 목표를 시민적 삶을 영위하는 데 필요한 기술과 가치를 학습하도록 하는 데 있다고 본다.

학교에서의 시민성 교육이 고양되면 다음 단계에서는 시민단체를 통한 참여활동인 봉사학습(service learning)으로 발전할 수 있고 이는 그 자체로 교육의 목표인 실천으로 연결될 수 있다(이태주, 2007). 따라서 행동영역에서 다문화 시민성 교육을 효과적으로 시행하기 위해서는 시민사회와 다문화 교육 과정을 연계시키는 것은 매우 유용한 교육방법이 될 수 있다고 본다.

시민사회는 학교교육의 깊이와 폭을 확장하는 데 기여하며 실제로 생생한 일상의 문제들을 고찰할 수 있는 구체적인 교육자료를 제공해 주기 때문이다. 이 점에서 일상과 교육을 연계하는 '문화 정치학으로서의 교육'을 주창하고 있는 비판적 교육학과도 연계점을 찾을 수 있다.

비판적 교육학에서 강조하는 민주적인 시민성 교육은 지역, 국가, 세계 차원의 공간에서 능동적인 시민이 된다는 것의 의미를 아는 것임을 역설하고 있다. 지구화 시대의 다문화 시민성 교육은 실천적 교육과 봉사를 통한 교육 프로그램이어야 함을 역설하고 있는 것도 이와 맥락을 같이한다(이태주, 2007).

예를 들면, 지역아동센터에서 또래 상담이나 교육 등 자신이 할 수 있는 멘토링이나 봉사활동 등으로 참여하게 되면 환대를 직접 실천하는 동시에 지구촌 시민으로서 함께하는 협력활동을 자연스럽게 연결할 수 있는 좋은 체험의 기회가 된다.

이처럼 다문화 시민성 교육은 학교 교실에서가 아니라 시민사회단체들의 현장형, 참여형 프로그램을 통해 효과적으로 수행될 수 있다. 이를 위해서는 현장과

학교, 지역사회의 네트워크의 필요성은 아무리 강조해도 지나치지 않다.

사이토(Saito, 2010)는 실천은 정서와 인지교육을 바탕으로 한 결과이기도 하지만, 실천이 다시 정서와 인식을 재구성한다는 점에서 행동의 실행 과정은 매우 중요한 영역임을 암시하고 있다. 이론과 실천이 분리되는 개념이 아니라 서로를 재구성하는 관계라는 사실에 주목한 것이다.

예를 들면, 내가 타인에 대해 어떤 태도와 행동을 취했을 때, 거기서 끝나지 않고, 내가 하는 행동에 대해 그들은 어떻게 생각하는가, 그들의 필요와 상황 욕구를 제대로 이해했는가에 대한 질문과 반성적 성찰의 중요성을 강조한다. 의도하지 않은 방식으로 이주자들을 낙인화하거나 약자에 대한 배려를 일종의 '불우이웃 돕기' 식으로 접근하는 것은 상호평등에 기반한 관계 형성에 매우 부정적인 영향을 줄 가능성이 높기 때문이다.

인지와 정서, 실천 영역을 아우르는 교육적 방법은 서로 분리된다기보다 매우 밀접하게 연결되어 있을 가능성이 높다. 따라서 구체적인 프로그램 구성과 실행에 있어서 특정한 영역을 중심으로 이루어질 수 있지만 궁극적으로는 다른 요소들이 부가적 혹은 궁극적으로 포괄되는 방식으로 이루어질 수밖에 없다. 무엇보다도 가치와 태도의 변화를 목표로 하는 다문화 시민성 교육에서 가장 중요하게 언급되고 있는 것은 나와 마주선 타자와 타문화에 대한 구체성이다. 다시 말하면, 국경을 넘는 이주자들은 보편적 인간으로 국경을 넘는다기보다 특별한 사람들과 사물들과 연결하면서 가로지른다는 것을 염두에 두어야 한다. 이러한 구체성은 이주자들의 표면적 차이를 가진 특별한 구체적인 타자로 느낄 수 있고, 행동할 수 있게 해주기 때문이다.

초국적 연결에 대한 이해와 타자에 대한 태도가 우리 스스로의 윤리적 책임감과 대화할 때 우리는 고통 받는 타자 앞에서 제대로 행동할 수 있다고 보는 것은 이 때문이다(Saito, 2010).

Chapter 5

다문화 가족과 인권

1 인권의 이해

다문화 사회의 제도적, 정책적 문제를 논하기 이전에 반드시 살펴보아야 할 문제가 이주민들의 인권문제이다. 이주민을 수용하고 있는 모든 국가에서는 다문화라는 이면에 이주민의 인권에 대한 문제가 야기되고 있다. 특히 대부분이 저소득층인 노동자들과 다문화 여성들은 인권의 사각지대에 놓여 있다고 해도 과언이 아니다. 이들이 겪고 있는 인권문제는 매우 심각하다.

1) 인권의 개념

인권이란 단어 그대로 말하자면 사람의 권리(right of man)이다. 하지만 인권은 사람의 권리만을 의미하는 것이 아닌 사람답게 살 권리(human right)로 이해되어야 한다. 즉 인권은 사람다움을 실현하는 권리로서 모든 인간이 가지는 기본적이고 보편적인 권리이다(허혜경 외, 2017). 모든 인권의 중심은 사람 중심에 있으며, 인권의 가치는 인간의 존엄성을 위한 것이다.

인권은 인간이기에 갖는 천부적인 권리라는 선험적이고 절대적인 최고선으로만 기술되는 정태적 개념이 아니며, 시대 상황과 사람들 사이의 의사소통과 상호작용을 통해 구성되고 진화하는 역동적 개념이다. 그러므로 인권의 관점은 매우 다양하고 기술하는 방법에 따라 인권 의미에 차이가 있다.

인권을 인간이기 때문에 당연히 갖는 천부적인 권리로서 인간의 존엄성을 보장받을 권리로 보는 관점이 있는가 하면, 평등한 권리 또는 차별받지 않을 권리로 보고 시대와 국가의 상황에 따라 천부적인 권리로서 인권 개념이 지니는 모호함을 비판하면서, 인권 관련 헌장, 선언, 국제규약, 헌법 등에 의해 구체적으로 규정된 권리로만 보아야 한다는 관점도 있다. 이처럼 인권 개념은 학자마다, 사회적,

문화적 맥락에 따라 다르기도 하여 그 개념을 정확하게 규정한다는 것은 쉬운 일은 아니다.

인권의 뜻을 사전에서는 "사람이라면 누구나 태어나면서부터 당연히 가지는 기본적인 권리"를 의미한다(Daum 백과사전). 그러나 세계인권선언에서는 인권의 개념을 보다 적극적으로 해석해 '인간이 지닌 권리'라는 의미를 넘어 '인간이 존엄한 존재가 되기 위해 가져야 할 당연한 권리'로 보고 있다(국가인권위원회, 2004). 세계인권선언에서는 인권을 "인간이 누구이고 무엇을 하든지 간에 하나의 존엄한 존재로서 존중받을 권리"로 규정하고 있으며, 유엔 인권센터에서는 "인간의 타고난 천성에 내재하여 있는 것으로, 이것 없이는 인간으로 살 수 없는 권리"라 정의하고 있다(UN Center Human Rights, 2005). 또한 대한민국의 「국가인권위원회법」 제2조(정의)에서는 "「대한민국헌법」 및 법률에서 보장하거나 대한민국이 가입 · 비준한 국제인권조약 및 국제관습법에서 인정하는 인간으로서의 존엄과 가치 및 자유와 권리"라고 규정하고 있다(국가인권위원회법, 2020).

이러한 인권에 대한 개념 정의를 종합하면, 인권을 "인간이기에 갖는 본질적이고 선천적인 권리로서, 인간이 그 자체로서 존엄성을 인정받고, 인간답게 살아가는 데 필요한 모든 권리"라고 정의할 수 있다(권중돈 외, 2016).

1948년 「세계인권선언」에 제시된 인권은 단순히 인간의 권리를 넘어 인간이 되기 위한 권리, 인간이 가져야 하는 당연한 권리를 표현한다. 이에 인권은 다음과 같이 7가지의 성격을 갖는다.

첫째, 인권은 인간이 갖는 기본적인 권리이다. 「세계인권선언문」 전문에 "인류사회의 모든 구성원은 타고난 존엄성과 남에게는 넘겨줄 수 없는 권리를 가지고 있다"고 되어 있다. '타고난 존엄성'이란 인간의 생존을 위해 최소한 필요한 것이기보다는 존엄한 인간으로서의 기본적으로 요구되는 삶이다. 즉 존엄한 삶을 위한 기본적인 필요로서, 사회에서 인간의 삶이 어떤 수준 이하로 내려가는 것을 막아 주는 것이 인권이다. 사람의 권리(rights of man)가 아니라 사람답게 살 권리(human right)이다. 사람다움을 표현하는 권리이며, 인간으로서 존엄성과 가치를 귀중하게 해주는 것이 바로 인권이다.

둘째, 인권은 인간이 갖는 보편적인 권리이다. 인권은 조건 없이 오직 인간이라면 모두에게 적용할 수 있어야 한다. '~때문에'라는 어떤 조건으로도 제한할 수 없다. 따라서 인권은 인간이 가지는 권리의 최고 가치이며, 보편적인 권리로 보아야 한다.

셋째, 인권은 약자를 위한 권리이다. 약자를 위한 권리는 보편적인 권리와 대립하는 의미는 아니다. 단, 약자들은 사회적 강자에 의해 유린당하기 쉬우므로 인간으로서 마땅히 받아야 할 최소한의 기본적인 혜택이나 조건을 지킬 수 있도록 하는 권리로서 더 강조한다.

넷째, 인권은 책임을 동반한 권리이다. 인간의 삶은 타인과 관계를 맺고 있다. 그러므로 인권적인 환경은 타인과의 상호관계 속에서 나타난다. 이러한 점에서 나의 인권뿐만 아니라 타인의 인권도 사회 제도적으로 보장되어야 한다. 그래서 한 개인이 인권과 관련하여 갖는 책임은 자신의 인권을 알고 누려야 하는 책임뿐만 아니라 타인의 권리도 존중하면서 지켜주어야 하므로 인권은 상호의존적이며, 사회적 연대를 필요로 한다.

다섯째, 인권은 개인뿐만 아니라 집단을 포괄한 권리이다. 인권침해 현상은 사회적 구조와 관련되거나 국가 간의 힘의 관계에서 발생하는 경우에 개별적으로 인권을 주장하기에는 한계가 있다. 오늘날 세계화 시대에 불평등 증가로 인해 억압받는 제3세대나 자신의 국가에서조차도 고통 받는 소수집단을 고려한다면 단순히 개인의 권리로만 인권을 규정해서는 안 된다. 이 점에서 개인뿐만 아니라 사회, 공동체, 국가 모두 인권의 주체가 될 수 있어야 한다.

여섯째, 인권은 정당성의 기준으로서 국가의 물리적인 힘을 제한한다. 인간은 그 국가에서 실정법으로 정해 놓은 제도적 장치에 의해 제한받고 살아간다. 이러한 제도적 제한이 구체적으로 드러나는 한 국가의 제도, 법률, 관습이 정당한지를 판단할 수 있는 기준이 된다. 반면 정당성이 없다고 판단될 때 인권은 제도적 제한과 권력을 통제하는 역할을 한다. 현실적으로 인권이 보장되기 위해서는 정치적 민주주의와 기본적인 자유가 지켜져야 한다.

일곱째, 인권은 사회 변화를 요구한다. 인간의 존엄한 삶이 없다면 최소의 조건을 제시하고 그 조건에 맞도록 사회가 변화할 것을 요구한다. 이러한 인권의 사회 변화 요구에 기반하여 끊임없는 투쟁이 현재의 인권 상태를 가능하게 한 것이며, 인권을 점점 더 풍부하게 만들어 주는 근원이 된다.

1948년 채택된 세계인권선언(UDHR) 제1조는 자유, 평등, 연대를 제시하고 있다. 시민적, 정치적 권리와 자유, 즉 사상과 양심 및 종교의 자유, 의사표현의 자유는 인권을 통해 보호된다. 동시에 인권은 평등을 보장한다. 즉 모든 형태의 차별로부터 동등하게 보호하며, 모든 인권을 향유하는 것을 보장하는 것이다(인권정책연구소, 2019).

세계인권선언문

제1조 모든 사람은 태어날 때부터 자유롭고, 존엄하며, 평등하다. 모든 사람은 이성과 양심을 가지고 있으므로 서로에게 형제애의 정신으로 대해야 한다.

인권의 영역은 정치적, 시민적, 경제적, 사회적, 문화적 인권이라는 다섯 가지 영역으로 나누어져 있다. 그리고 법적 구속력을 가지는 '세계인권선언'과 '국제인권장전'으로 표현된다.

〈표 5-1〉 인권의 분류와 내용

분류	내용(관련조항)
시민적 권리	• 법 앞에 인간으로서 인정받을 권리(자유권 규약 16조) • 법의 평등한 보호를 받을 권리(자유권 규약 26조) • 고문 금지(자유권 규약 7조) • 공정한 재판에 대한 권리, 재판 앞에 평등과 무죄 추정의 원칙(자유권 규약 12조) • 사상, 양심, 종교의 자유(자유권 규약 19조)
정치적 권리	• 평화로운 집회의 자유(자유권 규약 21조) • 결사의 자유(자유권 규약 22조) • 정치에 참여할 권리(자유권 규약 25조)
경제적 권리	• 적절한 생활수준을 획득하고 유지할 권리, 배고픔으로부터 자유로울 권리(사회권 규약 11조 2항) • 식량, 의복, 주거를 포함하는 적절한 생활수준에 대한 권리(사회권 규약 1조 1항), • 노동권(사회권 규약 6조) • 공정하고 유리한 노동 조건에 대한 권리(사회권 규약 7조) • 노동조합을 형성하고 가입할 권리, 파업할 권리(사회권 규약 8조)
사회적 권리	• 사회 보장에 대한 권리(사회권 규약 9조) • 가족, 임산부, 아동의 권리(사회권 규약 10조) • 혼인의 자유와 가족의 보호(자유권 규약 23조) • 아동의 권리(자유권 규약 24조) • 육체적, 정신적 건강에 대한 권리(사회권 규약 12조)
문화적 권리	• 교육권(사회권 규약 13조) • 기초 의무교육에 대한 권리(사회권 규약 14조) • 문화적 생활에 참여할 권리와 자유로운 과학적 진보로부터 이익을 향유할 권리(사회권 규약 15조) • 소수자의 권리(자유권 규약 27조)

출처: KOICA ODA교육원(2016). 국제개발협력(심화편): 더불어 사는 세상을 위한 소중한 첫걸음. 성남: 시공미디어.

「세계인권선언」 제1조 모든 인간은 태어날 때부터 자유로우며 그 존엄과 권리에 있어 동등하다. 인간은 천부적으로 이성과 양심을 부여받았으며 서로 형제애의 정신으로 행동하여야 한다.

제2조 모든 사람은 인종, 피부색, 성, 언어, 종교, 정치적 또는 기타의 견해, 민

족적 또는 사회적 출신, 재산, 출생 또는 기타의 신분과 같은 어떠한 종류의 차별이 없이, 이 선언에 규정된 모든 권리와 자유를 향유할 자격이 있다. 더 나아가 개인이 속한 국가 또는 영토가 독립국, 신탁통치지역, 비자치지역이거나 또는 주권에 대한 여타의 제약을 받느냐에 관계없이, 그 국가 또는 영토의 정치적, 법적 또는 국제적 지위에 근거하여 차별이 있어서는 아니 된다. 또한 「국가인권위원회법」 제2조 제1호에는 "인권이라 함은 헌법 또는 법률에서 보장하거나 대한민국이 가입, 비준한 국제인권조약 및 국제관습법에서 인정하는 인간으로서의 존엄과 가치 및 자유와 권리를 말한다."라고 명시되어 있다(다르지만 평등한 이주민 인권 길라잡이, 국가인권위원회 편찬). 이를 바탕으로 우리는 다양한 분야에서 다양한 방식으로 행해지고 있는 이주민 차별에 대한 문제를 살펴보아야 한다.

2) 외국인 차별 적용

대부분의 외국인 이주자들은 대한민국에서 제도적, 문화적 차별을 경험하고 있다. 이주민 차별에 대한 문제점은 국내의 정치현황만큼이나 복잡하고 산재해 있는 문제이지만 눈에 띄는 몇 가지가 있다.

문화적인 차별은 백인과 유색인종에 대한 국민들의 보이지 않는 차별이다. 지난 역사를 통해서 우리 국민의 정서에 스며든 사대주의 사상으로 인해 우리 국민은 백인에게는 지나칠 정도로 관대하고 유색인종에 대해서는 드러나게 무시하는 경향이 있다. 이러한 문제를 바로잡기 위해서는 국가적 차원에서의 다양한 캠페인, 공익광고, 유색인종이 대한민국에 기여한 예 등을 활용하여 국민들의 편견을 바로잡아 주는 노력이 필요하다.

제도적인 차별 중 한 가지는 국민기초생활보장제도에서의 예외 적용이다. 대한민국 국민은 현재 기초생활보장제도를 통해서 최소한의 생활을 보장받고 있지만 결혼이주자는 그 혜택의 대상이 대한민국 미성년 자녀를 양육하고 있는 자로 한

정되어 있다. 나머지는 수십 년을 한국에 살았어도 이러한 혜택의 대상이 되고 있지 않다. 병역의무에서도 차별이 있다. 백인과 흑인의 혼혈아는 병역의 의무를 가지지 않는 반면 아시아 계통의 혼혈아는 병역의 의무가 있다. 차별은 4대 의무 보험에서도 나타난다. 대한민국의 근로자는 법적으로 4대 보험(건강보험, 고용보험, 산재보험, 국민연금)의 혜택을 받고 있지만, 외국인 근로자들은 고용보험에서의 실직 급여 자체를 구조적으로 받기 쉽지 않다. 실직하면 일정 기일 내에 취업을 해야 하고 그렇지 못하면 외국으로 돌아가야 하는 실정이다.

3) 외국인 노동자 인권침해 사례

외국인 노동자에 대한 인권침해와 차별행위는 우리 사회에서 빈번히 이루어지고 있다. 이러한 인권침해는 취업과정, 노동시간, 노동의 강도, 임금, 주거환경 등에서 광범위하게 나타나고 있다. 외국인 노동자들의 주요 피해유형은 과도한 장시간 노동, 낮은 임금수준, 빈번한 임금체불, 열악한 작업환경, 열악한 거주환경, 사용자의 욕설과 구타 등으로 나타나고 있다. 이들은 낯선 국가에서의 언어적 불편과 문화적 충격 이외에도 이러한 비인간적인 대우에 대한 고통을 감수해야 하는 것이다. 외국인의 인권을 보호하고 정당한 과정으로 입국한 외국인 노동자들이 정당한 대우를 받기 위해서는 최우선적으로 이주노동자들만을 위한 특별한 복지 시스템이 마련되어야 할 것이다. 우선은 이들의 복지에 관한 상담만을 전담할 수 있는 훈련된 사회복지사의 존재가 필요하고, 사회복지사들이 발견한 문제점들을 제도적으로 보완할 수 있는 국가적 장치가 필요하다. 예를 들면 앞에 열거한 신분보장, 4대 보험 적용, 한국인 근로자와 동일한 수준의 임금보장, 임금체불에 대한 적절한 제재 및 체불된 임금을 대신해 줄 수 있는 보험 등의 적용 등이다.

이 외에도 이주자들은 재판 과정이나 교육에서도 차별을 경험하고 있다. 이주민의 자녀들은 낯선 교육환경 속에서 낯선 언어로 교육을 받아야 한다. 그들이 받아들일 수 있는 지식의 정도에 차이가 날 것은 당연한 일이다. 외국의 경우, 특히 호주나 캐나다의 경우는 영어가 서투른 이주자의 자녀를 위해서 학교 내에서 영어를 가르치는 프로그램을 운영하고, 경우에 따라서는 이주민 자녀들만 따로 모아서 영어를 중점적으로 교육하는 학교에 보내기도 하는데, 한국에는 이러한 제도가 전무한 실정이다. 교육시스템 자체의 이질성과 더불어 언어소통의 부재로 인해서 이들의 고통은 배가되고 있는 것이며, 이러한 상황에서는 국가가 원하고 있는 주류사회와의 동화조차 바랄 수 없게 될 것이다.

4) 다문화 사회 인권 과제

현재 다양한 분야에서 일을 하고 있는 외국인 이주자 및 다문화가정에 대한 여러 가지 정책적 문제점이 많이 있겠지만, 우선은 이들의 인권이 적절히 보호되어야 하는 것이 첫 번째로 해결되어야 할 과제일 것이다. 이는 이주민들의 상황을 완전히 이해하고 공감하며, 적절한 상담을 통해서 알맞은 해결책을 제시해 줄 수 있고, 이를 정책에 반영시킬 수 있는 매개자의 역할을 하는 전문가의 양성이 시급하다.

국가인권위원회에서는 2012년 이주민들의 인권 강화를 위해서 『이주민 인권가이드라인』이라는 책자를 발간하고, 이주민들이 대한민국 국민들이 국내법상 보장받고 있는 자유권과 사회권 등 기본적인 인권을 가능한 평등하게 누릴 수 있도록 세부지침을 마련하였다. 그러나 이러한 세부지침을 마련하는 것만으로 모든 이주민들이 겪고 있는 문제가 단계적으로 해소될 것이라는 생각은 금물이다. 지침을 마련했으면 행동으로 옮길 수 있는 장치가 필요하다. 이를 위해서 국가에서 마련한 지침을 현실적인 문제에 적용시켜서 수행할 수 있는 전문가의 양성이야말로 이주자들의 인권을 최소한이라도 보장해 줄 수 있는 장치를 마련해 주는 시급한 문제이다.

5) 다문화 사회 인권 전문가

인권은 모든 외적 조건에 우선해야 한다. 피부색이 다르고 언어가 서툴다고, 또는 한국의 문화, 풍습, 제도에 서툴다고 해서 차별을 받아서는 안 될 것이다. 더더욱 사회적, 경제적 약자라는 사실을 가지고 차별의 대상이 되어서는 안 될 것이다. 또한 대한민국에서 불법체류를 하고 있다는 이유로 노동착취를 당하고 있는 이주민들도 해당된다. 불법체류의 문제는 법적인 분야에서 해결해야만 될 문제이며, 법적인 문제 밖에서 그들의 인권까지 짓밟을 권리는 우리에게는 없다. 사회 곳곳에 스며들어서 보이지 않는 문제까지 해결해 줄 수 있는 인력, 다문화 인권 전문가들이 필요하다. 이제 대한민국도 다문화 국가로 변화하려는 시점에서 잘 훈련된 전문가는 시급한 문제 중 하나이다.

다문화 인권 전문가의 수요에 대한 필요성은 기존 강사의 역량을 강화하고 이주자와 국내인의 문화 간 소통인력을 양성하기 위해서는 이주민의 한국 사회 이해 및 적응 증진이나 일반시민의 다문화 사회 인식개선을 위한 강의를 진행하는 이른바 '다문화강사'의 교육 전문성이 요구된다. 최근 법무부에서 인증하는 교과목이 고등교육기관에서 개설되어 운영되고 있지만 막상 이들의 직무에 대한 분류나 평가기준, 이에 따른 교과목의 타당성 등에 대한 직무설계는 오히려 국가적, 일선 고등교육기관에서 혼선을 초래하고 있다. 이에 국가직무능력표준(National Competency Standards, NCS)을 이용한 교육과정 분석을 통해 글로벌 경제 환경 변화에 대한 경쟁력 제고 방안을 마련하여 다문화 정책의 올바른 방향성을 논의하고 한국의 이민정책 전반에 이론적 길잡이를 제공할 수 있을 것이라는 전제하에 그 전문적인 "다문화 전문가 직무와 교육과정 설계에 관한 실증적 연구" 내용을 아래에서 소개하고 있다. 이는 우리 국민들에게 다문화의 개념을 제대로 심어 주고 우리 사회도 이미 다문화 사회에 진출했음을 널리 인식시키며, 다문화 사회에 걸맞도록 우리 사회 구성원 각자의 사고의 전환을 이루어 넓은 공감대를 형성하게 만드는 기회가 되기를 바라는 마음이다.

국내 체류외국인 180만 현시대에 국제결혼가정, 중도입국자, 외국인 근로자, 외국인 유학생, 난민, 새터민 등에 대하여 내국인의 다문화 수용의식이 제일 중요한 시점이다.

대한민국은 이미 다문화 사회이다.
우리가 원하든 원치 않든 피부색이 다르고, 언어가 다르고, 종교적 · 문화적 배경이 다양한 140여 만 명의 이주민이 함께 살고 있다. 이주민뿐만 아니라 선주민 내에서도 성별, 이념, 종교, 출신지역, 성적 지향 등이 서로 다른 사람들이 어우러져 사는 현대는 다문화 사회가 되었다.
사람과 물자, 정보의 이동이 자유로워진 현대 모든 사회는 다문화 사회라고 할 수 있다.
이제까지 우리 사회는 함께 사는 사람들의 다양한 삶의 방식을 인정하는 데 무척 인색했다. '결혼하면 시집의 풍습을 따라야지.', '나이가 어리면 잠자코 있어.', '결혼을 하지 않으면 평생 어른이 못 돼.' 불과 10여 년 전까지만 해도 흔히 들을 수 있었던 이야기들이다. 서로 다른 삶의 방식, 문화가 갈등을 일으킬 때, 다양성을 존중하고 합의하기보다는 힘이 센 쪽이 일방적으로 다른 쪽을 흡수하는 권위주의적 방식의 문제해결이 압도적이었다.
사실 우리 사회에서 인권이 법과 제도로 이야기되기 시작한 것은 불과 십수 년에 지나지 않는다. 오랜 세월, 다양한 개인의 자유와 인권은 국가의 안녕, 전체의 발전을 위해 희생되어도 좋다고 여겨졌고, 남들과 다른 생각을 하거나 다른 삶의 방식을 가진 소수자들은 철저히 배제되어 왔다. 어쩌면 이주민에 대한 차별과 배타적인 태도는 우리 사회에 깊이 뿌리내린 이러한 정치적 권위주의, 경제적 성과주의로부터 연유하는 것인지도 모른다.
다문화 인권이 이주민의 인권, 혹은 피부색이나 인종, 민족에 대한 차별만을 다루어서는 안 되는 이유가 여기에 있다. 다문화, 여성, 장애인, 소수자 등 우리 사회의 다양한 구성원들의 차이를 인정하고 평등한 권리를 인정한다면 우리의 인권 수준이 OECD 국가 중 상위권 어디쯤에 오르고 사회적 합의로 '어떠한 종류의 차별'도 허용하지 않는 법과 제도가 마련된다면 이주민의 인권을 따로 이야기할 필요가 없을 것이다.
이주민의 인권은 '인권친화적인 사회'로 나아가는 데 필요한 여러 해결 과제 중의 하나이다.

2 다문화 사회와 제노포비아의 이해

1) 제노포비아의 개념

Xenophobia는 고대 그리스 문화권에서 이방인이나 이질적인 것에 대한 공포나 적대감 등을 표현하는 것이다. 제노포비아는 또한 '이방인'을 의미하는 'Xeno'와 '싫어하다, 두려워하다'의 의미를 지닌 'Phobia'의 합성어로서 문자적으로는 '외국인에 대한 혐오'를 의미한다.

제노포비아는 사회 구성원들 중 대다수가 아닌 일부 계층이 지니고 있는 외국인들에 대한 차별과 배제, 천시, 거부와 같은 배타적 인식이나 행위지향을 의미한다. 제노포비아는 외국에서 유입된 이주민들에 대한 행동성향으로서 이주가 보편화된 지구촌 사회에서 민주적 질서와 가치, 구성원들이 마땅히 향유해야만 하는 적정한 수준의 삶의 질을 농단하는 구조적 모순이다.

제노포비아는 이방인에 대한 두려움과 혐오이지만 심리적 차원에서는 이질적인 것에 대한 두려움과 이로 인해 유발될 수 있는 원치 않는 변화에 대한 우려와 저항으로 정의할 수 있다. 선행연구자들의 견해에 의하면 제노포비아는 혐오의 대상과 지향성에 따라 다양한 차원으로 분류될 수 있다.

솔다토바(Soldatova, 2007)는 제노포비아의 대상에 따라 민족적 혐오증(Ethnophobia), 종교적 혐오증(Religious Phobia), 사회적 혐오증(Social Phobia)으로 분류하기도 했다.

민족적 또는 인종적 혐오증은 다른 민족과 인종집단에 대한 편견과 차별을 의미하는 것으로서 중국혐오증(Sinophobia)과 흑인차별, 반유대정서(Anti-Semitism) 등이 대표적 사례라 할 수 있다. 종교적 혐오증은 특정 종교를 신봉하거나 종교적 신념을 지닌 사람들에 대한 두려움과 혐오를 의미한다. 무슬림을 테러세력과 동일시하고 배척하는 이슬람 혐오증(Islamphobia)이 대표적이라 할 수 있다. 사회적 혐오증은 주류사회 구성원들과는 다른 문화적 배경, 신체상태, 연령, 사상 등을 지닌 사람들에 대한 편견과 배타성을 의미하며, 이주자 혐오증(Migrantophobia)이 대표적이다.

제노포비아(Xenophobia)는 인종차별(Racism)과 혼용되기도 하는데, 인종차별은 피부색, 머리 형태 등과 같이 좀 더 외모적인 차이에서 나타나지만, 제노포비아는 지역, 국가, 문화 등의 이질적인 부분에서 기인하는 이념 또는 정서적인 차이에 대한 반감적인 태도라는 점에서 구별된다.

그런데 외모의 차이가 있는 사람들이 다른 지역 또는 국가에서 유입될 때 그들이 가지는 사고, 종교, 이념 등이 다른 경우가 많고, 기존 시민들이 새로운 이주민들에 대하여 가지는 반감을 보이는 경우가 동시에 나타나기 때문에 차별과 제노포비아가 중복적으로 나타나기도 한다.

2) 제노포비아 이론

(1) 집단갈등 이론

집단갈등 이론(Group Conflict Theory)은 제노포비아의 원인을 원주민과 이주민 간의 자원 다툼에서 찾고 있다. 이 이론은 노동과 자본의 이동이 자유로운 세계화 시대의 불가피한 결과로 보고 있다. 이주민의 노동시장 대거 유입은 노동시장의 유연성을 강화하고, 임금 저하를 촉진한다. 뿐만 아니라 원주민들의 일자리를 침탈하여 구조적 실업자가 양산될 수 있다. 이 과정에서 원주민들은 두려움을 느끼게 되고 자신들의 생존을 유지하기 위해 이주민들에 대해 배타적인 태도를 유지하게 되고 때로는 공격적인 성향을 보이기도 한다.

집단갈등 이론은 2차 세계대전 후 서유럽 국가의 경제성장과 쇠퇴에서도 살펴볼 수 있다. 종전 후 서유럽 국가들은 유례없는 경제성장을 했다. 경제성장 과정에서 많은 이주노동자들이 유입되었다. 경제성장기 때 그들은 자국의 부족한 노동력을 충당하고 지역과 국가의 부를 창출하는 귀중한 손님이었지만, 경제가 침체되자 내국인들의 일자리를 빼앗는 빈곤의 유발자로 표현하고 있다. 이 같은 불만과 갈등은 단순한 배척으로 귀결되지 않고 증오와 공포를 확대, 재생산한다. 제노포비아가 만연된 사회에서 외국인들에 대한 인식은 매우 부정적이다. 원주민들의 시각에서 보면 이주민들은 범죄와 질병의 온상이고 고용과 사회보장의 안전성을 위협하고 제도와 문화를 훼손하는 현대의 반달족이다.

(2) 불행 이론

불행 이론(Misery Theory)은 제노포비아의 사회구조적인 원인을 개인과 집단의 심리에서 찾는다. 불행 이론에 의하면 제노포비아는 원주민들의 소외감과 상대적 피해의식, 박탈감 등이 원인이 된다. 원주민들의 이러한 정서는 경기침체와 연관이 있다. 경기불황과 일자리 감소가 지속적으로 이어지면 원주민들은 불만을 표출할 대상을 찾는다. 이러한 와중에서 이주민들 중 경제적 성취, 사회적 명성을 획득한 개인이 나타나면 심리적 박탈감은 증대된다. 이러한 예는 인도네시아에서 발생한 화교에 대한 원주민들의 테러와 우리 사회에서 발생한 외국 출신 여성 국회의원에 대한 조직적 비난에서 찾을 수 있다.

한국 역시 필리핀 출신의 이주여성이 여당 비례대표 국회의원이 되자 많은 반대와 비난이 있었는데, 연구자들의 분석에 의하면 반대담론을 주도한 계층은 대부분 우리 사회의 소외 계층이다. 이 같은 상대적 박탈감을 핵심으로 하는 불행 이론은 국내 · 외 연구에서도 확인할 수 있다. 한국 사회에서의 이주민에 대한 혐오는 사회 · 경제적 지위가 높은 계층보다 학력과 소득이 낮은 계층에서 더 많이 발생하며, 이는 주로 상대적 박탈감과 사회에 대한 불만에서 야기된다. EUMC 보고서(유럽 인종차별 · 외국인혐오 감시센터, EUMC)에 의하면 유럽에서의 제노포비아는 육체노동자, 실직자, 저학력자, 저소득자 계층에서 생성되며 원인 역시 사회에 대한 불만과 소외감, 박탈감 등이다.

(3) 두려움 이론

두려움 이론(Fear Theory)은 제노포비아의 원인을 이방인에 대한 공포에서 찾고 있다. 이질성은 신기로움인 동시에 두려움의 대상이다. 개인들은 자신들의 민족, 국가 정체성, 문화, 가치, 종교 등이 다른 대상과 접촉하게 되면 본능적인 두려움에 봉착하게 된다. 개인들은 이질적인 것들을 자신들의 진부함과 폐쇄성을 변화시키고 활력을 불어넣을 수 있다는 외부의 긍정적인 도전으로 받아들이기보다는 자기를 위협하는 요소로 받아들인다. 결국 두려움 이론에서는 제노포비아의 원인을 낯섦에 대한 공포와 변화에 대한 두려움에서 찾는다.

이주민에 대한 두려움은 현존하는 두려움인 동시에 미래에 발생할 수 있는 잠재적 두려움이기도 하다. 현재 우리 사회에서 이주노동자나 단기체류외국인들은 뚜렷한 범죄나 일탈행동을 보이지 않는다. 언론에 간혹 보도되는 이주민들의 범죄는 인구수에 비해 매우 적다. 하지만 내국인들은 언제든지 자기들의 일자리가 감소될 수 있고, 이주민들의 범죄 표적이 될 수 있다는 불안심리에서 제노포비아적 심리상태를 지니고 있다. 이주민에 대한 두려움을 개인적 차원에서 대중적으로 확산하는 데에는 대중매체의 영향이 절대적이다. 대중매체, 특히 영화에서는 중국동포들에 대한 편견과 공포를 지속적으로 확산시키고 있다.

(4) 접촉 이론

접촉 이론(Contact Theory)은 이주민들에 대한 제노포비아의 원인을 두려움 이론과 마찬가지로 공포로 보고 있지만 두려움 자체보다는 그 형성과정에 주목하고 있다. 접촉 이론에서는 개인이나 집단이 자신들과는 다른 배경을 가진 개인, 집단과 접촉이 부족할 때 이해의 간극이 생기고 상호 적대적 감정이 생성되어 제노포비아 현상이 발생한다고 설명하고 있다.

접촉 이론에 의하면 이주민들과의 잦은 접촉은 이질감을 해소하고 두려움을 희석하여 제노포비아 수준을 낮출 수 있다. 하지만 접촉에 있어서 중요한 것은 접촉의 빈도가 아니라 접촉의 질이라 할 수 있다. 선행연구에 의하면 인터넷을 통한 사이버 세계에서의 접촉보다는 면대면 접촉이 일어나는 일상생활 공간에서의 상호 이해적 접촉이 이주민들과의 통합을 조장하고 낯섦과 두려움, 배타성의 수준을 낮추는 것으로 나타났다(김서영, 2018).

3) 제노포비아 유발 요인

제노포비아 유발 요인은 학자들에 따라 다양하게 제시하고 있다. 제노포비아 유발 요인을 인종주의를 비롯하여 사회심리적 요인, 경제적 요인, 정치적 요인, 법·제도적 요인 등 다섯 가지로 고찰하고자 한다.

(1) 인종주의

인종주의(Racism)란 제노포비아의 원인을 인종주의적 관점에서 바라보며, 제노포비아 현상을 인종주의 또는 극단적 민족주의라고 강조한다.

유색인종에 대한 백인종의 우월주의는 백인종들을 다시 서로 다른 인종으로 구분하는 것, 일본이 자기들은 동양인들과는 종(種)이 다르며 탁월하다고 간주하는 것 등 더욱더 세분화된 인종주의가 타 인종과 민족에 대한 편견과 차별을 가중시켜 갈등과 분쟁을 초래하고 있다.

제노포비아의 발생 원인을 인종주의적 관점에서만 찾을 경우 국제적 노동력 이동으로 나타난 문제와 그로 인한 정치적인 위기에 대처하는 대응전략의 방향을 오도할 우려가 있다. 즉 세계화 추세 속의 노동력 이동 및 제노포비아 문제에 대한 안정적 대처 방안 구축을 위한 다양한 가능성을 축소하는 오류를 범할 수 있다.

한편 인종 갈등 현상이 두드러진 영국의 제노포비아는 최근까지도 인종폭동이 발생하여 세계적인 사회문제가 되고 있다. 또한 인종폭동은 영국을 비롯하여 호주, 미국, 프랑스 등 여러 국가에서도 발생하고 있다.

(2) 사회심리적 요인

사회심리적 요인은 타자에 대한 혐오감이 단순히 개인의 심리상태에 의한 것이 아니라 본인이 속해 있는 사회 구성원들의 합의에 의해 만들어진 사회적인 현상으로 보는 견해이다. 일반적으로 우리(동질성)와 그들(이질성)을 구분할 때 선함은 자신이 속한 공동체에게만 관련되지만, 모든 부정적인 것은 밖으로 상대방에게 투사되는 과정을 통해 우리와 다른 그들에 대한 혐오감이나 거부감이 표출된다는 것이다.

집단적인 우리와 그들의 구분은 민족주의로 발현되는데, 1930~40년대 독일 민족주의자들에 의해 자행된 유대인들을 대상으로 한 반유대주의와 1930년대 네오나치들의 이주자 공격이 대표적인 사례이다. 또한 2006년 3월 영국, 독일, 프랑스, 스페인, 이탈리아, 폴란드 등 6개국의 내무장관이 유럽의 문화나 이념 등 정체성에 부합되지 않는 이민희망자를 제도적으로 걸러내기 위해 이민희망자에게 서구적 가치나 관습을 존중할 것을 서약하도록 하는 통합을 위한 계약을 도입하기로 합의한바 있다.

사회심리적 요인에 따르면 제노포비아 현상의 출발은 다름에 대한 인식에서부터 시작된다. 종교, 언어, 피부색이 다르고, 경제적 · 문화적 수준 등 여러 분야에서 우리와 다르다는 생각은 우리보다 우월한 대상에 대해서는 동경으로 나타나지만, 반면에 우리보다 열등한 대상에 대해서는 차별과 멸시 그리고 혐오 등으로 나타나게 된다.

(3) 경제적 요인

경제적 요인은 제노포비아의 원인을 국가경제의 불경기로 보고, 국가경제가 어려운 시기에는 개인의 경제적 상황이 불안감, 불안정, 동요, 망상 등으로 나타날 수 있고, 이것이 제노포비아적 행동으로 발전하게 된다는 것이다. 경제적 불황일 때 외국인은 값싼 노동력을 제공하는 사람으로서, 내국인의 입장에서 외국인 이주민이 일자리를 빼앗아 간다는 인식을 주어 이는 곧 제노포비아의 원인으로 작용되는 것이다.

특히, 저개발국가로부터 유입된 이주자들을 자신들의 복지를 위협하는 존재로 파악하고 있다. 시장경제의 원리에 의해 산업국가와 개발도상국가 사이에는 삶의 상태 · 수준이나 개인적 · 사회적 발전 기회에서 커다란 격차가 있는데, 이로 인해 이주자는 현재의 삶과 이주를 함으로써 예상되는 삶을 비교하여 이주 시 자신의 경제상황을 개선할 수 있다고 본능적으로 인지하고 이주를 선택하게 된다.

한편 이들 이주자들에게 선진이민국의 국민과 경제는 특권적인 것으로 인식되며 이주를 통해 자신이 달성하고자 하는 부와 복지에 참여할 수 있을 것으로 기대되어 이주를 선택하게 되고, 이에 대해 이민국 국민들은 이주자들에게 자신의 부와 복지가 위협받고 있다고 생각한다는 것이다.

한국에서 제노포비아 발생 원인도 외국인 노동자로 인한 저임금 문제를 비롯하여 내국인의 경제적 문제와 관련되어 있는데, 청년층 장기실업의 급증과 함께 세계적으로 위기에 직면한 금융위기의 영향으로 인해 내수 경기 침체의 원인을 외국인 체류자나 이방인의 탓으로 돌리기 때문에 발생하기도 한다. 제노포비아가 발생하는 경제적 원인은 저임금의 외국인 출신 노동자의 유입으로 인하여 노동시장을 독점하던 원주민의 실업률이 상승함으로 인해 외국 출신 저임금 노동자들에 대한 부정적인 인식을 확산시켜 제노포비아를 발생시키게 되었다. 그리고 노동시장에서도 저임금의 외국인 노동자를 채용하여 외국 출신 노동자에 대한 무시와 차별 등이 빈번하게 발생하고 제노포비아가 발생하는 계기가 되었다.

(4) 정치적 요인

정치적 요인은 정치가들에 의해 제노포비아가 조장된다는 것을 의미하며, 선거에서 승리하기 위하여 투표권이 부여되지 않은 외국인 출신자를 공격하거나 반면에, 외국인 출신자를 보호한다는 명분하에 역으로 원주민이 차별받고 있다는 생각을 갖게 하여 정치적 박탈감을 유발해 이를 정치적으로 제노포비아를 유발한다는 것이다(김상운, 2016).

이는 정치 엘리트 선동에 따라 제노포비아도 커진다는 엘리트 선동 이론으로 설명할 수 있다. 즉 정치 엘리트 혹은 사회적으로 영향력 있는 리더가 외국인에 대한 위협과 차별적 발언을 할 때 제노포비아가 증폭 및 확산될 수 있다는 것이다.

(5) 법 · 제도적 요인

법과 제도적 원인은 외국인 이주민의 유입을 허용하는 국가는 이들이 사회적으로 통합되도록 하는 과제를 갖게 되는데, 여기서 발생되는 문제들로 인하여 제노포비아가 형성된다는 것이다.

이것은 외국인의 유입이 증가할수록 제노포비아도 커지게 된다는 집단갈등(접촉) 이론과 그 맥을 같이 한다(고상두 · 김예슬, 2012).

일반적으로 국가의 외국인 유입을 비롯하여 정주, 통합 그리고 시민권 부여 등 이민 정책과 외국인 정책이 제노포비아 형성에 영향을 미치고 있다. 다양한 문화에 대해 자인하는 것은 사회적 분열과 민족의 정체성 약화를 조장하여 제노포비아를 유발하는 문제를 내포하고 있다. 법 · 제도적 요인의 가장 큰 원인은 이주민의 증가를 들 수 있는데, 급증하는 이주민에 대응하기 위한 법 · 제도적인 기반이

미비함으로써 제노포비아가 발생한다는 것이다(김상운, 2016).

한편 외국인 이주민들에 대한 이민국의 국적 부여 원칙과 사회적 통합에 따라 차별배제, 동화, 다문화 모형의 세 가지 유형으로 구분한다(안지혜, 2019).

첫째, 차별배제 모형은 이민국 사회가 외국인 이주민을 복지혜택, 선거권 부여와 같은 사회정치적 영역에는 수용하지 않고 이른바 3D업종의 노동시장과 같은 특정 경제 영역에만 수용하는 것으로 독일과 한국이 대표적인 경우이다.

둘째, 동화모형은 외국인 이주민이 출신국의 언어, 문화, 사회적 특성을 완전히 포기하도록 하고, 주류사회의 구성원과 차별 없이 동등하게 되는 것을 목표로 삼는 것으로 영국과 프랑스가 대표적인 국가이다.

셋째, 다문화 모형은 외국인 이주민이 그들만의 문화를 지켜가는 것을 인정하고 장려하는 것이며, 정책의 목표를 소수민족이 주류사회로의 동화가 아닌 공존에 두는 것으로 미국이 대표적인 국가이다.

Chapter 6

다문화 가족과 상담

1 다문화 가족 사정

1) 가족 사정

전통 정신의학 모델에서는 치료의 첫 번째 단계가 진단 또는 사정이다. 가족상담의 경우에도 사정에 대한 관심은 있으나 정신의학적 모델과 비교하면 진단이나 사정의 중요성이 그다지 강조되는 편은 아니다. 물론, 상담자는 상담계획을 설정하기 위해 가족을 범주화하고, 판단하고, 평가하는 것이 중요하다. 그러나 가족상담에서의 사정은 가족을 변별하기 위해서보다는 가족에게 어떤 형태의 상담이 바람직한가를 결정짓는 도구이다. 즉 사정은 제공할 상담의 방향을 결정하기 위해 가족을 충분히 알아가기 위한 과정인 것이다. 사정 과정은 가족을 어떻게 적용할 것인지에 대한 정보와 가족 안에서 나타난 문제들의 기능에 대한 정보를 얻기 위해 상담자에 의해 설계된 연속적인 행위이다.

가족 사정이 치료적 의미를 가지는지의 여부는 상담 전체의 맥락에서 논의될 문제로서, 그것은 상담자가 추구하는 방향과 방법에 따라 위치가 달라질 수 있다. 그러나 상담자는 사정하는 과정 자체를 치료적 개입이라고 생각하는 마음가짐이 중요하다. 즉 사정을 위해 투자하는 물리적 노력은 치료적 개입과 가족을 진단한다는 두 가지 목적 모두에 사용할 수 있다.

상담자가 사정 단계에서 다양한 정보를 파악할 때 반드시 가족에게 가족체계론적 관점에서 생각하도록 강요한다면 가족은 오히려 상담에서 멀어질 수도 있다. 가족을 이해하는 상담자의 시각이 가족체계론적 입장을 가지느냐의 여부가 더욱 중요하다. 상담자가 가족 개인에게 각자의 입장을 설명하지 않더라도 면담을 통해 그들은 가족구조와 가족체계 안에서 자신들의 역할에 대해 생각할 것이다. 그러나 상담에 임하는 초기 단계에서는 가족들은 종종 자신들이 경험한 정리되지 않은 감정 때문에 현재 자신들에게 어떤 문제가 있으며, 무엇을 원하는지를 잘 모르는 경우가 있다. 이때 가족의 문제를 분명히 하지 않으면 상담의 방향을 잃을 수 있는데, 상담자가 정확한 가족기능의 개념을 가지고 가족을 사정한다면 자신이 만나는 가족을 보다 잘 이해할 수 있을 것이다. 여기서는 가족상담이라는 상황에서 유용하게 사용하는 도구인 질문지를 통한 객관적인 사정도구와 가족개념을 통한 가족 사정, 가족화와 같은 주관적인 사정 방법을 소개하려고 한다.

2) 객관적 사정 방법

가족상담을 하기 전에 가족에게 자기보고식의 질문지로 자신의 가족을 평가하게 한다. 임상에서 사용되는 질문지는 대부분 상담자가 자신이 만난 가족의 문제를 목록화하고, 사정하기 위한 객관적인 도구의 필요성에서 개발한 것이다. 상담과정에서 자기보고식 질문을 사용하면 다음과 같은 이점이 있다.

첫째, 어떤 가족에게 다른 가족의 걱정이 무엇인지에 대해 체계적으로 이해시킬 수 있는 기회를 제공한다.

둘째, 가족 각자에게 자기노출을 할 수 있는 기회를 제공한다. 사람들은 그들이 걱정하는 특정한 문제 또는 잠재적인 문제에 대해 언어로 표현하는 것보다 체크리스트에 답하는 것에 부담을 덜 느낀다. 자신들이 어떤 문제에 대해 편향된 지각을 한다는 통찰은 그 자체만으로도 치료적 효과가 있다.

현대 가족상담 분야에서 자주 사용되는 질문지법의 사정도구는 다양하지만, 여기서는 가족 전체의 기능을 파악하는 두 가지 모델로 맥매스터 모델과 순환모델을 소개한다. 임상현장에서는 그 밖에도 많은 객관적인 도구를 사용하는데, 상담자는 각 도구의 특성을 파악해 실제와 조화를 이루는 것을 선택하는 지혜가 필요하다. 가족상담에서 평가도구를 선택할 때는 개인의 가족역할, 집단으로서 가족, 가족의 상호작용을 포함하는 것이 바람직하다.

(1) 맥매스터 모델

캐나다의 맥매스터 대학 정신과에 있는 엡스타인(N. Epstein) 등에 의해 개발된 맥매스터 모델(McMaster model)은 가족기능을 문제해결, 의사소통, 역할, 정서적 반응성, 정서적 관여, 행동통제, 가족의 일반적 기능 차원의 7가지 측면에서 파악하였다. 본 도구는 53문항이지만 한국의 문화적 특성을 고려해 수정된 단축형(정수경, 1993)인 34문항 〈표 6-1〉이 주로 사용된다.

〈표 6-1〉 척도내용

* 다음은 귀하의 가족을 나타낸 질문지입니다. 해당되는 곳에 ∨ 표시 하십시오.

매우 그렇다			전혀 그렇지 않다
1	2	3	4

우리 가족은	1	2	3	4
1. 서로를 잘 이해하지 못하기 때문에 우리가 해야 할 일을 계획하지 못한다.				
2. 누군가가 기분이 나쁘면 왜 그런지를 안다.				
3. 위기가 닥치면 서로에게 도와 달라고 부탁할 수가 있다.				
4. 갑자기 큰일이 닥치면 어떻게 할지를 모른다.				
5. 서로에 대한 애정표현을 하지 않으려고 한다.				
6. 슬픈 일이 있어도 서로에게 말을 하지 않는다.				
7. 자신에게 중요한 일일 때만 서로에게 관심을 가진다.				
8. 집에서 할 일이 충분히 나누어져 있지 않다.				
9. 규칙을 어겨도 그냥 지나간다.				
10. 빗대서 말하기보다는 직접 솔직하게 이야기한다.				
11. 감정적으로 반응하지 않는 식구들이 있다.				
12. 우리가 두려워하는 일이나 걱정에 대해 얘기하기를 꺼린다.				
13. 각자의 역할을 다하지 못한다.				

14. 집단문제를 해결하려고 애쓴 후에 그것이 잘 되었는지 아닌지에 대해 얘기하곤 한다.				
15. 지나치게 자기중심적이다.				
16. 서로에게 감정을 표현할 수가 있다.				
17. 화장실을 사용하는 방식이 정해져 있지 않다.				
18. 서로에 대한 사랑을 표현하지 않는다.				
19. 우리에게 관계있는 일에만 서로 관여하게 된다.				
20. 식구들의 개인적인 관심사를 알아볼 시간이 별로 없다.				
21. 개인적으로 얻는 것이 있다고 생각할 때 서로에게 관심을 보인다.				
22. (나쁜)감정문제가 나타나면 거의 풀고 지나간다.				
23. 다정다감한 편은 아니다.				
24. 어떤 이득이 있을 때에만 서로에게 관심을 보인다.				
25. 서로에게 솔직하다.				
26. 어떤 규칙이나 기준을 고집하지 않는다.				
27. 어떤 일을 부탁하고 나서 나중에 다시 일러 줘야 한다.				
28. 집에서 지켜야 할 약속들을 어기면 어떻게 되는 건지 잘 모른다.				
29. 함께 있으면 잘 지내지 못한다.				
30. 가족으로서 각자가 해야 할 일에 대해 불만을 가지고 있다.				
31. 좋다고 하는 것이지만 서로의 생활에 너무 많이 개입한다.				
32. 서로를 믿는다.				
33. 누가 해 놓은 일이 마음에 들지 않으면 그 사람에게 말한다.				
34. 문제를 해결하려고 할 때 여러 가지 방법을 생각해 본다(정수경, 1993).				

출처: 김유숙, 전영주, 김수연(2003). 가족평가핸드북. 서울: 학지사.

① 문제해결: 문항 14, 22, 34

문제해결은 가족이 효과적인 가족기능을 유지하면서 가족문제를 해결하는 능력이다. 대부분의 가족은 유사한 범위에서 통합과 기능에 어려움이 있다. 다만 효과적인 가족은 문제를 해결하고, 효과적이지 못한 가족은 문제에 잘 대처하지 못하는 차이가 있을 뿐이다. 따라서 문제를 해결하는 데 어려움이 있는 가족은 비효과적으로 기능하는 가족이라고 할 수 있다. 그러므로 일반적으로 가족에게 해결되지 않은 문제가 적을수록 그 가족은 건강한 가족이다.

② 의사소통: 문항 2, 10, 25, 33

의사소통 기능이란 가족 내에서 정보가 어떻게 교환되는가 하는 것으로, 이 척도에서는 언어적인 것에 국한하였다. 실제의 의사소통에서는 목소리, 억양, 얼굴 표정, 시선, 신체언어 등 비언어적 의사소통이 중요한 부분을 차지하는데, 맥매스터 모델에서는 그 부분이 배제되었다는 한계가 있다. 의사소통을 결정하는 중요한 요소는 의사소통을 하는 사람이 의사를 얼마나 솔직하고 명료하게 전하는가, 의사소통의 양은 충분한가, 의사를 전달하려는 사람이 존재하는가, 얼마나 마음이 열려 있는가 등이다.

③ 가족의 역할: 문항 8, 13, 20, 27, 30

가족의 역할이란 개인이 가족기능을 충족시키기 위해 반복적으로 하는 행동유형이다. 과제를 달성하기 위해서 역할이 적절하게 분배되어야 하며, 가족은 분배된 역할을 실행하는 것이 필요하다. 가족 간에 역할분담이 적절히 이루어지지 못하거나 이미 과중한 부분을 가진 가족들에게 또다시 어떤 역할이 부과될 때 어려움을 겪는다. 건강한 가족일수록 가족기능이 각 가족을 충족시킬 수 있으며 역할분담과 책임도 명백하다.

가족의 역할은 가족이 건강하게 기능하기 위한 필수적 기능과 그 밖의 가족기능으로 구별된다. 필수적 기능이란 물질적인 자원을 마련하는 것, 가족을 양육하고 격려하는 것, 배우자끼리 성적으로 만족하는 것, 생활하기 위한 기본적인 기술을 획득해 가족을 유지하는 것이다. 그 밖의 가족기능이란 특정 가족에게만 기능하는 것이다. 예를 들어, 가족 중 한 명을 이상화시키거나 반대로 희생양으로 만드는 것이다. 이처럼 가족이 가진 특별한 역할은 개인이나 가족병리를 반영하는 경우가 있으므로 가족상담자가 가족을 이해하는 데 도움이 된다.

④ 정서적 반응성: 문항 5, 11, 18, 23

정서적 반응성은 주어진 자극에 따라 적절한 내용과 적절한 양의 감정으로 반응할 수 있는 능력을 의미한다. 내용 면에서 두 가지 질문을 할 수 있다.

첫째, 가족이 일상적인 정서생활에서 다양한 느낌을 경험하거나 반응하는가?

둘째, 경험된 정서는 상황적 맥락에서 자극에 부합하는가?

효과적인 정서생활을 하는 가족의 경우 질적인 면에서 또는 양적인 면에서 모두 적절한 정서적 경험을 할 수 있는 가능성이 있다. 의사소통의 차원이 가족이 경험하는 감정을 어떻게 전달하는가의 문제를 다루는 것이라면 정서적 반응성이란 가족이 정서를 경험하는 것과 관련이 있다. 정서는 애정, 안정감, 즐거움 등의 안전감과 두려움, 비애, 분노, 우울과 같은 위기감으로 구분된다. 적절한 수준의 정서적 반응이 무엇인지 그리고 어떻게 정서를 표현하는지는 문화적인 특성에 따라 다르다.

건강한 가족은 적절한 강도와 지속성을 가지고 다양한 정서반응을 할 수 있는 능력을 가진다. 반대로 역기능적인 가족은 반응하는 정서의 범주가 극도로 한정되어 있거나 반응의 질이나 양적인 면에서 항상 부적절하다.

⑤ 정서적 관여: 문항 7, 15, 19, 21, 24, 31

정서적 관여란 가족 서로에 대한 관심이나 배려의 양과 질의 문제로 가족 전체가 가족 구성원의 흥미, 활동, 가치관에 얼마나 관심을 보이는가를 의미한다. 맥매스터 모델에서는 정서적으로 서로 관여하는 정도는 다음의 다섯 가지로 분류하였다.

첫째, 서로 전혀 관여하지 않는 수준으로 가족은 서로에게 소원하거나 무관심해 가족 구성원은 충족되지 못한다.

둘째, 감정이 배제된 관여로 가족끼리의 관여는 의무감이나 다른 가족을 통제하거나 단호한 호기심이 있을 때만 서로가 관여한다.

셋째, 자기도취적 관여로 다른 사람에 대한 관여가 주로 자기중심적일 때 일어난다. 즉 어떤 가족이 다른 사람의 일을 진심으로 걱정하거나 보살피는 마음에서보다는 자기 자신의 존재가치를 유지하기 위해 다른 가족과 관여하는 것이다.

넷째, 공감적 관여로 어떤 문제에 관여할 때 어떤 가족에게 무엇이 필요한가를 진정으로 이해하고 그 사람에게 관여하는 바람직한 관계이다.

다섯째, 공생적 관여로 가족이 지나치게 관여한 나머지 개인의 발달에 장애를 초래할 위험이 있다. 가족이 건강한지의 여부를 판단하기 위해 정서적 관여 형태를 보아야 한다. 가장 효과적이지 못한 관여는 양극에 해당하는 관여의 결핍이나 공생적 관여의 형태이다.

⑥ 행동통제: 문항 4, 9, 17, 26, 28

가족은 지금 상태를 유지하거나 어떤 새로운 상황에 적응하기 위해 다른 가족 구성원에게 영향을 주게 된다. 이 과정에서 가족 구성원의 행동을 통제할 필요가 있다.

맥매스터 모델에서는 행동통제를 다음의 네 가지 유형으로 분류하였다.

첫째, 경직된 통제는 어떤 통제가 행해지는지를 예측하기 쉬우나, 건설적이지 못하고 적응력도 낮다. 이것은 일상생활이나 역할을 현재 상태로 유지하는 데는 도움이 되지만, 어떤 가족이 새로운 발달단계에 직면해 변화가 필요할 경우에는 바람직하지 않다.

둘째, 유연한 통제는 예측 가능하며 건설적이고 환경 변화에 적절하게 적응할 수 있다. 다소 지적이며 교육적인 성격을 가지기 때문에 가족이 그들의 이상이나 규칙을 함께 공유하기 쉽다. 따라서 과제 달성이 용이하다.

셋째, 방임적 통제는 어느 정도 예측이 가능하지만 건설적이지 않다. 어떤 일을 준비하거나 실행할 때 힘은 약하고 우유부단하여 의사소통과 역할분담에 문제가 생긴다. 이러한 무질서한 가족 속에서 자란 아동은 정서적으로 불안정하며, 다른 사람의 주의를 끌려고 하거나 충동을 억제하거나 통제하는 힘이 약하다.

넷째, 혼돈된 통제는 예측할 수 없으며 건설적이지 못하다. 때때로 엄격하게 통제하기도 하고 또는 자유방임적이므로 그다음에 어떤 것이 일어날지 예측할 수 없다. 사건의 변화는 가족을 둘러싼 상황이나 필요에 의해서가 아니라 어떤 가족의 기분이나 감정에 의해 일어나는 경우가 많다.

⑦ 가족의 일반적 기능: 문항 1, 3, 6, 12, 16, 29, 32

가족의 정신건강 및 병리적인 면을 총체적으로 측정하는 것이다.

(2) 순환모델

순환모델은 가족 구성원의 응집력과 적응력이 가족을 유지하는 데 가장 기본적이라는 것을 밝혀냈다. 올슨 등(Olson et al.)은 **〈표 6-2〉**와 같은 가족응집성과 적응성 측정척도(Family Cohesion and Adaptability Evaluation Scale, FACES)라는 순환모델의 질문지를 개발하였다.

홀수번호 문항은 응집성에 관한 문항이며, 짝수번호 문항은 적응성에 관한 문항이다. 문항번호 3, 9, 15, 19, 24, 25, 28, 29는 역점수를 준다. 본 도구는 신뢰도와 타당도가 높아서 임상현장에서 자주 사용되는 척도이다. 또한 이 척도는 현재 가족에 대해 각각 질문하도록 구성되어 있다.

가족이 어떤 위치에 해당하는지를 규명하는 것보다 가족이 응집력과 적응력 정도에 대해 어떻게 인식하는가에 보다 많은 관심이 있다. 따라서 상담자는 이 도구를 가족 사정의 의미보다는 치료수단으로 활용할 수 있다는 점에서 높이 평가

한다.

즉 적응성과 응집력을 각각 4개의 수준으로 구성해 총 16개의 가족유형으로 나누었다. 적응성이란 가족의 변화를 허용하는 정도, 균형을 유지하려는 정도를 말한다. 즉 가정생활의 압박이나 갈등의 반응에서 가족의 규칙, 역할, 구조 등을 유연하게 할 수 있는 가족능력을 의미한다. 가족이 효율적으로 기능하기 위해서는 균형을 유지하려는 힘과 변화하는 능력이 적절한 조화를 이루어야 한다. 혼돈된 가족은 가족생활의 문제와 관련된 어떤 구조도 가지고 있지 않다. 유연한 가족은 규칙이나 역할 변화를 인정함으로써 문제를 해결하는 능력을 가진다. 구조화된 가족은 유연한 가족보다 역할이나 규칙을 수용하는 능력이 부족하다. 또한, 경직된 가족은 역할이나 규칙의 변화를 소극적으로 받아들이며 그들은 현상유지를 위해 많은 노력을 한다.

〈표 6-2〉 척도내용

*** 다음은 가족생활에 대한 질문입니다. 해당되는 곳에 ∨ 표시 하십시오.**

전혀 그렇지 않다	다소 그렇지 않다	그저 그렇다	다소 그런 편이다	정말 그렇다
1	2	3	4	5

	1	2	3	4	5
1. 우리 가족은 서로 돕는다.					
2. 우리 가족은 누구나 쉽게 자기 생각을 가족들에게 이야기한다.					
3. 고민이나 비밀이 있으면 가족이 아닌 사람과 이야기하거나 의논하는 편이다.					
4. 집안의 중요한 일을 결정할 때는 모든 가족이 참여한다.					
5. 우리 가족은 집에 오면 그 날 있었던 일을 서로에게 이야기한다.					
6. 우리 형제들은 부모님의 교육이나 생활지도방법에 대해 우리들이 생각하는 것을 말씀드리곤 한다.					
7. 집안에서 일이 생기면 우리 가족은 함께 처리한다.					

8. 문제가 생기면 우리 가족은 함께 의논하고 의논을 통해 만족스러운 해결책을 찾으려고 한다.					
9. 우리 가족은 멋대로 행동하는 경향이 있다.					
10. 우리 가족은 돌아가면서 집안일을 돌본다.					
11. 우리 가족은 각자의 친구들을 좋은 친구로 인정한다.					
12. 우리 집의 규칙은 상황에 맞게 조절된다고 본다.					
13. 우리 가족은 자신의 일을 결정하기 전에 가족들과 먼저 상의하는 편이다.					
14. 우리 가족은 하고 싶은 말이 있으면 스스럼없이 이야기하는 편이다.					
15. 우리 가족은 집안을 위해서 무엇을 해야 할지를 모르는 것 같다.					
16. 우리 부모님은 우리 형제들의 의견을 존중해 주는 편이다.					
17. 나는 부모님과 형제들에 대해 깊은 애정과 친밀감을 느낀다.					
18. 우리 부모님은 상이나 벌을 공정하게 주는 편이다.					
19. 가족이 아닌 사람에게서 더 깊은 친밀감과 편안함을 느낀다.					
20. 우리 가족은 문제나 고민거리가 생기면 새로운 해결방법을 찾아보려고 한다.					
21. 우리 가족은 가족이 내린 결정을 잘 따른다.					
22. 우리 가족은 집안일을 나누어서 하며, 자기가 맡은 일에 대해 책임감을 갖고 있는 편이다.					
23. 우리 가족은 함께 여가 시간을 보내는 것을 좋아한다.					
24. 우리 가족의 규칙은 바꾸기가 힘들다.					
25. 우리 가족은 집에서 서로 대하기 싫어한다.					
26. 우리 가족은 어떤 문제가 생기면 그 문제에 대해 서로 상의하는 편이다.					
27. 우리 가족은 서로의 친구에 대해 잘 알고 있다.					
28. 우리 가족은 마음속에 있는 생각을 이야기하는 것을 서로 꺼리는 것 같다.					
29. 가족 전체가 합심하여 행동하기보다는 몇몇 가족원끼리만 짝을 지어 행동하는 편이다.					
30. 우리 가족은 취미활동을 같이 하는 편이다.					

출처: 김유숙, 전영주, 김수연(2003). 가족평가핸드북. 서울: 학지사.

응집력은 가족 구성원 서로의 정서적 결합의 정도를 나타내는 것이다. 즉 가족들에게 부여된 개인의 자율성과 가족이 함께하는 정도와 관련이 있다. 응집력 역시 조화를 이루는 것이 중요한데, 어떤 조화가 최적의 상태인가는 가족이 속한 문화에 따라 달라진다. 분리된 가족은 낮은 응집력을 보여서, 가족은 최대한의 자율성을 즐기며 가족 안에서 자신을 동일시하려는 노력을 전혀 하지 않는다. 분리된 가족은 개인의 자율성에 가치를 두지만 그들은 가족의 통합성과 정체성의 감각도 함께 지니고 있다. 연결된 가족은 친밀함에 가치를 두며, 각 구성원의 자율성 발달을 인정하고 돕는 경향이 있다. 융해된 가족은 가족의 친밀성을 가장 가치 있게 생각하는데, 때로는 자립을 방해하는 희생적인 가족결합을 강요하기도 한다.

순환모델에서는 중간 범위의 가족이 적응성이나 응집력에서 적절한 점수를 가지면 건강한 기능을 한다고 보았다. 이와는 달리 일반적으로 두 차원의 극단적인 점수를 나타내는 가족은 역기능의 특징이 있다고 보았다. 그러나 올슨 등은 극단적인 점수를 가진 모든 가족이 역기능이라고 단정하지 않았다.

(3) 가족관계: 자아분화 척도와 부모자녀 간의 의사소통 척도

우리가 일생 동안 경험하는 많은 인간관계 중에서 가족 내에서 경험하는 인간관계는 특별하다. 가족은 결혼과 혈연으로 맺어진 성과 연령이 다른 개인들이 모여 상호작용한다. 이러한 인간관계는 다른 어떤 관계보다 오랜 기간 지속되며, 무엇보다 가족은 다른 인간관계에 비해 정서적 결합이라는 특징을 갖는다.

다음은 가족관계에서 중요한 부모자녀 간의 의사소통에 관련된 척도를 소개하고자 한다. 〈표 6-3〉은 부모자녀 간 의사소통의 기능 정도를 알아보는 척도이다. 이 척도는 개방형 의사소통과 문제형 의사소통의 두 가지 하위 척도로 각각 10문항씩 총 20문항으로 구성되었다. 또한, 척도는 부모용과 자녀용으로 나누어 부모와 자녀가 동일한 내용의 문항에 대해 응답하도록 하였다.

〈표 6-3〉 척도내용

*다음 문항을 읽고 해당되는 곳에 ∨ 표시로 응답하시오.

매우 그렇다	약간 그렇다	그저 그렇다	별로 그렇지 않다	전혀 그렇지 않다
5	4	3	2	1

〈부모용〉	5	4	3	2	1
1. 나는 딸(아들)에게 나의 생각을 주저하지 않고 의논한다.					
2. 때때로 나는 딸(아들)이 말하는 모든 것이 믿기 어려울 때가 있다.					
3. 딸(아들)은 항상 내 이야기를 주의 깊게 잘 들어준다.					
4. 때때로 나는 딸(아들)에게 원하는 것을 부탁하기가 어렵다.					
5. 딸(아들)은 말하지 않아도 될 것을 나에게 말하곤 한다.					
6. 딸(아들)은 말하지 않아도 내가 어떤 기분상태인지 잘 안다.					
7. 나는 딸(아들)과 대화하는 형태에 만족한다.					
8. 나는 힘든 일이 있을 때 딸(아들)과 의논한다.					
9. 나는 딸(아들)에게 애정을 솔직히 표현한다.					
10. 우리(딸 또는 아들과 나)에게 문제가 생겼을 때 나는 침묵을 지킨다.					
11. 나는 딸(아들)에게 말할 때 조심스러운 편이다.					
12. 나는 딸(아들)에게 말하지 않아도 될 것을 말할 때가 있다.					
13. 딸(아들)은 나의 질문에 정직하게 대답한다.					
14. 딸(아들)은 나의 입장을 이해하려고 노력한다.					
15. 나에게 딸(아들)과 얘기하기를 꺼리는 화제가 있다.					
16. 나는 딸(아들)과 문제를 의논하기가 쉽다.					
17. 나는 딸(아들)에게 나의 모든 진실한 감정을 잘 표현한다.					
18. 딸(아들)은 나에게 잔소리를 많이 한다.					
19. 딸(아들)은 나에게 화를 낼 때 모욕감을 준다.					
20. 나는 어떤 것에 대한 나의 느낌을 딸(아들)에게 솔직하게 표현하기 어렵다.					

〈자녀용〉–아버지와의 의사소통	5	4	3	2	1
1. 나는 아버지께 나의 생각을 주저하지 않고 의논한다.					
2. 때때로 나는 아버지께서 말씀하시는 모든 것이 믿기 어려울 때가 있다.					

3. 아버지는 항상 내 이야기를 주의 깊게 잘 들어 준다.					
4. 때때로 나는 아버지께 원하는 것을 부탁드리기가 어렵다.					
5. 아버지께서는 말씀하시지 않아도 될 것을 나에게 말씀하시곤 한다.					
6. 아버지께서는 내가 말하지 않아도 내가 어떤 기분 상태인지 잘 아신다.					
7. 나는 아버지와 대화하는 형태에 만족한다.					
8. 나는 나에게 문제가 생겼을 때 아버지와 의논한다.					
9. 나는 아버지께 애정을 솔직히 표현한다.					
10. 우리(아버지와 나)에게 문제가 생겼을 때 나는 아버지께 자주 침묵을 지킨다.					
11. 나는 아버지께 말씀드릴 때 조심스러운 편이다.					
12. 나는 아버지께 말하지 않아도 될 것을 말할 때가 있다.					
13. 아버지께서는 나의 질문에 정직하게 대답해 주신다.					
14. 아버지께서는 나의 입장을 이해하려고 노력하신다.					
15. 나에게는 아버지와 얘기하기를 꺼리는 화제가 있다.					
16. 나는 아버지와 문제를 의논하기가 쉽다.					
17. 나는 아버지께 나의 모든 진실한 감정을 잘 표현한다.					
18. 아버지께서는 나에게 잔소리를 많이 하신다.					
19. 아버지께서는 나에게 화를 내실 때 모욕감을 주신다.					
20. 나는 어떤 것에 대한 나의 느낌을 아버지께 솔직하게 표현하기 어렵다.					

〈자녀용〉-어머니와의 의사소통	5	4	3	2	1
1. 나는 어머니께 나의 생각을 주저하지 않고 의논한다.					
2. 때때로 나는 어머니께서 말씀하시는 모든 것이 믿기 어려울 때가 있다.					
3. 어머니는 항상 내 이야기를 주의 깊게 잘 들어 준다.					
4. 때때로 나는 어머니께 원하는 것을 부탁드리기가 어렵다.					
5. 어머니께서는 말씀하시지 않아도 될 것을 나에게 말씀하시곤 한다.					
6. 어머니께서는 내가 말하지 않아도 내가 어떤 기분 상태인지 잘 아신다.					
7. 나는 어머니와 대화하는 형태에 만족한다.					
8. 나는 나에게 문제가 생겼을 때 어머니와 의논한다.					
9. 나는 어머니께 애정을 솔직히 표현한다.					
10. 우리(어머니와 나)에게 문제가 생겼을 때 나는 어머니께 자주 침묵을 지					

킨다.					
11. 나는 어머니께 말씀드릴 때 조심스러운 편이다.					
12. 나는 어머니께 말하지 않아도 될 것을 말할 때가 있다.					
13. 어머니께서는 나의 질문에 정직하게 대답해 주신다.					
14. 어머니께서는 나의 입장을 이해하려고 노력하신다.					
15. 나에게는 어머니와 얘기하기를 꺼리는 화제가 있다.					
16. 나는 어머니와 문제를 의논하기가 쉽다.					
17. 나는 어머니께 나의 모든 진실한 감정을 잘 표현한다.					
18. 어머니께서는 나에게 잔소리를 많이 하신다.					
19. 어머니께서는 나에게 화를 내실 때 모욕감을 주신다.					
20. 나는 어떤 것에 대한 나의 느낌을 어머니께 솔직하게 표현하기 어렵다.					

출처: 김유숙, 전영주, 김수연(2003). 가족평가핸드북. 서울: 학지사.

개방형 의사소통: 문항 1, 3, 6, 7, 8, 9, 13, 14, 16, 17
문제형 의사소통: 문항 2, 4, 5, 10, 11, 12, 15, 18, 19, 20

채점은 '매우 그렇다'부터 '전혀 그렇지 않다'까지 5점 리커트식이며, 문제형 의사소통 문항은 역점수로 처리된다. 점수가 높을수록 기능적이며 긍정적인 의사소통을 한다는 것을 의미한다.

3) 주관적 사정 방법

상담사는 가족을 직접 만나면서 얻은 정보나 행동관찰과 같은 임상적 관찰을 통해 가족을 사정하는 경우가 많다. 물론 개인의 주관이 개입되는 면접이나 행동관찰을 사정기법으로 인정할 수 있는가에 대한 의문은 있으나 이것은 가족 상호작용을 파악하는 중요한 요소이다. 또 다른 방법인 비언어적인 다양한 매체를 통한 가족 사정 방법을 통해서도 가족 생활환경에 관한 다양한 정보를 제공받는 경우가 있다. 여기서는 가족개념에 의해 가족을 사정하는 방법과 투사적인 기법의 예로 가족화를 소개한다.

(1) 가족개념에 의한 가족 사정

상담자는 가족을 이해할 때 객관적인 도구보다는 임상적 경험에 의한 사정을 선호한다. 임상적인 경험에 의한 사정을 위해 가족 구성원이 보이는 상호작용을 실제로 관찰하거나 상담자가 직접 가족 간의 관계에 대해 질문하는 방법이 활용된다. 이렇게 언어적 · 비언어적인 정보를 통해 얻은 정보는 가족구조나 기능을 체계로 이해하기 위한 어떤 개념을 정리할 필요가 있다. 여기서는 가족 사정에 도움이 되는 개념을 소개하려고 하는데, 먼저 가족에 대한 기준은 그들이 속한 문화적인 환경에 따라 차이가 있다는 사실을 염두에 두어야 할 것이다.

① 가족규칙

가족은 어떤 규칙에 의해 모든 관계를 규정하고 있다. 따라서 가족은 서로 조직화되며 반복적인 상호작용 유형으로 행동한다. 가족은 일상생활을 영위하기 위해 가정에서 힘을 어떻게 나누며 누가 어떤 일을 할 것인가의 규칙을 가지며, 가족은 그것에 의해 행동한다. 즉 명백한 규칙은 누가 쓰레기를 치우며 집안 청소를 할 것인가를 규정하지만, 명문화할 수 없는 세부적인 수많은 규칙도 존재한다.

그것들은 상담계획을 세우는 데 중요한 것으로, 가족의 체계적인 기능을 유지하도록 내적으로 암시된 규칙이다. 상담자는 가족을 지배하는 가족규칙(family rules)에 순응함으로써 더욱 기능적이기도 하며, 그와는 반대로 가족규칙을 무시하여 본의 아니게 상담관계를 종결하는 경우도 있다. 그러나 일반적으로 상담자는 가족규칙을 확인함으로써 가족조직체계에서 보다 기능적인 조직을 만들 수 있다.

가족 내에는 수많은 규칙이 존재한다. 그러나 역기능적인 가족의 경우에는 가족규칙이 한정되어 있으며, 역기능의 정도가 심하면 심할수록 가정은 적은 수의 규칙에 의해 운영된다. 또한 기존의 규칙은 오랜 기간 존재해 왔으므로 상호작용의 패턴이 쉽게 바뀔 수 없다는 것을 알아야 한다. 또한 가족 내의 규칙은 매우 미묘하며 가족체계와 기능을 유지하는 표면화되지 않는 내재적인 규칙이 있는데, 이는 오랫동안 반복되는 가족교류를 통해 성립된 불문율이다. 따라서 이러한 가족규칙은 가족들이 맺고 있는 관계에서 반복적으로 드러내는 유형을 통해 추론할 수밖에 없다.

상담자는 상담계획을 세우기 위해 가족규칙을 파악하는 것이 중요하다. 상담자가 가족규칙을 파악하는 방법은 규칙에 대해 직접적으로 질문하여 파악할 수 있다. 그러나 대부분의 가족규칙은 가족이 상호작용하는 것을 관찰하면서 추론한다. 예를 들어, 상담자가 상담 과정 중 기회가 많음에도 애정에 대한 어떤 표현도 하지 못하는 가족을 만난다면, 이 가정에는 애정표현을 방해하는 어떤 규칙이 존재할 것이라고 추론하게 된다. 상담자의 가설은 가족 전원 또는 특정한 가족에게 "당신이 가족의 한 사람으로 사랑받고 있다는 것을 어떻게 압니까?" 하는 식의 직접적인 질문을 통해 확인할 수 있다. 상담자가 가족규칙을 염두에 두고 면담계획을 세우면 가족기능의 발달을 더욱 촉진할 수 있다.

② 가족신화

가족신화(family myth)는 가족의 의식, 역할, 규칙의 상호작용으로 전개되는 가족에게 스며 있는 이데올로기의 한 부분이다. 즉 가족 구성원 그리고 그들 간의 관계에 대한 기대와 공유된 믿음으로 구성된다. 가족신화의 특징은 가족 구성원이 의심 없이 공유하는 믿음과 기대라는 점이다. 따라서 담당자는 치료적 개입을 하기 전에 가족이 가진 이데올로기를 이해하는 것이 바람직하다.

상담자는 가족신화가 때로는 자신들에게 불합리하게 작용할 것이라는 사실을 알면서도 가족은 그것이 자신들에게 없어서는 안 될 중요한 정서적 부분이라고 여긴다는 점을 알아야 한다. 이와 같이 가족신화는 가족행동을 결정할 뿐만 아니라 특정한 가족관계를 드러내기도 한다. 가족신화는 가족의 항상성 기능을 유지하는 데 기여하기도 하며, 때로는 가족관계를 파괴할 정도로 위협적인 긴장을 유발하기도 한다.

가족신화에 집착하면, 가족의 새로운 시도보다는 오히려 기존 관계의 변화를 저지하며 가족이 습관적인 기능을 반복하도록 조장한다. 가족신화를 파악하기 위해서는 가족들이 어떤 행동에 대한 원인을 어디에서 찾으려는가를 이해하는 것이 필요하다. 가족상담의 목표를 정할 때 가족신화를 이해하면 가족들의 저항을 최소화하는 데 도움이 된다. 그러나 성급하게 직접적인 방법으로 가족을 신화에 직면하게 하는 상담자는 그들과의 관계를 파경으로 이끌 수 있다. 반대로 가족신화에 대한 이해가 없거나 민감하지 못한 상담자는 그들의 다양한 개입이 가족에 의해 거부당할 가능성도 있다. 때로 이처럼 상담 과정에서 이해되지 않는 장애에 부딪히면 상담자는 이것을 가족의 저항이라고 생각하는 오류를 범하는데, 이는 가족신화가 자리 잡고 있을 가능성이 크다. 예를 들어, 어떤 가족은 '우리는 좋은 가족이다. 그러므로 서로 비난하는 의사소통을 하지 않는다.'는 가족신화를 가지고 있다. 그런데 상담자가 상담 과정에서 가족신화와 어긋나는 행동을 하도록 요구하면 가족은 상담자의 요구를 받아들이지 못한다. 상담자는 때로는 가족신화를 확인하기 위해 가족의 상호작용을 지켜보고, 경청하는 것도 필요하다. 이러한 과정을 거치면서 가족신화를 유지해야 한다는 가족의 욕구는 서서히 경감되어 가족신화에 의존하지 않고 효율적으로 기능할 수 있다. 가족신화에 민감하지 못한 상담자는 아마도 상담 과정에서 설명되지 않는 벽과 가족의 저항을 경험하게 될 것이다.

③ 가족의식

가족의식(family ritual)은 질적인 측면을 측정하는 요소 중 하나이다. 전통적인 가족의식은 어떤 특정한 목적에 대해 방향 지어진 행동양식이며, 계속 이어 온 역사로서의 정당성을 획득하는 가족 상호작용의 과정이다. 즉 가족의식은 가족문화의 핵심적 요소로서 세대를 통해 전수된다. 가족의식은 세대 간의 연관성을 제공하고, 가족의 삶의 과정에서 연결고리를 제공한다.

가족의식은 설날이나 추석 같은 명절이나 생일에 전형적으로 보여 주는 활동이 포함된다. 때로는 역기능적 구조를 가진 가정에서 보이는 일상적인 상호작용 패턴에서도 찾을 수 있다. 특히 폭력적인 청소년의 경우는 오랜 세대에 걸쳐서 파괴적인 가족의식이 전수되는 경우가 있으므로 그런 것을 파악하는 것이 중요하다.

가족의식의 질을 사정하는 것은 그렇게 어려운 작업은 아니다. "쉬는 날 가족들이 함께하는 일이 있나요?", "생일에 가족들은 당신을 위해 어떤 일을 하나요?"라는 간단한 질문을 통해 가족의식을 파악할 수 있다. 상담자는 가족에 의해 가족의식이 명확하게 묘사되는지, 의식적인 것을 누가 알고 있는지를 파악한다. 이러한 질문은 부모뿐 아니라 자녀에게도 할 수 있다. 일반적으로 가장 중요한 가족의식이 먼저 언급된다. 상담자는 만약 가족이 그들의 의식적인 것을 명확하게 묘사하지 못한다면 사진 등의 매체를 통해 표현할 수 있는지의 여부를 판단해야 한다. 때로는 면담 과정에 어린 시절의 사진 등을 가져와 설명하게 함으로써 파악할 수 있다. 그러나 이와 같은 표면적인 의식뿐만 아니라, 혼란스럽거나 포기한 가족의식에 대한 가족들의 반응, 특히 감정적인 반응을 파악하는 것이 중요하다. 상담자는 상담 초기 단계에서 가족의식을 전반적으로 측정하는데, 많은 경우 가족의식은 가족신화를 유지하는 수단이 된다는 사실을 알아야 한다. 이 같은 가족의식을 이해하는 것은 가족역할, 가족의 네트워크, 하위체계, 경계선을 판단하는 데 지름길이 될 수 있다.

④ 격리와 밀착

가족 내의 격리와 밀착(disengagement & enmeshment) 개념은 미누친(Minuchin)에 의해 가족 구성원과 하위체계의 경계선이 경직되거나 밀착된 체계를 표시한 것이다. 이를 통해 현재 가족기능 상태를 이해할 수 있다. 격리와 밀착은 가족이 서로 얼마나 관여되었는지의 여부를 파악하는 개념이다. 그런데 이러한 개념을 이해하기 위해서는 우선 경계선 개념을 이해할 필요가 있다. 경계선은 가족이 서로 얼마나 관여하는지를 측정하는 데 유용하다.

명료한 경계선을 가진 가족은 정상적인 가족이다. 애매한 경계선을 가진 가족은 가족체계와 관련된 규칙이 애매하기 때문에 가족 구성원은 모든 문제에 관해서 서로 지나치게 얽혀서 필요 이상으로 관여하게 된다. 이러한 가족은 일반적으로 밀착된 가족이라 부른다. 반대로 경계선이 경직된 경우에는 구성원이 서로 유리되었으며, 격리된 가족이라고 부른다.

그리고 격리와 밀착은 가족의 개인적 정체감의 강도와 가족의 친밀함의 수준을 알리는 중요한 지표가 된다. 밀착이 약한 가족들은 종종 침묵하거나 위축되었으며 서로 고립되어 있고 친밀감이 부족하다. 때로는 우리 가족은 친밀해야 한다는 가족신화 때문에 진정한 의미에서 정서적으로 친밀감을 느끼지 못하면서도 서로 친하다고 주장하는 거짓 친밀감을 표현한다. 가족이 정서적으로 연결되지 않으면 의사소통의 통로를 방해하는 경우가 많다. 격리된 가족은 경계선이 경직되거나 부모와 연합하는 정도가 약해서 부모에 대한 존중감이 낮다. 이처럼 부모와의 밀착 정도가 낮으면 다른 강력한 연합을 추구하는데, 비행청소년들이 유사가족과 같은 깡패집단에 집착하는 것이 좋은 예이다. 격리는 자신들의 지각을 왜곡시키는 안개와 같으므로 상담자는 가족의 정서적 분위기를 고양하면서 조심스럽게, 서서히 제거해야 한다. 격리와 밀착은 가족의 친밀성의 단계와 가족 구성원의 개인적 정체성의 강도에 따라 가족 사이를 구별하는 중요한 개념이다.

⑤ 부모화

부모화(parentification)는 가족을 사정할 때 자주 사용하는 개념이다. 일반적으로 부모화란 자녀가 가족 내에서 부모나 배우자의 역할을 대신 수행하는 것을 의미한다. 그런데 이 용어는 지나치게 오용될 위험성이 높다. 부모의 권한이 자녀에게 분배되는 것은 대가족, 한부모 가족, 맞벌이부부의 가족에게는 자연스러운 현상이다. 체계가 잘 기능하는 가족에서도 부모화된 아동은 자신의 나이보다 훨씬 책임감, 능력, 자율성 등을 발달시킬 이점도 있다.

가족상담에서 부모화는 한쪽 부모가 적절한 역할을 수행하지 못한다고 생각할 때, 부모의 대용물로 부적절하게 역할수행을 하는 경우에 사용한다. 부모역할을 대신 수행하는 자녀는 정서적 · 지적 · 신체적으로 부모의 역할을 수행할 준비가 되지 않았는데도 부모역할이나 책임감을 수행해야 하는 경우가 많다. 이러한 경우 부모로서 역할기대는 자녀가 아이로서 가진 욕구와 상충될 수 있으며, 아동이 가진 능력으로 자신의 욕구를 극복할 수 없을 때도 있다. 결과적으로 자녀는 심리적 압박감을 느끼며 아이가 달성해야 할 다른 측면의 발달 과업을 제대로 해내지 못한다.

부모화를 측정하기 위해서는 자녀가 부적절한 역할수행을 하는 빈도, 기간, 상황 등 아동의 발달상 영향에 주의를 기울여야 한다. 빈도와 기간은 종종 언제, 어떻게 식의 전형적인 질문을 통해 평가된다. 치료 내용은 부적절한 역할을 맡기는 모든 가족 구성원에게 어떻게 영향을 미치는지도 파악한다. 때로 직접적인 질문을 통해 필요한 정보를 얻을 수도 있으나, 일반적으로 부모화가 존재하는 가족들에게 그 같은 정보를 직접 묻는 것은 자제하는 것이 좋다. 자녀에게 보이는 부적절한 발달은 상담자와 아동, 가족과 아동의 상호작용을 직접 관찰함으로써 추론하는 것이 바람직하다.

⑥ 삼각관계

상담자는 가족관계에는 삼각관계(triangulation)가 존재한다고 주장한다. 가족이 정서적인 관계를 맺을 경우, 두 사람으로 구성된 이인 체계는 불안이나 긴장을 유발할 가능성이 많아서 안정을 유지하기가 어렵다(Bowen, 1966). 따라서 두 사람 사이에 수용하기 어려운 문제가 생기면 이인 체계는 긴장을 줄이려는 시도로 세 번째 요소인 제삼자나 문제를 끌어들여 삼각관계를 형성한다. 가장 보편적으로 인식되는 삼각관계는 부부와 자녀 세 사람이 만드는 삼각관계이다. 어떤 경우에는 부부와 알코올이라는 문제로 삼각관계를 형성하기도 한다. 또는 상담자가 가족의 삼각관계의 대상이 될 수도 있다. 특히 두 사람이 상담을 받는 부부상담에서는 이러한 현상이 자주 일어난다. 삼각관계는 이인 체계 속에서 긴장을 느끼는 사람이 제삼자나 문제에 관심을 가지면서 생긴다. 그리고 때로는 두 사람 모두가 삼각관계의 제삼의 요소가 제공하는 이익을 얻으려고 투쟁하기도 한다.

삼각관계의 개념은 세 사람의 인간관계를 기술하는 방법으로 사용되는데, 때로는 그보다 많은 인간관계에서도 삼각관계가 형성된다. 둘 이상의 자녀가 하나가 되어 부모의 이인 체계와 삼각관계를 이루는 경우이다. 즉 셋 이상의 사람이나 문제의 연합도 삼각관계가 될 수 있다는 것이다. 왜냐하면 어떤 가족에서는 한 명 이상의 자녀가 동시에 부부싸움에 관련될 수 있기 때문이다. 한 예로 아들과 딸에게 아버지가 가정을 전혀 돌보지 않는다고 불평하는 어머니의 경우를 살펴보면, 어머니는 은연중에 자신과 자녀들이 살아남기 위해서는 자녀들이 어머니와 뭉쳐야 한다고 암시한다. 이것이 네 번째 사람인 아버지에게 대항하기 위해 세 사람이 결속을 강화한 것이다. 그렇다면 이 경우는 적어도 네 사람이 삼각관계의 과정에 관여하는 셈이다.

가족관계 유형에서 잘못된 삼각관계를 파악할 수 있다. 잘못된 삼각관계는 어떤 병리적인 문제를 초래할 수 있는 잠재적인 요소를 가지므로 때로는 체계의 갈등과 해체를 가져올 수 있다. 잘못된 삼각관계의 전형적인 유형은 부모 세대와 다른 세대에 속하는 자녀가 만들어 내는 것이다.

세대가 다른 이들 두 사람은 한 사람의 가족에게 대항하기 위해 연합한다. 예를 들어, 남편과 갈등관계에 있는 어머니가 큰아들에게 아버지 역할을 기대함으로써 생기는 삼각관계를 생각할 수 있다. 그런데 객관적으로 보면 어머니와 아들은 분명히 연합하고 있으나 그들 자신은 연합했다는 사실을 인정하지 않는다. 이처럼 연합의 당사자들이 이러한 사실을 계속 부정한다면 관계 유형은 정형화되며 병리적인 상황으로 이어진다.

가족의 삼각관계는 가족문제를 풀기 위한 대안으로 활용되므로 삼각관계가 항상 가족병리의 지표가 된다고 생각하는 것은 바람직하지 않다. 예를 들어, 긴장된 정서적 관계를 가진 부부가 교회활동과 같은 가족 이외의 활동을 통해 그들의 긴장을 해소하여 친밀한 부부관계를 유지할 수도 있다. 즉 긴장을 일으키는 어떤 에너지의 방향을 변화시킴으로써 부부는 보다 정상적인 기능을 유지할 수 있는 것이다. 따라서 상담자는 어떤 상황에서 삼각관계는 가족의 역기능을 일으킬 수도 있지만 때로는 보다 자유롭고 효과적으로 기능하는 대안이 될 수도 있다는 점을 명심해야 한다.

(2) 가족화

가족화는 원래 인물화에서 발전한 것으로 아동의 지적 · 정서적 발달의 평가방법으로서 발표된 이래, 현재는 성인의 임상장면에서도 사용한다. 아동의 지적 검사도구로 사용되던 인물화는 아동을 포함한 집단을 그린 인물화를 통해 가족관계를 파악하는 가족화(Draw-a-Family, DAF)로 발전시켰다. 그 이후 다양한 형태의 가족화가 개발되었으나 현재 가족상담 과정에서는 가족이 무언가를 하는 장면을 그리게 하여 가족관계를 분석하는 동적 가족화(Kinetic-Family-Drawing, KFD)가 활발히 활용된다. 가족화는 개인이 가진 가족 이미지를 파악하는 수단으로 사용되지만, 더 나아가 가족 전체의 상호작용을 반영하는 임상도구로서의 역할도 가능하다.

① 동적 가족화의 특징

동적 가족화는 내담자로서 온 가족에게 도화지와 연필을 건네면서 “당신을 포함한 당신 가족이 뭔가를 하는 모습을 그려주세요. 스케치가 아니라 사람 전체를 그려주세요. 반드시 어떤 행동을 포함해서 뭔가 하는 모습을 그려주세요."라고 지시한다. 이와 같은 과정을 통해 그려진 동적 가족화는 다음의 세 가지 축에서 해석된다.

첫째, 동적 가족화가 의미하는 것을 찾는다.

둘째, 그림을 그리는 과정을 관찰한다.

셋째, 그림을 그린 후의 면담 과정에서 정보를 수집한다.

동적 가족화는 투사적 기법의 하나인데, 다른 투사적 기법과 마찬가지로 내담자의 생활사, 가족배경과 같은 면접자료 없이 해석하는 것은 불가능하다. 그림을 그린 아동을 둘러싼 환경체계에 대한 고려를 하면서 그림의 특징에 관해 해석하는 것이 바람직하다. 그리고 동적 가족화를 해석할 때 주의해야 할 점은 그린 사람의 문화적 배경이 그들 가족관계의 표현에 반영되기 쉽다는 점을 인식하는 것이다.

② 동적 가족화의 해석

번스(Burns)는 동적 가족화를 해석할 때 다음의 세 가지 점을 중시하였다.

첫째, 동적 가족화는 전체적 맥락에서 그 흐름이나 질을 파악해야 한다.

둘째, 동적 가족화에 나타난 인물의 대인관계, 표현, 활동을 파악해야 한다.

셋째, 동적 가족화의 위치, 강조점을 파악해야 한다.

가. 인물의 행동

동적 가족화의 인물은 주로 그리는 당사자와 가족이지만, 때로는 친인척이나 친구 등의 가족 이외의 사람을 그리는 경우도 있다. 그려진 인물들의 행동(action)은 가족과 함께 상호작용하거나 때로는 다른 가족과는 상관없이 단독적인 행동을 하는 경우도 있다. 어느 경우라도 상담자가 인물 간의 구체적 행동을 명확히 판단할 수 있다면 가족관계를 파악하는 데 도움이 된다. 예를 들어, 자신이 아버지와 공 던지기를 하는 그림을 그린 아동의 작품을 보면 공이라는 사물을 개입하여 아버지와 자녀 사이의 경쟁, 갈등, 화 등을 상징적으로 표현하는 것을 알 수 있다.

KFD에서 자주 묘사되는 각 가족의 개인적 행동을 살펴보면 다음과 같다. 초등학교 아동이 묘사하는 아버지의 행동은 주로 "TV를 본다. 신문을 읽는다. 식사를 한다. 담배를 피운다." 등이다. 한편, 어머니의 행동은 "TV를 본다. 청소를 한다. 식사준비를 한다. 빨래를 한다." 등으로 표현한다. 그리고 형제에 대해서는 성차가 있는데, 남자형제는 "TV를 본다. 식사한다. 청소한다." 등으로 묘사된다.

KFD의 일반적 행동의 출현빈도가 높은 것은 가정은 단란한 곳, 안식이나 휴식을 제공하는 장소이며, 교육하거나 양육되는 곳이라는 이미지가 뿌리 깊게 자리 잡고 있다. 그런데 어려움을 가진 가족의 경우, 이와 같은 휴식, 교육, 양육 장소로 표현되는 일반적인 행동의 출현이 낮거나 그와 같은 행동이 왜곡되어 표현되기도 한다.

각 가족의 행동을 통해 가족 내의 위치와 역할이 반영되기도 한다. 일반적으로 아버지의 행동은 "신문을 읽는다. 잠을 잔다."로 대표되는 휴식하는 모습으로 표현되며, 어머니의 모습은 "요리한다. 빨래한다."는 양육에 관한 역할이 표현된다. 형제의 경우 나이가 들면서 행동을 묘사하는 데 성차가 반영되지만, 대부분의 경우 "운동이나 게임을 하고 있다. 독서를 하고 있다." 등 휴식, 단란함과 관계되는 행동을 많이 표현하고 있다. 한편, 일반적으로 자주 표현되는 일하는 아버지, 청소하는 어머니, 공부하는 우리들의 모습은 사회적 승인을 얻을 수 있는 노동, 주택관리, 학업과 맥락을 같이하는 행동의 표현이다.

동적 가족화에 그려진 가족 간의 행동을 통해 그린 사람의 가정 내 위치나 역할을 추론할 수도 있다. 어린 아동의 경우 부모와 같이 놀거나 산책하는 것을 자주 그리며, 초등학생의 경우에는 가족 상호작용에서 게임이나 운동이 자주 나타난다. 그러나 일반적으로 유아부터 성인까지 가족이 직접 어떤 상호작용하는 장면이 직접적으로 표현되는 경우, 거기에는 두 사람이 협조, 화합, 대결, 공격, 회피 등이 반영되었다고 추론할 수 있다. 예를 들어, 번스는 가족끼리 공 던지기 놀이를 하면 그들 사이에 경쟁이 있다고 추론하였다. 그리고 직접 공을 던지는 행동은 분노가 표현되었다고 보았으며, 공이 머리 위에 멈추어 있으면서 던지지 않을 때는 경계의 금지 또는 다른 사람과의 접촉금지나 접촉할 능력이 없다는 점을 시사한다고 추론한다.

나. 스타일

KFD를 통해 가족관계에서 자신의 감정을 자연스럽게 표현한다. 따라서 가족 사이에 지나치게 인위적이라고 느껴지는 선이 그려졌거나 필요 없다고 생각되는 책상이나 의자, 그 밖의 물건이 있다면 그것에 주목할 필요가 있다. 이것은 일반적으로 잘 나타나지 않는데, 그려진 장애나 차단과 같은 표현이 스타일(style)이다. 어린 아동은 의식적으로 장애를 그리지 않지만, 초등학생의 절반 정도는 보통 스타일의 표현을 보인다. 그러나 성인이 되면 다시 스타일의 표현은 줄어들어 가족이 함께 활동하는 표현이 생겨난다.

그렇지만 성인의 경우에도 자기와 다른 가족 간에 또는 다른 가족들끼리 뭔가 분명하지 않으면 그러한 감정 상태를 KFD에서 표현한다. 대부분의 표현은 가족 사이에 선을 긋는 것인데, 그와 같은 표현을 번스는 다음과 같이 나누고 있다.

첫째, 구분(compartmentalization)인데, 자기상을 포함한 가족을 아래나 옆선 또는 구획선을 사용해 나누어 어떤 가족이 고립된 것처럼 그린다. 이와 같은 구분은 언제나 선으로 나타나는 것은 아니다. 동적 가족화에 의하면 기둥, 복도, 방의 칸막이 등이 사용되기 때문에 그것이 구분이라는 것을 깨닫지 못하는 경우도 있다. 이 같은 구분은 다른 가족의 회피, 거부, 부인에 대한 기분이나 공포가 있거나 가족 간의 의사소통이 잘 이루어지지 않는 것을 의미한다.

둘째, 포위(encapsulation)는 마치 캡슐에 자기 또는 다른 가족이 들어 있는 것처럼 주위를 둘러싸듯이 그리는 것이다. 이 경우에도 일반적으로 선으로 표시되나, 가구나 놀이기구로 가족을 둘러싸는 은폐된 표현방법을 사용하는 경우도 있다. 이것은 불안이나 공포를 가진 인물을 격리하고 싶은 욕구와 관련이 있다. 특히 정서적으로 어려움을 겪는 아이들이 자주 표현하는 방법이다.

셋째, 가장자리(edging)는 도화지 주변을 따라가면서 가족 구성원을 그리는 스타일이다. 이 같은 가장자리의 방법을 쓰는 성인은 보통 방어적이며 강한 저항을 나타내는 경향이 있다. 환경에 의존적인 자녀가 이와 같은 스타일을 보이기도 하지만, 가장자리를 표현하는 아동은 극히 드물다.

넷째, 도화지의 아래나 윗부분에 선을 긋거나 어떤 특정 인물에 선을 긋는 경우가 있다. 이 스타일은 정서적으로 어려움을 겪는 아동에게서 흔히 볼 수 있는 표현인데, 강한 스트레스나 가정 내의 불안이나 공포가 있다는 것을 나타내는 경우가 많다. 이와 같은 표현은 강한 안정감을 원하는 아동이 자주 표현하는 것이다.

다. 상징

상징(symbol)을 고려할 때, 지나친 해석을 지양해야 하는 점을 염두에 두어야 한다. 상징을 해석할 경우에는 KFD 전체의 맥락과 그림을 그린 사람에 관한 자료를 합해서 포괄적으로 검토해야 한다.

비교적 많이 그리는 사물의 상징을 소개하면 다음과 같다.

- TV: 가족의 단란함, 또는 가족끼리 의사소통의 매개물
- 부엌: 어머니의 양육 욕구 또는 애정표현
- 신문: 지적 관심, 혼자만의 세계, 합리화된 자기방어
- 식탁: 가족관계의 매개물
- 이불, 침대: 우울
- 청소기, 빗자루: 집안일에 관한 정리정돈에 대한 관심, 타인에 대한 지배욕, 합리화된 자기주장

- 자동차: 다른 가족과의 물리적 · 심리적 거리
- 열(태양, 불 등), 빛(전구, 램프, 조명 등), 난방(다리미질): 따뜻함이나 애정에 대한 욕구, 불에 대한 주제를 가진 사물은 종종 분노나 파괴 경향과 관련이 있다. 특히, 애정이 충족되지 않았을 경우 이와 같은 파괴 경향과 연결된다. 난방기구는 양육 욕구를 표현한다.
- 냉장고: 애정박탈, 박탈에 대한 우울 반응
- 칼, 바늘: 인물과 직접 관계할 때는 분노를 표현하는 것이며, 간접적일 때는 수동적인 공격이다. 또한 가정 내의 거부적인 분위기를 나타내기도 한다.
- 물과 관련된 주제(바다, 연못, 수영장 등): 판타지나 강한 우울증 경향

2 다문화 가족 상담 방법

1) 가족원조의 수준

상담자는 자신이 만나는 가족들에게 필요한 도움이 제각기 다른 수준에 있다는 사실을 알아야 한다. 같은 공적 기관에서 가족을 만나더라도 그들을 복지관에서 만날 때와 청소년상담실에서 만날 때, 가족이 상담기관에 기대하는 도움은 다르다. 그리고 때로는 같은 상담실에서 만나는 가족이라도 그들이 지내 온 가족환경이나 역사, 문제를 바라보는 관점, 문제에 대해 대처해 온 방식이 다르다는 것을 알아야 한다. 이 같은 차이를 이해한다면 상담자가 단지 한 가지 모델만을 사용해 평가나 개입하는 것은 제각각의 다른 열쇠가 필요한 방문을 단 하나의 열쇠로 열려는 시도와 같다. 사람들은 모두 자신만의 보물의 방을 가졌다고 생각한다. 물론 자신의 방이니까 사람들은 스스로 방문을 쉽게 열 수 있으며, 또 그 방에 있는 보물을 어떻게 활용해야 할지도 잘 알고 있다. 그러나 어떤 사람은 자신의

방 열쇠를 잃어버려 당황하기도 한다. 방 열쇠를 잃어버린 사람은 자신의 방 곳곳에 어떤 보물이 있는지 알아도 들어갈 수 없어서 결국 전문가의 도움을 구하게 된다.

상담이 잠시 방 열쇠를 잃어버려 도움을 구하는 내담자와 만나는 작업이라고 생각한다면 상담자는 열쇠를 다루는 전문가처럼 다양한 종류의 열쇠를 갖추고 내담자를 기다려야 한다. 전문가가 고객의 방 특성에 맞는 다양한 열쇠를 가지지 못하면 그들의 굳게 닫힌 문을 열지 못할 것이다. 그러나 많은 상담자는 자신이 추구하는 모델에 지나치게 큰 의미를 부여한 나머지 내담자의 특성은 고려하지 않은 채 모든 내담자를 한 가지 모델에서 다루려는 경향이 강하다. 그리고 자신이 추구하는 접근이 내담자에게 도움이 되면 자신이 추구하는 모델에 대한 확고한 믿음을 더하는 기회로 삼았고, 실패할 경우에는 내담자가 상담자에 적극적이지 못하다, 저항한다 등으로 내담자를 비난함으로써 자신의 모델을 지킬 수 있다. 이처럼 상담자는 내담자의 필요보다는 자신의 필요와 만난 셈이다. 이젠 유능한 열쇠 전문가가 되기 위해 자신이 가진 열쇠의 종류를 늘리는 것이 중요하며, 고객의 방에 맞는 열쇠를 골라낼 수 있는 힘을 기르는 것이 중요한 것처럼 가족상담의 통합적 접근을 추구할 때이다.

인간발달과 관련하여 욕구의 단계가 있다. 매슬로(A. Maslow)는 5단계를 제안했는데, 그의 위계에 따르면, 인간은 사회적 욕구를 고려하기에 앞서 기본적인 심리적 요구를 만족시켜야 한다. 욕구의 5단계를 보다 구체적으로 보면 다음과 같다. 첫 번째 단계는 의식주, 성적 만족, 배설 등의 생리적 욕구와 삶을 유지하기 위해 필요한 욕구를 충족하는 단계이다. 두 번째 단계는 육체적 공격이나 질병에서 보호받는 신체적 안전에 대한 욕구이다. 세 번째 단계는 누군가에게서 중요하게 여겨진다는 느낌, 다른 사람에게서 도움을 받고 지지받는다는 느낌이 필요한 사랑의 단계이다. 네 번째 단계는 자신이 가치 있다고 느끼는 감정, 또한 스스로를 존경하고자 하는 욕구인 자존감의 획득이다. 다섯 번째 단계는 자신이 창조적 또는 생산적이라는 느낌, 의미 있는 목표를 획득했다는 느낌을 가지는 자기실현의 단계이다. 그리고 갓난아이가 배고픔을 충족하기 위해서 돌보는 성인이 필요하듯이 낮은 단계의 욕구 실현이라도 다른 사람과의 관계를 배제하고는 만족할 수 없다. 이 같은 매슬로의 욕구 5단계에서 아이디어를 얻어서 상담 과정에서 만나는 가족문제도 이 같은 욕구의 위계 속에서 생각하면 도움이 될 것이다.

2) 가족원조의 단계별 지침

도움이 필요한 가족의 욕구를 생존을 위한 수준에서 가족 간의 정신적 충족인 자기실현에 이르기까지 위계로 생각하였다. 그리고 이것은 집을 건축하는 것에 비교해 정리하였다. 즉 집을 지을 때는 가장 기본적인 수준에서 시작해 점차 정교한 단계로 옮겨간다. 〈표 6-4〉에서 보듯이 각 수준에 따라 무엇을 평가하고 어떻게 개입할지의 지침은 다음과 같다.

〈표 6-4〉 가족 사정과 개입

수준	쟁점	개입 전략	개입 기법
1	– 기본적 양육 욕구를 충분히 실천할 능력이 있는가? – 음식물, 주거, 보호, 의학적 돌봄, 최소한의 양육 – 개인과 가족의 탄력성	– 문제 아니라 강점에 초점 – 집행능력을 보강할 수 있는 지지체계의 조사와 결집 – 가족탄력성 구축 – 스트레스의 긍정적 반응	– 가족 보존 – 소집자, 옹호자, 교사, 역할 모델로서 상담자
2	– 최소한의 구조, 한계, 안정을 제공할 충분한 권위가 있는가?	– 강점에 초점 – 필요한 통제를 하지 못하는 것에 대한 비난보다 연합을 발달시킴 – 기대의 명료화를 증대시킴	– 부모체계 연합 – 한계설정 – 명료한 의사소통 – 사회학습 능력 향상 – 행동 강화 – 과제 제시
3	– 명료하며 적합한 경계를 가지고 있는가? – 가족 – 개인 – 세대	– 문제에 초점 – 가족의 기대나 윤리에 적합한 '이상적' 가족구조를 명료화 – 세대 간의 명료화	– 가족과 개인 경계를 방어 – 삼각화의 균형 – 동맹의 재구축 – 세대 간 경계 발달 – 의사소통 기술
4	– 친밀감을 둘러싼 문제나 내적 갈등 문제를 가지고 있는가? – 가족 구성원은 자아실현을 했는가?	– 문제의 초점 – 유산이나 역사적 외상경험의 명료화와 해결 – 통찰 – 열망과 정신적 원조의 초점	– 이야기 치료적 개입 – 가족조각과 같은 경험적 개입 – 삼세대 문제의 해결 – 정신적 성장

출처: Kilpatrick & Thomas(2003). Working with Families. Boston: Pearson Education Inc.

(1) 수준 1: 생존과 관련된 기본적 욕구

① 사례

지역복지관의 가족상담실에 도움을 청하는 전화가 왔다. 전화를 건 이 씨는 최근 옆집에 새로 이사 온 미미가 어머니에게 심한 학대를 받는 것 같아 걱정이 된다고 말했다. 상담자가 사실을 확인하기 위해 미미네 집을 방문했을 때, 집에는 5세의 미미 이외에 아무도 없었다. 세간이라고는 냉장고, 밥솥, 이불이 전부였으며, 집안은 청소한 지가 언제인지 알기 어려울 정도로 쓰레기가 뒤범벅이었다. 냉장고에는 먹다가 넣어 둔 김치와 마른반찬이 전부였는데, 그 옆에 바퀴벌레들이 있었다. 상담자는 저녁 늦은 시간 다시 방문해 겨우 미미 어머니를 만날 수 있었다. 24세의 미미 어머니는 미혼모였다. 중학교를 졸업한 후 어려운 가정을 돕기 위해 구로공단에 취직을 했다. 처음 몇 달은 기숙사 생활을 했는데, 주위의 많은 친구는 규제가 심한 기숙사 생활에서 벗어날 수 있으며 생활비도 적게 든다는 이유로 동거를 하고 있었다. 미미 어머니도 친구들처럼 같은 공단의 남자와 동거를 시작했는데, 그 생활은 나름대로 즐거웠으며 시골집에 돈도 더 보낼 수 있어서 기뻤다. 그런데 뜻하지 않은 임신을 하게 되었고 그곳의 대부분의 사람이 그렇듯이 남자는 떠나갔다. 낙태에 대한 두려움과 수술비 걱정으로 주저하는 동안 낙태할 시기를 놓쳐서 결국 미미를 낳게 되었다. 도움을 준 미혼모시설에서는 입양을 권유했지만, 아기를 낳고 보니 도저히 다른 사람에게 맡길 수 없어서 온갖 허드렛일을 해 가면서 혼자 기르고 있다. 지난 5년 동안 열심히 살았는데 지금은 끝이 보이지 않는다는 절망감만 남아서 모든 걸 포기하고 싶은 심정이다. 임신한 후 시골의 가족과도 단절하고 살아서 도움을 받을 만한 친인척은 전혀 없는 형편이다.

② 원조 방안

이 수준의 가족에게는 생존을 위한 기본적인 것을 확보하는 것이 필요하다. 이것은 살아가는 데 필요한 최소한의 의식주 해결과 위험으로부터의 보호, 건강, 기본적인 양육 등을 의미한다. 집을 짓는 것에 비유한다면 수준 1인 지하에 해당하는데, 이것은 삶과 죽음의 문제와 연결되어 있다. 어떤 가족은 직업 상실, 심한 질병 같은 위기를 경험하면서 자포자기해 버린다. 그리고 그러한 위기에 적절히 대처하지 못한 좌절은 방임이나 가정을 조직할 수 없는 상태로 내모는 경우가 종종 있다. 이처럼 부모는 기본적인 의식주 문제가 해결되지 못하거나 다른 가족을 보호할 힘을 상실하면, 그들은 가족을 이끌어 갈 지도력이나 통제구조에 결함을 보이기도 한다. 바꾸어 말하면, 부모역할에 관한 능력에 결함이 있는 것이다. 이들 가족은 지도력이 없으며 가족 어느 누구도 그 같은 구조에서 충분한 상호작용을 할 힘을 가지지 못한다. 사회 · 경제적으로 낮은 계층의 가정에서 아동학대나 방임이 자주 발생한다는 사실이 이를 뒷받침한다.

때때로, 수준 1의 문제에 직면한 가족은 부모로서의 연합이 약하거나 부모자녀 간의 관계가 흔들리는 것을 볼 수 있다. 또한 가족의 친밀감은 조직적이지 못하거나 모호하며, 가족 간의 경계도 간접적이다. 그러나 이러한 가족은 의식주, 교육, 건강관리 등의 모든 면에서 박탈을 직면하기 때문에 이들에게 정서적 양육이라는 또 다른 필요를 느끼게 하는 것은 거의 불가능한 일이다. 이 같은 문제의 전형적인 예는 방임의 문제를 가진 미혼모나 미혼부, 조손가정에서 자주 볼 수 있다. 또는 가정에서 영향력이 있는 가족 구성원의 질병, 음주, 약물 등으로 인해 역기능이나 능력 결핍을 나타내는 경우도 있다. 그리고 선천적이거나 정서적 재앙으로 인해 신체적 · 정서적 자원이 고갈되어 삶 전체에 긴장이 존재하는 경우도 있다.

이 같은 가족에게 가족상담을 하게 되는 경우, 가족과 함께 강점이나 탄력성, 자원 등 이것은 모든 단계에 해당되지만 찾는 것에 초점을 맞춰야 한다. 웰트너(Weltner, 1985)는 이들 가족에게는 부모역할 체계나 부족한 역할 능력을 촉진하도록 돕는 개입이 이루어져야 한다고 주장하였다. 동시에 지역에서 잠재적인 자원을 찾는 개입을 하면 도움이 될 것이다. 가계도나 환경지도를 활용해 친인척이나 지역사회에서 도움을 받을 수 있는 자원이 있는지를 검토해 본다. 이러한 과정을 통해 가족의 탄력성과 강점을 평가해 집을 다시 짓는다. 그들이 만약 위기나 역경을 극복할 수 있었던 탄력성을 스스로 찾을 수 있다면 가족은 보다 강해질 수 있다. 이처럼 스트레스나 곤경에서 긍정적인 의미를 발견하도록 가족을 돕는 강점 중심의 개입은 최근 가족상담 분야에서 많은 관심을 받고 있다. 예를 들어,

상담 과정을 '생존자로서 자존심'에 초점을 맞춰서 가족이 탄력성을 나열할 수 있는 기회를 주도록 이끌어 갈 수도 있다. 일반적으로 상담자들은 가족의 물리적 환경 변화와 같은 심리적 이외의 원조에는 다소 소극적인 경향이 있는데, 이 단계의 가족에게는 현실적으로 의료적 의뢰, 시설입소 등의 자원연결과 이를 위한 법적 자원을 검토하는 것이 필요하다. 때로는 이들을 도울 수 있는 복지기관이나 학교와 같은 다른 전문가와 연계하는 것이 바람직하다. 따라서 이 단계의 가족을 만나면 상담자의 원조 영역을 상담실에 국한하지 말고 과감히 상담실 밖으로 이어갈 수 있는 유연성이 필요하다.

③ 사례에 대한 개입

상담자는 주민센터의 복지사에게 대상가족이 기초생활수급권 등 국가의 도움을 받을 수 있는지에 대해 문의한다. 한편 어머니가 일을 하는 낮 시간 동안 미미가 복지관에서 어떤 혜택을 받을 수 있는지를 검토한다. 상담자는 대상가족이 보다 나은 생활을 유지하기 위해 지역사회에서 활용할 수 있는 자원이 어떤 것인지를 검토하면서 미미 어머니와의 면담은 파악된 구체적인 정보를 제공하는 형태로 이루어졌다. 상담자는 상담 과정에서 구체적인 정보를 제공하는 동시에 어머니가 대부분의 미혼모가 쉽게 선택할 수 있는 낙태와 입양이 아닌 자녀를 스스로 돌보겠다고 선택한 것에 대해 긍정적인 메시지를 전달하였다. 그리고 그러한 선택이 미미 어머니의 삶에 어떤 긍정적인 영향을 주었는지를 물었다. 절망상태에서 아무런 희망도 갖지 못한 어머니는 이런 질문에 답해 가면서 스스로에 대한 긍정적인 부분을 발견하기 시작하였다. 상담 과정은 이처럼 어머니 자신이 스스로의 강점과 탄력성을 바라볼 수 있도록 진행되었다. 한편 어머니에게 자신을 둘러싼 도움을 받을 수 있는 자원을 시각화할 수 있는 생태지도를 그려봄으로써 현재 상황에서 어떤 도움을 받을 수 있는지 구체적인 대안에 대한 논의를 해 나갔다.

(2) 수준 2: 구조, 제한, 안전

① 사례

김 선생은 자신이 담임을 맡고 있는 중학교 1학년 철수의 부모와 만나기로 했는데, 부모와의 면담을 어떻게 해야 할지 망설이고 있었다. 내성적인 철수는 평소에는 걱정이 될 만큼 조용한 학생이며 또래관계도 활발하지 못하다. 그런데 철수는 사소한 일에 흥분하기 시작하면 이성을 잃고 걷잡을 수 없을 정도로 다른 사람이 된다. 김 선생 입장에서 보면 철수는 그 나이의 아이들이 흔히 할 수 있는 장난을 받아들이지 못하고, 친구들이 자신을 놀린다는 생각에 참지 못하는 것 같다. 김 선생은 기회가 있을 때마다 철수에게 이런 이야기를 해 줬으나, 학급에서 번번이 작은 사건을 만들었다. 철수의 아버지는 트럭기사로 일주일에 한 번 집에 오며, 어머니는 집 근처 공방에 다니고 있어서 부모들이 상담하러 학교에 올 형편이 안 되었다. 김 선생은 두 달 전 철수의 행동이 걱정되어서 어머니에게 일부러 전화를 걸어 이야기를 나눈 적이 있었다. 김 선생의 전화를 받은 어머니는 철수가 초등학교 때 자주 맞고 다녀서 아버지가 합기도를 시켜서 그런 것 같다며, 상황을 심각하게 받아들이지 않고 오히려 맞지 않아서 다행이라는 반응을 보였다. 김 선생은 어머니와의 전화상담을 통해 철수가 초등학교 때부터 또래에게 맞은 부정적인 경험이 있었으며, 이 같은 경험 때문에 사소한 일에도 무시당한다는 피해의식을 가지게 되어 현재 또래관계에서 부적절한 대응을 한다는 사실을 알았다. 그러나 어머니의 예상치 못한 둔한 반응에 부모역할을 제대로 수행할 수 없는 어머니와는 더 이상 관계를 가지고 싶지 않아서 그 이후 연락을 하지 않았다. 그런데 며칠 전 철수가 자신을 놀리던 학생에게 칼부림을 하는 큰 사건을 저질러 이번에는 학교 차원의 처벌을 받게 되었다. 이 사건을 계기로 김 선생은 그동안 철수 문제에 소극적이었던 자신의 행동을 반성하면서 철수 부모와 면담을 약속한 것이다.

② 원조 방안

이 수준의 가족은 최소한의 의식주는 해결되어 있으며, 가정의 안정이나 양육 부분에서도 기본적인 것은 충족되었다. 이들에게는 권위 유지나 제한의 설정이 중요한 과제이다. 집 짓는 것에 비유하면, 수준 2의 집의 골격과 지붕을 세우는 작업과 같으며, 이것을 가족체계와 연관시키면 가족구조와 조직을 세우는 것이다. 부모체계가 가족 구성원의 한 명 또는 하위체계에 충분한 제한을 설정하지 못하거나 유지하는 것이 불가능하면, 이 같은 무능력은 가족체계의 안전체계를 뒤흔들게 된다. 대부분 이러한 실패는 가족 간의 기대를 명확하게 표현하지 못하거나 때로는 분명한 기대는 가졌지만 가족 구성원이 그 같은 기대를 실행할 능력을 가지지 못한 것에 기인한다.

아동의 행동이 부모의 통제를 벗어난 수준이거나 일탈된 청소년, 부모의 약물 남용, 도박중독, 그 밖에 가족구조에서 중요한 부분이 실패한 것의 예를 들 수 있다. 결혼갈등도 통제의 범위를 넘어선 표현이며, 가족단위의 해결이 불가능한 위협을 초래할지도 모른다. 또한 가정 내 폭력도 위협이 될 수 있다. 그런데 가족 구성원들이 이 같은 문제에 즉각적인 조치를 취해야 하는 심각한 상황이라고 인식하지 못하는 경우가 있다.

이 수준의 개입도 수준 1과 마찬가지로 강점, 탄력성, 자원을 찾는 것부터 시작된다. 그러나 상담자는 상황에 관련된 권위와 충분한 희망을 제공하기 위해 상담 회기를 구조화할 필요가 있다. 일반적으로 가족은 적절한 대처능력의 수단을 가지지 못한다. 그러므로 면담 과정에서 가족에게 충분한 권위를 제시하며, 부모로서 연합을 가능하게 한다면 이들 가정은 많은 도움을 받을 수 있을 것이다.

가족에게는 필요한 통제를 방해하는 것이 무엇인지를 이해하는 것이 중요하다고 보았다. 가족 구성원의 구조를 한눈에 파악하는 가족지도를 통해 어떻게 연합되었는지를 파악하는 것이 도움이 될 것이다. 구조적 관점을 가진 사회학습이나 행동기법도 이들 가족 구성원에게 힘을 부여하는 데 도움이 된다. 행동적 기법은 각 가족 구성원들의 가족 기대를 명료화하며 그들이 다른 가족 구성원의 행동을 완화하기 위한 자신들의 자원을 이해하는 데 도움이 된다.

이처럼 다양한 기법은 수준 1과 2의 개입 모두에서 구조적, 특히 체계론적 관점의 접근이 바람직하다. 이러한 접근의 목표는 가능한 모든 자원을 동원해 가족이 이미 가진 행동패턴의 변화를 시도한 것이며, 특히 가족을 이끌어 가는 부모체계에 그들이 가진 강점이나 가능성을 실현하게 한다. 이 같은 과정을 통해 그들은 적절한 통제의 결여가 가족을 얼마나 고통스럽게 했는지를 인식할 수 있을 것이다.

③ 사례에 대한 개입

김 선생은 이전의 전화 통화의 경험으로 미루어 어머니는 자녀의 훈육에 그다지 많은 능력을 가지지 못한다고 판단하여 폭력사건임을 강조해 아버지와 함께 학교에 오도록 했다. 김 선생은 부모를 만나서 먼저 자녀문제에 관심을 가지고 생업까지 희생하면서 두 분이 함께 적극적으로 참여한 것에 대한 긍정적인 메시지를 전했다. 그리고 철수가 부모의 이런 자녀사랑을 아는지에 대한 질문과 만약 안다면 그런 사실이 부모에게 어떻게 도움이 될 것인가에 대한 순환적 질문을 했다. 철수의 아버지는 이런 순환적 질문을 비교적 잘 이해하고 있었으나, 어머니는 체계론적 관점의 사고를 전혀 하지 못했다. 아버지는 자녀를 바람직하게 훈육하기 위해 적당한 통제와 제한이 필요하다는 것을 인식하기 시작한 시점에서 이번 사건에 대해 부모들의 대응을 확인하였다. 아버지는 폭력은 그렇게 사용하는 것이 아니라고 심하게 야단을 친 반면, 어머니는 철수에게 별다른 반응을 하지 않았다. 오히려 아버지가 너무 심하게 철수를 야단치는 것 같아서 '얼마나 화가 났으면 아이가 이런 행동을 하겠느냐'고 철수의 편을 들었다. 즉 이들 가족은 철수의 문제행동에 대한 부모들의 합의된 태도가 없었던 것이다. 김 선생이 지금 여기서 이번 사건에 대해 부모로서 합의된 의견을 의논하도록 권하자, 이 같은 경험이 많지 않은 부모는 합의된 의견을 좀처럼 만들지 못했지만 아버지 주도로 논의를 정리할 수 있었다. 김 선생은 아버지의 비교적 안정된 훈육태도는 매일 자녀들과 함께할 수 없는 아버지 직업의 특성상 진가를 발휘하지 못한 채, 부모로서 충분한 권위를 가지지 못한 어머니가 전적으로 자녀교육을 책임지는 것이 이 가정의 어려움이라고 판단하였다. 김 선생은 아버지에게 아무리 피곤해도 집에 오면 먼저 어머니에게 자녀들의 일주일 생활에 대한 보고를 받은 후 자녀들에게 필요하다고 판단한 행동을 한 시간 이상 하도록 제안하였다. 이는 자녀를 교육하는 데 비교적 통제의 힘을 가진 아버지가 어머니를 도와 부모로서 한 팀을 이루어 보다 힘 있는 부모체계를 형성하도록 돕기 위함이다. 그리고 어머니에게는 학교 내의 상담교사가 운영하는 부모교육에 참여할 것을 적극 권했다.

(3) 수준 3: 경계와 통제

① 사례

어떤 아버지가 고등학교 2학년의 아들이 인터넷게임 중독자라면서 상담기관을 찾았다. 첫 상담에 부모와 아들이 함께 오기는 했으나, 아들은 상담 초반부 자신은 아버지의 '협박'에 마지못해 끌려왔기 때문에 이 상담에 아무런 관심이 없다고 말했다. 그러고는 자신의 이야기를 증명이라도 하려는 듯 상담자의 여러 질문에 '모르겠다', '생각해 보지 않았다'라는 무성의한 표현으로 일관했다. 아버지의 주 호소내용은 중학교까지 상위권을 유지하던 아들이 고등학교에 들어오면서 인터넷게임에 빠져서 성적도 하위권으로 떨어졌다는 것이다. 부모로서 걱정이 되어 야단을 쳤지만 오히려 자신의 이야기는 들은 척도 하지 않는 반항적 태도의 아들을 보면 견딜 수가 없어서 더 큰 소리를 치는 악순환이 이어지고 있다. 현재 아버지의 심정은 내가 할 수 있는 일을 모두 해 왔기 때문에 이제는 지쳤지만, 그래도 아들의 행동을 고쳐야 한다고 생각한다. 자수성가한 아버지의 눈에는 아들은 남자답지 못하며 어떤 일이든 끝까지 하는 끈기가 없어서 자신의 어린 시절과 비교되어 자주 야단을 쳤다. 어머니는 남편이 지나치게 엄격해서 아들이 힘들어하는 것도 이해는 되지만, 아들 역시 가족들과 거리를 두면서 제 방에서 나오지 않은 채 자신들의 말을 통째로 무시하는 아들의 태도가 답답하기만 하다. 한 번 화를 내면 불같이 내는 남편과 무슨 이야기를 해도 들은 척하지 않는 아들의 갈등이 계속되어서 지난 1년간은 살얼음판을 걷는 심정이다. 한 30분 이상 부모의 이야기를 듣고 있던 아들이 입을 열었다. 아버지가 얼마나 힘든 어린 시절을 보냈는지는 알 수 없으나, 자신의 경험만으로 모든 것을 이해하려는 아버지의 독단에 지친 상태라는 것이다. 주위 친구들과 비교해 자신은 인터넷게임 중독으로 지탄받을 만한 아무런 근거도 없는데, 어느 날 갑자기 아버지는 자신을 인터넷게임 중독이라고 단정하고 서울역으로 끌고 갔다. 그러고는 노숙자들을 보여 주면서 '인터넷만 하면 이 사람들처럼 된다'며 다시는 게임을 하지 않겠다고 맹세할 것을 종용했다. 이것이 아버지가 자신의 관점으로만 상황을 이해하려는 좋은 예이다. 사실, '온실의 화초' 같았던 중학교 때와는 달리 고등학교 생활은 무척 힘들다고 털어놓았다.

② 원조 방안

이 단계에서는 사생활과 통로라는 공간에 초점을 맞춘다. 집을 짓는 것에 비유하면 내부공사에 해당하는 것으로 기초공사, 지붕의 안정성을 전제로 내부공간의 배열, 벽과 문 등을 배치하는 단계이다. 가족체계에서 본다면 가족은 각각의 구조와 스타일이 있으며 자신들의 가족생활에 이것이 작용된다고 인식하는 단계이다. 그들은 자신들의 문제를 선천적인 결핍이 아니라 3세대의 전설과 같은 확대가족의 범위에서 표현하거나 그려낸다. 가정을 조직화하지 못한 수준 1, 2의 가족과는 달리, 자신들의 문제에 어떻게 대처해야 하는지에 대한 많은 검토와 나름대로의 대처방식이 있다. 이들은 자신의 방어기제의 특징과 연결해 대처방식을 선택했으며, 그들은 문화가 허용하는 범위에서 자신들의 자녀를 돌보려고 시도해 왔다.

이 단계의 상담자는 가족에게 그들의 생활에 깊숙이 배어든 가족행동을 변화하도록 요구하면 가족과 뜻하지 않은 투쟁을 해야 한다는 점을 알아야 한다. 따라서 상담자는 이러한 투쟁에 적합하며 가족들의 저항을 쉽게 둘러쌀 수 있는 기법을 개발하는 것이 바람직하다. 수준 3은 가족의 내부 인테리어를 다시 하는 과정을 포함한 개입인데, 상담자는 이때 가족 구성원이 사생활과 소통이라는 것에서 적절한 공간을 가지도록 도와야 한다. 이 단계의 가족을 만나면 상담자는 현재 가족이 추구하는 행동양식에 안주하려는 가족의 도전을 받게 된다. 따라서 상담자는 상담 초기에 정서체계, 의사소통이나 문제를 둘러싼 권력구조에 관한 패턴을 탐색하는 것이 유용하다.

③ 사례에 대한 개입

상담자는 아들에 대한 아버지의 기대와 더불어 구체적인 행동으로 이어지는 아버지의 사랑에 대한 긍정적 메시지를 전달하였다. 예를 들어, 아들이 인터넷게임 중독이라고 판단한 후 후속조치를 어머니에게 전가하지 않고 서울역에 데리고 가는 등 아버지 나름의 문제해결 방식으로 즉각적인 대응을 하려는 결단력을 높이 평가했다. 따라서 이 가족에서 아들에 대해 가장 잘 아는 사람은 아버지라고 규정한 후 상담 과정에서 아들이 언급한 고등학교 생활의 어려움에 대한 부연 설명을 부탁하였다. 아버지는 아들이 학교생활에서 어려움을 겪는다는 사실조차 알지 못했다. 상담자가 아버지에게 현재 아들이 겪는 어려움이 무엇인지 추정케 하고 아들에게 사실을 확인해 갔다. 이런 과정을 통해 아버지는 자신의 어린 시절과 현재 아들의 시대에는 상당한 차이가 있음을 느꼈으며, 현재 아들이 안고 있는 고민에 관심을 보이기 시작했다. 또한 치료팀은 끈기가 없다는 아버지의 우려와는 달리, 아들은 아버지의 압력에도 굴하지 않고 자신이 흥미를 가진 인터넷에 열중이라는 점을 부각하여, 문제행동을 재정의하였다. 상담자는 아버지의 가계도 탐색을 통해 다른 가족 구성원이 아버지의 삶의 역사를 이해하는 것이 중요하다고 판단하였다. 그러나 자수성가한 아버지는 이미 자신의 성장과 관련된 무수히 많은 이야기를 해 왔으므로 가족놀이 가계도라는 은유적인 방법으로 아버지의 삶을 표현하도록 하였다. 상징적인 놀잇감으로 표현된 아버지의 삶의 역사는 가족들이 아버지의 삶을 새롭게 이해하는 계기가 되었다. 이 같은 이해를 토대로 이 문제를 해결하기 위해서는 '저 아이가 변해야 한다'는 생각에서 '우리가 바뀌어야 한다'는 순환적인 가족역동을 고려하게 되었다.

(4) 수준 4: 가족과 개인의 성장

① 사례

자신의 부부관계에 문제가 있다고 호소하는 47세의 김 씨는 아내와 두 딸을 둔 가장이다. 그의 호소에 따르면, 물증은 없지만 아내가 외도를 한다고 판단되는데, 아내는 너무 당당하며, 오히려 자신을 의처증 환자로 몰고 있다. 이런 부부간의 갈등이 심해져서 현재는 누가 옳은지 판단이 서지 않았다. 김 씨는 3남 2녀 중 장남으로, 아버지가 일찍 돌아가셔서 어릴 적부터 실질적 가장 역할을 해 왔으며, 늦은 나이에 결혼을 하였다. 7세 연하의 아내는 사교적이고 생활력도 강한 여자였다. 이런 능력 있는 아내가 흐뭇하기도 하지만 때로는 자신처럼 나이가 많고 무능한 남편에게 싫증을 느끼고 언젠가는 떠나 버릴 것 같은 불안이 늘 자리 잡고 있었다. 2년 전 김 씨는 사업관계로 한 20개월쯤 중국에서 머물러야 했다. 식당을 운영하는 아내를 두고 혼자 출국했는데, 영 마음이 편하지 않았다. 귀국 후 아내를 관찰해 보니 아내는 식당에 오는 손님 중 한 명과 유독 친하게 지내고 있어서 둘 사이에 대한 의심을 떨쳐 버릴 수 없었다. 그 후도 중국 출장이 잦았는데, 중국에 있는 동안 아내가 사용한 휴대폰의 통화 내역서를 출력해 보았더니 그 남자와 지속적으로 장시간 통화한 사실이 드러났다며 지참한 통화 내역서를 상담자에게 보였다. 아내를 추궁하자, "특별한 관계라면 남편 휴대폰으로 전화를 하겠느냐"고 되물으며 아내는 오히려 담담했으며, 자신을 의처증 환자로 몰아붙였다. 두 딸도 아내의 편을 들고 있어서 뭐가 옳은지에 대한 자신이 없어졌다. 김 씨는 지금까지 세 가지 원칙을 가지고 살아 왔다. 첫째, 남편으로서 약점을 잡히지 않도록 행동하겠다는 결심으로 자신은 결혼생활 이후 한 번도 바람을 피운 적이 없다. 둘째, 비밀 없이 산다. 셋째, 부모님이나 장인, 장모를 동등하게 대우한다. 이런 원칙만 지키면 가정이 평화롭다고 생각했는데, 지금은 이런 점들을 지키고 산 것이 후회스럽다. 이제는 갈등을 원만히 해결하고 싶은 마음과 이혼하고 싶은 마음이 반반인데, 아직 어떤 결단도 내리지 못했다. 아내가 계속해서 의처증이라고 몰아붙여서 지난해 신경정신과에 가서 상담을 받았다. 그때 의사가 부인을 미행하고 싶은 마음이 드느냐고 물어서 그렇지는 않다고 대답하자 그러면 의처증은 아니라고 말했지만, 요즘은 내가 정말 의처증 같은 불안도 있다.

② 원조 방안

수준 4의 가족에게는 기본적인 필요는 충족되어 있으며, 구조적 경계가 비교적 명료하며 만족한다. 현재의 문제는 주로 보다 풍부한 친밀감, 자존감, 자율성을 열망하는 것과 관련이 있다. 수준 4와 관계된 가족은 보다 나은 삶의 기술과 각 가족 구성원의 잠재력이 실현을 향해 성장하는 것과 관련 있다. 집 짓는 것에 비유한다면, 이 수준은 장식, 그림, 카펫, 등잔 등 장식하는 기능과 관련된 수준이다. 따라서 이 단계는 개인이나 가족의 삶의 풍요함과 질에 개입의 초점을 맞춰야 한다. 여러 가지 문제는 이전 단계에서 다루었기 때문에 수준 4에서는 내면의 갈등, 친밀감, 자기실현, 통찰, 열망과 같은 보다 근본적인 것에 초점을 맞추며 이것은 보다 심도 있는 수준에서 다뤄야 한다.

가계도는 3세대 이상의 가족구조와 관계를 이해하는 것이므로 세대 간의 패턴을 파악할 때 유용하다. 가족조각기법도 도움이 될 것이다. 특히, 이 수준의 가족들에게는 이야기 치료적 접근에 초점을 맞춰 자신의 이야기를 다시 쓰게 하는 것이 바람직하다. 어떤 가족이나 개인은 자신의 가치, 의미, 영적인 것을 명료화하는 데 초점을 맞추고, 그들은 존재와 관련된 문제가 다루어지기를 원할지도 모른다. 상담자는 이 같은 문제를 자유롭게 추구하며, 그것에 대한 논의가 편안하게 이루어지도록 하여 강요된 개인적 결론에 구애받지 않고 가족 스스로가 자신의 탁월한 면을 스스로 발견해 그들의 가치를 명료화하도록 돕는다.

③ 사례에 대한 개입

상담자는 혼자 상담실을 방문한 김 씨가 상담 초반부에 내놓은 문제 중심의 대화를 경청하면서 현재 그가 가진 어려움은 아내의 외도가 아니라, 자신의 의처증에 대한 고민이라는 것을 알게 되었다. 이 같은 어려움이 그의 생육사와 관련이 있을 거라고 판단한 상담자는 상담 후반부는 가계도를 통한 원가족의 관계를 파악하였다. 가계도를 그리면서 김 씨는 돌아가신 아버지에 대해 분명한 진술을 하지 못했다. 그는 어린 시절부터 아버지는 돌아가셨다는 어머니의 말을 믿지 않았다. 그러나 어머니에게 이 부분에 대한 사실 확인을 요구한다면 스스로 큰 상처를 받을지도 모른다는 두려움 때문에 한 번도 물어보지 못했다. 막연히 아버지가 외도하면서 가족을 버렸을 것이라고 추측할 뿐이다. 상담자는 계속 회기를 진행하면서 이 같은 해결되지 않은 삶의 한 부분이 자신의 삶 전체에 어떤 영향을 미치는지 탐색해 갔다. 이런 과정을 통해 자신의 현재 어려움은 해결되지 않은 자신의 원가족문제에서 기인한다는 것을 깨닫고, 시골에 계신 노모를 방문하여 아버지에 대한 이야기를 나누었다. 이 같은 김 씨 개인에 대한 개입 후 가족이 함께 모여 가족조각기법을 통해 가족의 느낌을 서로 알아가는 작업을 하였다. 이런 상담 과정에서 가족의 친밀감을 높일 수 있었다.

상담자는 어려움을 겪는 가족을 만나면 집으로 비유된 네 가지 원조 수준에서 가족과 어떤 작업을 하게 된다. 물론, 공식처럼 모든 가족에게 일률적으로 적용되는 것은 아니지만, 가족원조가 필요한 상황을 평가한 후 그것을 토대로 개인, 커플 또는 가족에게 어떤 치료적 모델을 적용하는 것이 바람직한가의 안내서와 같은 역할을 한다.

3 다문화 가족의 상담과 평가

1) 가족평가

가족평가는 가족을 측정하고 진단하는 것으로 가족의 내부체계 및 외부체계 간의 상호작용을 이해하기 위한 것이다. 가족평가 활동에는 관련된 자료를 수집, 분석, 종합하고 그것을 바탕으로 가족에 대한 개입 계획을 세우는 일련의 과정이 모두 포함된다. 상담자는 가족평가를 통하여 가족이 갖고 있는 문제가 무엇인지, 가족체계의 구조 및 관계 유형은 어떤 것인지, 나아가 가족의 문제해결을 위하여 이용 가능한 자원들은 어떤 것인지 등에 대한 정보를 얻을 수 있게 된다.

가족평가는 상담 과정의 어느 특정 시기에 제한되어 이루어지는 것이 아니라 상담의 전 과정을 통해 이루어지는데, 크게 초기 단계에서의 평가, 개입 단계에서의 평가, 종결 단계에서의 평가로 나누어 볼 수 있다. 초기 단계에서의 평가는 주로 개입 계획을 세우기 위하여 필요한 것이므로 상담자와 가족 간에 라포(rapport) 형성이 중요하며 가족과의 일상적인 가벼운 대화에서 평가가 시작된다. 이 단계에서는 가족들의 이름과 연령, 그리고 발달단계 및 가족들의 문제가 무엇인지 등을 파악하고 상담을 필요로 하는 이유와 가족들이 자신들의 문제에 대하여 어떻게 생각하고 있는지 등을 확인하는 것이 포함된다.

개입 과정에서의 평가는 주로 가족 상호작용의 방식이나 가족 구성원들 간의 의사소통 방식 등에 대해 알아보며 평가를 통해 가족들이 그들의 역동성의 특징과 가족 구성원과의 견해차 등을 확인하게 된다. 그래서 현재의 방식으로는 가족들의 문제가 해결될 수 없음을 깨닫게 되어 대안적인 해결책을 찾기 위해 가족들의 노력이 나타나는 시기이다.

마지막 평가는 종결 단계에서 이루어지는데, 변화된 가족관계의 패턴을 확인하며 상담 효과를 평가하고 추후 상담에 대한 계획을 세울 수 있도록 한다.

가족평가 중 가족 변인과 가족기능을 측정하는 양적인 평가 방법을 주로 소개하고자 한다. 가족 변인은 가족관계, 가족문제, 가족기능, 적응, 건강성 등 가족과 관련된 폭넓은 영역을 포함한다. 즉 가족관계의 변인은 부부관계나 부모-자녀 관계, 형제자매 관계 등 다양한 하위체계의 관계를 포함하며, 관계 차원에서도 권력이나 스트레스, 갈등, 역할 등 폭넓은 범위를 포함하고 있다.

가족을 평가하는 방법으로 여기에서 소개하려는 도구들은 연구와 실무에서 사용될 수 있는 자기보고식 척도들이다. 주로 가족 내의 인간관계에 대한 것을 측정하며, 또한 가족의 기능성 등을 측정하는 도구들인데, 이러한 것들은 가족과 관련된 연구에서 상관관계를 보는 조사연구나 치료를 통한 가족의 변화를 보려는 실험연구에서 절대 필요하며 임상 실무자들에게는 가족을 진단하고 평가하는 과정에서 필요하다.

(1) 가계도

가계도는 보웬(Bowen)의 가족치료에서 쓰이기 시작하여 가족상담에서 널리 쓰이고 있는 가족평가도구이다. 이것은 초기 상담 과정에서 대부분 완성되는데, 새로운 사실이 나타날 때마다 추가되거나 수정된다. 가계도는 3세대 이상에 걸친 가족 구성원에 관한 정보와 관계를 기호를 사용한 표로 작성하는 방법으로, 한눈에 가족 유형의 형태를 볼 수 있다. 가족들의 존재가 가족 맥락과 어떠한 관련이 있으며 그것이 시간에 따라 어떻게 변하는지를 여러 측면에서 알아볼 수 있다.

가계도를 작성하기 위해서는 모든 가족 구성원들의 협조가 필요한데 가족들은 가계도 작성에 참여함으로써 자신들과 관련된 중요한 정보들을 제공한다. 가계도를 그리는 방법은 다음과 같다.

(2) 가계도 작성 요령

① 가족 구성원과 가족구조를 표시하는 기호

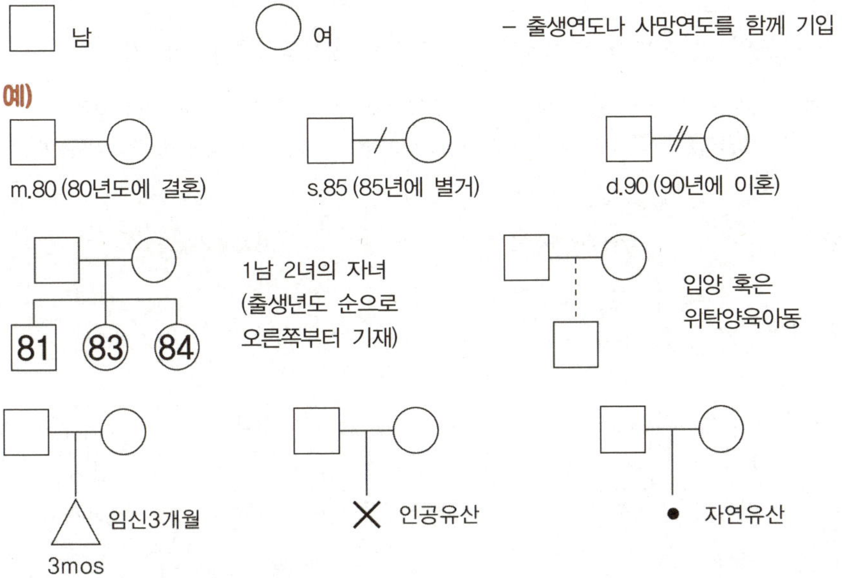

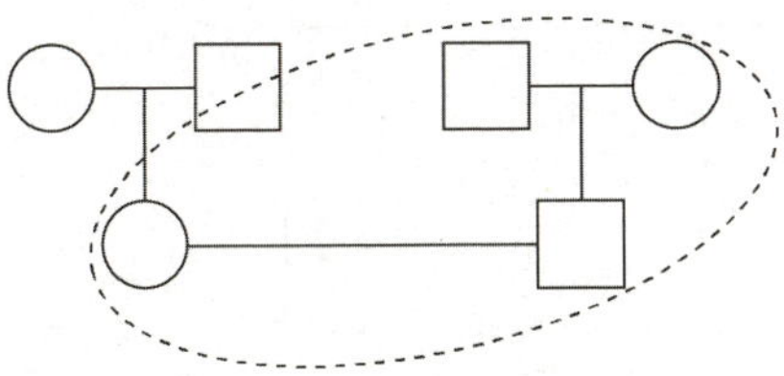

현재 살고 있는 부모와 자녀를 점선으로 묶음
어느 때 부모(혹은 후견인)가 바뀌었는지를 확인할 수 있다.

② 가족 상호작용을 나타내는 기호, 이러한 기호들은 선택적으로 사용될 수 있으며, 별도의 용지에 기술할 수도 있다.

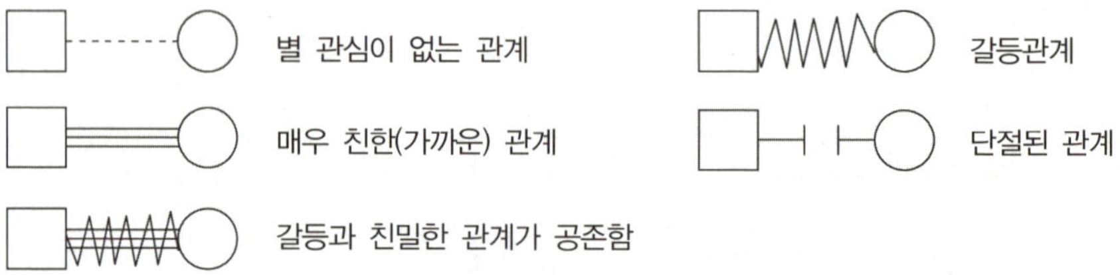

③ 가계도의 빈 여백에 다음과 같은 중요한 정보를 간결하게 기록한다.

예) ① 만성적 질환 ② 종교 ③ 교육 ④ 취업 혹은 실업 ⑤ 퇴직 ⑥ 범법 행위 ⑦ 알콜리즘 혹은 마약 사용 외에 가족의 사망이나 이사 등 중요 정보를 기록한다.

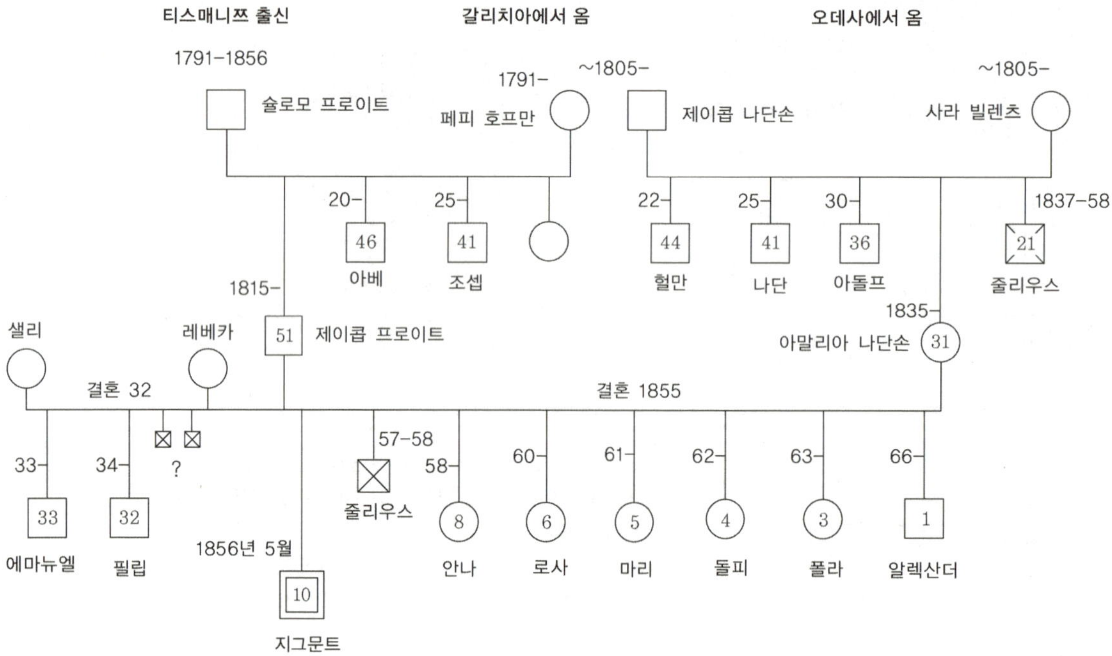

[그림 6-1] 가계도 – 지그문트 프로이트 가족

출처: Monica McGoldrick, Randy Gerson and Sylvia Shellenberger. 이영분, 김유숙, 정혜정 역(2005). 가계도 - 사정과 개입(Genograms: Assessment and Intervention). 서울: 학지사. p. 29-41.

〈표 6-5〉 가계도 면접을 위한 질문

문제 진술을 위한 시작	–그들은 왜 이 시점에 도움을 청하러 왔는가? –문제는 언제 시작되었는가? –문제를 알아챈 사람은 누구인가? –가족원은 문제를 어떻게 보는가? –가족은 각자 그 문제에 어떻게 반응하는가? –문제가 있기 전의 가족관계는 어떠했는가? –바꾸고자 하는 문제는 변화했는가? 어떻게? –문제가 지속된다면 어떤 상황이 일어날 것인가?
가구에 대한 질문	–가족원 누구와 사는가?(이름, 나이, 성별) –가족원 각자는 어떠한 관계인가? –다른 가족원은 어디에 사는가? –전에도 이 집에 비슷한 문제가 있었는가? –해결을 하기 위해 과거에는 어떤 노력을 했는가? (치료, 상담, 입원 등) –최근 가족에 무슨 일이 일어났는가? –최근에 어떤 변화나 압박이 있었는가?
부모의 출생가족에 대한 정보 수집	–형제자매의 수, 이름, 출생일, 출생지 –부모의 결혼상태(별거, 이혼, 재혼 등) –형제자매의 결혼상태(별거, 이혼, 재혼, 자녀) –가족원의 사망원인
조부모 세대에 대한 질문	–조부모(이름, 출생일과 사망일, 직업, 건강, 사망원인) –조부모의 형제(이름, 출생일과 사망원인, 직업, 건강)
민족 · 문화적 가변성에 대한 조사	–죽음에 대한 문화적 의례(죽음에 대한 태도, 시신처리방법, 기일 의식) –내세에 대한 태도 –죽음이나 상실과 관련된 낙인이나 중대 사건 –민족적 · 문화적 배경의 주요사건에 대한 대처, 가족관계 역할, 개인의 기능에 미치는 영향 등
성역할 태도에 관한 질문	–성역할 태도가 가족의 여러 상황, 주요 생활사건에 대한 대처, 개인의 기능에 미치는 영향 –슬픔의 표현, 장례, 기일에 관한 민족과 가족의 성역할 규칙은 무엇인가?
주요 생활사건에 대한 질문	–결혼, 출생, 사망, 질병, 장애, 이사, 직업상의 변화 –자연재해, 전쟁과 같은 충격적인 사건 –가족은 이러한 변화에 어떻게 적응하는가?

가족관계에 대한 탐색	–정서적 단절, 연합 –부부관계의 유형, 부모자녀의 유형, 지배 · 복종의 유형
가족역할에 대한 탐색	–부양자는 누구인가? –아픈 사람은? 문제 있는 사람은? –좋은 사람? 나쁜 사람? –성공한 사람은 누구인가? 실패한 사람은 누구인가? –괜찮은 사람은 누구인가? 냉정하고 소원한 사람은?
가족의 강점에 대한 탐색	–탄력성을 나타내는 행동 –성격적 강점: 충성심, 용기, 희망, 유머, 지적능력 등 –자원: 외부자원과의 연결 능력, 돈, 사랑, 이웃, 종교집단, 직업 등
개인의 기능에 관한 질문	–일(직업, 전직, 실직, 만족도) –학교(성적문제) –의료적 문제 –정신적 문제(우울증, 불안, 공포감) –중독(알코올, 약물, 컴퓨터) –법적문제(체포, 자격박탈, 현재 소송상태)

출처: 이영분, 김유숙, 정혜정 역(2005). 가계도 - 사정과 개입. 서울: 학지사.

2) 가족체계 평가질문지 유형

(1) 가족체계 유형 질문지 III(Family Adaptability and Cohesion Evaluation III, FACES III)

가족체계 유형에 관한 질문지는 개인이 자각하고 있는 가족체계의 유형을 평가하는 질문지인데, 올슨(Olson), 라브(Lavee, 1985)가 개발한 것으로서, 국내에서는 한상분(1992)이 번안하였다.

이 질문지는 서컴플렉스 모델(Circumplex Model)의 두 차원에 해당하는 가족 응집성과 적응성을 측정하는 검사로 FACES 척도에 관한 시리즈 중 세 번째 것이고, 성인 및 청소년을 대상으로 실시할 수 있는 자기보고식 검사이다.

총 20개 문항으로 홀수에 해당하는 10문항은 가족응집성을 측정한 반면에, 짝수에 속하는 10개 문항은 가족적응성을 측정한다. 또한 이상적인 가족체계에 대한 질문지가 있는데, 이것은 각 문항들이 '우리 가족은 …했으면 좋겠다'라는 식으로 된 것이다. 각 문항은 5점 척도로 평정하는 것이고, 전체 점수의 범위는 응집성과 적응성 두 차원 각각에서 10점에서 50점까지 얻을 수 있으며, 높을수록 응집성과 적응성이 높다고 해석할 수 있다.

가족체계 유형에 관한 질문지 III

다음의 문항들은 여러분이 평소에 가족들과의 생활에서 느끼고 있는 것들에 관한 것입니다. 각 문항을 읽고 그 내용이 현재 여러분의 가족과 가장 가깝다고 생각되는 번호에 ∨표 하십시오. 응답을 고치고 싶은 경우에는 ×한 후에 다른 번호를 찾아 ∨표 하시면 됩니다.

1. 거의 그렇다 2. 대체로 아니다 3. 반반이다 4. 대체로 그렇다 5. 항상 그렇다

현재 가족체계에 대한 질문지

문 항	거의 아니다	대체로 아니다	반반 이다	대체로 그렇다	항상 그렇다
	1	2	3	4	5
1. 우리 가족은 서로에게 도움을 청한다.					
2. 우리 집에서는 문제를 해결할 때 자녀들의 의견이 받아들여진다.					
3. 우리 가족은 각자의 친구들을 서로 인정한다.					
4. 우리 집에서는 자녀들도 자녀교육 문제에 대해서 부모에게 이야기할 수 있다.					
5. 우리 가족은 우리 가족의 일에만 관심이 있다.					
6. 우리 가족은 어느 한 사람만이 아니라 식구 누구라도 가족 내에서 주도적인 역할(리더 역할)을 할 수 있다.					
7. 우리 가족은 다른 사람들보다는 우리 가족끼리 더 친하게 느낀다.					
8. 우리 가족은 문제를 해결할 때 한 가지 방법이 아닌 여러 가지 방법을 쓴다.					

9. 우리 가족은 여가시간을 함께 보내기를 좋아한다.					
10. 우리 집에서는 자녀가 받을 벌에 대해 부모와 자녀가 함께 이야기를 나눈다.					
11. 우리 가족은 서로 매우 친하게 느낀다.					
12. 우리 집에서는 자녀들도 의사결정을 할 수 있다.					
13. 우리 집에서는 가족행사가 있으면 가족이 모두 참여한다.					
14. 우리 집에서는 경우에 따라서는 규칙이 바뀐다.					
15. 우리 가족은 가족 모두가 함께 할 수 있는 일을 쉽게 생각해 낼 수 있다.					
16. 우리 집에서는 집안일을 한 사람이 도맡아 하지 않고 식구 모두가 함께 돌아가면서 한다.					
17. 우리 가족은 각자의 일을 결정할 때 다른 식구들과 상의한다.					
18. 우리 집에서는 누가 가족 내에서 주도적인 역할(이 역할)을 한다고 분명하게 말하기가 어렵다.					
19. 가족의 담합은 매우 중요하다.					
20. 우리 집에서는 집안일에 대한 분담이 분명하게 정해져 있지 않다.					

이상적인 가족체계에 대한 질문

문 항	거의 아니다	대체로 아니다	반반 이다	대체로 그렇다	항상 그렇다
	1	2	3	4	5
1. 우리 가족은 서로에게 도움을 청하면 좋겠다.					
2. 우리 집에서는 문제를 해결할 때 자녀들의 의견이 받아들여졌으면 좋겠다.					
3. 우리 가족은 각자의 친구들을 서로 인정하면 좋겠다.					
4. 우리 집에서는 자녀들도 자녀교육 문제에 대해서 부모에게 이야기할 수 있으면 좋겠다.					
5. 우리 가족은 우리 가족의 일에만 관심이 있으면 좋겠다.					

6. 우리 가족은 어느 한 사람만이 아니라 식구 누구라도 가족 내에서 주도적인 역할(리더 역할)을 할 수 있으면 좋겠다.					
7. 우리 가족은 다른 사람들보다는 우리 가족끼리 더 친하게 느끼면 좋겠다.					
8. 우리 가족은 문제를 해결할 때 한 가지 방법이 아닌 여러 가지 방법을 쓰면 좋겠다.					
9. 우리 가족은 여가시간을 함께 보내기를 좋아하면 좋겠다.					
10. 우리 집에서는 자녀가 받을 벌에 대해 부모와 자녀가 함께 이야기를 나누면 좋겠다.					
11. 우리 가족은 서로 매우 친하게 느끼면 좋겠다.					
12. 우리 집에서는 자녀들도 의사결정을 할 수 있으면 좋겠다.					
13. 우리 집에서는 가족행사가 있으면 가족이 모두 참여하면 좋겠다.					
14. 우리 집에서는 경우에 따라서는 규칙이 바뀌면 좋겠다.					
15. 우리 가족은 가족 모두가 함께 할 수 있는 일을 쉽게 생각해 낼 수 있으면 좋겠다.					
16. 우리 집에서는 집안일을 한 사람이 도맡아 하지 않고 식구 모두가 함께 돌아가며 했으면 좋겠다.					
17. 우리 가족은 각자의 일을 결정할 때 다른 식구들과 상의하면 좋겠다.					
18. 우리 집에서는 누가 가족 내에서 주도적인 역할(이 역할)을 한다고 분명하면 좋겠다.					
19. 가족의 담합은 매우 중요하게 여겨졌으면 좋겠다.					
20. 우리 집에서는 집안일에 대한 분담이 분명하게 정해져 있으면 좋겠다.					

출처: 한상분(1992).

(2) 가족관계 진단용 SDS

가족관계 진단용 SDS는 부모 · 형제자매 등 가족 구성원을 표시하는 어휘들에 대한 지각과 그 의미를 통해 가족 구성원 간의 사회적 및 심리적 상호작용의 특징과 거리를 찾는 도구이다.

오스굿(C. E. Osgood)에 의해 개발된 이 도구는 의미미분법(SD)을 사용한 일련의 연구를 통해 언어와 문화를 초월한 모든 문화에서 평가 요인과 역기능 요인 그리고 활동 요인 같은 세 가지의 일반적인 요인으로 구성되어 있다. 한국어의 의미론적 구조의 특유한 요인인 정신적-사변적 요인을 하나 더 첨가해서 열두 개의 개념과 열 개의 척도로 이루어진 가족관계 진단용 SDS를 만들었다.

가족관계 진단용 SDS

이 질문은 여러분이 여러 가지 낱말에 대하여 어떤 느낌이나 생각을 가지고 있는지를 알아보기 위한 것입니다. 다음에 각 페이지마다 할아버지를 비롯하여 가족을 표시하는 낱말이 열두 개 있고, 그 밑에는 서로 반대되는 형용사가 한 짝으로 된 척도가 있습니다. 각 낱말을 보시고 그 낱말이 주는 첫인상과 직접적인 감정에 따라 판단하여 각 척도의 적절한 위치에 √표를 하여 주십시오.

〈유의점〉

(1) ∨표는 반드시 경계점 위가 아니고 점 사이의 빈칸에 해야 합니다.
(2) 어느 척도도 빠뜨리지 말고 끝까지 모두 해주십시오.
(3) 한 척도 상에는 √표시를 하나만 해야 합니다.
(4) 각 척도에 대한 표시는 주저 말고 빨리 결정하여야 합니다.
(5) 낱말의 뜻이 여러분에게 주는 첫인상 또는 직접적인 감정에 따라 판단하여 주십시오.
(6) 문제를 미리 보지도 말고 지난 것을 다시 보지도 마십시오.
(7) 하나하나의 문항을 따로따로 독립된 것으로 다루어 주십시오.

1. 할아버지

깨끗하다								더럽다
추하다								아름답다
좋다								나쁘다
멀다								가깝다

넓다							좁다
작다							크다
연하다							굳다
빠르다							느리다
무디다							날카롭다
이르다							늦다

2. 할머니

깨끗하다							더럽다
추하다							아름답다
좋다							나쁘다
멀다							가깝다
넓다							좁다
작다							크다
연하다							굳다
빠르다							느리다
무디다							날카롭다
이르다							늦다

3. 아버지

깨끗하다							더럽다
추하다							아름답다
좋다							나쁘다
멀다							가깝다
넓다							좁다
작다							크다
연하다							굳다
빠르다							느리다
무디다							날카롭다
이르다							늦다

4. 어머니

깨끗하다							더럽다
추하다							아름답다
좋다							나쁘다
멀다							가깝다
넓다							좁다
작다							크다
연하다							굳다

빠르다							느리다
무디다							날카롭다
이르다							늦다

5. 형(남자에 한함)

깨끗하다							더럽다
추하다							아름답다
좋다							나쁘다
멀다							가깝다
넓다							좁다
작다							크다
연하다							굳다
빠르다							느리다
무디다							날카롭다
이르다							늦다

6. 누나(남자에 한함)

깨끗하다							더럽다
추하다							아름답다
좋다							나쁘다
멀다							가깝다
넓다							좁다
작다							크다
연하다							굳다
빠르다							느리다
무디다							날카롭다
이르다							늦다

7. 오빠(여자에 한함)

깨끗하다							더럽다
추하다							아름답다
좋다							나쁘다
멀다							가깝다
넓다							좁다
작다							크다
연하다							굳다
빠르다							느리다
무디다							날카롭다
이르다							늦다

8. 언니(여자에 한함)

깨끗하다								더럽다
추하다								아름답다
좋다								나쁘다
멀다								가깝다
넓다								좁다
작다								크다
연하다								굳다
빠르다								느리다
무디다								날카롭다
이르다								늦다

9. 남동생

깨끗하다								더럽다
추하다								아름답다
좋다								나쁘다
멀다								가깝다
넓다								좁다
작다								크다
연하다								굳다
빠르다								느리다
무디다								날카롭다
이르다								늦다

10. 여동생

깨끗하다								더럽다
추하다								아름답다
좋다								나쁘다
멀다								가깝다
넓다								좁다
작다								크다
연하다								굳다
빠르다								느리다
무디다								날카롭다
이르다								늦다

11. 아들

깨끗하다								더럽다
추하다								아름답다

좋다								나쁘다
멀다								가깝다
넓다								좁다
작다								크다
연하다								굳다
빠르다								느리다
무디다								날카롭다
이르다								늦다

12. 딸

깨끗하다								더럽다
추하다								아름답다
좋다								나쁘다
멀다								가깝다
넓다								좁다
작다								크다
연하다								굳다
빠르다								느리다
무디다								날카롭다
이르다								늦다

출처: 김재은(1972).

(3) 부모–자녀 의사소통 측정도구

이 도구는 가족 내의 의사소통 및 세대 간의 의사소통에 대한 지각을 평가한다. 척도 내용은 개방형과 문제형 의사소통 유형으로 나뉘며 부모용, 자녀용 두 종류가 있다.

- 개방형 의사소통 유형은 부모-자녀 간의 긍정적이고 개방적인 상호작용을 측정한다(10문항).
- 문제형 의사소통 유형은 세대 간의 의사소통에 어느 정도의 어려움과 장애가 있는가를 측정한다(10문항).

부모—자녀 의사소통 측정도구

(부모용)

* 다음 문항을 읽고 해당되는 것에 응답하시오.

문 항	매우 그렇다	약간 그렇다	그저 그렇다	별로 그렇지 않다	전혀 그렇지 않다
	5	4	3	2	1
1. 나는 딸(아들)에게 나의 생각을 주저하지 않고 의논한다.					
2. 때때로 나는 딸(아들)이 말하는 모든 것을 믿기 어려울 때가 있다.					
3. 딸(아들)은 항상 내 이야기를 주의 깊게 잘 들어준다.					
4. 때때로 나는 딸(아들)에게 원하는 것을 부탁하기가 어렵다.					
5. 딸(아들)은 말하지 않아도 될 것을 나에게 말하곤 한다.					
6. 딸(아들)은 말하지 않아도 내가 어떤 기분 상태인지 잘 안다.					
7. 나는 딸(아들)과 대화하는 형태에 만족한다.					
8. 나는 내가 힘든 일이 있을 때 딸(아들)과 의논한다.					

9. 나는 딸(아들)에게 애정을 솔직히 표현한다.					
10. 우리(딸 또는 아들과 나)에게 문제가 생겼을 때 나는 침묵을 지킨다.					
11. 나는 딸(아들)에게 말할 때 조심스러운 편이다.					
12. 나는 딸(아들)에게 말하지 않아도 될 것을 말할 때가 있다.					
13. 딸(아들)은 나의 질문에 정직하게 대답해 준다.					
14. 딸(아들)은 나의 입장을 이해하려고 노력한다.					
15. 나에게는 딸(아들)과 얘기하기를 꺼리는 화제가 있다.					
16. 나는 딸(아들)과 문제를 의논하기 쉽다.					
17. 나는 딸(아들)에게 나의 모든 진실한 감정을 잘 표현한다.					
18. 딸(아들)은 나에게 잔소리를 많이 한다.					
19. 딸(아들)은 나에게 화를 낼 때 모욕감을 준다.					
20. 나는 어떤 것에 대한 나의 느낌을 딸(아들)에게 솔직하게 표현하기 어렵다.					

(자녀용)

*다음 문항을 읽고 해당되는 것에 응답하시오.

문 항	매우 그렇다	약간 그렇다	그저 그렇다	별로 그렇지 않다	전혀 그렇지 않다
	5	4	3	2	1
1. 나의 소신을 아버지(어머니)와 거리낌 없이 의논할 수 있다.					
2. 아버지(어머니)가 나에게 하시는 말씀은 가끔 믿기가 어렵다.					
3. 아버지(어머니)는 늘 내 말을 귀담아 들어 주신다.					
4. 내가 원하는 바를 아버지(어머니)께 부탁드리려면 겁이 난다.					
5. 아버지(어머니)는 내가 말하지 않아도 나의 감정이 어떤지 잘 아신다.					

6. 아버지(어머니)는 나보고 어떤 말을 하느니 차라리 입 다물고 가만히 있으라고 하신다.					
7. 나는 아버지(어머니)와 대화를 하면 만족스럽다.					
8. 우리에게 어떤 문제가 생기면 나는 아버지(어머니)께 차라리 아무 말씀 말고 가만히 계시라고 한다.					
9. 나에게 무슨 일이 있더라도 나는 아버지(어머니)께 모두 말씀드릴 수 있다.					
10. 아버지(어머니)께 말씀드리려면 조심스럽고 어렵다.					
11. 마음 놓고 아버지(어머니)께 어리광을 부린다.					
12. 아버지(어머니)와 대화를 나눌 때는 차라리 말을 안 하는 것이 더욱 마음 편하다.					
13. 내 질문에 아버지(어머니)는 솔직하게 대답을 해 주신다.					
14. 아버지(어머니)는 내 의견을 이해해 주시려고 애쓴다.					
15. 나에게는 아버지(어머니)와 얘기하기를 꺼리는 화제가 있다.					
16. 나는 아버지(어머니)와 여러 가지 문제에 관해 의논을 잘한다.					
17. 나의 느낌을 아버지(어머니)에게 솔직하게 잘 털어놓는다.					
18. 나는 아버지(어머니)의 잔소리 때문에 귀찮다.					
19. 아버지(어머니)는 나로 인해 화가 나시면 창피를 주신다.					
20. 무슨 일에 대한 내 진심을 아버지(어머니)께 그대로 말씀드릴 수 없다.					

(4) 갈등 대처방안 척도 II

갈등 대처방안 척도 II(Conflict Tactics Scales II, CTS II)는 갈등 상황에 대처하는 남편과 아내의 대처방법을 측정하는 총 26개의 문항으로 구성되어 있다.

채점은 5점 리커트(Likert) 척도로 각 항목에 대한 점수가 높을수록 해당 대처방안을 많이 사용함을 의미한다. 외부 도움요청 문항(1-4), 신앙에 의지(5-8), 이성적 대처(9-13), 감정 및 행동표출(16-22, 25, 26), 회피적 대처(14, 15, 23, 24)를 나타낸다.

갈등 대처방안 척도 II

* 다음 문항을 읽고 해당되는 것에 응답하시오.

문 항	전혀 그렇지 않다	거의 그렇지 않다	보통이다	자주 그런 편이다	거의 항상 그렇다
	1	2	3	4	5
1. 친척과 상의하거나 조언을 듣는다.					
2. 전문가의 책을 통해 도움과 정보를 얻는다.					
3. 친한 친구나 이웃과 상의한다.					
4. 비슷한 상황의 사람에게 충고와 정보를 얻는다.					
5. 교회나 성당, 절을 찾는다.					
6. 성직자에게 도움을 청한다.					
7. 신에게 기도하는 등 신앙의 힘을 얻는다.					
8. 종교 활동을 통해 도움을 얻는다.					
9. 문제를 오래 끌지 않고 빨리 해결하려고 노력한다.					
10. 문제를 긍정적으로 생각한다.					
11. 문제의 원인이 무엇인지 파악하려고 노력한다.					
12. 문제를 인생을 살아가는 데 겪어야 할 현실로 생각한다.					
13. 내가 할 수 있는 일을 계획하고 실천해 본다.					

14. 배우자와 타협해서 문제를 해결하려고 노력한다.					
15. 외출, 텔레비전 보기, 운동하기, 일에 열중하는 등의 기분전환을 한다.					
16. 화가 나면 참지 않고 화를 낸다.					
17. 짜증을 내거나 욕을 한다.					
18. 서로 부딪치지 않도록 따로 생활한다.					
19. 큰소리로 싸운다.					
20. 물건을 집어던지거나 폭력을 사용한다.					
21. 일부러 늦게 귀가한다.					
22. 집안일을 소홀히 한다.					
23. 성관계를 회피한다.					
24. 술을 마시자고 한다.					
25. 헤어지자고 말한다.					
26. 잠시 집을 나간다.					

출처: 이현주(1997).

(5) 역기능적 의사소통의 유형 척도

이 척도는 부부 간의 비난, 경멸, 방어, 냉담 등의 역기능적 의사소통의 유형을 측정하는 것으로서 채점 방법은 각 대처방식에 대해 따로 합한다.

- 비난: 1-9번(남편 평균: 25.8, 아내 평균: 26.2)
- 경멸: 10-20번(남편 평균: 27.6, 아내 평균: 29.0)
- 방어: 21-31번(남편 평균: 29.3, 아내 평균: 30.1)
- 냉담: 32-38번(남편 평균: 18.7, 아내 평균: 20.5)

역기능적 의사소통 유형 척도

* 다음은 부부가 갈등 상황에서 대화하는 방식에 대한 것이다. 당신이 그 상황에서 어떻게 반응하였는지 해당되는 숫자에 ∨ 표시한 다음, 각 유형의 평균점을 적으시오.

문 항	전혀 그렇지 않다	그렇지 않다	보통 이다	그런 편이다	정말 그렇다
	1	2	3	4	5
1. 일이 잘못되면 누가 그랬는지를 아는 것이 중요하다.					
2. 나는 감정이 매우 상하기 전까지는 불평을 하지 않는다.					
3. 나는 구체적인 상황이나 행동보다는 전반적인 면에 대해 불평하는 편이다.					
4. 나는 불평들을 오랫동안 쌓아둔 뒤 한꺼번에 터뜨린다.					
5. 나는 불평할 때 감정이 매우 격해진다.					
6. 나는 불평할 때 배우자의 결점을 들추어낸다.					
7. 한번 불평하게 되면 아무도 나를 멈추게 할 수 없다.					
8. 내가 문제를 제기하는 이유는 내가 옳다는 것을 보여 주기 위해서이다.					
9. 나는 불평할 때 '당신은 항상', '당신은 절대로'와 같은 말을 자주 한다.					
10. 배우자의 자질이 의심스러울 때가 있다.					

11. 나는 종종 배우자의 기를 꺾는 말을 한다.					
12. 배우자가 거만할 때가 있다.					
13. 배우자가 잘난 척한다.					
14. 배우자가 너무 고집이 세서 타협이 안 된다.					
15. 의견이 서로 다를 때 나는 배우자의 입장을 생각하기 어렵다.					
16. 나는 배우자를 존중하는 마음이 없어질 때가 있다.					
17. 나는 배우자의 태도에 대해 혐오를 느낄 때가 많다.					
18. 배우자가 어리석을 때가 있다.					
19. 배우자가 유능하지 못할 때 나는 한심하다는 생각이 든다.					
20. 배우자가 이기적일 때가 있다.					
21. 배우자가 나를 헐뜯을 때 나는 앙갚음할 방법을 생각한다.					
22. 일이 잘못되었을 때 나에게는 그다지 책임이 없다.					
23. 비난을 피하기 위해서 문제에 대한 이유와 과정을 설명해야만 한다.					
24. 배우자가 지나치게 부정적인 태도를 가지고 있다.					
25. 배우자가 예민해서 마음의 상처를 쉽게 받는다.					
26. 배우자의 불평 중에 맞는 말도 있지만 모두 맞는 건 아니다.					
27. 배우자가 불평하면 나는 죄가 없다는 생각이 든다.					
28. 배우자가 불평하면 나는 이것을 물리쳐야 한다고 생각한다.					
29. 배우자가 불평하면 내 자신을 방어할 방법을 찾게 된다.					
30. 배우자가 불평하면 내 입장을 다시 설명하려고 한다.					
31. 배우자가 내 입장을 진정으로 이해한다면 그런 불평은 하지 않을 것이다.					
32. 배우자가 나를 비난하려고만 한다.					

33. 배우자가 너무 고집이 세서 타협이 안 된다.					
34. 내 감정이 폭발했을 때 나를 혼자 있게 놔두었으면 좋겠다.					
35. 배우자가 화났을 때 가만히 있는 것이 상책이다.					
36. 배우자와의 사소한 말다툼이 큰 싸움으로 번져 당혹스러울 때가 있다.					
37. 배우자의 감정이 격해지면 그 자리를 피하는 것이 상책이다.					
38. 우리가 싸울 때 내가 이런 대접을 받을 이유가 없다는 생각이 든다.					

출처: 김수연, 김득성(2001).

3) 가족기능 설문지

(1) 맥매스터 모델

맥매스터 모델(McMaster Model)은 캐나다의 맥매스터 대학 정신과에 있던 엡스타인(Epstein) 등에 의하여 개발된 것으로서 가족기능을 평가하고 진단하는 데 훌륭한 개념적인 준거틀을 가지고 있다. 이 모델은 가족기능을 문제해결, 의사소통, 역할, 정서적 반응성, 정서적 관여, 행동통제로 나누어 설명하고 있다.

① 문제해결

문제해결이란 건강한 가족기능을 유지하면서 가족문제를 해결하는 능력인데, 문제를 해결하는 게 어려움이 있는 가족은 비효과적으로 기능을 하는 가족이다. 문제를 해결해 가는 과정을 일곱 단계로 제시하고 있다.

- 문제 인식
- 적절한 사람에게 문제에 대해 의사소통
- 대안적인 행동 생각하기
- 한 가지 대안 정하기

- 행동화
- 행동 모니터하기
- 행동의 성패 평가

위의 과정들에서 모든 단계를 잘 실행하면 가장 효과적으로 문제를 해결하는 것이고 문제를 인식조차 하지 못하면 가장 비효과적인 유형으로 본다.

② 의사소통

의사소통이란 주로 언어에 의하여 가족 간의 정보가 어떻게 교환되는지를 알아보는 것이다. 의사소통 유형은 네 가지로 나뉘는데, 분명하고 직접적인가, 분명하고 간접적인가, 불분명하고 간접적인가이다.

가장 효과적인 의사소통 유형은 분명하고 직접적인 것이고, 가장 비효과적인 의사소통 유형은 불분명하고 간접적인 것이다.

③ 가족의 역할

가족의 역할이란 개인이 가족기능을 충족하기 위하여 반복하여 일어나는 행동 유형인데, 각 가족은 분배된 역할에서 요구되는 활동 등을 적절하게 수행해 나가야 한다.

이 모델에서는 가족의 역할 유형을 필수적인 가족기능과 기타 가족기능으로 나누었는데, 필수적인 가족기능에는 가족들의 물질적인 것을 마련하는 것이나 가족을 양육하고 격려하는 일 등이 포함된다.

여기에서도 가장 효과적인 유형으로는 모든 필수적인 가족기능이 개인들에게 적절하고 분명하게 할당되고 그에 따른 책임을 가질 경우이고, 가장 비효과적인 유형으로는 필수적인 가족기능들이 거론되거나 분단되지 않고 그에 대한 책무를 언급하지 않은 경우이다.

④ 정서적 반응성

정서적 반응성이란 주어진 자극에 따라 가족들이 적절한 내용과 적절한 양의 감정으로 반응할 수 있는 능력을 말한다. 반응성의 유형은 안녕감과 위기감으로 나뉘는데, 애정, 안정감, 즐거움과 같은 반응은 안녕감에 속하고 두려움, 비애, 분노, 우울과 같은 반응은 위기감에 속한다. 가장 효과적인 유형은 다양한 정서가 질적 · 양적 측면에서 주어진 자극과 맞을 경우이고, 비효과적인 유형은 질적 · 양적으로 매우 제한된 정서만 있는 경우이다.

⑤ 정서적 관여

정서적 관여란 가족 간에 서로에 대한 관심이나 배려의 양과 질에 대한 것으로서 가족 전체가 가족 구성원 개인들의 관심사에 얼마나 관심을 보이는가를 의미한다.

이 모델에서는 정서적 관여의 유형을 여섯 가지로 나누는데, 관여의 부재, 정서가 없는 관여, 자기도취적 관여, 공감적 관여, 과잉 관여, 공생적 관여이다. 가장 효과적인 유형은 공감적 관여로서 가족들이 무엇을 필요로 하는지 진심으로 이해하고 그 가족과 서로 관여하는 상태이다. 가장 비효과적인 유형은 공생적 관여와 관여의 부재인데, 공생적 관여는 가족에게 지나치게 관여하여 발달의 장애를 가져오는 경우이고, 관여의 부재는 가족에게 소원하고 무관심한 경우이다.

⑥ 행동통제

가족 구성원의 행동통제 유형은 네 가지로 구분되는데, 엄격한 통제, 융통성 있는 통제, 자유방임형 통제, 혼란형의 통제이다. 이 중에서 가장 효과적인 유형은 융통성 있는 통제로서 환경 변화에 적절하게 적응할 수 있게 하며, 가족들이 그들의 목표나 규칙을 함께 공유하고 따르는 것이 용이하다. 가장 비효과적인 유형은 혼란한 행동통제인데, 이것은 예측할 수 없으며 일관성이 없고 가족의 기분이나 감정에 의해 변화가 일어나는 경우이다(정수경, 1993).

맥매스터 모델 질문지

우리 가족은	매우 그렇다 ⇐		⇒	전혀 그렇지 않다
	1	2	3	4
1. 서로를 잘 이해하지 못하기 때문에 우리가 해야 할 일을 계획하지 못한다.				
2. 누군가가 기분이 나쁘면 왜 그런지를 안다.				
3. 위기가 닥치면 서로에게 도와 달라고 부탁할 수 있다.				
4. 갑자기 큰일을 맞게 되면 어떻게 할 바를 모른다.				
5. 서로에 대한 애정표현을 하지 않으려고 한다.				
6. 슬픈 일이 있어도 서로에게 그런 얘기를 하지 않는다.				
7. 자신에게 중요한 일일 때만 서로에게 관심을 가진다.				
8. 집에서 할 일이 충분히 나누어져 있지 않다.				
9. 규칙을 어겨도 그냥 지나간다.				
10. 빗대서 말하기보다는 직접 솔직하게 얘기한다.				
11. 감정적으로 반응하지 않는 식구들이 있다.				
12. 우리가 두려워하는 일이나 걱정에 대해 얘기하기를 꺼린다.				
13. 각자의 역할을 다하지 못한다.				
14. 집안문제를 해결하려고 애쓴 후에 그것이 잘 되었는지 아닌지에 대해 얘기하곤 한다.				
15. 지나치게 자기중심적이다.				
16. 서로에게 감정을 표현할 수가 있다.				
17. 화장실을 사용하는 방식이 정해져 있지 않다.				
18. 서로에 대한 사랑을 표현하지 않는다.				
19. 우리에게 관계있는 일에만 서로 관여하게 된다.				
20. 식구들의 개인적인 관심사를 알아볼 시간이 별로 없다.				
21. 개인적으로 얻는 것이 있다고 생각할 때 서로에게 관심을 보인다.				
22. (나쁜) 감정 문제는 거의 풀고 지나간다.				
23. 다정다감한 편은 아니다.				
24. 어떤 일들이 있을 때에만 서로에게 관심을 보인다.				
25. 서로에게 솔직하다.				

(2) 서컴플렉스 모델

서컴플렉스 모델은 올슨(Olson) 등에 의하여 만들어진 것으로, 가족의 응집성과 적응성이라는 두 차원으로 가족기능을 평가하는 도구이다. 이 질문지는 가족이 현재의 가족을 어떻게 인식하는지, 그리고 이상적인 가족의 모습은 어떠한지에 대하여 답하는 것으로 구성되어 있다. 적응성은 가족의 변화를 허용하는 정도와 균형을 유지하려는 정도를 의미하며, 응집력은 가족 구성원 간의 정서적 결합의 정도를 말한다.

서컴플렉스 모델 질문지

우리 가족은	거의 그렇지 않다	약간 그렇다	그저 그렇다	상당히 그렇다	항상 그렇다
1. 우리 가족은 서로 돕는다.					
2. 가족의 어떤 문제를 들을 때 우리 형제의 의견을 들어준다.					
3. 부모님은 우리 형제의 친구를 아시고 그 친구들과 사귀는 것을 좋게 생각한다.					
4. 우리 형제는 우리들의 교육에 대해서 의견을 이야기할 수 있다.					
5. 우리 가족끼리만 무언가 하는 것을 좋아한다.					
6. 우리 가족은 우리 형제들이 성장함에 따라 이제는 맞지 않는 일이라고 생각되는 일은 바꿔 준다.					
7. 우리 가족은 여가시간을 함께 보내는 것을 좋아한다.					
8. 잘못하여 받는 벌에 대해 사전에 부모님께 의견을 이야기할 수 있다.					
9. 우리 가족은 서로 매우 친밀하다고 느낀다.					
10. 가족의 중요한 일을 결정할 때 우리 형제들이 결정한다.					
11. 가족이 함께 해야 할 일에는 가족 모두가 참여한다.					
12. 가족 공동의 흥미가 있어서 가족이 함께 할 수 있는 일을 쉽게 생각해 낼 수 있다.					

우리 가족은	거의 그렇지 않다	약간 그렇다	그저 그렇다	상당히 그렇다	항상 그렇다
13. 아버지만이 의사결정권을 갖는 것이 아니라 다른 사람이 결정권을 가질 수 있다.					
14. 우리 가족은 각자의 일을 결정할 때 부모나 형제 또는 다른 식구들의 조언을 받는다.					
15. 가족이 함께 한다는 것은 중요하다.					
16. 가장의 역할을 누가 하는지 말하기 어렵다.					
17. 가족 내의 어떤 일을 결정할 때 이웃이나 친척이 결정권을 갖는다.					
18. 친구나 친척, 이웃과 함께 보다 우리 가족끼리가 더 잘 어울린다.					
19. 어떤 것을 지켜야 하는지에 대한 규칙이 때때로 변한다.					
20. 우리 가족의 주도권을 가진 사람이 누구인지 말하기 어렵다.					

Chapter 7

다문화 가족 상담의 실제

1 다문화 가족 상담 이마고 접근

1) 부부상담 실제(이마고 상담 실제)

이마고는 라틴어 어원으로 '이미지(image)'를 의미하는 용어이다. 이마고 부부관계치료(imago couple relationship therapy)에서는 부부의 어린 시절의 다양한 경험을 통해 보호자에 대한 긍정적 혹은 부정적인 이미지, 곧 이마고(imago)가 형성되는데, 이는 성인이 되어 자신의 배우자를 선택하는 동기에 영향을 미친다고 한다. 즉 어린 시절 형성된 이마고의 긍정적 혹은 부정적 이미지와 비슷한 사람에게 끌리는 경향이 생긴다는 것이다. 개인이 배우자를 선택할 때 긍정적인 이마고뿐만 아니라 부정적인 이마고의 영향도 받는 것은 이러한 과정이 무의식적으로 일어나기 때문이다. 따라서 어린 시절에 경험한 상처가 치유되지 않으면 성인이 되어 어릴 때 형성된 부정적인 이마고와 비슷한 배우자를 선택할 가능성이 높아지는 것이다.

이마고 부부관계치료에서는 결혼생활에서 부부갈등의 원인이 되는 다양한 배우자의 특성이 사실 본인의 어린 시절 상처로 형성된 이마고가 배우자 선택의 당시에는 상대방에 대한 무의식적 이끌림으로 나타난 결과임을 설명하고 있다. 이처럼 무의식적으로 이루어지는 이마고의 영향이 배우자 선택과 부부생활에 미치는 과정에 대해 구뇌(paleoencephalon)로 설명한다. 구뇌는 뇌의 중심부로 크게 파충뇌(reptilian)와 포유뇌(mammalian)로 구성되어 있다고 한다. 파충뇌는 심장박동이나 소화기관, 호흡기관과 같이 우리가 의식하지 못한 채 몸의 기능을 통제하는 곳에 위치해 있다. 또한 안전과 관계된 생존기제가 작동하는 곳이다. 위험이 다가올 때 숨거나 싸우는 것은 파충뇌의 작용이다. 포유뇌는 욕구와 감정, 생활방식 등이 저장되어 있으며 포유동물과 함께 진화되어 왔다. 동물이나 인간은 집단 안에서 이루어지는 삶, 즉 어린 것들을 먹이고 양육하고 감정을 경험하는 것 등 구뇌에서의 기능은 똑같이 존재하고 기능한다. 인간이 다른 동물과 다른 것은 제3의 뇌라 부르는 대뇌층이며, 이는 논리적 사고의 뇌이다. 대뇌층은 구뇌보다 5배나 크고 구뇌에 둘러싸여 있다. 대뇌층은 주로 인간의 기계적 모험에 대한 반응으로 의식을 담당한다. 하지만 인간은 의식되는 부분보다 무의식적인 부분이 많다. 이 무의식적 관점은 부부에게 아주 중요하다. 부부가 처음 만나 사랑에 빠질 때 안전감을 경험한다. 이 에너지로 창의적인 일을 하기도 하고 특정한 일에 열정을 쏟기도 한다. 이는 구뇌가 안전감을 느낄 때 하는 활동이다. 그러다가 낭만적 사랑이 식어 가면 부부는 위기를 느끼면서 서로 싸우거나 도망치려고 한다. 이때 이마고가 형성된 구뇌는 어린 시절에 겪은 아주 무서운 감정적 상처나 빼앗김, 당혹감을 현재의 상황과 연결하여 생각한다는 것이다. 구뇌는 시간에 대한 감각이 없으므로 현재의 감정과 과거의 어떤 사람에게 받은 감정을 구분하지 못한다. 이것이 부부관계에서 문제를 악화시키는 원인이 되는 것이다. 따라서 치료자는 부부가 구뇌의 파충뇌 부분이 작동하여 방어하지 않고 안전감을 느낄 수 있도록 하는 것이 치료의 시작에서 중요하게 작용한다.

2) 이마고 부부대화법

이마고 부부치료에서는 부부의 문제를 연결의 단절로 보고 있다. 인간에게는 누군가 자신의 이야기를 들어 주고 이해해 주기를 바라는 욕구가 있다. 이 같은 욕구가 어린 시절에 충족되지 못했을 때 그것이 무의식에 남아 있다가 성인이 되어 부부관계 안에서 자신의 방어기제로 사용되어 문제를 확대한다고 보는 것이다. 이처럼 이마고에서는 부부문제의 원인을 연결의 단절로 보기에 적절한 대화를 통해 단절이 회복될 때 관계가 다시 회복된다고 보고 있다. 그렇다고 부부간에 일치된 생각을 추구하는 것이 목표는 아니다. 다만, 같은 상황에 대해 부부 각자가 보는 현실이 다르고 관점이 다르다는 것을 인정하는 것이 중요하다.

부부대화법에서는 화자가 충분히 자신의 생각과 감정을 말하도록 한다. 청자는 반드시 화자의 말에 동의하지 않더라도 진심으로 귀 기울여 들어 준다. 이를 통해 그동안 힘겨루기에 사용했던 에너지를 서로를 이해하고 서로의 상처를 치유하며 친밀한 상호관계를 만드는 데 사용함으로써 부부관계 향상을 도모할 수 있다. 부부대화 과정에서 제일 중요한 것은 말하는 사람이 자신의 감정과 말이 충분히 받아들여지고 있다는 안전감을 갖는 것인데, 그 과정은 크게 반영하기, 인정하기, 공감하기의 세 부분으로 구성되어 있다.

첫째, 반영하기는 부부대화의 첫 단계로 청자가 화자의 말을 그대로 반복하는 것이다. 대개의 경우 사람들은 화자가 말을 하는 동안 자신이 할 말을 생각하느라 화자의 말에 집중하지 못하는 경향이 있다. 반영하기는 청자가 화자의 말을 잘 들었음을 표현하는 것이고, 화자와 청자 간의 연결점을 만드는 중요한 기능을 한다. 따라서 청자는 자신이 듣고 싶거나 표현하고 싶은 식으로 이야기하는 것이 아니고 화자가 말한 그대로를 되풀이하는 것이 중요하다. 예를 들면, “그러니까 당신은 ~했단 말씀이죠?”와 같은 식으로 표현할 수 있다.

둘째, 인정하기는 화자의 생각에 대한 인정을 의미한다. 이는 화자의 생각에 대해 반드시 동의한다는 것만을 의미하지는 않는다. 내 입장에서는 이해가 가지 않지만 당신의 입장에서는 그렇게 생각할 수도 있다는 것을 받아들인다는 의미이다. 인정하기는 관계 안에서 상대방과 내가 다르다는 것을 알려 주는 일종의 개별화 과정이며, 이를 통해 건강한 분화가 이루어질 수 있다. 이를 위해 청자는 자신을 방어하지 않고 상대방의 관점이 타당하다고 인정해 주는 적극적인 경청이 필요하다. 예를 들면, “나는 당신이 그런 관점으로 볼 수 있다고 생각해요.” 혹은 “그렇게 생각할 수도 있겠네요.”와 같은 식으로 상대방을 인정했음을 표현할 수 있다.

셋째, 공감하기는 청자가 화자의 생각을 인정하게 되면 감정이나 느낌도 이해할 수 있음을 의미한다. 청자가 감정이입을 통해 화자의 감정을 충분히 이해했다고 해도 때로 부정확하게 느낄 수 있다. 그러나 이것 역시 반영하기를 통해 화자가 수정함으로써 화자의 감정을 정확하게 읽는 것이 가능하다. 부부대화법은 감정을 정확하게 읽기 위한 훈련이다. 따라서 화자의 생각과 감정이 충분히 이해되고 있다고 느낄 때까지 의도적으로 훈련해야 한다. 이를 위해 서로 정기적으로 연습하고 의식적, 의도적으로 대화하며 상대방을 이해하려는 노력을 할 때 부부관계가 성장한다.

이 같은 부부대화의 연습으로 서로 연결되어 있다는 느낌을 갖게 되고 부부가 독특성을 인정하면서도 분화되어 갈 수 있다. 또한 서로의 어린 시절 성장 과정에서 멈추어 버린 부분을 찾아 부부대화의 기술을 습득함으로써 그동안 고통 받았던 상처가 치유되며, 이 경험을 통해 남녀 간 대화 방식의 차이와 성 차이를 이해하는 데 도움을 받을 수 있다. 부부대화법이 자연스러워지기까지 부부는 3단계를 경험한다. 첫 번째는 기계공 단계이다. 다른 사람의 말을 반복하는 것이 기계적이고 딱딱하게 느껴지는 것으로, 우리가 처음 다른 기술을 배울 때처럼 어색하고 몸에 익지 않은 단계이다. 다음은 장인 단계이다. 조금 더 능숙하고 자연스러운 단계로, 대화의 과정 속에 계속 머무를 때 가능하다. 마지막은 예술가 단계이다. 이때는 자신들만의 방식으로 창조적으로 세련되고 진실하게 대화할 수 있다.

3) 이마고 부부 발달단계

이마고에서는 마거릿 말러(Margaret Mahler)의 분리개별화 발달이론과 에릭슨(E. H. Erikson)의 심리사회적 발달단계 이론을 통합하여 생후부터 7년 혹은 10년까지의 과정이 전 생애를 통해 반복되는 것으로 보았다. 마거릿 말러와 에릭슨은 분리와 개별화를 발달단계에서 성취해야 할 아주 기본적이면서도 중요한 것이라고 하였다. 그러나 이마고에서는 발달단계의 과업이 보호자와의 관계에 연결되어 있는 것으로 파악하였다. 즉 어린 아이가 각 발달단계의 과업을 성취하는 데 양육자에 의해 일관성 있게 감정의 손상 없이 성취할 수 있다면 이것이 성격발달에 좋다고 보았다. 이마고의 발달단계는 5단계로 구분되어 있다. 각 단계에서 과업이 성취되지 못하면 두 가지의 반대적인 성격 유형을 형성하게 된다.

1단계는 애착단계로 이 시기는 애착의 욕구가 나타나 다른 사람의 도움과 따뜻함이 필요하다. 아기에게는 필요할 때마다 언제나 옆에 있어 주는 의지하고 신뢰할 만한 부모가 필요하다. 부모를 통해 아기의 애착욕구가 채워지면 아기는 이 세상에 존재하는 모든 것에 대해 어느 정도의 신뢰감과 안전감을 얻을 수 있다. 하지만 부모가 고의든 아니면 상황적 요인으로 아기의 욕구를 채워 주지 못하면 아기는 냉정함을 경험하고 상처와 고통 또는 거부감을 느끼게 된다. 상처를 입은 아기는 자신을 보호하기 위해 밀착형 또는 회피형의 성격 유형 중 하나를 형성한다. 밀착형은 필요한 사랑과 욕구가 충족되지 못했기 때문에 자신의 그러한 욕구를 충족해 주는 사람을 만나면 그 사람에게 매달리거나 그가 절대 떠나지 못하도록 한다. 회피형은 거부당하는 데 대한 고통을 줄이기 위해 접촉하지 않고 피하는 것이 더 안전하다고 생각하는 사람이다. 이들은 다른 사람이 자신을 붙잡거나 보호하는 것을 원하지 않으며 대부분 혼자 지내고 싶어 한다.

2단계는 탐험단계로 생후 만 18~24개월의 시기이다. 애착이 형성된 유아는 그들의 세계를 탐험하기 시작한다. 또한 다리 근육이 발달하여 자신이 원하는 대로 갈 수 있기 때문에 양육자에게서 벗어나 조심스럽게 세계를 탐험하는 것이다. 하지만 안전한 장소에서 멀리 왔다고 생각되면 불안을 느끼게 된다. 유아가 자신이 돌아갈 안전한 장소가 있다는 것을 알게 되면 이 탐험의 욕구 때문에 유아는 독립심과 세상을 향한 건전한 호기심을 가지고 생활한다.

이 단계에서 유아는 두 가지가 필요하다. 첫째는 탐험할 수 있는 기회와 둘째는 탐험 후 돌아와 탐험에 대해 나눌 수 있는 누군가이다. 이 단계의 욕구가 충족되지 못하면 융합형이나 격리형 중 하나로 발달하게 된다. 융합형은 다른 사람을 만났을 때 자신과 자신의 취향을 좋아하도록 만들려는 노력을 한다. 격리형은 자신을 위해 열심히 사는데, 일이 관심의 중심이기 때문에 사업이나 직장에서 성공을 거둔다.

3단계는 정체성을 확립하는 시기로 만 2~4세까지가 해당한다. 이 시기의 아동은 아기의 시기에서 벗어나 자아감을 찾기 시작한다. 자신의 정체성 형성을 위해 노력하며, 이를 위해 자신의 모습을 실험해 보고 부모의 반응에 영향을 받는다.

이 경우 부모가 아동의 여러 역할 시도를 인정해 주면 기분이 좋아지겠지만 부모가 아동에게 창피를 줄 수도 있다. 그러면 아동은 수치심을 경험하고 그 역할뿐 아니라 다른 것도 시도하지 않게 된다. 이러한 아동은 자신이 무언가를 반드시 해야 한다는 매우 엄격한 생각을 가지고 삶을 살아가며 경직형의 성격을 띤다. 경직형은 자신이 믿는 일에 확고하고 고집스러우며 엄격한 행동을 나타내는 것이다. 반면, 부모가 아동의 어떤 역할적 시도에도 반응해 주지 않으면 산만형이 된다. 산만형은 자신이 마치 눈에 보이지 않는 사람인 듯한 느낌을 지니고 살면서 선택에서는 갈등, 결정에서는 어려움을 가지고 있다.

4단계는 힘과 경쟁의 단계로 만 4~6세의 시기이다. 이 시기의 아동은 자신이 얼마나 힘과 능력이 있는지를 시험하는데, 유치원에 다니고 집 밖의 활동을 시작하면서 주변에 흥미를 보이며, 경쟁력을 발달시킨다. 이때는 아동에게 부모의 칭찬, 지지, 반영이 필요하다. 그러나 부모가 아동의 행동에 대해 부분적 반영이나 비판 또는 아무 언급을 하지 않으면 경쟁형 또는 수동, 조종형의 성격 중 하나로 발전하게 된다. 경쟁형은 일을 아주 잘하며 출세의 방법을 확실하게 알고 있고 사업에서도 성공적이다. 반면에 수동, 조종형은 어느 곳에서나 자기 위치를 찾는데 어려움을 가지고 있으며, 실패에 대한 두려움 때문에 다른 사람에게 보이는 것, 앞에 서는 것을 싫어한다.

5단계는 관심의 단계로 만 6~9세의 시기이다. 이 시기의 아동은 또래 친구와 우정을 발달시킨다. 아동이 친구를 사귀며 어려움을 경험할 때 부모의 적절한 모델링을 받지 못하면 고독형이나 보호자형의 성격 유형을 형성하게 된다. 즉 아동은 친구를 사귀기 위해서는 보호자가 되어야만 한다고 배움으로써 보호자형이 되거나, 친구를 사귀는 일은 너무 고통스러운 일임을 경험하고는 고독형이 된다. 이마고 이론에 따르면, 이 같은 다양한 유형의 사람들이 성인이 되었을 때 대부분 서로 반대유형의 사람과 사랑에 빠진다고 한다. 이마고 이론은 발달단계에서 특정의 같은 지점에서 상처받았던 두 사람이 서로 사랑에 빠지는 특성을 가지고 있다고 설명하고 있다.

4) 이마고 감사대화법(실제)

이마고 감사대화법은 대화 요청하기, 역할극 들어가기, 시작하기 전 분위기 만들기, 반영하기, 요약하기, 인정하기, 공감하기, 역할극 바꾸어서 실행하기로 반영하기, 요약하기, 인정하기, 공감하기, 부부의 허락받기, 역할 탈출하기 등으로 진행한다.

- 장소: 상담실 등 (부부 마주 보고 앉고, 상담자는 90도 각도에 앉는다.)
- 준비물: 티슈

〈대화 요청하기〉

S(sender): 내가 당신과 이마고 대화법으로 얘기하고 싶은데 지금 괜찮나요?

R(receiver): 네, 지금 괜찮아요.

〈역할극 들어가기〉

상담) 아내(남편)분 먼저 할까요. 눈은 배우자를 보시고 따라 해 보세요.
S: 당신은 나의 동료가 아니라 남편입니다.
R: 나는 나의 동료가 아니라 남편입니다.

〈시작하기 전 분위기 만들기〉

상담) 편안하게 눈을 감고 숨을 들이마십니다.
숨을 들이마시고, 내쉬고 약 3회 정도 실시

상담) 제가 이제 알려 드릴 테니 편안하게 따라 하시면 됩니다.
오늘은 어떤 분이 먼저 자기 이야기를 해 보실까요?
누가 먼저 얘기해 보고 싶으세요?
(이 부분에서 익숙지 않아 서로가 칭찬하기보다 비난할 수도 있다. 상담자 촉진기능 필요)
오늘은 배우자가 이야기할 때 생각을 내려놓고, 모든 마음을 최대한 내려놓고 배우자를 이해하는 마음으로 따라 해 보세요.
오늘은 감사대화법을 배워 보겠습니다.
두 분이 살면서 고마웠던 부분에 대해 이야기해 볼 겁니다.

〈반영하기〉

상담) 아내(남편)분 따라 해 보세요. 배우자 눈 보시고 귀만 빌려 주세요.
S: 제가 당신하고 이마고 대화법을 하려고 하는데 얘기할 수 있어요?
R: 네, 좋아요.
S: 제가 당신하고 살면서 정말 감사했던 것은 ________예요.
R: 당신 말은 나하고 살면서 감사했던 것은 ________ 말이죠.
제가 바르게 이해했나요. (혹시 놓치면) 어떤 부분이 놓쳤나요.
S: 네, 맞아요. / 당신은 ______ 부분을 잘 이해했는데 ______ 부분은 놓친 것 같아요.
R: 내가 당신하고 살면서 정말 감사했던 것은 ________ 말이죠.

제가 바르게 이해했나요.

좀 더 얘기해 주세요. 하실 말 더 있으면 더 이야기해 주세요.

S: 아니요.

〈요약하기〉

상담) 아내(남편)분 따라 해 보세요.

R: 제가 당신 말을 바르게 이해했는지 요약해 볼게요.

당신은 나와 살면서 감사했던 것이 ______했고, ______했던 것, ______에 감사했어요.

제가 바르게 요약했나요?

S: 네.

〈인정하기〉

R: 당신의 얘기를 듣고 보니까.

당신의 말이 이해가 돼요. 뭐가 이해가 되냐 하면 ______했을 때 ______라는 것이 이해가 돼요.

제가 잘 이해했나요?

S: 네.

〈공감하기〉

상담) 감사한 것이 이해가 돼요. 이해하고 보니까, 아내의 감정/기분이 어떨 것 같아요?

남편(아내)분 따라 해 보세요.

R: 당신의 감사한 마음을 이해하고 보니까, 당신의 기분이 ______했고, ______했을 것 같은데.

지금의 감정이 당신에게 그런 기분을 느끼게 한 것이 맞나요?

S: 네, 맞아요. 제 이야기를 들어줘서 고마워요.

R: 당신의 이야기를 나눠 줘서 고마워요.

- 역할 바꾸어서 실행 -

〈반영하기〉

상담) 아내(남편)분 따라 해 보세요. 배우자 눈 보시고 귀만 빌려 주세요.

S: 제가 당신하고 살면서 정말 감사했던 것은 ________예요.

R: 당신 말은 나하고 살면서 감사했던 것은 ________이란 말이죠.
제가 바르게 이해했나요. (혹시 놓치면) 어떤 부분이 놓쳤나요.

S: 네, 맞아요.
당신은 _____ 부분을 잘 이해했는데 _____ 부분은 놓친 것 같아요.

R: 당신 말은 내가 당신하고 살면서 정말 감사했던 것은 ________말이죠.
제가 바르게 이해했나요.
좀 더 얘기해 주세요. 하실 말 더 있으면 더 이야기해 주세요.

S: 아니요.

〈요약하기〉

상담) 아내(남편)분 따라 해 보세요.

R: 제가 당신 말을 바르게 이해했는지 요약해 볼게요.
당신은 나와 살면서 감사했던 것이 _____했고, _____했던 것, _____에 감사했어요.
제가 바르게 요약했나요?

S: 네.

〈인정하기〉

R: 당신의 얘기를 듣고 보니까.
당신의 말이 이해가 돼요. 뭐가 이해가 되냐 하면 _____했을 때 _____라는 것이 이해가 돼요.
제가 잘 이해했나요?

S: 네.

〈공감하기〉

상담) 감사한 것이 이해가 돼요. 이해하고 보니까, 아내의 감정(기분)이 어떨 것 같아요?

남편(아내)분 따라 해 보세요.

R: 당신의 감사한 마음을 이해하고 보니까. 당신의 기분이 ______했고, ______했을 것 같은데.
그것 때문에 당신이 그런 감정(기분)을 느낀 것이 맞나요?

S: 네, 맞아요. 제 이야기를 들어줘서 고마워요.

R: 당신의 이야기를 나눠 줘서 고마워요.

상담) 두 분 서로 안아주기 해 줄 수 있나요? (부부의 허락받기)

S: 제가 잠시 안아 봐도 돼요?

R: 네, 좋아요!

〈약 2분 정도 허깅을 하도록 돕는다〉

허깅이 끝나면 다시 자리에 앉아서 지금의 기분상태에 대해서 물어본다.

아내: 지금 기분이 어떠세요?

남편: 지금 기분이 어떠세요?

〈역할 탈출〉

R: 당신은 나의 남편이 아니고 나의 동료입니다.

S: 나는 당신의 남편이 아니고 당신의 동료입니다.

진행상 주의 사항

1. 감사대화에서 비난하지 않기 (존중하기)
2. 안전이 보장된 가운데 진행하기 (의식교육)
   ⇒ 구뇌를 진정시키는 깊은 심호흡하기
3. 반영하기에서 받는 사람은 보내는 사람의 말 그대로 반영하기(I-message)
   ⇒ 말을 곧이곧대로 전하지 않고 자신의 생각을 해석해서 반응하는 것은 안 됨 (방어반응)
4. 모든 것을 내려놓고 배우자의 관점에서 진행한다.
5. 감사대화에서는 반드시 경어체를 쓴다.
6. 숙제: 지속적인 미러링 훈련하기

2 다문화 가족 상담 해결중심 접근

해결중심 가족치료는 드세이저(de Shazer)와 김인수(Insoo Berg)가 중심이 되어 1970년대 초에 발전시킨 모델이며, 밀턴 에릭슨(Milton Erickson)의 가치, 철학, 기술, 전략 등에서 영향을 받았다. 드세이저는 주로 조사연구, 이론형성, 저술활동에 치중하여 왔고, 김인수는 전략과 접근기술을 발전시키며, 저술활동과 치료자를 위한 교육사업에 헌신해 왔다. 1978년에 밀워키(Milwaukee)에 Brief Family Therapy Center(BFTC)를 설립하였으며, 단기가족치료모델을 해결방안 구축모델로 발전시켰다. 현재는 해결중심치료의 명칭을 사용하며 알코올중독, 행동장애, 관계문제, 가족문제, 개인문제, 집단문제 등 다양하게 접근법을 사용하고 있다. 해결중심치료는 인간의 잠재적인 자원, 문제해결능력, 과거의 성공적인 경험, 변화욕구 등을 중요시하고 있으며, 가족치료자로서 인간에 대한 긍정적인 건강한 가정과 전제가치를 모든 전략과 기법의 근거로 하고 있다.

1) 기본가정

해결중심 가족치료는 전통적인 가족치료 모델들과 다른 일반적인 가정, 전제가치, 철학을 가지고 있으며, 이러한 것들은 치료모델에 대한 드세이저와 김인수의 관점과 철학을 표현하고 있다. 해결중심치료의 기초가 되는 가정과 전제가치들은 다음과 같이 지적할 수 있다.

① 문제: 문제는 개인이나 가족을 위해 표면에 나타나지 않는 기능을 한다. 사람들은 문제에 대하여 양가감정을 가지고 있으며, 역기능적인 것은 문제해결을 위해 잘못 시도한 것에서 발생한다.

② 변화: 내담자는 진정으로 변화하기를 원하며, 효과가 없는 것에 몰두하는

생각은 과거에 성공하였던 해결방안을 생각할 때 변화할 수 있다. 변화는 연쇄적이고 불가피한 것이고, 변화를 발생시키는 요인은 많고 다양하다. 작은 변화는 큰 변화의 모체가 되며 해결을 위한 출발이다.

③ 문제해결: 사람들은 문제해결을 위한 방안과 기술을 이미 알고 있지만 문제에 압도당하여 기능을 잠시 상실할 뿐이다.

④ 자원신뢰: 목표성취를 돕기 위해 내담자의 자원을 신뢰하고 사용한다.

⑤ 계속성: 효과가 있는 것은 계속할 수 있다.

⑥ 문제 이면의 힘: 행동, 견해, 사고, 감정, 기대 중심으로 발생하는 문제 이면에는 숨겨진 힘이 있다.

⑦ 치료 과정: 치료 과정은 잠긴 문을 열 수 있는 열쇠를 찾는 것과 같다.

⑧ 문제원인: 문제의 원인을 이해하는 것보다 해결방안을 아는 것이 더 유용하다. 문제의 유형과 해결방안을 구축하는 것에는 명확한 상관관계가 없다. 문제의 원인적인 요인은 주관적, 가변적, 다양성이 있기 때문에 정확한 진단을 할 수 있는 방법이 없다.

2) 기본원리

해결중심치료의 기본원리는 내담자가 이미 문제해결을 위한 자원을 가지고 있으며, 문제를 해결할 수 있는 능력을 가지고 있다고 하는 것을 기본 전제로 하고 있다. 이러한 원리는 모든 전략과 기술의 기초가 된다. 구체적이고 실제적인 원리이다.

① 병리적인 것 대신에 건강한 것에 초점을 둔다. 잘못된 것에 관심을 두는 대신에 성공한 것과 성공하게 된 구체적인 방법을 발견하는 데 관심을 둔다.

② 내담자의 강점, 자원, 건강한 특성을 발견하여 치료에 활용한다. 내담자가 원하는 결과를 성취하기 위해 내담자가 이미 가지고 있는 자원, 기술, 지식,

믿음, 동기, 행동, 증상, 사회 관계망, 환경, 개인적인 특성 등을 활용한다.

③ 탈이론적, 비규범적, 내담자의 견해를 존중한다. 인간 행동에 대한 이론의 가설적 틀에 맞추어 내담자를 사전 평가하지 않는다.

④ 단순하고 가장 솔직한 의미를 추구한다. 해결중심적 모델은 치료목적을 달성하기 위해 치료방법의 경제성을 추구한다. 경제성은 단순한 것에서부터 복잡한 것으로 접근하는 것이다.

⑤ 변화는 불가피하다. 누구에게나 변화는 삶의 일부이기 때문에 변화를 막을 수 없다. 어떠한 문제라도 문제가 발생할 때가 있고, 문제가 발생하지 않을 때가 있다. 일반적으로 내담자들은 문제에만 관심을 두기 때문에 많은 예외적인 것, 즉 문제가 발생하지 않는 상황을 무시한다.

⑥ 현재와 미래를 지향한다. 과거와 문제에 관하여는 관심이 적고, 현재와 미래에 초점을 두고 해결방안을 구축한다.

⑦ 내담자의 자율적인 협력을 중요시한다. 치료자와 내담자가 함께 해결방안을 발견하고 구축하는 과정에서 협력을 중요시한다.

⑧ 해결중심치료에서는 첫째, 어떤 것이 기능을 하면 그것은 고치지 않는다. 둘째, 일단 효과가 있는 것을 알면 그것을 계속해서 한다. 셋째, 효과가 없다면, 다시는 같은 방법을 사용하지 않고 다른 방법을 사용한다.

3) 목표설정

해결중심치료에서는 치료자와 내담자의 관계유형을 크게 방문형, 불평형, 고객형으로 분류하고, 목표설정과 접근법을 달리한다. 목표설정은 내담자에게 문제를 정리하고 구체화하며, 치료목표 규정을 예전과 다르게 만드는 과정으로 목표설정 자체가 매우 치료적이다. 그리고 치료자와 내담자가 변화와 성장을 구체적으로 확인할 수 있는 도구가 될 수 있으며, 평가의 기준이 되기 때문에 목표를 내담자와 협동하여 설정하는 것은 매우 중요하다.

목표를 설정하는 데 있어 중요한 원칙은 다음과 같다.

(1) 내담자에게 중요한 것을 목표로 한다.

치료목표는 내담자 입장에서 중요하다고 생각하는 것을 중심으로 목표를 설정하여야 한다. 목표는 구체적이고 행동적이어서 목표의 성취에 관하여 직접 관찰이 가능하고 누구나 인정할 수 있는 것이어야 한다.

예) 본인이 문제로서 제기하였고, 치료받기 원하는 문제를 목표로 한다.

(2) 작은 것을 목표로 한다.

내담자에게 중요한 것을 목표로 설정하면서 아주 작은 부분을 목표로 한다. 일반적으로 내담자들은 처음부터 최종적으로 성취되기를 원하는 전체적이고 큰 것을 목표로 설정하려는 경향이 있다. 치료목표가 적을 때 내담자는 쉽게 성취하고 성공할 수 있다. 목표를 성취하고 성공할 때 새로운 희망을 갖게 되고, 변화하고자 하는 동기가 강화된다.

예) 1주에 1회만 아침에 깨우지 않아도 혼자 일어난다.

(3) 구체적이고 행동적인 것을 목표로 한다.

"친구관계가 원만해지고, 학교생활에 잘 적응하는 것"과 같은 목표는 내담자가 직접 행동으로 실천하기가 막연하고, 성취결과를 관찰하여 측정하기가 매우 힘들다. 내담자가 제시하는 추상적이고 개념적인 목표를 실제 생활 속에서 관찰이 가능하며, 구체적이고 명확하고 행동적인 것을 목표로 설정하도록 돕는다.

예) 귀가시간이 9시 이후가 될 때 전화하기, 아침에 일어나면 웃으며 인사하는 것을 목표로 한다.

(4) 없는 것보다는 있는 것에 관심을 둔다.

문제시되는 것을 없애는 것보다는 있는 것에 관심을 두고, 긍정적인 단어로 치료목표를 규정하였을 때 좀 더 효과적이고 효율적이다. 문제행동 대신에 할 수 있는 일에 관심을 두고 의논하며, 실제 생활 속에서 찾아내어 목표로 설정하는 것이다. 이것은 내담자가 문제행동 대신에 과거에는 무의식중에 하던 바람직한 행동을 의도적으로 행동을 하도록 하는 과정에서 자기통제 능력이 발달하기 때문에 더욱 치료적이다.

예) 반항하지 않는 대신에 순응하고, 싸우는 대신에 형제간에 협동하는 것을 목표로 한다.

(5) 목표를 종식보다 시작으로 간주한다.

대부분의 내담자들은 전체적인 목표, 즉 원만한 것, 행복해지는 것, 관계가 좋아지는 것과 같이 완전한 것을 목표로 생각한다. 그러나 내담자들은 현재의 단계에서 구체적으로 무엇을 어떻게 시작해야 좋을지 모르기 때문에 궁극적인 목표를 성취하기 위하여 현재부터 시작할 수 있는 아주 작고 긍정적인 행동을 시작하는 것이 중요하다.

예) 부부관계가 원만해지기 위하여 오늘부터 시작할 수 있는 것을 찾도록 한다.

(6) 내담자의 생활에서 현실적이고 성취 가능한 것을 목표로 한다.

일반적으로 내담자가 과거에 실패한 이유는 목표가 비현실적이고 성취할 수 없는 것이었다. 내담자와 상담자에게 중요한 것은 내담자의 생활환경에서 현실적이고 성취가 가능한 것을 파악하고 목표로 설정하는 것이다.

예) 새벽 2시까지 전화를 사용하는 아들에게 전화 사용을 하지 못하도록 하는 것은 불가능하다. 전화를 아들의 이름으로 설치하고 전화요금을 아들이 책임지도록 하는 것이다.

(7) 목표수행은 힘든 것이라고 인식하도록 한다.

목표가 아무리 작고 현실적이고 성취 가능한 것이라고 하여도 내담자 입장에서 변화를 시작하기는 힘들다는 것을 인식해야 한다. 목표수행이 '힘든 일'이 될 것이라고 말하는 것은 내담자를 이해하는 것이며, 쉽게 동의할 수 있는 일이다. 만일 목표에 도달하지 못하였다면 그것은 단순히 좀 더 노력해야 할 것이 남아 있다는 신호인 것이며, 목표를 성취하였다면 그것은 의도적으로 노력한 증거이기 때문에 인정해 주고 칭찬해 주어야 하는 일이다.

예) 전화 사용시간을 갑자기 줄이는 것은 매우 힘든 일이기 때문에 새벽 2시까지 사용하는 것을 목표로 다음 주까지는 1주 1일 30분 정도만 줄일 수 있겠어요?

4) 질문기법

해결중심치료에서 치료자와 내담자 체계는 상호 신뢰와 협동을 기초로 하는 치료적 단위로 간주한다. 치료체계의 참여자들은 대화를 통하여 내담자의 문제를 해결하기 위해 협동하며 해결방안을 구축해 간다. 드세이저와 김인수는 면담 과정에서 문제에 대한 내담자의 견해나 잠재적 해결능력이 변화할 수 있다는 신념을 가지고 내담자가 문제를 보는 견해에 영향을 주는 질문기법을 발전시키려고 노력하였다. 치료자의 질문을 통하여 내담자는 치료자가 치료목적을 성취하는 데 중요하다고 믿는 것에 관하여 알게 된다. 치료자는 내담자의 문제해결에 유용한 질문을 상황에 따라 적절한 것을 선택하여야 한다. 해결중심치료에서는 질문을 통하여 내담자가 자신의 힘과 자원을 이용할 수 있도록 돕는 것이 최상의 전략이며 기법이라고 본다. 대화를 해결중심으로 이끌고 대화를 풍성하게 하는 질문기법은 다음과 같다.

(1) 처음 치료면담 이전의 변화에 관한 질문

내담자들이 상담실에 전화하여 도움을 요청하는 시기가 문제의 심각 정도가 가장 높은 경향이 있다. 그리고 상담 약속을 하고 오기까지 많은 생각을 정리하고 해결책을 모색하는 과정에서 변화하는 경향이 있다. 따라서 약속한 후 지금까지 발생한 변화에 대하여 질문하고 변화를 발견한다. 치료자는 어떻게 문제의 심각 정도가 완화되었는지를 내담자가 파악할 수 있도록 질문을 하며, 의식 · 무의식적으로 실시한 방법에 관하여 인정하고 칭찬을 해준다. 그리고 누구의 도움 없이 스스로 노력한 것과 해결능력을 인정하고, 그러한 사실을 강화하고 확대할 수 있도록 격려한다.

예) 전화로 약속하고 오늘 오기까지 어떤 변화가 있었나요?

(2) 예외질문: 성공했던 경험과 현재 잘하고 있는 것을 발견하는 질문

예외질문은 우연적인 성공을 의도적으로 실시하도록 하는 목적이 있으며, 사람들이 일반적으로 문제가 있는 상황에서는 정상적인 것을 예외적인 것으로 보아야 한다는 개념을 근거로 한 것이다. 문제에 관하여 주로 부정적이며 문제에 몰두하는 사고방식으로부터 해결방안을 모색하는 것에 관심을 집중하게 하는 질문이다. 그러므로 중요한 것은 일상생활에서 성공적으로 잘하고 있으면서도 의식하지 못하거나 가치를 두지 못하는 것이 있고, 그리고 우연하게 효과적인 행동을 하는 경우가 많다. 여기서는 그러한 것을 발견하고, 의식적이고 의도적으로 성공하였던 행동을 하도록 강화시키는 전략 또는 기법이다.

예) 문제가 발생하지 않는 때는 언제입니까? 문제가 발생하지 않았다는 것을 어떻게 압니까? 문제가 발생하는 상황과 발생하지 않는 상황의 차이점은 무엇인가?

(3) 기적질문: 현실 변화의 구축, 가능성에 대한 자기상을 형성

기적질문은 문제가 해결된 상태를 상상해 보고, 해결하기 원하는 것들을 구체화하고 명료화하며, 치료목표를 현실적이며 구체적으로 설정하기 위한 질문기법이다. 기적질문 치료 과정에서 자기문제를 재인식하고, 해결된 상태를 상상하고, 작은 변화가 큰 변화의 시작인 것을 인식하고 점차로 확대해 나가도록 한다. 기적질문은 문제를 제거하거나 감소시키지 않고, 문제와 해결을 분리하여 해결 상태를 상상하게 하는 것이다.

예) 밤에 잠자는 동안에 기적이 일어나 지금 염려하는 문제가 다 해결되었다고 상상합시다. 아침에 아들이 엄마의 어떠한 모습이나 행동을 보면 지난밤에 기적이 일어나 엄마가 변화하였다고 생각하겠습니까? 당신에게 변화가 일어난 것을 다른 가족들은 무엇을 보고 알 수 있을까요?

(4) 척도질문: 수치로 정도 표현

내담자에게 자신의 문제, 우선순위, 성공, 정서적 관계, 자아존중감, 문제해결 가능성에 대한 확신, 변화를 위해 투자할 수 있는 노력, 변화를 위한 동기, 진행에 관한 평가 등의 수준을 수치로 표현하도록 할 때 좀 더 구체적으로 표현하게 되고, 진행하는 데 있어 변화 정도를 사실적으로 설명하는 데 도움이 된다. 척도질문은 변화에 대한 동기를 강화하고, 다음 단계로 발전하기 위해 무엇을 해야 할지 탐색하게 하기 위해 만들어진 질문이다. 척도질문은 문제의 심각 정도를 사정하고, 치료목표 성취정도를 측정하고, 사정평가 및 결과평가를 위해 유용하다.

예) 최악의 상태를 0점으로 하고 모든 문제가 해결된 상태를 10점으로 한다면 오늘의 상태는 몇 점이라고 할 수 있습니까? 몇 점까지 도달하면 그런 대로 만족하겠습니까?

(5) 대처질문 및 극복질문: 만성적인 어려움과 위기에 관련된 것

문제가 오래 지속되었기 때문에 매우 낙담하고, 절망하고, 좌절하고 있는 내담자들은 장래 희망이 없는 것같이 생각한다. 이러한 대처질문이 효과적인 것은 내담자에게 경험을 활용하게 하고, 새로운 힘을 갖게 하며, 내담자가 자신의 자원과 강점을 발견하도록 하는 데 도움이 되기 때문이다. 어려운 상황에서 견디어 내고 더 나빠지지 않은 것을 강조하고, 위기에서 살아남기 위해 해 온 것을 발견하고, 그것을 인식, 강화, 확대하기 위한 근거로 이용하는 것이다. 구체적으로 내담자가 "모든 것이 다 소용없다", "아무것도 나아지는 것이 없다", "죽지 못해 살고 있다"고 표현할 때 다음과 같은 질문이 유용하다.

예) 어떻게 모든 것을 포기하지 않고 지탱해 왔는가? 자살을 시도한 것이 어떻게 도움이 되었는가? 계속 반항하는 것이 어떻게 도움이 되는가? 오늘까지 어떻게 참고 견디어 왔는가?

5) 메시지와 전달법

해결중심치료는 2명 이상의 치료팀이 일방경이나 비디오 모니터를 통하여 가족치료 진행상황을 관찰하고, 자문역할을 하는 치료팀과 치료실 사이에 연결된 전화를 활용한다. 치료 진행 과정에서 전화를 통하여 자문을 하기도 하고, 좀 더 구체적인 내용을 파악하기 위해 질문을 하기도 한다. 일반적으로 60분간 상담하는데, 40분 정도 진행한 이후 치료자가 치료팀에게 와서 자문시간을 갖는다. 10분 정도 치료팀은 주로 치료 진행 과정을 검토하고, 내담자에게 전달할 메시지와 과제를 만든다. 그동안에 내담자는 치료실이나 밖에서 기다리게 된다. 메시지와 과제가 결정되면 다시 치료실로 들어가 메시지를 전달하고, 과제를 주고 종결한다.

다음에 치료를 계속하는 것에 관하여는 내담자가 결정하도록 한다. 치료팀 없이 혼자 진행하는 경우도 10분 정도 휴식시간을 가지면서 자료를 정리하고 메시지를 만들고 과제를 준비하여 전달한다.

치료자가 치료실을 나와서 다른 장소에서 메시지와 과제를 만드는 동안 내담자 역시 많은 질문에 응답한 것과 이야기한 것을 생각하면서 치료자의 반응에 관심을 집중하게 된다. 치료자는 내담자가 호기심을 가지고 귀를 기울이는 분위기에서 메시지와 과제를 주기 때문에 그 효과는 매우 크다. 메시지를 작성하는 데 필요한 구성요소와 전달방법은 다음과 같다.

① 내담자의 문제가 어렵다는 것과 그동안의 노력을 인정한다. 특히 내담자가 실시하여 온 긍정적이고 성공적인 노력을 지적하고, 인정하고, 문제해결과 관련된 변화나 노력을 칭찬한다.

② 내담자가 사용하는 특징적인 표현과 단어를 사용함으로써 협조를 증가시킨다. 목표설정과 해결방안 구축을 위해 협조관계인 것을 강조한다.

③ 내담자가 설명하는 목표를 수용하고, 목표설정을 확인하고 가치를 부여하며 긍정적인 설명과 해석을 하기도 한다.

④ 치료자는 목표가 성취되기 어려운 것을 강조한다. 과거 목표가 실패한 것에 대하여 긍정적인 측면에서 지적하고 격려한다.

⑤ 과제는 치료자와 내담자의 관계 유형에 따라 차이가 있지만 관찰하기, 생각하기, 긍정적으로 반응하기, 작은 것을 행동으로 옮기기, 새로운 노력을 시도하기 등 다양하다. 그리고 과제는 내담자가 실행할 수 있는 것을 구체적으로 설명하기도 하지만, 추상적이고 분명하지 않게 전달하므로 내담자가 생각을 많이 하도록 하기도 한다.

⑥ 메시지 전달하기: 작성한 메시지는 메모지에 적어 치료실로 들어가며, 팀이 함께 노력한 결과임을 설명하고, 내담자의 노력과 변화 결과를 인정하고 칭

찬하며, 내담자의 강점과 자원을 지적한다. 그리고 내담자의 능력과 자원은 문제를 해결하고 과제를 실행하는 데 도움이 될 것이라고 연결해 준다. 치료자는 신중하게 중요한 메시지를 천천히 전달한다.

⑦ 과제 주기: 과제는 메시지 전달과 함께 주는데, 목표설정의 원칙을 적용하며 아주 작고 분명한 과제이기 때문에 쉽게 할 수 있는 것을 주거나 단순히 생각하고, 관찰하고, 찾아보도록 하는 과제를 줄 수 있다. 과제를 결정하는 것은 내담자 중심으로 내담자의 문제, 상황, 상태 등을 고려하여 신중하게 결정한다. 그리고 과제를 수행하는 것은 쉬운 일이 아님을 강조한다.

3 다문화 가족 상담 현실치료 접근

윌리암 글래써(William Glasser)는 1925년 오하이오주의 클리블랜드에서 태어나 23세에 임상심리 전문가가 되었고, 28세가 되던 해에 정신과 의사가 되었다. 그러나 정신분석치료의 이론과 기법, 그리고 효과에 불만족을 느끼게 되면서부터 오늘의 현실요법을 발전시키게 된 것이다. 그는 개인상담 이외에도 재활센터와 청소년 감화원 등에서 정신치료를 하였으며 1967년 현실요법을 위한 연구소를 로스앤젤레스에 개설하였다. 초기의 연구소 활동은 미국과 캐나다에 국한되었으나, 이후에는 아일랜드, 유고슬라비아, 호주, 일본, 노르웨이와 한국 등을 비롯한 전 세계로 확장하였다. 그는 선택이론과 현실요법 강의와 훈련 과정 지도에서 적극적으로 참가하였고, 현실요법연구소(1996년 5월에 '윌리암 글래써 연구소'라고 명칭을 바꿈)에서는 의사, 간호사, 심리학자, 목회자, 사회사업가, 법률가, 교사들을 위한 현실요법 집중훈련 과정에 필요한 교재와 기타 정보를 제공하였다. 그의 대표적인 저서로는 『정신건강과 정신병』(Mental Health and Mental Illness, 1960), 『현실요법』(Reality

Therapy, 1965), 『낙오자 없는 학교』(Schools without Failure, 1969), 『당신의 삶은 누가 통제하는가?』(Control Theory, 1985), 『좋은 학교』(The Quality School, 1990), 『결혼의 기술』(Staying Together, 1995), 『행복의 심리, 선택이론』(Choice Theory, 1999), 『결혼의 비밀』(Getting Together and Staying Together, 2000) 등이 있다.

1) 주요개념: 선택이론

선택이론은 인간은 누구나 자신의 삶의 주인이 될 수 있으며, 자신의 삶을 통제할 수 있을 때 행복감을 느낀다. 이 이론은 인간의 모든 행동은 외부작용이 아니라 내부작용에 의해서 행해지고 있다는 기본 가정에 근거하고 있다. 우리가 어떻게 생각하고 행동하는가 하는 것은 타인이나 외부상황에 의해서 좌우되는 것이 아니라 우리 스스로가 선택한다는 것이 기본 개요이다.

선택이론에서는 우리가 행동하고 생각하는 모든 것, 즉 좋은 것과 나쁜 것, 효율적인 것과 비효율적인 것, 즐거운 것과 고통스러운 것, 정상적인 것과 비정상적인 것들 모두가 우리 내면의 강한 욕구를 충족시키기 위한 선택이라고 본다. 따라서 적절한 선택을 통하여 자신을 통제하는 방법을 배우게 되면 문제를 비난하는 대신에 문제를 해결하기 위해서 긍정적으로 에너지를 사용하게 될 것이라는 것이 기본적인 주장이다. 선택이론의 기본적인 개념들은 다음과 같다.

(1) 기본적 욕구(Basic Need)

인간을 움직이게 하는 강렬한 힘은 생래적인 기본적 욕구에서 비롯된다. 기본적인 인간의 욕구는 신뇌(new brain)에 자리한 네 가지의 심리적이고 정신적인 욕구인 사랑과 소속의 욕구, 힘에 대한 욕구, 즐거움에 대한 욕구, 자유에 대한 욕구와 구뇌(old brain)에 자리한 생존에 대한 욕구 등의 다섯 가지가 있다.

① 사랑과 소속의 욕구(Love and Belonging Need)

사랑하고, 나누고, 협력하고자 하는 인간의 속성을 말한다. 일반적인 소속의 욕구는 자기 자신의 가족을 형성하기를 원해 결혼하고 싶어 하거나 친구를 사귀고 싶어 하는 것, 또는 학생이나 청년들이 또래집단에서 함께 어울리고 싶어 하거나 어떠한 모임에 소속되고 싶어 한다.

② 힘에 대한 욕구(Power Need)

경쟁하고, 성취하고, 중요한 존재이고 싶어 하는 속성을 의미한다. 힘에 대한 욕구에 매력을 느끼게 되면 종종 소속에 대한 욕구 등 다른 욕구와 직접적인 갈등을 경험하게 된다. 즉 사랑과 소속에 대한 욕구를 만족시키기 위해 결혼을 하지만, 가끔 부부 사이에서 힘에 대한 욕구를 채우고 싶어 서로 통제하려고 하다가 결과적으로 부부관계를 파괴시키는 원인이 되기도 한다.

③ 자유에 대한 욕구(Freedom Need)

이동하고 선택하는 것을 마음대로 하고 싶어 하는 속성이다. 자유의 욕구란 각자가 원하는 곳에서 살고 대인관계와 종교 활동 등을 포함한 모든 삶의 영역에서 어떠한 방법으로 삶을 영위해 나갈지를 선택하고 자신의 의사를 마음대로 표현하고 싶어 하는 욕구를 말한다. 그러나 자기 욕구충족을 하는 데 있어서 다른 사람의 자유를 침범하지 않도록 타협을 통하여 이웃과 함께 살 수 있는 절충안을 찾아야 한다.

④ 즐거움에 대한 욕구(Fun Need)

많은 새로운 것을 배우고, 놀이를 통해 즐기고자 하는 속성을 말한다. 글래써는 즐거움에 대한 욕구는 기본적이고 유전적인 지시(instruction)라고 말한다. 이 즐거움의 욕구를 충족시키기 위해 때로는 생명의 위험도 감수하면서 자신의 생활방식을 과감히 바꾸어 나가는 예를 볼 수 있다. 생명을 걸고 암벽을 타거나 자동차 경주를 하는 것과 같은 위험한 활동을 택하기도 한다.

⑤ 생존에 대한 욕구(Survival Need)

살고자 하고, 생각을 통한 자기 확장을 하고자 하는 속성을 의미한다. 이 욕구는 척추 바로 위에 위치한 구뇌(old brain)로부터 생성된 것으로서, 호흡, 소화, 담, 혈압 조절 등 신체구조를 움직이고 건강하게 유지하도록 하는 중요한 과업을 수행하고 있다. 구뇌의 기능은 우리가 생존하는 데 없어서는 안 되는 요소이지만, 우리가 일상생활을 영위하는 데 지배적인 힘을 직접 발휘하지는 못한다.

이러한 인간의 욕구(need)는 기본적이고 본질적인 것이지만, 욕구를 충족시켜 주는 구체적인 대상인 바람(want)은 각 개인에 따라 독특하고 고유하다. 이 바람들은 비현실적일 수도 있고 변할 수도 있으며, 서로 갈등을 일으키기도 한다. 현실에서 얻고 있는 것이 바람을 충족시켜 주지 못할 때 욕구 좌절을 경험하며, 이때의 불균형과 고통이 행동의 동기가 된다.

(2) 전행동(Total Behavior)

모든 행동에는 목적이 있는데, 원하는 것과 얻고 있다고 지각한 것 사이의 간격을 줄이고자 고안된 것이다. 행동체계는 활동(acting), 생각(thinking), 감정(feeling), 신체반응(physiology)의 네 가지 요소로 구성되어 있다. 우리는 특정 행위를 보았을 때 전행동의 한 부분을 보지 않고 하나의 분리된 행위로 이해하는 경향이 있다. 그러나 겉으로 드러나는 것만 다를 뿐이며 모든 행동은 항상 네 가지 구성요소가 모두 포함되어 있는 전행동이다. 전행동의 구성요소 중에서 활동요소에 대해서는 거의 완전히 통제력을 가지고 있고, 사고요소에도 어느 정도의 통제가 가능하나,

감정요소의 통제는 어려우며, 신체현상 요소에 대해서는 더더욱 통제력이 없다. 그러므로 우리가 전행동을 변화시키고자 할 때, 활동과 사고를 먼저 변화시키면 감정이나 신체현상도 따라오게 된다. 즉 적극적인 활동에 많이 관여할수록 좋은 생각과 유쾌한 감정, 그리고 더욱 쾌적한 신체적 편안함이 따를 것이다.

(3) 지각체계(Perception)

개인이 인지하는 현실세계는 감각체계와 지각체계를 통해 인식하게 된다고 한다. 지각체계는 사물을 객관적이고 있는 그대로 바라보는 지식여과기(knowledge filter)와 우리들 각자가 가지고 있는 가치를 부여하는 가치여과기(valuing filter)로 구성되어 있는데, 이를 통해 각자가 이상적이라고 믿고 또한 욕구를 즉시 채워 줄 수 있는 수단들을 질적인 세계에 보관하는 작업을 한다. 그런데 이렇게 지각된 세계(perceived world)가 우리가 원하는 질적인 세계(quality world)와 맞지 않을 때 우리는 그것들을 머릿속의 저울(comparing place)에 올려놓고 비교하게 되고, 저울의 기울어진 차이를 줄이려는 욕구 때문에 다시 행동하게 되는 것이다.

(4) 행동체계(Behavior System)

행동체계의 왼쪽 부분은 조직화된 행동을 포함하고 있고, 오른쪽 부분은 끊임없이 조직 또는 재조직하는 행동들의 행동단위로 구성되어 있다. 이런 행동단위들은 독립된 별개의 행동들을 생각해 내는, 즉 조직, 재조직 과정을 통해 유용한 하나의 행동을 조직화하는 것이다. 이처럼 끊임없이 진행되는 창의적 재조직화는 가끔 잘 조직된 새로운 행동을 유발하는데, 그러한 행동들이 삶의 통제력을 얻는데 도움을 준다고 판단되면 즉시 그 행동을 시도하는 것이다. 재조직 체계가 창조해 내어 제공한 행동들이 지금 현재 가지고 있는 행동들보다 효과적이지 않을 경우에는 자기파괴적인 행동들을 유발하기도 하며, 또 계속하여 재조직하기도 한다.

2) 현실치료의 특징

현실치료는 다른 상담방법과 비교해 볼 때, 신경증적 행동, 정신병적 행동, 정신신체화 행동이나 중독증적인 행동도 모두 자신의 욕구충족을 위한 최선의 선택으로 간주한다. 과거보다 현재와 미래를 중요시하고 전이 및 역전이의 필요성을 인정하지 않으며, 내담자의 무의식과 꿈의 해석보다는 의식세계에서의 현실지각을 중요시하며, 자기 욕구충족을 위한 행동의 효과성을 냉철하게 자기평가(self-evaluation)하면서 자기욕구를 충족하는 새롭고 합당한 방법을 찾도록 상담자가 교육적인 도움을 주는 과정이다.

현실치료와 전통적인 정신분석치료의 특징을 비교하면 다음과 같다.

〈표 7-1〉 전통적 정신분석치료와 현실치료 간의 기본적 차이점

구분	전통적 정신분석치료	현실치료
정신질환	개념을 도입, 진단적 분류 이를 기초로 치료가 이루어짐	개념 자체를 용납하지 않음
과거사	탐색이 치료의 불가결한 요소	현재에 초점, 미래를 향해 노력
치료자	중요인물의 감정 전이, 해석 필요	그대로의 자신, 따뜻한 인간적 위치
무의식	이해와 통찰이 중요 전이, 꿈, 자유연상을 통해 해석	무의식적 갈등, 원인에는 관심 없음 행동에 대한 무의식적 변명 불허
도덕성	정신질환은 병이라는 전제하에 내담자의 도덕적 문제, 책임회피	행동의 도덕성과 책임성 강조
가르침	좀 더 나은 행동을 가르치는 것은 중요하지 않음	좀 더 효과적인 방법으로 자신의 욕구를 채우도록 가르침

3) 치료 기법 및 절차

현실치료는 크게 두 과정, 즉 상담 환경 가꾸기와 내담자를 행동이나 방향 변화

로 인도하는 과정으로 구성되어 있다. 상담이라는 예술은 이 두 과정을 조화롭게 엮어 내어 내담자로 하여금 그들의 삶을 스스로 평가하고 바람직하게 방향 선택을 결심하도록 함께 작업하는 것을 의미한다.

(1) 상담 환경 가꾸기

상담자는 지지적인 환경을 만들어야 하며, 그 안에서 내담자들이 삶을 변화하도록 해야 한다. 이러한 환경을 만들기 위해서는 다음과 같이 일관성이 있어야 한다.

첫째, 친근감을 가지고 내담자의 이야기를 경청할 것. 상담자는 내담자가 그들의 욕구를 충족할 수 있는 바람직한 방법을 찾는 데 도움을 줄 수 있는 사람이라고 믿을 수 있게 해야 한다.

둘째, 내담자의 과거사는 그것이 현재 상황을 설명하는 데 도움이 되지 않는 한 이야기하는 것을 허용하지 말 것

셋째, 내담자의 느낌이나 신체현상을 전행동과 분리하여 이야기하는 것을 피한다.

넷째, 무책임한 행동에 대한 변명을 허용하지 말 것

다섯째, 벌하거나 비판하지 않으면서 내담자의 행동 선택에 대한 필연적인 결과 깨닫기를 하게 해야 한다.

① 권장 사항

가. 주의를 기울이는 행동하기(Use Attending Behavior)

다른 상담과 마찬가지로 얼굴 표정, 수용적 자세, 언어적 행동, 비언어적 행동, 바꾸어 말하기 등의 기술들은 상담자-내담자 관계를 증진시킨다.

나. AB 법칙을 실시하기(Practice the AB-CDEFG)

- 항상 침착하고 예의 바를 것(Always be Calm & Courteous)
- 항상 신념을 가질 것(Always be Determined)
- 항상 열성적일 것(Always be Enthusiastic)
- 항상 확고할 것(Always be Firm)
- 항상 진실할 것(Always be Genuine)

다. 판단 보류하기(Suspend Judgement)

이것은 내담자의 어떠한 행동도 내담자 자신의 욕구를 충족시키려는 최선의 선택으로 일단 보아야 한다는 것을 의미한다. 즉 상담자는 판단하거나 비난하지 말고 1차적 수준의 지각을 통해 이해하여야 한다.

라. 예상하지 않은 행동을 하기(Do the Unexpected)

내담자가 그의 또 다른 내적 바람을 보게 하여 잠시나마 고통을 제쳐 두도록 도와준다.

내담자는 좌절과 갈등을 겪고 있기 때문에 상담을 받으러 온다. 고통스런 내담자의 심리적인 사진첩 혹은 질적인 세계 속에는 부정적인 사진들로 가득 차 있을 수도 있다. 고통스런 상황에서는 잠시나마 그 상황을 제쳐 두는 것도 도움이 되는 것이다.

마. 건전한 유머 사용하기(Use Humor)

웃음은 인간의 고통을 치유하는 최상의 묘약임을 믿기 때문에 현실요법에서는 유머를 적극 권장한다. 글래써는 상담할 때도 수시로 유머를 사용하여, 상담하는 이도 상담 받는 이도 그들의 만남을 즐겁게 기대하도록 한다.

바. 자기답게 상담하기(Be Yourself)

상담자가 진취적이면 진취적으로, 부드럽고 조용하면 조용하게, 가장 자기답게 상담하는 것이 좋다.

사. 자기 자신 개방하기(Share Yourself)

상담자의 진지하고도 개방적인 태도는 내담자가 자기의 질적 세계로 상담자를 들어오게 할 수 있을 뿐 아니라 상담자에 대한 내담자의 신뢰를 증진시킬 수 있다.

아. 은유적 표현에 귀 기울이기(Listen for Metaphors)

내담자가 이미 알고 있는 것을 더 많이 이해하도록 하고, 분명하게 알려지지 않았던 것에 대해 통찰력이 생기게 되며, 심미적이고 정서적인 강도를 표현할 수 있게 하기 위한 것이다. 내담자의 표면 이면에 감춰진 그의 진실이 무엇인지 살펴야 한다.

자. 주제에 귀 기울이기(Listen for Themes)

내담자들의 주제를 경청한 후 그 이야기를 확인하고 다시 반영시켜 준다. 집단상담의 경우에는 상담자는 집단의 바람과 지각을 함께 묶음으로써, 상담자는 내담자가 상담주제로부터 이탈되지 않게 하여 효과적으로 방향을 설정해 나갈 수 있다.

차. 요약하기와 초점 맞추기(Use Summarize and Focus)

유능한 상담자는 내담자가 하는 이야기를 요약하여 진실로 원하는 것에 초점을 맞출 수 있도록 도와준다. 이런 초점 맞추기는 한 가지 또는 그 이상의 요점들, 주제, 평가적인 사고 등을 강조하는 것을 의미한다.

카. 결과를 허용하거나 떠맡기기(Allow or Impose Consequences)

내담자의 바람직하지 않은 행동에 대해 책임을 지게 하는 기술이다.

타. 침묵을 허용하기(Allow Silence)

내담자가 침묵하는 동안 자신의 생각을 모으고 자신의 내면의 심리적 사진과 지각을 명료하게 하고, 문제해결을 위한 행동 계획을 세울 수 있도록 도와주는 것이다.

파. 윤리적이기(Be Ethical)

상담자의 태도는 내담자와의 관계 형성을 위해 반드시 필요하다. 예를 들어 살인이나 자살기도를 원하는 등, 내담자 자신이나 타인의 안녕을 침해하는 것이 명백할 경우, 상담자는 합법적이고 적절한 행동을 취하거나 감독 기관에 알릴 의무가 있다. 또한, 상담관계 이상의 호의적인 행동을 허락하거나, 상담자-내담자 관계 이상의 친밀관계나 상거래 관계 등과 같은 상황으로 발전시키는 것은 삼가야 한다.

② 금지 사항

가. 변명을 받아들이지 말 것(Don't Accept Excuse)

내담자들은 예외 없이 변명을 늘어놓게 되는데, 그때 상담자들은 "왜?"라고 질문하지 말아야 한다. 이 질문은 변명이 뒤따를 우려가 있으므로, 책임감이 내담자에게서 상담자에게로 옮겨질 가능성이 있다.

나. 비판하거나 논쟁하지 말 것(Don't Punish Criticize, or Argue : Allow Consequences)

처벌은 처벌자의 화난 감정이 개입되며 비교육적이고 또한 처벌받는 자의 분개와 복수심을 야기하며, 내담자가 좌절하는 원인이 되기도 하고 문제들을 해결하는 더 좋은 방법을 제공하지도 않으므로 비생산적이다. 비판을 하지 않는다는 것은 쉬운 일이 아니지만 비판 역시 처벌의 일종일 수 있으므로 피해야 한다.

다. 쉽게 포기하지 말 것(Don't Give up Easily)

유능한 현실요법 상담자들은 수동적이고 비협조적이며 화를 잘 내는 등 다루기 어려운 내담자를 돕는 상담자, 즉 내담자를 절대로 포기하지 않고 최선을 다하는 자로서의 상담자 이미지를 내담자의 질적인 세계 안에 간직하게 하여 내담자가 필요할 때마다 꺼내 쓰기 쉽게 해야 한다.

4 다문화 가족 상담 이야기치료 접근

1) 이야기치료 개념

인간은 자신의 삶에 대해서 끊임없이 의미를 부여하고 해석하여 이야기하는 존재이며, 또한 그러한 이야기로 구성된 인생을 살아가는 존재라는 생각을 기본 바탕으로 하고 있다. 따라서 인간은 누구나 자신의 삶에 대해서 전문가의 위치에 있다는 것을 강조하고, 상담 과정에서 자기 삶의 전문가인 내담자가 삶의 사건을 이해하고 해석하여 의미를 부여하는 방식으로 내담자의 이야기를 이해하려고 노력해야 한다. 이렇게 내담자의 독특한 삶의 이야기를 이해하는 과정을 통해 내담자가 자신의 문제에 대해 해석하고 의미를 부여하는 전형적인 시각인 지배적 이야기(dominant story)가 드러나게 되고, 이 같은 인식은 내담자가 가지고 있는 문제적 이야기(problematic story)에 대해 이전과는 다른 의미 부여와 해석을 시도해 보도록 해 준다.

이야기치료자는 상담 과정에서 내담자가 자신의 문제에 대해 여러 가지 다양한 방향에서 해석하고 의미를 부여할 수 있도록 그 가능성을 열어 주는 역할을 한다. 이렇게 문제적 이야기에 대한 다양한 해석과 새로운 의미 중에서 내담자는 자신의 삶에 만족감과 희망을 줄 수 있는 새로운 의미(선호하는 이야기, preferred story)를 발견하게 되고, 이를 강화하고 이야기로 구조화(대안적 이야기, alternative story)하여 보다 만족스러운 삶을 살아갈 수 있게 된다. 이야기치료 과정을 통하여 내담자가 자신의 삶에서 일어나는 문제적인 이야기를 이해하고 해석하는 새로운 방법을 발견하고, 새로운 의미를 부여할 수 있도록 도움을 주는 것이 이야기치료의 목표이다.

포스트모더니즘(postmodernism)과 사회구성주의(social-constructionism)의 영향을 받은 이야기치료의 독특함은 상담 과정에서 내담자의 문제를 집중적으로 조망하기보다는 그와 연관된 다양한 사회문화적 요소들과 주고받는 '영향력' 및 그 '의미'에 더욱 집중하는 것으로 나타난다. 이야기치료의 이러한 내담자의 '문제'를 대하는 태도는 상담 진행 과정에서 내담자가 자신의 문제를 이야기하는 것에 대해 부담감이나 죄의식을 느끼지 않고 좀 더 자유롭게 표현하는 것을 도와줄 수 있다.

또한 내담자가 가지고 있는 '문제'와 다른 사건들, 그리고 더 넓은 사회의 장과의 관계성과 서로에게 미치는 영향력을 파악하는 과정을 통해 '문제'의 정체성을 파악하고, 그에 대한 새로운 해석 발견의 가능성을 열어 주는 계기가 될 수 있다. 이 같은 내담자의 문제를 대하는 이야기치료의 독특한 특성 때문에 "이야기치료는 상담 과정에서 내담자를 존중하고, 비난하지 않으려고 노력하는 접근법"이라고 설명하였다

2) 문제적 이야기

이야기치료에서는 내담자가 상담현장에 가지고 온 문제를 대할 때 문제와 사람

을 분리해서 생각하는 태도를 기본으로 하는데, 이는 내담자 안에 그 문제가 내재하고 있다고 인식하여 그 문제로 내담자의 정체성을 규정해서는 안 된다는 것이다. 따라서 내담자와 문제는 따로 분리해서 생각해야 하며, "사람이 문제가 아니라 문제가 문제다(The person is not the problem. The problem is the problem)."라는 시각에서 문제를 독립적으로 다루어야 한다. 이때 내담자가 이야기하는 문제에 대한 이야기는 삶 속의 여러 가지 사건 중에서 특별히 부정적인 영향력을 지닌 문제적 사건에 집중하여 의미를 부여하고 해석한 것이거나, 혹은 삶의 사건들을 특별히 부정적인 방향으로 해석한 것이라고 본다. 따라서 이러한 내담자의 문제를 특별히 '문제'라고 고정된 의미의 단어를 사용하지 않고 '문제적 이야기', '문제로 가득 찬 이야기', '호소하는 이야기'라고 불러서, 그 이야기의 의미와 그에 따른 영향력이 재구조화(reconstruction)와 새로운 의미부여를 통해서 얼마든지 삶에서의 부정적인 영향력이 변할 수 있다는 가능성을 표현한다.

3) 이야기치료 지도

인간의 경험을 이해하고 이야기하는 방식인 내러티브적 이해를 중시하는 이야기치료를 실제 상담치료에 적용하는 것은 기존의 상담치료접근법에 익숙한 치료자에게는 상당히 낯설고 까다로운 작업이다. 이야기치료의 지도를 고안하였으며, 단순히 이야기치료의 과정을 도식화하여 보여 주면서 치료자들이 그 순차적인 흐름을 따라가며 치료의 과정을 이끌어 가도록 통제하는 지침서 역할만 하는 것은 아니다. 여행을 떠날 때는 목적지를 설정하고, 그 목적지에 도달하는 여정을 정할 때는 보통 지도를 사용한다. 지도를 보면 목적지에 이르는 방법이 하나만 있는 것이 아니라 매우 다양하여 그중에 선택이 가능하다는 것을 알 수 있다. 또한 여행을 시작해서 목적지로 가는 도중에 지도를 보고 얼마든지 여정을 바꾸어 다른 경로로 목적지에 갈 수도 있다. 이렇게 여행을 할 때 지도의 역할처럼 이야기치료의 지도는 치료자가 치료 과정을 통하여 궁극적으로 추구해야 할 것이 무엇이며, 그곳으로 가는 다양한 방법과 가능성이 존재한다는 것을 인식하고, 자신만의 여정인 치료 과정을 자유롭게 탐색할 수 있도록 만든 것이다.

이러한 다양한 경로의 탐색을 통해 치료자는 그 치료 과정을 보다 창의적으로 만들고, 내담자 삶의 이야기를 더 풍부하게 발전시키는 것을 보다 효과적으로 도와줄 수 있다. 또한 상담 과정에서 내담자에게 지도를 제시함으로써 자신의 삶의 사건들에 대하여 새롭게 이해하는 기회를 주고, 그동안 간과했던 부분에 대한 호기심을 불러일으키며, 상담치료를 통해 발전한 자신의 이야기들을 확인하도록 하는 효과가 있다.

4) 입장 말하기 지도 1

입장 말하기 지도 1의 주요 목표는 내담자의 삶에 부정적인 영향을 미치고 있는 문제적 이야기의 정체성을 파악하고 그 특성을 보다 풍성하게 서술하도록 하는 것이다. 입장 말하기 지도 1은 모두 4단계로 구성된다.

1단계는 내담자의 문제적 이야기에 대해서 실제 경험한 사건을 보다 풍부하고 자세하게 서술하는 것을 돕는 단계이다. 보통 내담자는 상담현장에 자신이 해결하고 싶은 여러 가지 문제를 가지고 찾아온다. 하지만 이 문제들은 내담자의 삶에서 대부분 광의적이고 통상적인 개념의 정의하에 불분명하고 모호한 형태로 서술되는 특징이 있다. 치료자는 이 단계에서 내담자의 문제를 내담자만의 방식으로, 그리고 내담자가 경험한 것을 개인의 독특한 시각에서 자세하게 서술하도록 돕는다.

2단계는 내담자의 문제가 가지고 있는 영향력의 구조에 대해서 파악하는 단계이다. 내담자의 문제를 개인의 삶뿐만 아니라 보다 넓은 사회문화적 장에 올려놓고, 그 속에서 다양한 요소와 어떠한 영향을 주고받고 있는지를 인식하도록 돕는다.

3단계는 1, 2단계를 통해 정체성을 드러낸 문제가 내담자의 삶에서 갖는 영향력을 평가하는 단계이다. 내담자의 문제는 내담자 자신의 삶에서 일반적으로 생각하는 것과는 다른 영향을 미치고 있을 가능성이 있다. 따라서 이러한 문제의 영향력을 일반적인 사회적 관점이나 다른 사람의 관점에서 평가하는 것이 아니라, 내담자가 그 영향력에 대해서 어떻게 평가하고 있는지를 생각해 보도록 돕는다. 또한 같은 문제라도 내담자의 삶에서 보다 큰 영향을 미치거나 보다 작은 영향을 미친 시기나 순간에 대해서도 이야기할 수 있다.

4단계는 3단계에서 이루어진 평가의 근거를 제시하는 정당화(justification) 단계이다. 여기서는 왜 그러한 평가를 했는지가 관심의 대상이다. 예를 들어, "왜 그 문제에 대해서 그러한 생각을 가지고 있는지 말해 주겠습니까?"라는 질문을 통해 그 평가를 뒷받침할 수 있는 근거를 알고자 한다. 이러한 질문으로 치료자는 내담자가 문제에 대하여 가지고 있는 독특한 시각과 그에 대한 생각, 의도, 이해 혹은 목표에 대해 파악할 수 있다. 이러한 과정에서 종종 내담자는 스스로 문제가 가지고 있는 긍정적인 면을 찾아내기도 하여 독특한 결과를 발견하는 출발점이 되기도 한다.

5) 입장 말하기 지도 2

입장 말하기 지도 2에서 제시하는 단계를 통해 발견되는 독특한 결과(unique outcomes)는 내담자의 지배적 이야기(dominant story)를 재구조화하여 대안적 이야기(alternative story)로 변화시킬 수 있는 재저작 대화로 이끄는 기초가 된다. 입장 말하기 지도 2도 입장 말하기 지도 1과 마찬가지로 4단계로 이루어져 있고, 기본 요소도 비슷하다. 하지만 문제의 외재화(externalizing the problem)를 위해 주로 문제에 초점을 맞춘 입장 말하기 지도 1과는 달리, 독특한 결과들의 발견에 초점을 맞추고 이를 풍부하게 서술하여 강화하려는 의도를 가지고 있다는 점에서 큰 차이가 있다.

4단계는 다음과 같다.

1단계는 독특한 결과들에 대해 실제 경험한 것을 보다 풍부하고 자세히 표현하는 단계이다. 이야기치료 과정에서 발견된 독특한 결과들은 만들어진 것이 아니라 본래 내담자의 삶에 있었지만 주목받지 못했던 이야기들이다. 이러한 독특한 결과들이 치료 과정 중에 드러나기 시작했을 때, 이 이야기들에 집중함으로써 내담자의 삶 속에서 의미를 가지고 영향을 미치게 할 수 있다. 이를 위해 독특한 결과들과 관련된 삶의 경험을 기억하여 보다 자세하고 풍부한 서술을 하도록 내담자를 돕는 과정이 바로 1단계이다.

2단계는 독특한 결과들의 영향력에 대해 구조화하는 단계이다. 여기서는 보다 풍부하게 서술된 독특한 결과들이 내담자의 삶에서, 그리고 보다 넓은 사회문화적 장에서 다른 관계들과 어떠한 영향을 주고받고 있는지에 대해 생각해 보도록 유도한다. 독특한 결과들의 영향력에 대해서 이전에는 간과했기 때문에 그 영향력에 대해서 생각하는 것이 내담자에게 무척 어려울 수도 있다. 이러한 경우에는 독특한 결과들이 가질 수 있었던 잠재적인 영향력에 대해서 이야기를 나누어 보아도 된다.

3단계는 독특한 결과들의 정체성과 영향력 혹은 잠재적 영향력에 대해 평가를 하는 단계이다. 예를 들어, “이 이야기에 대해서 본인은 어떻게 생각하나요, 만족합니까?”, “이러한 이야기들이 본인에게 어떠한 의미가 있나요?”라는 질문을 통해서 독특한 결과들이 다른 사람이 아닌 내담자 자신에게 미치는 영향에 대해, 혹은 그 잠재적인 영향력에 대해 어떠한 생각, 느낌 또는 의견을 가지고 있는지를 물어본다.

4단계는 독특한 결과들의 영향력에 대한 평가의 근거를 제시하는 정당화(justification) 단계이다. 여기서는 독특한 결과들의 영향력 혹은 잠재적 영향력의 평가에 대해 내담자 자신이 생각하는 이유를 묻는다. 이 같은 4단계의 입장 말하기 지도 2를 통해서 내담자는 자신의 삶을 재구조화하는 보다 풍성한 재저작의 단계로 나아갈 수 있다.

6) 재저작하기

인간은 누구나 살아가면서 자신의 삶에서 경험하는 여러 가지 사건에 대해 자기만의 독특하게 구조화된 방식으로 해석하고 의미를 부여하여 이야기하며, 이렇게 구조화된 이야기는 개인의 삶의 정체성을 형성하는 데 강력한 영향을 미치는 지배적 이야기의 형태로 나타난다. 이러한 내담자의 구조화된 지배적 이야기를 해체하고 이전에는 주목하지 않았지만 지배적 이야기의 영향력을 감소시킬 수 있는 가능성을 가진 이야기(독특한 결과)로 재구성하여 이전과는 다른 의미와 해석을 부여하는 과정이 재저작이다.

재저작은 내담자가 자신의 삶을 이해하고 의미를 부여하는 기존의 구조화된 방식에서 벗어나 보다 다양한 의미와 해석의 가능성을 탐색하고, 보이지 않지만 암시적인(absent but implicit) 삶의 이야기들을 찾아 선호하는 이야기를 구성할 때 가능하다. 인간 삶의 이야기를 새롭게 구성하여 다시 이야기한다는 의미에서 '다시 쓰는 이야기'라고도 한다. 재저작을 통하여 재구조화된 새로운 이야기(대안적 이야기)는 개인의 삶의 정체성을 새롭게 구성하고, 현재 문제적 이야기의 영향력에서 벗어나 만족스러운 미래를 꿈꿀 수 있게 해 준다.

7) 문제의 외재화

이야기치료의 창설자인 화이트(White)가 어린아이들이 자신의 심각한 문제에 재미있게 접근하여 자유롭게 표현할 수 있도록 유도하기 위해 고안한 기법이다. 호주의 아동병원에서 사회상담가로 일하고 있을 때, 유분증이 있는 아동을 위한 그림 동화책 『Beating Sneaky Poo(말썽꾸러기 푸 혼내주기)』(Terry Heins & Karen Ritchie, 1988)를 보고 영감을 얻어 문제의 외재화 기법을 발전시키게 되었다.

이 동화책에서는 속옷에 변을 묻히는 증상인 유분증이 있는 아이에 대해 새로운 시각으로 접근하고 있다. 아이가 변을 속옷에 묻히는 것은 자신의 잘못이 아니라 푸(poo)라는 말썽꾸러기가 장난을 치고 있는 것인데, 모두들 그러한 푸의 장난에 속아 넘어가고 있는 것이라고 경고하였다. 따라서 푸의 장난에 넘어가지 않으려면 그의 '장난치기 전략'을 자세히 알고 대비해야 한다는 충고를 하고 있다. 즉 아이가 유분증이라는 잘못된 증상을 가지고 있어서 어떻게 그 문제를 해결할 것인지에 대해 이야기하는 것이 아니라, 아이는 잘못이 없는데 푸라는 말썽꾸러기의 장난에 영향을 받아서 그러한 곤란한 문제가 생긴다는 것이다.

이러한 외재화 기법은 자신의 문제에 대해 죄책감과 수치심을 낮춤으로써 문제적 상황을 보다 객관적이고 통합적으로 바라볼 수 있도록 도와준다. 또한 문제에 대해 놀이처럼 재미있게 접근하여 보다 자유로운 탐색이 가능해진다. 문제의 외재화 기법은 주로 아동에게 많이 사용되지만, 성인 내담자의 경우에도 이 기법을 적용하여 심각하다고 생각하는 문제의 부정적인 영향력을 감소시켜 보다 흥미를 가지고 열린 태도로 문제에 접근할 수 있도록 할 수 있다.

"사람이 문제가 아니라 문제가 문제다(The person is not the problem. The problem is the problem)."라는 유명한 문장에 문제의 외재화 기법의 독특한 특징이 잘 드러나 있다. 따라서 내담자의 삶의 과정에서 일어나는 문제들이 자신이나 자신의 삶의 본질을 반영하는 것이라고 생각하는 경향에서 탈피하여 자신과 문제가 하나가 아니라 문화, 역사적 요소와의 상호관계 속에서 형성된 관계적인 것임을 깨닫도록 하는 데 목표를 둔다.

문제의 외재화는 보통 내담자의 문제적 상황이나 생각, 행동 등에 이름을 붙여 '의인화'하는 작업을 시작으로, 여러 가지 독특한 대화기법(외재화 대화)을 사용하여 내담자가 자신과 문제와의 관계를 인식하게 만들고, 그 밀착되어 있는 관계 사이를 벌려서 영향을 주고받는 상호관계에 대해 다시 생각해 볼 수 있는 기회를 제공한다(외재화 대화의 진행에 관해서는 '입장 말하기 지도 1' 참고).

문제의 외재화를 통해 내담자는 이제까지는 자신이 문제였고, 문제가 자신의 안에 있다는 생각에서 벗어나 자신과 문제와의 관계성에 대해 생각해 보는 새로운 시각을 가질 수 있으며, 또한 그 관계에서 일어나는 상호작용에 대해 객관적으로 생각할 수 있다. 이러한 변화는 내담자가 기존에 가지고 있던 문제에 대한 생각이 재정립되고, 자신과 문제와의 관계에서 구조화된 지배적 이야기(dominant story)에서 벗어나 새로운 의미를 가진 대안적 이야기(alternative story) 발견의 가능성을 보여 준다.

5 다문화 가족 상담 모래상자치료 접근

1) 모래상자치료

모래상자치료란 모래가 담긴 상자에 여러 가지 모형물을 늘어놓아 하나의 작품을 만드는 것으로, 모래 두 상자와 다양한 모형물만 있으면 실시할 수 있는 매체치료 양식 중의 하나이다.

(1) 모래상자치료의 이해

모래상자치료란 모래상자(tray)를 이용한 놀이치료 기법이다. 모래상자를 이용한 이 기법은 영국의 소아과 의사인 로웬펠트(Lowenfeld)에 의해 고안된 아동심리치료 기법이다. 그녀는 프로이트(Freud)의 이론을 아동의 치료에 적용한 멜라니 클라인(Melanie Klein)이나 안나 프로이트(Anna Freud)의 공헌을 인정하면서도 이들의 방법에는 문제가 있다고 지적하였다. 즉 프로이트의 이론을 아동의 놀이에 지나치게 적용해 해석하려고 하였다고 비판하면서 아동의 생각은 성인과 다르기 때문에 전통적인 정신기법을 그대로 놀이에 적용하면 안 된다고 하였다. 아동은 사고, 감정, 감각, 관념, 기억들이 모두 복잡하게 뒤엉켜 있으며, 아동의 사고는 유동적이며 단계적이 아니라 한꺼번에 서로 얽혀 있다. 또한 아동에게는 감정이 절대적이며 의식의 전체를 지배하고 있고, 아동의 개념은 외부세계(external reality)와 관계없이 형성된다. 따라서 정신분석 방법으로는 아동을 치료할 수 없기 때문에 특별한 방법이 필요하다고 보고, 해석(interpretation)이나 전이(transference)의 과정이 없이도 아동이 자기의 생각과 정서를 쉽게 표현할 수 있는 새로운 매체가 필요하다고 하였다. 그녀는 새로운 매체는 동시에 이루어지는 아동의 사고(simultaneous thinking)를 표현하면서도 사고의 전체를 표현할 수 있어야 하며, 시각뿐만 아니라 촉감과 같은 감각요소를 함께 지닌 도구가 필요하다고 보았다. 이런 도구로 개발한 것이 바로 'The world' 기법이며 'The world technique'이라고도 부른다. 도라 칼프(Dora Kalff, 1966)는 로웬펠트(Lowenfeld)의 World Technique과 융(Jung)의 분석심리학을 접목하여 이 기법을 크게 발전시켰다. 그러나 칼프는 로웬펠트와는 달리 치료자와 환자의 관계를 중요시하였다. 치료자와 내담자 사이에는 '모자의 일체성'의 관계가 이루어져야 하며, 이러한 관계가 이루어지면 환자 자신이 자기치유력을 발휘하기 시작하여 전체성의 상징, 즉 융이 말하는 자기(self)의 상징이 생겨나기 시작한다는 것이다. 이 상징의 의미는 구태여 해석하지 않아도 치료가 가능하며,

특히 아동의 경우에는 아무런 해석도 필요하지 않다고 보았다.

(2) 모래상자치료의 특징

- 모래상자치료는 비언어적 문제점을 표현하게 한다.
- 모래상자치료는 독특한 운동감각적 성질을 가지고 있다.
- 모래상자치료는 내담자를 위한 치료적 거리감을 제공해 준다.
- 모래상자치료가 제공하는 치료적 거리는 해방감이 생기는 안전한 장소를 만든다.
- 가족 모래상자치료는 모든 경험을 포함한다.
- 모래상자치료는 아동에게 자연스런 경계선과 제한을 제공하며, 안전성을 장려한다.
- 모래상자치료는 내담자의 저항을 극복하는 데 있어서 효과적이다.
- 모래상자치료는 낮은 언어능력을 가진 아동이나 가족에게 필요한 효과적인 의사소통이다.
- 모래상자치료를 통해 방어수단으로써 이용되는 언어적 표현의 이면을 엿볼 수 있다.
- 모래상자치료는 아동이나 가족에게 통제력을 경험하기 위한 장을 제공한다.
- 전이의 문제는 모래놀이를 통해 효과적으로 제기될 수 있을 것이다.

(3) 모래상자치료실의 구성

모래상자치료실은 신비하고 독특한 느낌을 주는 것도 좋고, 치료자의 개인 취향에 따라 꾸미는 것도 좋다. 모래상자치료실의 배치는 상담실의 일부분만을 차지하기도 하며, 분리되어 있기도 하다. 모래상자치료실은 수집한 모형물을 진열하고, 새로운 놀잇감(figure)들을 배치하게 충분한 선반을 갖춘 넓은 공간에 꾸미는 것이 이상적이다.

모래놀이실에는 약 50×70×10(cm)의 크기를 가진 2개의 모래상자를 구비해야 한다. 각각에 모래를 절반 정도 채워 놓고, 가능하다면 바퀴가 달린 받침대 위에 올려놓는 것이 좋다. 한 개의 상자에는 마른 모래를, 다른 상자에는 젖은 모래를 담아 놓는 것이 좋다. 상자의 바닥은 파란색의 방수페인트를 칠해야 한다. 모래는 반드시 소독하여 미생물이 서식하는 것을 방지해야 한다. 모래는 비교적 오래 사용할 수 있지만 적어도 석 달에 한 번씩은 바꿔 주어야 한다. 약간 거친 느낌을 주는 것에서부터 아주 고운 느낌을 주는 모래까지 선택할 수 있지만 자연색을 띤 것이 바람직하다. 상자의 위치는 시각적으로 편하게 볼 수 있도록 허리 높이에 두는 것이 좋다. 마른 모래상자와 젖은 모래상자를 함께 제시할 것을 권하며, 모래의 종류도 은모래나 갈색모래, 그밖에 다양한 질감과 색깔의 모래를 첨가할 수 있다.

소품(figure)은 모래상자 안에 꾸밀 도구로, 실제 모형의 축소판들을 나타내는 상징물이 사용되는데, 이는 내담자의 내면을 묘사하기 위해 가능한 한 선택의 폭이 넓게 제공해 주는 것이 좋다. 모형물은 일상생활과 상상을 나타낼 수 있는 모든 것들을 분류해 놓는 것이 바람직하다. 소품은 내담자의 삶을 다양하게 표현할 수 있도록 주변세계를 상징하는 크기가 다양한 종류들이 준비되어야 한다. 아동의 감정, 정서, 상황을 표현하는 데 사용될 수 있는 것이라면 어느 것이라도 사용될 수 있다.

(4) 소품의 종류

소품(figure)의 종류는 다음과 같다.

- 사람: 가족, 종교적 인물들, 직업을 상징하는 사람들, 움직임을 나타내는 사람들, 피부색이 다양한 사람들, 신화적 인물, 원시인에서부터 문화가 다른

사람들 등

- 동물: 가축, 맹수, 암수와 어미와 새끼를 나타낼 수 있는 동물, 알을 상징할 수 있는 것, 조류, 바다생물, 사라진 동물이나 전설적인 동물들, 곤충, 파충류 등
- 식물: 나무(산 것과 죽은 것, 열매가 달린 나무, 활엽수, 침엽수 등), 새싹, 낙엽, 꽃, 잔디 등
- 탈것: 각종 자동차, 기차, 비행기, 로켓, 배, 가마, 말 등
- 무기: 탱크, 군함, 대포, 총, 활, 각종 무기류 등
- 자연물: 돌, 조개, 나뭇잎, 풀잎, 나뭇가지 등
- 구조물: 다양한 모양의 집, 집의 내부를 꾸밀 수 있는 가구나 각종 소품, 울타리, 다리, 건물, 터널, 깃발, 교통표지판, 길 안내판, 병원, 학교, 교회 건물, 주유소 세트, 비행장 등
- 만화영화의 주인공들: 아이들에게 인기가 있는 만화나 그림책의 등장인물들, 로봇 등
- 일기를 나타낼 수 있는 입체 구조물: 해, 구름, 달, 번개 등
- 종교적 상징물들: 교회, 탑, 종교적 인물상 등
- 기타: 무대장치, 솜, 다양한 종이나 헝겊, 악기, 화분, 삽 등

물은 모래놀이에서 필수적인 것 중 하나로, 모래를 촉촉하게 만들거나, 뒷마무리를 할 때 필요하다. 아동이 물을 흘리고 싶어 한다면 마음껏 흘리게 해주는 것이 바람직하다. 물을 사용하면 옷에 물이 묻거나 지저분해질 수 있다. 아동에게 지저분하게 물을 흘렸을 때 빠르게 청소하는 법을 가르쳐 줄 수도 있다.

카메라는 사진을 찍을 때 아동에게 사진을 찍는 이유와 좋은 점에 대해서 설명해 주는 것이 좋다. 그리고 줄 것과 상담자가 갖고 있어야 할 것을 미리 설명해 주어야 한다. 아동과 부모 모두에게 동의서를 받는 것이 좋다. 사진은 종결 과정

을 위한 긍정적인 효과를 거둘 수 있다.

(5) 소품을 활용한 모래상자치료

아동의 경우 놀이는 주위를 탐색하고 경험하는 방법으로 생각할 수 있으며, 놀이를 통하여 갈등과 곤란을 처리하는 기술을 배우며 숙련시키게 애쓴다. 액슬린(Axline, 1947)에 의하면 놀이는 자연스러운 자기표현의 매체로 놀이를 통해 아동은 긴장 및 좌절, 불안, 공격, 두려움, 혼란 등을 발산할 수 있는 기회를 갖는다고 하였다. 수줍어하는 아동이 불안함을 느낄 때 놀이를 통해 자연스럽게 해소할 수 있으며, 인형놀이를 통해 두려운 감정을 표출하고 편안하게 느끼며 자연스럽게 의사전달을 할 수 있다.

매체활용 놀이기법은 독자적인 치료이론이나 방법론이 따로 있는 것은 아니다. 다만 이를 사용하는 치료자가 자신의 이론적 배경에서 인형을 활용함으로써 진단과 치료의 정보를 얻을 수 있다. 심리치료에 인형을 사용한 역사는 오래되었지만 대부분 아동치료에 국한되어 왔다. 그것은 아동이 인형을 갖고 노는 데 익숙해져 있으며, 따라서 인형에 대해서 자연스럽게 흥미를 보이기 때문이다. 아동은 인형을 갖고 놀면서 쉽게 인형과 자기 자신을 동일시하여, 인형을 통해 자신의 욕구나 감정을 표현한다. 이때 아동은 자신의 욕구나 감정을 인형에 투사하고서 인형을 때리거나 미워하기도 하며, 다른 인물의 대치물로 간주하고 그 인물에 대한 감정을 인형을 상대로 풀기도 한다. 소품은 아동이 자발적이고 능동적으로 참여하도록 촉진하는 기능을 갖고 있다. 소품을 활용한 놀이는 자발성을 촉진하는 기능 때문에 긴장하는 내담자들 사이에서 많이 활용되고 있으며, 일반적인 방어능력을 가지고 있으면서 자아통제력이 약한 사람에게 유용한 방법이다. 언어적인 소통을 어려워하는 내담자에게 인형을 가지고 놀이를 하도록 초대하면 즐겁게 반응한다. 언어능력이 제한된 내담자의 경우에도 소품이라는 대리물을 통해 자신의 감정이나 생각을 투사하게 함으로써 즐거움을 느낄 수 있다. 최근에는 아동뿐 아니라 성인의 치료에도 소품을 많이 활용한다. 성인의 경우는 인형을 다루거나 인형을 상대로 감정표현을 하는 것에 대해서 어색하게 느끼지만 성인에게도 아동기의 기억이 남아 있기 때문에 분위기가 형성되면 쉽게 소품작업에 몰입할 수 있다. 특히 성인들의 어린 시절 이야기를 다룰 때는 인형이 매우 유용한 도구가 될 수 있다.

2) 다문화 가족 아동의 모래상자치료 사례

본 사례는 다문화가정 아동으로 A는 9세(남), B는 12세(여) 아동이다.

다문화가정 아동 A와 B는 모래상자치료 과정에서 영웅신화 과정으로 꾸민다고 하였다.

모래상자치료실에 아동이 들어오면 모래상자, 모래, 소품 등으로 모래상자를 꾸미고 꾸민 내용을 이야기하도록 하였다. 모래상자치료는 총 13회로 구성하였다. 전개 과정에서 영웅신화 이전단계(1-5회기)였으며, 영웅신화 단계는 영웅출발(6-8회기), 영웅입문(9-11회기), 영웅귀환(12-13회기)으로 구성되었다. 영웅의 모험을 출발-입문-귀환의 3단계로 구분한 박은희(2012)의 연구를 참조하였으며, 영웅신화의 모험담은 통과 제의에 나타난 '분리', '입문', '회귀' 양식의 확대판이라고 보았으며, 주인공인 영웅이 일상적인 삶의 세계를 떠나(분리) 초자연적인 경이의 세계로 들어가고(입문), 압도적인 힘을 가진 존재와 만나 그를 물리치고 더 큰 힘을 얻어 원래의 세계로 되돌아오는(회귀) 과정으로 분류하여 설명하고 있다.

(1) A 아동의 모래상자치료

A 아동의 모래상자 변화 과정을 살펴보면 다음과 같다.

모래상자치료 과정은 총 13회기이며, 1회기는 아무거나 꾸미기, 2회기는 사나운 물고기, 3회기는 전쟁, 4회기는 지원군, 5회기는 방해물, 6회기는 무기들, 7회기는 조각난 영웅, 8회기는 작전, 9회기는 무기 없는 전쟁, 10회기는 성 만들기, 11회기는 죽음과 기쁨, 12회기는 불리한 불사조, 13회기는 영웅의 못다 한 이야기이다.

	영웅출발(7회기) 조각난 영웅	영웅입문(11회기) 죽음과 기쁨	영웅귀환(13회기) 영웅의 못다 한 이야기
A 아동			

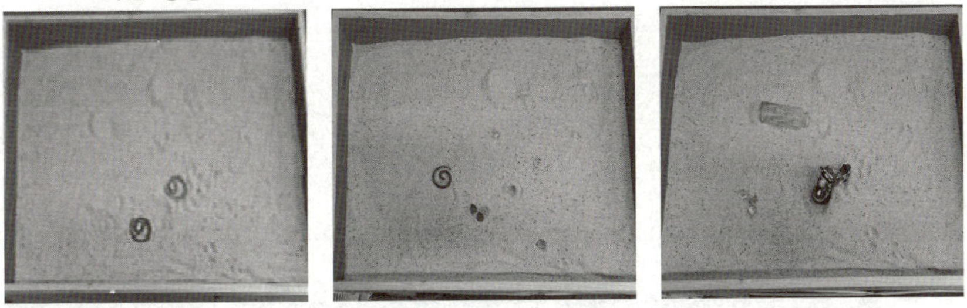

A 아동(9세, 남)의 모래상자 변화 과정의 영웅출발 단계 7회기에서는 뱀 두 마리와 구미호 피규어를 선택해 영웅을 방해하여 '조각난 영웅'의 주제로 표현하였고, 영웅입문 단계 11회기에서는 뱀 한 마리와 빨간색 보석, 투명색 보석을 선택한 후 보석 2개를 모래상자 왼쪽 아래에 두고 모래로 덮은 후 뱀이 있는 곳은 죽음, 요정이 있는 곳은 파티를 한다고 하며 '죽음과 기쁨'의 주제로 표현하였고, 영웅귀환 단계 13회기에서는 보석, 유리병, 오토바이 피규어를 선택하여 '영웅의 못다 한 이야기'의 주제로 표현하였다. 피규어를 선택할 때 망설이며 어떤 피규어를 선택해야 할지, 모래상자 어디에다 꾸며야 하는지를 물었고 귀환 단계에서는 자신이 원하는 피규어를 선택하고 모래상자에 스스로 꾸미는 모습을 보였다. 또한, 오토바이 피규어의 상징은 자아의 힘과 성장의 모습이고 일상생활의 삶의 귀환이다.

(2) B 아동의 모래상자치료 과정

B 아동의 모래상자 변화 과정을 살펴보면 다음과 같다.

모래상자치료 과정은 총 13회기이며, 1회기는 동물의 법칙, 2회기는 무서운 사자, 3회기는 펜션의 주방, 4회기는 싸움, 5회기는 얄미운 돼지, 6회기는 진정한 영웅, 7회기는 봉인된 상자, 8회기는 정글 속 영웅, 9회기는 돌연변이, 10회기는 종족싸움, 11회기는 탄생의 비밀, 12회기는 러브스토리, 13회기는 불쌍한 히어로이다.

B 아동

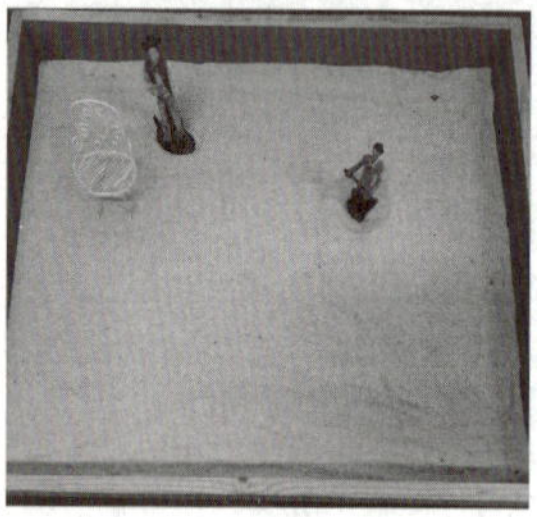

영웅출발(6회기)
진정한 영웅

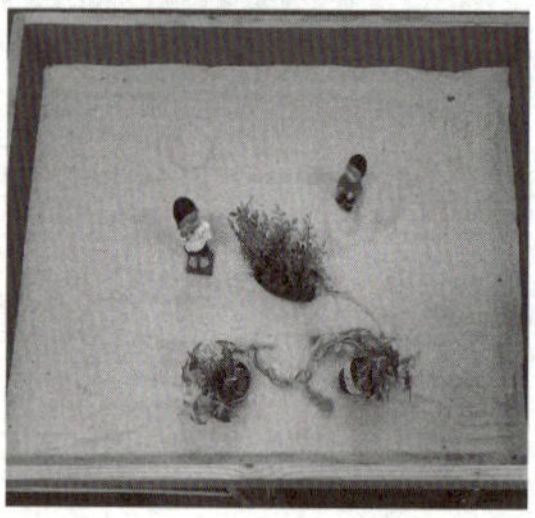

영웅입문(11회기)
탄생의 비밀

영웅귀환(12회기)
러브 스토리

B 아동(12세, 여)의 모래상자 변화 과정의 영웅출발 단계 6회기에서는 악당, 의자, 영웅 피규어를 선택하여 영웅이 점점 성장하는 모습이라고 말하고 '진정한 영웅'의 주제로 표현하였고, 영웅입문 단계 11회기에서 남자, 여자, 숲(풀) 피규어를 선택하여 악당이 여자를 죽였고 남자에게는 '탄생의 비밀'이 있다고 하며 주제로 표현하였다. 영웅귀환 단계 12회기에서 죽은 시체 여자와 영혼 여자, 요정 피규어를 선택하여 죽은 시체에 영혼이 들어가 다시 살아나 남자와 결혼한다고 하며 '러브 스토리'의 주제로 표현하였다. 출발 단계에서 자신이 놓고 싶은 피규어가 아닌 대신할 수 있는 피규어를 놓은 모습을 보였는데, 귀환 단계 7회기에서는 자신이 놓고 싶은 피규어를 선택하였다. 또한 죽은 시체에 영혼이 들어가 살아나

는 모습을 표현하는 것을 볼 때 초인적인 힘을 발휘하여 난관을 극복하고 해결하는 모습을 보였다.

모래상자는 내담자 자신의 정신이며 육체이다. 내담자는 자신의 정신과 육체에서 영혼을 이끌어 내며 이를 다시 정신과 육체를 통합하는 작업을 한다. 또한 내담자의 잠재력을 전제로 감정의 흐름을 공감하고 자기치유력의 확신을 갖고 모성애적 본능에 따라 진행하는 매체를 활용한 상담기법이다. 신화 속 영웅들의 이야기는 상상력을 자극하고 무의식의 원형(archetype)과 공명함으로써, 인류의 문화적·예술적 창조력을 활성화하고 도덕적 규범의 기초를 내면화시키면서 전개할 수 있다. 또한, 무의식의 원형적 이미지(archetypal images, 원형상)로서 만들어진 '영웅'의 고난과 시련을 이겨 내는 인내와 용기, 불굴의 의지와 지혜는 수시로 우리 삶의 귀감이 되어 인내와 용기, 불굴의 의지와 지혜로써 일상에서 우리 삶의 귀감이 되어 준다(안효성, 2016). 이처럼, 신화의 영웅은 결국 "비합리적 정신 영역에서 나오는 초인적인 힘"을 통해 또는 "조력자 혹은 후견인"의 도움을 받아 난관을 극복하고 그들의 과제를 능란하게 해결한다. 그리스의 영웅들의 경우 용, 거인, 히드라, 메두사, 미노타우로스와 같은 괴물들을 퇴치하고 그 대가로 특별한 선물을 획득하여 이것을 영웅신화의 일반적인 시나리오로 활용되고 있다(안효성, 2016). A 아동과 B 아동 모두 회기 초반에 소품을 결정하지 못하거나 자신이 표현하고 싶은 피규어를 선택하지 못하고 눈치를 보며 감정을 표현하지 않고 위축된 모습을 보였는데, 후반에는 스스로 소품을 고르고 자신의 생각과 감정을 표현하였다. 모래상자치료 과정을 통해 영웅신화 상징소품을 가지고 초인적인 힘과 조력자의 도움을 받아 세상의 현실적 위험들을 이겨 나가고 개인의 자아 형성과 성장을 도모할 수 있다.

참·고·문·헌

강남식, 박종희, 채현숙, 정미례, 이미경(2018). **광주광역시 사회복지사협회 인권교육 총서 13 여성인권과 성평등**. 광주: 오월숲.

강미정(2014). 가정폭력 피해 아동에 대한 모래상자치료의 효과. 창원대학교 대학원 석사학위논문.

고광석(2018). 다문화 선교를 위한 "이주민"의 성경적 이해와 선교적 적용. **개혁논총**, 47, 97-135.

고미영(2002). 이야기 치료와 가족치료. **기독교 상담심리치료학회**, 1-17.

고상두, 김예슬(2012). "러시아 제노포비아의 실태와 원인 분석", **아시아태평양연구**, 19(1), 169-192.

고은경(2011). 모래상자치료 과정에서 아동이 형상화한 이야기의 상징적 의미: 분석심리학적 민담 분석을 토대로. 부산대학교 대학원 석사학위논문.

광주여성의전화(2018). 성폭력전문상담원 양성교육자료집.

교육부(2016). 2016 다문화교육 지원계획.

구자관(2007). 언어폭력이 카지노딜러의 소진, 직무만족, 이직의도에 미치는 영향-분노조절 기제의 조절효과를 중심으로. 경기대학교 대학원 박사학위논문.

국가법령정보센터. https://www.law.go.kr/

국가인권위원회(2004). www.hunmanright.go.kr 서울: 국가인권위원회, 발간등록번호: 11-1620000-000074-10

국가인권위원회 보도자료(2012). 인권위, 인권친화적 이주민 정책마련 권고.

국가인권위원회(2011). 다르지만 평등한 이주민 인권 길라잡이: 다문화 인권교육 기본교재.

국가인권위원회(2012). 이주인권 가이드라인.

국무조정실, 여성가족부(2016). 다문화가족정책, 이제는 '자녀성장지원'이다!

권중돈 외(2016). **사회복지개론**. 서울: 학지사.

권진숙, 김상곤, 김성경, 김성천, 김혜성(2012). **사례관리론**. 서울: 학지사.

금명자, 한국청소년상담원(2004). 이혼과정 경험에 대한 질적 연구: 부모역할과 부모자녀관계를 중심으로. 한국청소년상담원.

김경희(2013). 모래상자에 나타나는 영웅신화론 주제 분석: 8세 남아의 사례를 중심으로. **한국모래상자치료학회**, 9(1), 41-65.

김경희, 이희자(2005). **모래상자 놀이치료**. 경기: 양서원.

김광웅(1999). 아동놀이의 속성과 치료적 요소에 관한 고찰. **한국놀이치료학회지, 2**(1).

김규수, 오현수(2005). **가족치료-이론과 실제**. 경기: 양서원.

김금란(2012). 구조화된 집단모래상자치료 프로그램이 아동의 자기지각 및 자아탄력성에 미치는 효과. 명지대학교 대학원 석사학위논문.

김기쁨(2017). 초등학교 저학년의 언어폭력예방을 위한 독서치료 활용 집단상담 프로그램 개발. 한국교원대학교 대학원 석사학위논문.

김도황, 정태연(2002). **청년기의 자기탐색**. 서울: 동인.

김동일(2018). 이주여성의 한국생활적응 과정과 교회평생교육 경험에 관한 연구. 광주대학교 대학원 박사학위논문.

김동진, 박인아, 윤구원(2016). **다문화복지론**. 경기: 공동체.

김민예숙, 김혜경, 배인숙, 이문자, 이미혜(2009). **왜 여성주의 상담인가**. 경기: 한울아카데미.

김병희(2012). 전통 태교의 특성과 교육적 위상. **아동교육, 21**(3), 169-180.

김보애(2003). **모래놀이의 이론과 실제**. 서울: 학지사.

김보영, 임효진, 최윤호, 김상희, 박범진(2012). 숲태교를 통한 산모의 임신스트레스 감소 효과. **산림과학 공동학술발표논문집**, 2012, 687-690.

김서영(2018). 이주노동자들의 한국 사회에서의 제노포비아 경험에 대한 연구: 근거이론 접근. **사회복지연구, 49**(4), 31-63.

김수연, 김득성(2001). 부부폭력과 결혼 불안정성의 관계. **한국가정관리학회지, 19**(1), 53-62.

김숙(2009). 전라남도 이주민 인권상황 실태 및 개선방안. 2009년 국가인권위원회 인권교육포럼·전북대학교 인권센터, 121-129.

김영희(2009). 한국에서의 태교. **부모 · 자녀건강학회, 12**(1), 37-45.

김왕근(1993). 시민교육을 위한 덕목주의의 새 지평. **시민교육연구, 17**, 19-35.

김용태(2004). **가족치료 이론**. 서울: 학지사.

김유숙(1998). **가족치료 -이론과 실제-**. 서울: 학지사.

김유숙(2000). **가족상담**. 서울: 학지사.

김유숙(2002). **가족치료**. 서울: 학지사.

김유숙, 전영주, 김수연(2003). **가족평가핸드북**. 서울: 학지사.

김은미, 양소은(2013). '디지털 네이티브'의 시민성. **한국언론학보, 57**(1), 305-334.

김은주, 서영희, 한미라, 조희숙, 임재택(2006). 태교의 의미와 실제에 대한 문화기술적 탐구. **열린유아교육연구**, 11(5), 321-347.

김이선(2015). 한국 사회 다문화와의 특징과 다문화가족 정책: 정책 형성의 의의와 추진 성과. 국제학술포럼 자료집, 115-140.

김이선, 이아름, 황정미(2014). 다문화가족의 초국가적 가족연계망과 정책적 시사점. 한국여성정책연구원.

김재은(1972). 한국가족의 집단성격과 부모-자녀 간에 관한 심리학적 연구. 이화여자대학교 박사학위논문.

김정열, 박수준, 유정욱(2014). **다문화가족의 상담과 실제**. 경기: 공동체.

김정원 외(2008). 교육복지 마스터플랜 수립 연구. 교육과학기술부.

김진숙(1999). 비행청소년을 자녀로 둔 가족을 위한 치료적 접근. **한국가족치료학회지**, 7(2), 3-26.

김진숙, 이명우, 송수민(1999). 1999년도 상담경향 분석연구. 한국청소년상담원.

김춘경, 이수연, 이윤주, 정종진, 최웅용(2016). **상담학 사전**. 서울: 학지사.

김춘진(2009). 인권적 시각에서 본 다문화정책의 문제점과 과제. 2009년 국가인권위원회 인권교육포럼·전북대학교 인권센터, 3-24.

김태희(2015). 청소년의 스트레스 및 우울이 심리적 안녕감에 미치는 영향: 자아탄력성의 매개효과를 중심으로. 한영신학대학교 대학원 박사학위논문.

김헌선(2002). (신화아카데미 연구 총서 2) **세계의 영웅신화 연구서**. 동방미디어연구.

김헌수(2001). 장애아동 어머니의 양육태도와 가족 특성 간의 상관연구. 공주대학교 교육대학원 석사학위논문.

김헌수(2001). 한국청소년 음주 및 비행행동 간의 상관관계. 보건복지부.

남경동, 윤계숙, 정혜선, 박순애, 장부영, 김혜란, 엄현신, 성영희(2005). 수술실 간호사가 경험하는 언어폭력 측정도구 개발. **간호행정학회지**, 11(2), 159-172.

노영란(2002). 시민성과 시민윤리. **철학연구**, 83, 187-209.

두산백과. https://www.doopedia.co.kr/

문무경, 조혜주(2008). 다문화가정 육아지원 방안 연구. 육아정책개발센터. 2008 연구보고서.

문희수, 최의순(2002). 산모와 배우자의 태교인식과 실천에 관한 연구. **여성건강간호학회지**, 8(4), 583-594.

미국정신분석학회(2002). **정신분석용어사전**. 이재훈 역. 한국심리치료연구소.

민동일(2007). 청소년의 가정건강성, 학교생활건강성 및 자아탄력성이 정신건강에 미치는 영향. 인하대학교 대학원 박사학위논문.

민병근(1976). 한국청소년에 관한 사회 정신의학적 연구. 서울: 중앙대학교 의과대학 신경정신과학교실.

민예숙(2013). **여성주의 상담구조화모델 워크북**. 경기: 한울아카데미.

박문일(2005). **태교는 과학이다**. 서울: 한양대학교 출판부.

박소현, 이미나(2018). 가정폭력피해아동의 모래상자치료과정에서 나타난 영웅신화적 경험 분석에 대한 사례연구. **모래상자치료연구**, 8(1), 14-25.

박애경(2017). 가족건강성, 사회적지지가 지역아동센터 아동의 인터넷 과몰입에 미치는 영향; 자아탄력성, 심리적 안녕감 매개효과 검증. 서울벤처대학교 대학원 박사학위논문.

박은희(2012). 구조화된 집단모래상자치료가 아동의 자아존중감과 정서지능에 미치는 효과. 명지대학교 대학원 석사학위논문.

박주연(2011). 콜라주 중심의 태교 미술치료 프로그램이 임신부의 스트레스에 미치는 효과. **한국예술치료학회지**, 2, 1-23.

박태영(2003). **가족생활 주기와 가족치료**. 서울: 학지사.

박효미, 정경희(2014). **태아커뮤니케이션**. 서울: 커뮤니케이션북스.

박효종(2002). 민주사회와 시민적 덕목. **서울대학교 사대 논총**, 65, 61-62.

배상미(2007). 임부의 태교무용에 대한 인식도 조사. **대한무용학회논문집**, 51, 131-517.

법무부(1997). 가정폭력 방지 피해자 보호 등에 관한 법률.

법무부. 출입국외국인 정책 통계월보 2021년 12월.

보건복지가족부. 다문화가족지원을 위한 다문화 사회 이해. 중앙건강가족지원센터, 2008, 245.

보건복지부(2015). 보육통계.

보건복지부(2018). 2018다문화가족지원사업안내

설동훈(2009). 인권적 시각에서 본 다문화정책의 문제점과 과제. 2009년 국가인권위원회 인권교육포럼·전북대학교 인권센터, 3-24.

설동훈, 서문희, 이삼식, 김명아(2009). 다문화가족의 중장기 전망 및 대책 연구. 여성가족부.

성미혜, 주경숙(2011). 임부의 결혼만족도와 배우자 지지가 태교실천에 미치는 영향. **여성건강간호학회지**, 17(1), 31-38.

송성자, 정문자(1994). **경험적 가족치료**. 서울: 중앙적성출판사.

송윤선(2010). 국내 이슬람 선교 전략에 대한 연구. 총신대학교 선교대학원 박사학위논문.

송윤선, 이미나(2018). 결혼이주여성의 가족상담 관련 KCI연구 동향. **예술인문사회융합멀티미디어논문지**, 9(4), 697-706.

신은주, 유진이(2013). 가족형태의 변화에 따른 이주아동의 인권상황 실태조사: 2013년도 인권상황 실태조사 연구용역보고서. 국가인권위원회 조사국 침해조사과.

신인숙, 김애자(2006). 태교와 음악 환경이 유아의 음악 능력에 미치는 영향. **아동교육**, 15(1), 123-137.

신진영(2016). 성매매 집결지의 장소성에 대한 여성주의적 연구: 대구 '자갈마당'을 중심으로. 계명대학교 정책대학원 여성학과 석사학위논문.

신현숙(2001). 청소년기 대처양식: 비행과 학교 동일시에 따른 차이. **상담학연구**, 2(1), 95-116.

심희옥(2008). 생모와 이별한 5세 남아의 모래상자치료를 통한 의식의 탄생과 분화. **한국아동심리재활학회**, 12(3), 61-83.

안상수, 김이선, 마경희, 문희영, 이명진(2015). 국민 다문화수용성 조사 연구. 여성가족부.

안정임, 전경란, 김양은(2009). **다문화와 미디어교육**. 서울: 방송통신위원회 · 한국전파진흥원.

안효성(2016). 신화 속 영웅들의 콘텐츠적 재귀: 슈퍼 히어로가 된 헤라클레스와 그 서사적 의미. **현대유럽철학연구**, 42, 99-132.

양유성(2004). **이야기치료**. 서울: 학지사.

엄명용(2002). 장기 분거주거의 전문직 남성문제: 기러기 아빠. **한국가족치료학회지**, 10(2), 25-43.

여성가족부(2013). 2012년 전국 다문화가족 실태조사.

여성가족부(2013). 다문화가족 사례관리 실무활용매뉴얼.

여성가족부(2016). 2015년 전국 다문화가족 실태조사

여성가족부(2017). 2017년 청소년종합실태조사.

여성가족부(2018). 2018년 여성가족부 업무보고.

여성가족부(2019). 2018년 전국 다문화가족 실태조사.

여성가족부(2022). 다문화가족사업안내.

여성가족부, 관계부처합동(2012). 제2차 다문화가족정책 기본계획(2013-2017).

염미봉(2006). 성매매 여성에 대한 일고찰-광주지역 성매매지원시설을 중심으로-. 서강대학교 공공정책대학원 석사학위논문.

염숙경(2006). 모래상자치료사례의 캠벨영웅신화론에 의한 분석. 숙명여자대학교 대학원

박사학위논문.

염숙경, 김광웅(2008). 모래상자치료사례의 캠벨영웅신화론에 의한 분석. **한국놀이치료학회**, 11(2), 87-104.

오관석(2009). 민주주의의 가치실현을 위한 시민성교육에 관한 연구: 합리성과 도덕성을 중심으로. **부경대학교 인문사회과학연구**, 1(22), 69-107.

유태용(1999). **문화란 무엇인가**. 서울: 학연문화사.

윤진(1985). **노인 심리학**. 서울: 중앙적성출판사.

이경혜, 배경의(2004). 심신과학으로서의 태교. **부모 · 자녀건강학회지**, 7(1), 61-72.

이근홍(2006). **사회복지실천 개별관리**. 경기: 공동체.

이미나(2015). 아유르베다 요법을 활용한 숲태교 프로그램 개발 및 효과. 동방문화대학원대학교 박사학위논문.

이민경(2008). 한국사회의 다문화 교육 방향성 고찰: 서구 사례를 통한 시사점을 중심으로. **교육사회학연구**, 18(2), 83-104.

이민경(2013). 다문화 사회에서의 시민성 교육: 세계시민성과 환대의 개념을 중심으로. **교육문제연구**, 47.

이민경, 양계민(2011). 다문화 교육 프로그램 효과성 분석을 통한 다문화 교육 방향성 고찰. **현대사회와 다문화**, 1(2), 176-199.

이봉주, 김세원(2014). 아동학대가 아동 · 청소년 발달에 미치는 영향에 대한 종단적 연구. **아동과 권리**, 18(2), 163-195.

이성미(2010). **다문화 코드**. 서울: 생각의 나무.

이성미(2012). **다문화정책론**. 서울: 박영사.

이수영(2010). 초등학교 고학년의 언어폭력 예방을 위한 역할놀이 중심 집단상담 프로그램 개발. 한국교원대학교 교육대학원 석사학위논문.

이승종(1997). 지방화 · 세계화시대의 시민의식. **시민교육연구**, 24, 49-63.

이유경(2003). 분석심리학적 신화 읽기: 의식의 발달사로 보는 신화의 세 단계. **한국미학예술학회**, 17, 207-239.

이유경(2008). **원형과 신화**. 서울: 분석심리학연구소.

이주석(2015). 덕 개념과 윤리학: 윤리학에서 덕을 다루는 두 가지 방식. **철학논총**, 80(2), 406.

이주여성 성폭력 피해현황과 체류권 보장을 위한 제도 개선방안 토론회(2018.10.17). 한국이주여성인권센터.

이주여성긴급지원센터(2003). 이주여성인권 보호를 위한 매뉴얼.

이지훈(2009). 전라북도 이주민 인권상황 실태 및 개선방안: 이주여성을 중심으로. 2009년 국가인권위원회 인권교육포럼·전북대학교 인권센터, 103-117.

이창호, 오성배, 정의철, 최승희(2007). 소수집단 청소년들의 생활실태 및 지원방안 연구. 서울: 한국청소년정책연구원.

이현주(1997). 부부의 자아분화 정도와 갈등대처 행동에 관한 연구. 성균관대학교 대학원 석사학위논문.

이형하, 박상희, 송선화, 김정오, 김훈희, 권충훈, 최희철(2015). **다문화 사회와 다문화교육의 이해**. 경기: 공동체.

인권정책연구소, http://www.humanpolicy.com

장복순, 김기영, 김은숙(2001). 태교관점 임부교실 참여 전후 임부 태아애착과 분만자신감의 변화. **여성건강간호학회지**, 7(1), 7-17.

장은주, 김수연, 이진영(2000). **우리아기 두뇌개발**. 서울: 명진출판.

장인협, 우국희(2001). **케어 · 케이스 매니지먼트**. 서울: 서울대학교 출판부.

장재천(2009). 한국 전통 태교의 특징과 역사적 의의. **한국사상과 문화**, 49, 203-222.

장재홍, 김현주, 이호준, 김태성(2002). 청소년기 가족문제와 상담의 방향. **청소년상담연구**, 82.

장정순, 박주호(2005). 태교미술에 대한 인식도 조사: 만 18세 이상 30세 이하 성인 미혼 남녀를 중심으로. **미래유아교육학회지**, 12(2), 377-403.

장정호(2005). 유학교육론의 관점에서 본 "태교신기"의 태교론. **대동문화연구**, 50, 475-502.

장정호(2008). 한 · 중 전통 태교론(胎教論) 비교 연구. **교육사학연구**, 18(1), 59-82.

장휘숙(2008). **가족심리학**(2판). 서울: 박영사.

전명길(2017). 다문화가정의 가정폭력에 관한 연구. 국내학술기사 한국법이론실무학회.

전승현(2020.05.14.). 미뤄지는 등교 개학…전남 다문화 학생 학습권 우려. 연합뉴스. https://www.yna.co.kr/view/AKR20200514056400054?input=1195m

전준형(2009). 다문화정책의 문제점과 발전방향-외국인 정책 기본계획 소개와 제언-. 2009년 국가인권위원회 인권교육포럼·전북대학교 인권센터, 59-96.

정갑영(2004). 문화다양성 국제협약 대응방안 연구. 한국문화관광정책연구원.

정미라, 강수경, 김민정(2013). 임산부의 결혼만족도, 부모됨의 태도와 태교실천에 관한 연구. **대한가정학회지**, 51(2), 241-251.

정병호 외(2011). 이주 인권가이드라인 구축을 위한 실태조사. 국가인권위원회 연구용역

보고서.
정수경(1993). 정신분열증 환자의 질병기간에 따른 가족기능의 효과성 연구. 연세대학교 대학원 박사학위논문

정의철(2013). **다문화 커뮤니케이션**. 서울: 커뮤니케이션북스.

정현곤(2015). 다문화사회의 이해와 선교적 접근 연구: 다중적인 정체성을 품는 신적 포용을 중심으로. 장로회신학대학교 박사학위논문.

정희자(1999). 삶으로서의 은유. **부산외대논총**, 19(4), 219-247.

조순자(2002). 가정폭력이 아동의 행동에 미치는 영향: 쉼터에 거주하는 구타당한 여성의 아동을 중심으로. 성공회대학교 시민사회복지대학원 석사학위논문.

조영달(2006). 다문화가정의 자녀교육 실태조사. 서울: 교육인적자원부.

조영달, 박윤경, 성경희, 이소연, 박하나(2010). 학교 다문화교육의 실태 분석. **한국사회과교육학회**, 42(1), 151-184.

조은(2004). 세계화의 최첨단에 선 가족: 원정유학 모자녀 가족 사례를 중심으로. 학술진흥재단 연구 보고서.

조재경(2004). 가정폭력 예방 및 대처교육 프로그램 효과-전문가 과정 및 도우미 과정을 중심으로. **한국가족치료학회지**, 12(1), 83-105.

찾기쉬운 생활법령정보. https://www.easylaw.go.kr/CSP/Main.laf

천정웅, 이형하, 이승민, 이정희(2015). **이민다문화가족복지론**. 경기: 양서원.

최경석, 김양희, 김성천, 김진희, 박정윤(2003). **한국 가족복지의 이해**. 서울: 인간과복지.

최규련(1995b). 가족체계의 기능성, 부부간 갈등 및 대처방안과 부부의 심리적 적응과의 관계. **대한가정학회지**, 33(6), 99-113.

최선령(2001). 아내 구타자의 인지행동 프로그램. **한국가족치료학회지**, 9(1), 99-130.

최양숙(2005). **조기유학, 가족 그리고 기러기 아빠**. 경기: 한국학술정보.

최연순, 김현옥(1995). 임신부부의 태교 실태조사. **여성건강간호학회지**, 1(2), 153-173.

최연실 외(2015). **한국가족을 말하다: 현상과 쟁점**. 서울: 도서출판 하우.

최윤정 외(2017a). 제3차 다문화가족정책기본계획 수립을 위한 연구. 여성가족부.

최윤정 외(2019). 2018년 전국다문화가족실태조사 연구. 여성가족부.

최은영, 이진화, 김승진(2014). 2013-2014 유아교육 연차보고서. 육아정책연구소.

최창희(2010.05.04.). 대구죽전초교 다문화학교방송 다문화학생이 진행. 매일신문. https://news.imaeil.com/page/view/2010050407331196869

통계청(1994). 노인생활실태조사. 통계청.

통계청(2002). 인구주택총조사보고서. 통계청.

통계청(2018). 2017년 다문화 인구동태 통계.

통계청(2018a). 2017년 인구주택총조사: 등록센서스 방식 집계결과. 통계청 보도자료(2018. 08.27.).

통계청(2018b). 2017년 다문화 인구동태 통계. 통계청 보도자료(2018.11.23.)

한국다문화교육학회, 한국건강가정진흥원(2015). 한국 다문화정책에 대한 10년 평가 및 전망. 국제학술포럼.

한국사례관리학회(2012). **사례관리전문가교육: 실무자 기초과정**. 서울: 학지사.

한국양성평등교육원(2016). 가정폭력예방교육전문강사 교육과정.

한국청소년상담원(2001). 이혼가정의 아이들. 청소년상담문제연구보고서 45.

한미향(1999). 부부의 자아분화와 부부의 갈등 및 갈등대처방안과의 관계. 서강대학교 대학원 석사학위논문.

한상분(1992). 아동의 자아개념과 가족체계의 기능유형: Circumplex Model을 중심으로. **한국아동학회, 13**(2), 145-160.

해석학연구회(1994). **현대철학과 해석**. 서울: 지평문화사.

행정안전부(2012.07.). 2012년 지방자치단체 외국인주민 현황. 서울: 행정안전부.

행정안전부. 각 연도 외국인주민현황조사.

행정안전부. 주민등록 인구통계, 주민등록 인구 및 세대현황. 2018년 8월 31일자 통계 현황. https://jumin.mois.go.kr/statMonth.do

허혜경, 김혜수(2017). **글로벌 시민교육**. 서울: 창지사.

홍기룡(2009). 제주지역 이주민 인권상황 실태 및 개선방안. 2009년 국가인권위원회 인권교육포럼·전북대학교 인권센터, 133-150.

황매향, 김계현(2001). 진로의사 결정과정에서의 타협과정에 관한 연구동향. **한국심리학회지: 상담 및 심리치료, 13**(1), 111-124.

황옥자(1996). 어머니의 태교의식 및 태도와 유아건강과의 관련성 연구. **한국가족복지학, 1**, 131-156.

Daum 백과사전. https://100.daum.net/

EBS 아기성장보고서 제작팀(2009). **아기성장보고서**. 예담.

EBS 퍼펙트 베이비 제작팀(2013). **퍼펙트 베이비(EBS 다큐프라임)**. 와이즈베리.

KBS 첨단보고 뇌과학 제작팀(2012). **태아성장보고서: KBS 특집 3부작 다큐멘터리 첨단보고**

뇌과학 10년의 기록 엄마 뱃속에서 시작되는 두뇌 혁명. 마더북스.

KOICA ODA교육원(2016). 국제개발협력(심화편): 더불어 사는 세상을 위한 소중한 첫걸음. 성남: 시공미디어.

Anderson. J. (2003). Strengths perspective. In J. Anderson & R. W. Carter (Eds.), *Diversity perspectives for social work practice* (pp. 11-20). Boston: Allyn & Bacon.

Asian American Federation of New York. (2003). *Asian American mental health: A post-September 11th needs assessment*. New York: AAFNY.

Atsushi, O., Hitoshi, N., Shinji, N., & Motoyuki, K. (2002). Development and validation of an adolescent resilience scale. *Japanese Journal of Counseling Science, 35*, 57-65.

Axline, V. M. (1947). Nondirective therapy for poor readers. *Journal of Consulting Psychology, 11*(2), 61–69.

Barr, D. J., & Strong, L. J. (1987). Embracing multiculturalism: The existing contra-dictions. *ACU-I Bulletin*, 20-23.

Bender, L., & Lourie, R. S. (1941). The effect of comic books on the ideology of children. *American Journal of Orthopsychiatry, 11*(3), 540-550.

Berg, I. K. & Miller, S. D. (1992). *Working with the problem drinker*. 가족치료 연구모임 역(1993). 해결중심적 단기 가족치료. 서울: 하나의학사.

Berg, I. K. (1994). *Family based services: A solution-focused approach*. New York: W. W. Norton.

Berry, J. W. (1997). Immigration, acculturation, and adaptation. *Applied Psychology: An International Review, 46*(1), 5–34.

Block, J. H., & Block, H. (1980). The role of ego-control and ego-resiliency in the organization of behavior. *In Minnesota Symposia on Child Psychology, 13*, 39-101.

Block, J., & Kremen, A. M. (1996). IQ and ego-resiliency: Conceptual and empirical connections and separateness. *Journal of Personality and Social Psychology, 70*(2), 349-361.

Bowen, M. (1966). The use of family theory in clinical practice. *Comprehensive Psychiatry, 7*(5), 345–374. https://doi.org/10.1016/S0010-440X(66)80065-2

Brammer, R. (2004). *Diversity in counseling*. Belmont, CA: Brooks Cole.

Browne, C., & Mills, C. (2001). Theoretical frameworks: Ecological model, strengths perspective, and empowerment theory. In R. Fong & S. B. C. L. Furuto (Eds.), *Culturally competent practice* (pp. 10-32). Boston: Allyn & Bacon.

Budman, S. H. (ed). (1981). *Forms of brief therapy*. New York: Guilford Press.

Burtt, S. (1990). The Good Citizen's Psyche: On the Psychology of Civic Virtue. *Polity, 23*(1). The University of Chicago Press on behalf of the Northeastern Political Science Association, p. 24.

Cade, B., & O'Hanlon W. H. (1992). *A brief guide to brief therapy*. New York: W. W. Norton.

Call, J., ed. (1979). *Basic handbook of child psychiatry*. New York: Basic Books.

Cameron, L. (1998). Verbal abuse: A protective approach. *Nursing Management, 29*(8). 34-36.

Campbell, J. (1949). 천의 얼굴을 가진 영웅. 이윤기 역(1999). 서울: 민음사.

Cunha, F., Heckman, J., Lochner, L. J., & Masterov, D. V. (2006). "Interpreting the Evidence on Life Cycle Skill Formation." In *Handbook of the Economics of Education*, ed. Eric A. Hanushek and Frank Welch, 697–812. Amsterdam: North-Holland: Elsevier.

Cross, T. L., Bazron, B. J., Dennis, K. W., & Isaacs, M. R. (1989). *Towards a culturally competent system of care*. Washington, DC: Child and Adolescent Service System Program Technical Assistance Center.

Dagger, R. (1997). *Civic virtues: Rights, citizenship, and republican liberalism*. Oxford: Oxford University Press.

De Shazer, S. (1985). *Keys to solution in brief therapy*. New York: W. W. Norton.

Devore, W., & Schlesinger, E. G. (1999). *Ethnic-sensitive social work practice* (5th ed.). Boston: Allyn & Bacon.

DuBray, W., & Sanders, A. (2003). In J. Anderson & R. W. Carter (Eds.), *Diversity perspectives for social work practice* (pp. 47-57). Boston: Allyn & Bacon.

Eberhardt, Tim. (1996). Storytelling and pastoral care. *Journal of Pastoral Care, 50*(1), 23-31.

Eliot, L. (2000). *What's going on in there?* 안승철 옮김(2004). 우리아이 머리에선 무슨

일이 일어나고 있을까. 경기: 궁리.

Emde, R., Gaensbauer, T., & Harmon, R. (1976). *Emotional expression in infancy*. New York: Int. Univ. Press.

Eunsook Lee Zeilfelder(2008). 한국사회와 다문화가족. 경기: 양서원.

Fong, R. (2001). Culturally competent social work practice: Past and present, In R. Fong & S. B. C. L. Furuto (Eds.), *Culturally competent practice* (pp. 1-9). Boston: Allyn & Bacon.

Gerkin, C. V. (1986). *Widening the horizons*. Philadelphia: Westminster Press.

Glenn, R., & Holmes, J. (1999). *Healing stories*. New York: Oxford University Press.

Greenspan, S. I., & Pollock, G. H., eds. (1980). *The course of life*, Vol. 1. Washington, D. C.: U. S. Government Printing Office.

Guerin, P. J. (1996). 가족치료 임상에서 삼각관계 활용. 최선령, 이인수 역(2005). 서울: 시그마프레스.

Ibrahim, F. A. (1985). Effective cross-cultural counseling and psychotherapy. A framework. *The Counseling Psychologist*, *13*, 625-638.

Jones, J. M. (1997). *Prejudice and racism* (2nd ed.). New York: McGraw-Hill.

Kalff, D. (1966). The archetype as a healing factor. *Psychologia, 9*, 177-184.

Katz, J. H. (1985). The sociopolitical nature of counseling. *The Counseling Psychologist, 13*, 615-624.

Keats, D. (1997). *Culture and the child: A child care and development*(1st ed.). 김영화 옮김(2010). 다문화 사회와 어린이. 서울: 한울.

Kilpatrick, A. C., & Holland, T. P. (2003). *Working with families*. Boston: Pearson Education Inc.

Kymlicka, W. (1997). Education for citizenship. *IHS Political Science Series 40*, Institute for Advanced Studies(IHS), 3-7.

Lewis, J. A., Lewis, M. D., Daniels, J. A., & D'Andrea, M. J. (1998). *Community counseling*. Pacific Grove, CA: Brooks/Cole.

Litchfield, B., & Liechfield, N. (1997). *Christian counselling and family therapy*. 홍순원 역(2002). 기독교상담과 가족치료. 서울: 예수전도단.

Lum, D. (2005). *Cultural competence, practice stages, and client systems*. Belmont, CA: Brooks Cole.

Manderino, M. A., & Banton, S. (1994). Evaluation of the verbal abuse scale. Unpublished Manuscript.

Martiniello, M. (2008). 현대사회와 다문화주의. 윤진 역. 경기: 한울아카데미.

McAdams, D. P. (1985). *Power, intimacy, and the life story*. Homewood, IL: Dorsey Press.

McFague, S. (1982). *Metaphorical theology*. Philadelphia: Fortress Press.

McGoldrick, M., Gerson, R., & Shellenberger, S. (1999). *Genograms: Assessment and Intervention*. 이영분, 김유숙, 정혜정 역(2005). 가계도 - 사정과 개입. 서울: 학지사.

McGoldrick, M., Giordano, J., & Pearce, J. K. (1996). *Ethnicity and family therapy*. New York: Guilford.

Morita Yoshia (1996). 教室の 危い. 東京: 金子書爲.

Moxley, D. P. (1989). *The practice of case management*. C. A.: Sage Publications.

Mullen, P, E., Martin, J. L., Anderson, J. C, Romans, S. E., & Herbison, G. P. (1996). The long-term Impact of the physical emotional, and sexual abuse of children: community study. *Child Abuse & Neglect. 20*(1). 7-21.

Nathanielsz, P., & Vaghan, C. (2001). *The prenatal prescription*. 차광열 역(2003). 태교혁명. 서울: 사이언스북스.

National Association of Social Workers(NASW). (2001). *NASW standards for cultural competence in social work practice*. Washington, DC: Author.

O'Connell-Higgins. R. (1983). *Psychological resilience and the capacity for intimacy*. Qualifying paper. Harvard Graduate school of Education.

Olson, D. H., Portner, J., & Lavee, Y. (1985). FACES Ⅲ: Family Adaptability & Cohesion Evaluation Scales, Family Social Science. St. Paul: University of Minnesota.

Parham, T. A., White, J. L., & Ajamu, A. (1999). *The psychology of blacks: An african centered perspective* (3rd ed.). Englewood Cliffs, NJ: Prentice Hall.

Parry, A., & Doan, R. E. (1994). *Story re-visions*. New York: The Guilford Press.

Pearce, S. S. (1996). *Flash of insight: Metaphor and narrative in therapy*. Needham Heights, MA: Allyn & Bacon.

Philip, L. C. (2000). *Caring for God's people*. Minneapolis: Fortress Press.

Polkinghorne, D. E. (1988). *Narrative knowing and the human sciences*. Albany: State

University of New York Press.

Robbins, T. (1992). *Awaken the giant within.* 이우성 역(2002). 네 안에 잠든 거인을 깨워라. 서울: 씨앗을 뿌리는 사람들.

Roizen, M. F., & OZ, M. C. (2009). *You: Having a baby: The owner's manual to a happy and healthy pregnancy.* 안기순 역(2012). 내몸 임신출산 설명서. 경기: 김영사.

Rosen, S. (1982). *My voice will go with you.* New York: W. W. Norton & Company.

Ross. S. M., & Moore. V. L. (1995). *Case management: Encyclopedia of social work* (19th ed). NASW Press.

Rubin, L., & Livesay, H. (2006). Look, up in the sky! Using superheroes in play therapy. *International of play therapy, 15*(1), 117-134.

Saito. H. (2010). Actor-network theory of cosmopolitan education. *J. CURRICULUM STUDIES, 42*(3), 333-351.

Scholes, R., & Kellogg, R. (1966). *The nature of narrative.* 임병권 역(2001). 서사의 본질. 서울: 예림기획.

Shonkoff, J. P., & Meisels, S. J. (Eds.) (2000). *Handbook of early childhood intervention* (2nd ed.). Cambridge: Cambridge University Press.

Slattery, J. M. (2004). *Counseling diverse clients.* Belmont, CA: Brooks Cole.

Soldatova, G. (2007). Psychological Mechanisms of Xenophobia. *Social Science, 38*, 104-120.

Sue, D. W. (1978). Eliminating cultural oppression in counseling: Toward a general theory. *Journal of Counseling Psychology,* 25, 419-428.

Sue, D. W. (1991). A conceptual model for cultural diversity training. *Journal of Counseling and Development*, 70, 99-105.

Sue, D. W., & Sue, D. (2003). *Counseling the culturally diverse: Theory and practice* (4th ed.). New York: Wiley.

Sue, D. W., Ivey, A. E., & Pedersen, P. B. (1996). *A theory of multicultural counseling and therapy.* Pacific Grove, CA: Brooks Cole.

Suppes, M. A., & Wells, C. (2003). *The social work experience.* Boston: McGraw-Hill.

Thompson, R., & Tabone, J. K. (2010). The impact of early alleged Maltreatment on behavioral trajectories. *Child Abuse and Neglect, 34*(12), 907-916.

Trevino, J. G. (1996). Worldview and change in cross-cultural counseling. *The*

Counseling Psychologist, *24*, 198-215.

UN Center Human Rights. (2005). Commission on Human Rights: report on the 61st session, 14 March-22 April 2005.

U. S. Department of Health and Human Services. (2001a). *Mental health: Culture, race, and ethnicity - A supplement to mental health: A report of the Surgeon General.* Rockville, MD: U. S. Department of Health and Human Services, Public Health Service, Office of the Surgeon General.

Vera, E. M., & Speight, S. L. (2003). Multicultural competence, social justice, and counseling psychology: Expanding our roles. *The Counseling Psychologist*, *31*, 253-272.

Vogler, C. (1992). *The writer's journey: Mythic structure for writers.* 함춘성 역(2005). 신화, 영웅 그리고 시나리오 쓰기. 무우수.

Voytilla, S. (1999). *Myth and the movies.* 김경식 역(2005). 영화와 신화. 서울: 을유문화사.

Walter, J. L., & Peller, J. E. (1992). *Becoming solution-focused in brief therapy.* 가족치료 연구모임 역(1996). 단기가족치료: 해결중심으로 되어가기. 서울: 하나의학사.

Watzlawick, P. (1978). *The language of change: Elements of therapeutic communication.* New York: Basic Books.

Weltner, J. S. (1985). Matchmaking: Choosing the appropriate therapy for families at various levels of pathology. In Mirkin, M., & Koman, S. (Eds.), *Handbook of adolescent and family therapy*. New York: Gardner Press.

Westbrooks, K. L., & Starks, S. H. (2001). Strengths perspective inherent in cultural empowerment: A tool for assessment with African American individuals and families. In R. Fong & S. B. C. L. Furuto (Eds.), *Culturally competent practice* (pp. 10-32). Boston: Allyn & Bacon.

Yalom, I. D. (1980). *Existential psychotherapy*. New York: Basic Books.

Yeh, C. J., Hunter, C. D., Madan-Bahel, A., Chiang, L., & Arora, A. K. (2004). Indigenous and interdependent perspectives of healing: Implications for counseling and research. *Journal of Counseling and Development*, 82, 410-419.

저자약력

이미나

아동가족학/상담심리학/문화학 박사

현) 광신대학교 복지상담융합학부 교수

저서: 위기상담이론과 실제, 청소년 교육론, 영유아발달, 모래상자치료 입문, 질적연구방법, 청소년 심리 및 상담, 학교폭력 예방 및 학생의 이해, 문화예술교육론, 중독상담과 재활, 세계시민교육론 외 다수

김영춘

사회복지학 박사

현) 남부대학교 사회복지학과 교수

저서: 다문화가족복지와 상담, 청소년 교육론

송윤선

선교학 신학박사

현) 광신대학교 신학과 교수

저서: 다문화가족복지와 상담

김밀양

아동가족학 박사

현) 광신대학교 복지상담융합학부 교수

저서: 다문화가족복지와 상담

다문화 가족 복지상담 사례관리

초판 1쇄 인쇄 / 2022년 12월 26일
초판 1쇄 발행 / 2022년 12월 30일

•

공저자 / 이미나 · 김영춘
송윤선 · 김밀양
발행인 / 이 중 수
발행처 / **동 문 사**

•

서울특별시 서대문구 홍제원1길 12
(홍제동 137-8)
Tel: 02)736-3718(대), 736-3710, 3720
Fax: 02)736-3719
등록번호: 1974.04.27. 제9-17호
가격: 25,000원

•

ISBN: 979-11-6328-497-0 (93330)
E-mail: dong736@naver.com
www.dongmunsa.com